호남한문학연구소 근대문집 국역총서 1 (역주 지산유고)

譯註 志山遺稿

호남한문학연구소 근대문집 국역총서 1 (역주 지산유고)

譯註 志山遺稿

고 재 현 저
김 대 현 역

전남대학교출판부

志山先生 影幀

좌측은 지산(志山) 고재현(高在鉉) 선생 숭모비(崇慕碑)의 전경, 우측은 지산선생의 장남 죽당(竹堂) 고공인석(高公仁錫) 효행비(孝行碑)

지산(志山) 고재현(高在鉉) 선생 숭모비(崇慕碑)

제자 고광천(高光天) 외 200여명이 수립하였으며 비문은 이가원교수(李家源; 문학박사)가 짓고 글씨는 김은섭(金殷燮; 독립지사)이 썼다.

지산(志山) 고재현(高在鉉) 선생의 장남 죽당(竹堂) 고공인석(高公仁錫)의 효행비(孝行碑)

무안향교에서 효자로 기려서 비문은 이가원교수(李家源; 문학박사)가 짓고 글씨는 김은섭(金殷燮; 독립지사)이 썼다.

지산(志山) 고재현(高在鉉) 선생과 배유인(配孺人) 무안(務安) 박(朴)씨 망산(望山)의 묘역 전경

(아래 묘비가 보이는 곳이 선생의 장남 죽당(竹堂) 고공인석(高公仁錫)과 배유인(配孺人) 행주(幸州) 기(奇)씨 백종(伯種)의 묘역 전경)

지산(志山) 고재현(高在鉉) 선생과 배유인(配孺人) 무안(務安) 박(朴)씨 망산(望山)의 묘비 전경
비문은 한학자 청명 임창순(林昌淳)이 짓고 글씨는 서예가 학정 이돈흥(李敦興)이 썼다.

지산(志山) 고재현(高在鉉) 선생의 장남 죽당(竹堂) 고공인석(高公仁錫)과 배유인(配孺人) 행주(幸州) 기(奇)씨 백종(伯種)의 묘비 전경. 비문은 한학자 변시연(邊時淵)이 짓고 글씨는 서예가 학정 이돈흥(李敦興)이 썼다.

마을 서쪽에서 촬영한 마을 전경

(고유명칭: 상동부락(上洞部落), 행정구역: 무안군 무안읍 용월리 2구)

좌측 산등성이에 희미하게 보이는 마른 노송이 서있는 바로 옆이 지산선생이 일생을 같이 하며 후학들을 양성하였던 서당 "용연재(龍淵齋)"가 있었던 곳이다. 서당 건물이 시대의 변천에 따라 마을 회관으로 사용하기 위하여 마을 앞쪽으로 옮기면서 가지마다 푸르고 번성한 낙락장송도 시대변천의 갈림길에서 수절하듯 서당과 함께 생을 마감하고 이제는 빈터에 글읽는 낭랑한 소리 귓전에 머무르고 무심한 잡초만 무성한데 바람은 길을 재촉한다.

앞 우측의 산은 앞산으로 외가리가 서식하고 있는 것이 희미하게 보인다.

마을 앞 저수지인 용연(龍淵)

위의 전경인 용연(龍淵)은 영산강 상류에 위치하고 있으며 매년 7 · 8월이면 만연한 연꽃 향기가 들녘에서 농부들의 구성진 들노래 소리 들리는 가운데 들 바람 타고 마을에 그윽하다.

좌측에 보이는 산은 청룡을 이룬 앞산으로 용연의 제방, 작은 섬과 같이 천연기념물 제 211호로 백로와 외가리의 서식처이다.

지산선생은 일제에 의하여 국권이 유린당하자 은둔하여 한학을 가르쳐 문맹퇴치와 후진양성에 힘쓰고 비분강개한 마음을 이 용연에 낚시를 드리우고 작시와 음영으로 달래며 일재의 망령을 낚아 올렸을 런지도 모른다.

마을 앞산과 용연의 둑 · 섬에 천연기념물 제 211호 백로와 외가리가 서식하는 광경
백로와 외가리는 6 · 25사변후 찾아와서 현재까지 서식하는데 그 수는 약 4,000여 마리 정도된다. 백로와 외가리는 이른 봄에 왔다가 가을이 다가오면 다음해를 기약하며 저 남쪽 따뜻한 곳을 찾아 삼삼오오 짝을 지어 구름타고 날개를 펴간다.

마을 앞에 세워진 장흥고씨 세천비(世阡碑) 전경
지산선생의 문인 고봉조(高峯助)가 수립하였다.

마을 앞에 세워진 마을 표석
문인 김영효(金泳孝)가 수립하였다.

마을 유선각(遊仙閣)

문인 고동재(高東在)가 건립하였다.
원래 용연(龍淵)에는 연(蓮)이 없었다. 유선각(遊仙閣)을 둘러싼 연못이 있었으나 연못을 매립하자 연이 용연에 뻗어나서 가득차게 되었다.
원래는 연(蓮) 방죽으로 둘러싸여 있는 초가로 지은 현재 규모의 유선각이었으나 지은지 오래된 초가 지붕이고 또한 낡아서 쓸어버리고 그 자리에 현재의 건물로 신축하면서 연(蓮)방죽을 메워 버려 아쉬움이 남는다. 삼복더위에는 들에서 김을 메다가 한낮을 피하여 휴식을 취하는 유일한 일촌의 휴식처이고 농한기에는 모여 앉아 구수한 이야기며 정겨운 시조가락이 흘러나오는 곳이기도 하다.

마을 앞에 세워진 상동(上洞) 들노래비

상동 들노래는 전라남도 무형문화재로 지정되었다.

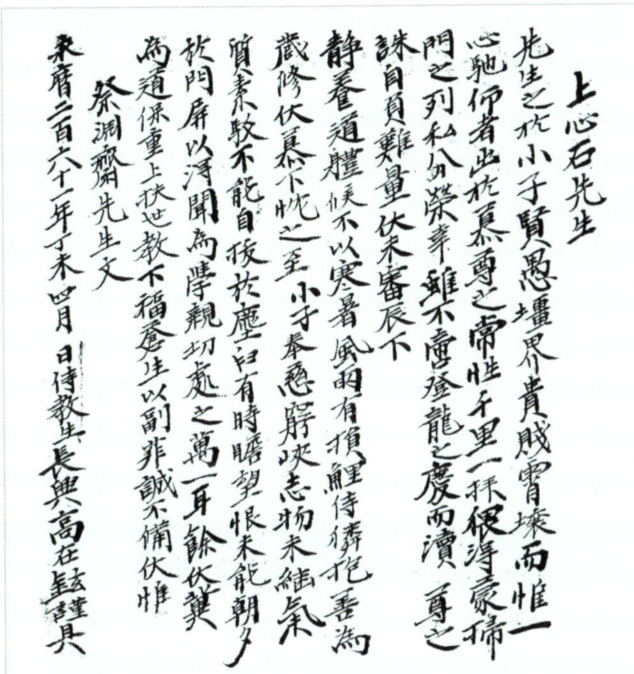

지산 고재현 선생의
자필 서간

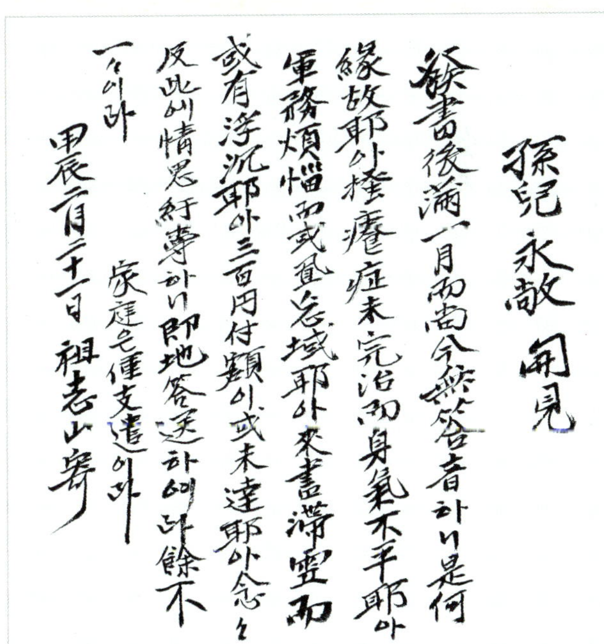

지산 고재현 선생의
자필 서간

志山遺稿序
我國自古崇奬儒術，雖在西學東
漸、島夷侵猾之日，猶以不薙髮、不改
先王之服，爲守義愛國之人，以是持
身，以是敎子弟，窮餓沒世而無悶者
種種焉，若志山高公，亦其人也。公以韓
末生於儒素之家，幼從塾師，誦習
經史，旣長，執贄于心石宋公之門，得
聞衛聖闢異、尊華攘夷爲人間第一
義，已而見宗社已屋，無復當世之望，則
之。時一九九三年六月日西河任昌淳
謹書

임창순 선생이 쓴 지산유고서

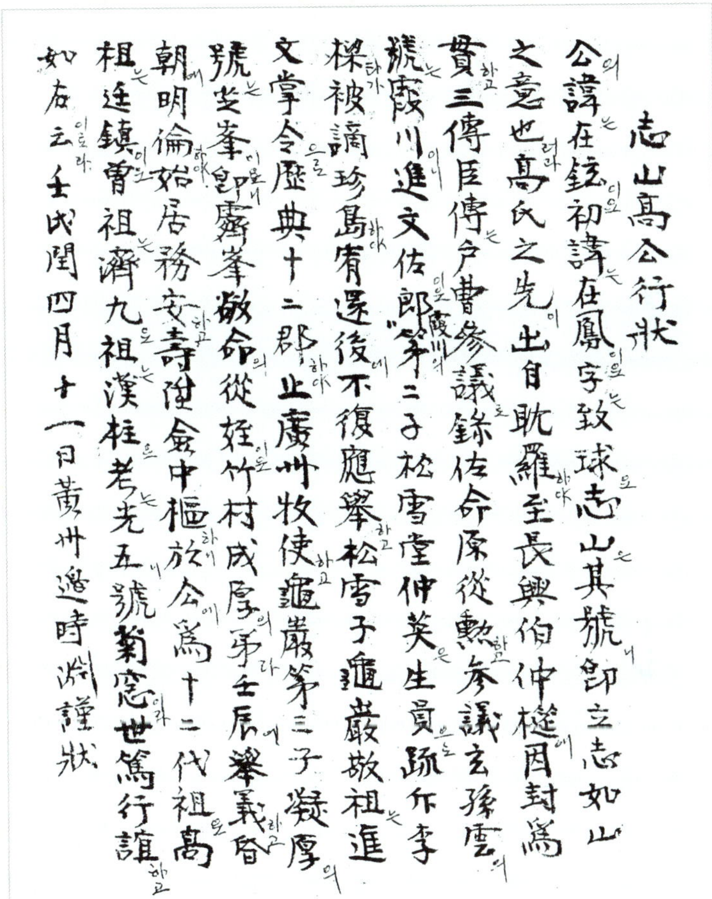
志山高公行狀

公諱在鉉初諱在鳳字致球志山其號卽立志如山

之意也高氏之先出自耽羅至長興伯仲樅因封爲

貫三傳臣傳戶曹參議錄佐命原從勳參議玄孫雲

號霞川進文佐郞〃霞川第二子松雪堂仲英生員蹟作李

樑被謫珍島有還後不復應擧松雪子龜巖敬祖進

文掌令歷典十二郡止廣州牧使龜巖第三子凝厚

號芝峯卽霽峯敬命從姪竹村成厚弟壬辰擧義昏

朝明倫始居務安壽陞僉中樞於公爲十二代祖高

祖廷鎭曾祖濟九祖漢柱老先五號菊窓世篤行誼

如右云 壬戌閏四月十一日黃州邊時淵謹狀

변시연 선생이 쓴 지산고공행장

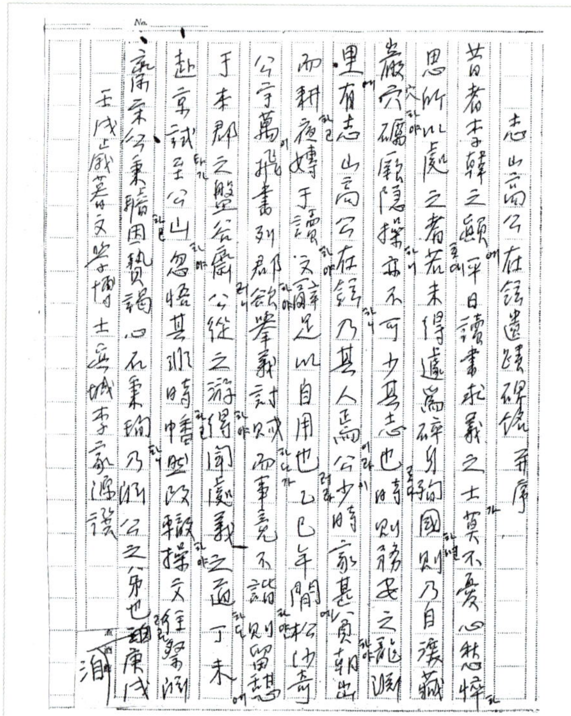

이가원 교수가 쓴 지산고공유적비문

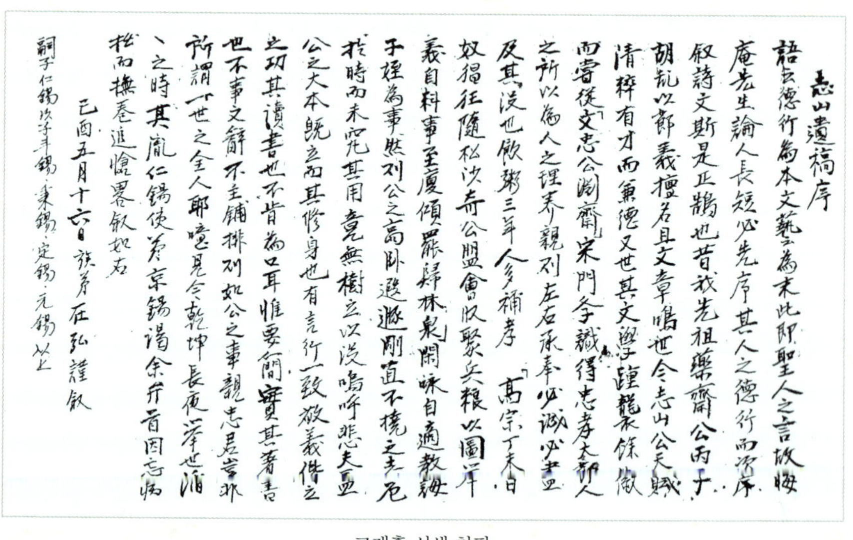

志山遺稿序

語云德行爲本文藝爲末此卽聖人之言故梅庵先生論人長短必先序其人之德行而後序敍詩文斯是正鵠也昔我先祖藥齋公丙丁胡亂以節義擅名且文章鳴世今志山公天賦淸粹有才而兼德又世其文學踵龍袞餘徽而嘗從「文忠公渤齋」宋門争識得忠孝大節人之所以爲人之理奉親則左右承奉必誠必盡至及其沒也歠粥三年人多稱孝「高宗丁未日奴猖狂隨松沙奇公盟會收聚兵糧以圖岸義自料事至廋傾罷歸林泉閒咏自適教誨子姪爲事然則公之高臥遯迹剛直不撓之志在於時而未究其用竟無樹立以沒嗚呼悲夫豈公之大本旣立而其修身也有言行一致敬義偕之之功其讀書也不皆爲口耳惟要簡實其著書也不事文辭不主鋪排則如公之事親忠君豈非所謂一世之全人耶噫是今乾坤長夜舉世滔滔之時其胤仁錫使首京錫謁余弁首因忘僭拙而撫卷追憶略敍如右

己酉五月十六日 族弟 在弘 謹敍

嗣子仁錫 次子亨錫 秉錫 定錫 元錫 以上

고재홍 선생 친필

호남 근대문집 번역 총서를 간행하며

문집은 문학·역사·철학·민속 등 다방면에 걸쳐 다양하고 풍부한 내용을 담고 있는 문화의 보고입니다. 때문에 문집의 번역은 단순히 한 작가의 작품을 번역하는 것에 그치는 것이 아니고, 옛 선조들의 의식과 문화를 입체적으로 파악하는 데 가장 일차적으로 이루어져야 하는 과정입니다. 이러한 문집의 번역을 통해서 우리는 옛 선조들의 삶의 지형을 그려내는 데 한 발 다가갈 수 있을 것입니다.

특히 호남은 3천여 종이 넘는 문집들이 간행되었습니다. 그 중에서 근대 20세기 작가들의 문집이 천여 종이 넘어 그동안 많은 연구가 되지 못했었던 근대 호남 문화의 모습을 파악하는데 중요한 유산이 되고 있습니다. 그러나 아직까지도 많은 호남의 문집들이 번역이 되어 있지 않은 실정입니다.

우리 호남한문학연구소는 지난 2002년부터 현재까지 호남의 문집을 조사·수집하여, 호남의 문집을 정리하고, 이러한 문집을 통해 호남 문화의 지형을 파악하고 알리는데 총력을 기울여왔습니다. 따라서 이번 호남 근대 문집 번역 총서의 발간은 연구소의 이러한 과정에서 필수적으로 진행되어야 할 작업입니다.

앞으로 호남한문학 연구소는 지속적으로 문집 번역 작업을 진행하여 호남문집 번역총서를 발간할 것입니다. 이번 호남 근대문집 번역총서 1을 기점으로 호남 근대 문화를 알아가는 데 작은 도움이 되기를 바랍니다.

전남대 호남한문학연구소 소장 국문학과 교수 김대현

지산유고서 志山遺稿序

우리나라는 예로부터 학술을 숭상하고 장려하였다. 비록 서학(西學)이 동쪽으로 밀려오고, 섬 오랑캐[島夷: 왜적]가 침략하던 때였지만 오히려 상투를 자르지 않고 선왕의 복식을 바꾸지 않고 의리를 고수하고 나라를 사랑한 사람이 되어, 이로써 자신을 지키고 이로써 자제를 교육하며 후세에 굶주림 속에서도 부끄러워하지 않은 사람이 종종 있었다. 지산(志山) 고공(高公) 같은 분이 바로 그러한 인물이다.

공은 한말(韓末)에 유가의 집안에서 태어나서 어려서부터 서당선생에게 나아가 경사(經史)를 외우고 익혔다. 성장하여서는 심석(心石) 송공(宋公)의 문하에 폐백을 올리고 성학(聖學)을 지키고 이단을 배척하고[衛聖闢異] 중화를 존중하고 오랑캐를 물리침[尊華攘夷]이 세상 제일의 의리임을 배웠다. 이미 종사(宗社)가 무너짐을 보고 당세에 대한 소망이 다시없었다. 다만 향곡(鄕曲)에 칩거하여 학사를 설립하고 문도들을 모아 경서를 암송하고 문장을 수련함을 일생의 사업으로 삼았다. 세상에서 곡학아세하고 옛것을 버리고 새것만 추구하는 자들을 보기를 멸시하는 듯하였다.

이처럼 왜적이 물러가고 조국이 광복되었으나 오히려 고수하는 바를 바꾸지 않고 향년 여든 살을 넘어 타계하기까지 그 행의를 실천하였으니 돈신(篤信) 호고(好古)하였다고 할 수 있겠다. 유도(儒道)를 숭상함을 저버리지 않고 유행(儒行)을 실천하였으니, 퇴지(退之: 한유)가 이른 바 "온 세상이 그르다고 하나 돌아보지 않는 사람"이라 할 수 있다.

나는 뒤늦게 태어나고 멀리 살아서 공이 살아계셨을 때 그 하풍(下風)을 쫓지 못하였다. 그 사이 목포(木浦)에 사는 여러 자손들 가운데 공직에 있는 주손(胄孫) 영창(永敞)군이 남양주(南楊州) 지곡(芝谷)으로 나를 방문하여 공의 유고(遺稿)를 간행하려 한다며 그 머리에 한 마디 써주기를 요청하였다. 그리고 곧 두 권의 원고를 꺼내 보여주었다. 내가 받아서 읽어보니 시는 대략 4백여 편이고, 서독(書牘), 서기(序記), 묘문(墓文) 등 시와 산문이 또한 백여 편이었다. 대개 시대를 아파하고 풍속을 경고하는 작품이 많았는데 폐부에서 직출(直出)하고 조식(雕飾)을 섬기지 않았다. 대박(大朴)이 흩어지지 않아서 정신(精神)이 자연히 사람을 감동시키니, 이는 그 당시를 살펴볼 수 있고 또한 공의 생애를 상세히 알 수 있다.

나는 문장이 졸렬하여, 효손(孝孫)의 요청을 감당할 수 없으나 적의 치하에 있을 때의 나를 돌이켜보니 또한 일찍이 종사(從師)하였으므로 진정 한학자(漢學者)이다. 그래서 이를 대하고 마음속에 감개한 바가 없을 수 없어 위처럼 서문을 써서 돌려보낸다.

1993년 6월 **서하**(西河) **임창순**(任昌淳)**이 삼가 쓰다**.

지산유고서 志山遺稿序

『논어(論語)』에서 이르기를 "덕행(德行)이 근본이 되고, 문예(文藝)는 말단이다"라고 하였다. 이는 곧 성인(聖人)의 말씀이다. 그래서 회암선생(晦庵先生: 주자)은 사람의 장단점을 논할 때, 반드시 그 사람의 덕행을 앞세우고, 시문(詩文)은 다음 순서로 하였다. 이는 곧 정곡(正鵠)이다. 지난날 우리 선조 약재공(藥齋公)이 병자호란(丙子胡亂) 때 이절의(二節義)로 명성을 날렸고, 문장(文章)으로 세상에서 유명하였다. 지금 지산공(志山公)은 천부(天賦: 타고난 자질)가 맑고 순수하고, 재능이 있으면서 덕을 겸하였다. 그 문학의 남은 아름다움을 세습하였다. 일찍이 문충공((文忠公) 연재(淵齋) 송병선(宋秉璿)의 문하를 좇아서 학식이 충효대절(忠孝大節)을 얻었다. 사람이 이른 바 사람이 되는 이치이다.

부모를 봉양함에는 좌우에서 받들었고, 반드시 정성을 다하였다. 부모가 돌아가시자, 3년 동안 죽만 먹었다. 사람들이 예효(禰孝: 사당에 대한 효성)가 아름답다고 여겼다. 고종(高宗) 정미(丁未)년 일노(日奴: 노예 같은 왜놈들)들이 창광(猖狂)할 때 송사(松沙) 기공(奇公: 기우만)의 맹회(盟會)를 좇아서, 의병들과 곡식을 모아서 거의(擧義)를 도모하였다. 스스로 일이 끝내 나라가 망하게 될 것임을 헤아리고, 파(罷)하고서 임천(林泉)으로 돌아와서 한가히 시를 읊으며 자적(自適)하였다. 자질(子姪)들을 깨우쳐주는 것을 일로 삼았다. 그렇다면 공이 은거하여 멀리 떠난 것은 강직(剛直)하여 꺾이지 않는 뜻이 시대에 막히었기 때문이다. 그 쓰임새를 찾지 못하고 끝내 수립함이 없이 별세하셨다.

아! 슬프구나! 대개 공은 큰 근본을 이미 수립하고, 그 수신(修身)에는 언행일치가 있었다. 실로 그 저서(著書)는 문사(文辭)를 섬기지 않고, 포배(鋪排)를 위주로 하지 않았다. 공의 사친(事親)과 충군(忠君)을 어찌 일세(一世)의 전인(全人)이라고 말하지 않겠는가? 아! 지금을 보면 건곤(乾坤)이 긴 밤이고, 거세(擧世)가 도도(滔滔)한 때이다. 그 장자 인석(仁錫)이 아우 정석(定錫)을 시켜 나를 찾아와서 변수(弁首: 서문)을 부탁하였다. 망병(忘病)으로 인하여 책을 어루만지며 추념하여 슬퍼하며, 위와 같이 대략 서술하였다.

기유(己酉)년 5월 16일 족제(族弟) 재홍(在弘)이 삼가 쓰다.

사자(嗣子) 인석(仁錫), 차자(次子)

용석(用錫) · 병석(秉錫) · 정석(定錫) · 원석(元錫) 이상.

지산유고를 간행하며

우리 선조들은 치열한 삶의 와중에서도 글을 남겨서, 후세의 귀감이 되도록 하였습니다. 그중에서 특히 호남의 근대 문인들이 남긴 한문 문집이 천여 종이 넘고 있습니다. 이것은 예향 호남의 문인들이 문학에 깊은 관심과 애정을 보인 것이라 생각합니다. 때문에 이번 지산 고재현(1885-1967) 선생의 문집인 <지산유고>를 번역하여 간행하게 된 것은 매우 값진 일이 아닐 수 없습니다.

몇 해 전 지산 선생의 후손인 고영창 선생을 만나서, 문집 간행에 대하여 이야기를 나누었습니다. 처음에는 제가 직접 번역을 맡을 생각은 없었는데, 우연히 문집 정리본을 보다 보니, 나의 스승이신 청명 임창순 선생의 글들이 눈에 띄었습니다. 청명 선생께서 서문도 써 놓았고, 묘갈명도 지어 놓으셨고, 또 언젠가 문집 번역에도 도움을 주시겠다고 하였다고 하였습니다. 그러나 불행히도 그런 일을 하시기 전에 청명 선생께서 타계하시고 말았는데, 우연히 제가 그 원고들을 보게 되었습니다.

청명 선생님의 글씨를 보고 마치 선생님을 대한 듯 그 원고를 받아들고 돌아왔습니다. 상당히 오래 전의 일입니다. 학교 일들이 밀리고, 더구나 일년간 중국에 교환 교수로 나가 있게 되었고, 돌아와서도 호남문집의 총 조사와 정리라는 과업이 늘 무거운 숙제로 남아 있습니다. 그 사이사이 번역도 하고, 교정도 하다 보니 벌써 몇 해가 훌쩍 지나가 버렸습니다. 원고를 맡겨주신 고영창 선생에게도 미안한 마음을 금할 수 없습니다. 그러나 이번 <지산유고>의 번역을 호남 근대문집 번역총서 제 1권으로 이름을 붙이서 간행하게 된 것을 기쁘게 생각합니다. 앞서도 말하였듯이 호남의 근대 문집이 천여 종이 넘지만, 번역 간행은 몇 십 종에 불과할 것입니다. 문집의 간행에 심혈을 기울이신 고영창 선생의 큰 의지가 없었으면 이루어질 수 없는 일이었습니다.

여러 부족한 점이 많지만, 번역본을 내어 호남 한문학 내지 호남학의 연구 자료로 만들어 나갈 생각입니다. 문집에 대한 좀 더 자세한 내용은 지산유고 해제를 따로 적었습니다. 문집의 번역에 여러 힘을 보태준 기태완 선생, 그리고 번역문의 정리에 힘써준 황민선 연구원 등 여러 연구원의 도움이 컸습니다. 아무쪼록 이 문집의 간행을 계기로 지산 선생의 삶의 모습이 좀 더 깊게 연구되기를 바라고, 호남 근대 한문학 연구의 시발점이 되었으면 합니다.

2007년 7월

전남대 호남한문학연구소 소장 국문학과 교수 김대현

간행사 刊行辭

세월은 되돌아보지 않고 강물과 같이 흘러 바다에 쌓이듯 이웃을 생각하고 나라와 세상을 걱정하며 송사(松沙) 기우만(寄宇萬)선생의 거의에 따랐고, 문충공(文忠公) 연재(淵齋) 송병선(宋秉璿)선생의 문하에서 수학하였으며, 미명한 시대에 후진양성을 위하여 일생을 바치신 소생의 큰 스승이신 조부님이 세상을 떠나신지 어언 반세기가 가까운 40여년이 흘러갔습니다. 그리고 조부님으로부터 깊은 사랑과 가르침을 받던 불효한 개구쟁이 소년이 이제 반백이 되었습니다. 날이 갈수록 조부님에 대한 그리움은 세월을 더해가고 급변하는 세상과 세월의 무상함을 느낍니다.

소생은 조부님이 생전에 원하고 기대했던 사람이 되지 못하고 지위와 명예도 부도 이루지 못한 조부모님과 부모님을 실망시킨 한 낱 촌부로 살아가게 되어 송구스럽고 면목이 없습니다. 그러나 조부님께서 말씀하시던 "修人事待天命" 과 "謀事在人 成事在天"이란 가르침으로 위로와 격려를 받게 됩니다.

지금도 조부님 가르침 중에서 잊혀지지 않는 것은 소생에게 병서(兵書)인 육도삼략(六韜三略)을 마무리 강론하시면서 병서에서 지략(智略)보다 덕(德)을 강조하시던 부분, "어진이를 해치는 자는 그 재앙이 삼대에 미치고, 어진이를 가리는 자는 그 몸이 해를 받고, 어진이를 미워하는 자는 그 이름이 온전치 못하고, 어진이를 천거하는 자는 그 복이 자손에 미친다[傷賢者, 殃三世, 蔽賢者, 身貢其害, 嫉賢者, 其名不全, 進賢者, 福流子孫]"는 내용과 또한 수시로 "朽木不可刻也", "玉碎", "絶處逢生", "事必歸正", "安居危思", "易地思之", "安心立命" 등에 대한 귀한 가르침을 마음에 두고 새기면서 고달프고 괴롭고 쓸쓸한 삶의 현장에서 용기와 희망을 잃지 않고 바르게 살려고 다짐하며 약한 자 편에 서려고 노력하는 제 삶의 금옥(金玉)과 과조(果條)가 되었습니다.

지난날 선친께서는 조부님 생전에 전답을 팔아 문집을 발간할 계획을 세우셨으나 여의치 못하여 하지 못하신 것을 몹시 안타까워하시면서 문집 발간을 소생에게 유언으로 남기셨습니다. 그러나 직장생활을 전전하면서 지체하여 오다가 오늘에 이르러서야 조부님의 문집을 발간하게 되어 조부님과 선친에게 사죄드리고 문집을 조부님 영전에 삼가 바칩니다.

문집 발간을 위하여 전남대학교 문학박사 김대현 교수님을 찾아 뵙고 번역과 감수를 부탁드렸더니 다망한 가운데서도 거절하지 아니하고 쾌히 승낙하시고 마칠 때까지 수고하고 애쓰신 노고에 대하여 진심으로 감사드리고 오래도록 가슴에 기억할 것입니다. 또한 문집 발간에 격려를 아끼지 않으시고 축간사를 써주신 서삼석 무안군수님과 문인분들, 부락민, 종원 그리고 일가친척에게 심심한 감사를 드립니다.

특히 사양하지 않으시고 문집 서문과 묘비문을 지으신 한학자 고 청명 임창순 선생님과 동 묘비문, 책표지 제자를 써주신 서예가 학정 이돈흥 선생님, 행장을 지으신 한학자 고 변시연 선생님, 숭모비문을 지으신 문학박사 고 이가원 교수님과 동 비문을 써주신 서예가 고 김은섭 독립지사님, 사진촬영과 문인록등 자료수집을 위해서 수고하신 문인 사진작가 정사근 선배와 김재한, 고갑석, 배길웅 등 벗들에게 지면을 통하여 감사를 드립니다.

만시지탄(晩時之歎)이 있으나 발간된 문집이 이 지역의 한문학과 호남학 연구에 일조가 되고 강호제현(江湖諸賢)의 관심과 사랑 속에 애독되고 손때 묻어나기를 간절히 기원하면서 발간사에 갈음합니다.

병술년 11월 사손(嗣孫) 고영창(高永敞, **일명**:永昌)

축간사 祝刊辭

2007년 정해년이 온지 얼마 되지 않은 것 같은데 벌써 세월은 흘러 흘러 8월이 되었습니다. 이 8월에 지산 고재현(志山 高在鉉) 선생의 유고를 발간하게 됨을 진심으로 축하드립니다.

예로부터 인간은 후세에 명성을 남기는 것을 미덕으로 삼아왔습니다. 이에 학문을 연마하고 습득하여 저서와 유고를 남김으로써 후손들이 출간하게 됩니다. 지산 고재현 선생은 의병장 고경명 선생의 후손으로 1885년 고종 23년 을유년에 유학자의 집안에서 태어났습니다. 유년시절에는 민재(敏齋) 선생으로부터 경서와 사서를 수학하였으며, 성년시절에는 문충공 연재 송병선(文忠公 淵齋 宋秉璿) 선생의 문하생으로 공자의 철학을 비롯한 사서삼경을 수학하였습니다.

지산선생께서는 천성이 총명하고 강직하였으며 청렴결백하였을 뿐만 아니라 부모에 대한 효성이 지극하고 붕우지간에는 신의를 지켰습니다. 특히 무안향교를 출입하면서 후진양성과 사도진흥(斯道振興)에 뜻을 두고 한문서당을 개설하여 미명한 시대에 문맹퇴치와 후진양성에 지대한 공헌을 하시면서 50여년동안 훈장을 하신바 제자만 수백명에 이르렀다 하니 무안의 자랑이라 할 수 있습니다.

또한 선생께서는 향교발전과 사도진흥에도 전력을 다한바 유림들의 존경과 선망의 대상이 되기도 하였으며, 1920년 선생의 나이 35세의 청년시덜에는 석존대제(釋尊大祭) 집례(執禮)의 제관을 하였으니 유림사회의 지도자라 아니할 수 없습니다.

서학이 들어오고 일본이 우리나라를 침략하여 온갖 학정을 하고 있을 때 성장하였지만 일제의 시책에 선여 굴하지 않고, 오히려 을사년 당시에는 의병을 일으킨 호남 거유 송사 기우만(松沙 奇宇萬) 선생의 문하에 들어가 그의 우국충정의 대의를 따랐으며, 유도를 항상 숭상하면서 유행을 실천하였으니 선생의 고매한 뜻을 후대들이 높이 찬양하고 존경하는 것이 마땅합니다.

또한 박학다식한 선생께서는 한시에도 능통하여 2002년 무안문화원에서 출간한 《한시인 대표작 선집》에도 <면경(面鏡)> 등 10수의 시가 수록되어 명성을 떨쳤습니다. 이 뿐 아니라 항상 후학을 위해 문도를 모아 경서와 사서를 탐독하고 논하며 문장을 수련하였으니 선생의 고명한 학식을 숭상하지 않은 자 없었다고 합니다.

이처럼 80여년을 사는 동안 유가의 전통을 이으셨으니 참으로 훌륭하고 자랑스럽다 아니할 수 없습니다. 이에 선생의 유고를 발간함에 있어 축하의 의미가 더하는 것 같습니다. 그동안 유고 발간에 심혈을 다하며 수고를 아끼지 않으신 아드님이신 고원석, 사손 고영창과 고영표를 비롯한 그의 후손의 가문에 늘 행운이 함께 하시기를 기원합니다.

2007. 8.

무안군수 서 삼 석

차 례

권 2 오언 율시

권3 칠언 절구

권 4 칠언 율시

권 5 서간 書簡

권 6 논설서발기 論說序跋記

논 論

설 說

서 序

발 跋

기 記

제문 祭文

상량문 上樑文

행장 行狀

묘표 墓表

권7 부록 附錄

지산유고 시 부분 권 1~권 4

권 1

오언 절구 五言 絶句

스스로를 경계하다 自戒

未步欲行前
如琴不張絃
乃知學者病
盡在自爲賢

걷지 않고 앞서 가려하는 것은
거문고에 현을 걸지 않은 것과 같으니
이에 학자의 병이란
모두 스스로 어질다하는 것에 있다네.

거울 面鏡

宛然冰玉成
無瑕全心清
姸醜照明白
小人莫遁情

완연히 얼음 구슬을 이루니
티 없이 온 마음이 맑아라.

아름다움과 추함을 명백히 비추니
소인들은 정을 숨길 수 없다네.

금강의 돌아가는 돛 錦江歸帆

汎汎解纜歌
遠浦夕陽多
雲沒烟斜裏
天涯萬里波

둥실둥실 닻줄 풀고 노래하니
먼 포구 석양빛 짙네.
구름 없고 연기 깔린 곳
하늘 끝 만 리 물결이네.

우연히 적다 偶題

雨窓夕照陽
烟處數株楊
客滯甘霖苦
愁多好月妨

비 오는 창에 석양빛 비추고
안개 낀 곳 몇 그루 버들이 있네.
객이 머무니 장마의 괴로움도 좋고
수심이 많은지 달빛이어도 좋다네.

돌을 쪼다 石磨

形成工入神
聲震雷鳴春
連用須金木
嚼呑合齒脣

만드는 솜씨 신의 경지에 이르고
소리의 울림은 봄의 천둥이 치는 듯 하네.
이어 씀은 반드시 금목으로 하고
씹어 삼키기를 이와 입술처럼 합하네.

우연히 짓다 偶成

君子窮無他
英雄老奈何
海鶴閒千載
家鳧守一窠

군자는 궁벽해도 다름이 없는데
영웅은 늙으면 어찌 하나?
바다 학은 천년 동안 한가로운데
집오리는 한 둥지를 지킨다네.

오도근과 대화하다가 서양문명을 언급하다 與吳道根語及西洋文明

誰知日出西
東土頭猶低

莫恨天無理
春風解凍溪

누가 해가 서쪽에서 뜸을 알리오.
동토의 머리 오히려 나직하네.
하늘에 이치 없다고 한스러워 마오.
봄바람이 언 개울을 녹이네.

바닷가에 머물며 海居 二首

因喧午睡驚
童子葉吹笙
起步出門去
春波江有聲

시끄러워 낮잠을 깨니
동자가 나뭇잎 불며 점을 치네.
일어나 걸어서 문 밖을 나서니
강가에 봄 물결 소리가 나네.

又
隔牕聞棹歌
芳草歸心多
安得一船路
順風百里波

창 너머 뱃노래 들리는데
향기로운 풀 돌아갈 마음 간절하네.

어떻게 한 뱃길을 얻어서
순풍에 백 리의 물결을 갈 건가.

산에 거처하며 山居 三首

短屋垣如城
雨暘無日晴
東風嫌客陋
好鳥送春聲

낮은 집의 담은 성과 같고
비 속에 해 뜨니 맑은 날이 없네.
봄바람은 객의 비루함을 꺼리는데
좋은 새는 봄노래 한다네.

又

花盡無人尋
固知海曲深
看看墻越柳
密葉可成林

꽃 지니 찾는 이 없어
참으로 바다 굽이가 깊음을 깨닫네.
담 너머 버들을 보고 보니
우거진 잎 숲을 이루겠네.

又

花鳥啼能歌
山中細雨多

池塘欲暮日
輕燕蹴微波

꽃 속의 새 울어 노래하고
산중엔 보슬비가 잦네.
연못에 해지려 하는데
날랜 제비 작은 물결을 차네.

보슬비 細雨

細雲暗夕窓
山女飯呼尨
一陣斜風到
急來十里江

잔 구름 석양의 창가에 어둡고
산 아낙이 밥 주려 삽살개를 부르네.
한줄기 바람이 불어오니
급히 십리의 강에 도달하네.

해당화 海棠花

春色一邊餘
海棠花富如
默知小砌上
天理妙盈虛

봄빛이 한쪽에 남아 있어
해당화가 가득하니
묵묵히 작은 섬돌 위에서도
천리의 차고 비움의 묘함을 알겠네.

남쪽 유람 南遊

三載遊江湖
便同一釣夫
白鷗亦慣面
親近似相呼

삼 년간 강호를 유람하니
곧 한 낚시꾼과 같네.
흰 갈매기 역시 얼굴 익숙하여
친근히 서로 부를 듯하네.

구월 그믐 아침에 금천을 출발하다 九月晦日朝發金川 二首

秋葉錦城畵
朝晞瑞石輝
車牕隱暎裏
地軸逆奔飛

가을 잎에 금성이 그림 같고
아침 햇살에 서석산이 빛나네.
차창에 가리고 비추는 가운데
지축을 거슬러 달려 날아가네.

又

南平大道上
沃野千門開
幾度滄桑改
神機往復來

남평 큰 도로 가
기름진 들에 온 문이 열려 있네.
몇 번이나 상전벽해를 지났던가
신령스런 기운이 왕복하여 온다네.

시월 일일 서석산 증심사에 오르다 十月一日上瑞石證心寺 二首

無物證人心
靈坮何處尋
忽看山寺菊
十月花如林

인심을 증명할 물건 없으니
영대[1]를 어디서 찾아야 하나.
문득 산사의 국화를 보니
시월의 꽃이 숲을 이루었네.

又

畵樓蜃萬變
山骨鶴千秋
咫尺是眞境
頓然物欲收

1) 영대(靈坮) : 문왕의 대.

그림 같은 누각은 신기루처럼 변하고
산 바위엔 학이 천년을 지내네.
지척이 바로 진경인데
별안간 사물을 거두려 하네.

석양에 광주공원에 오르다 夕陽登光州公院 二首

光山千古事
一日夕陽中
變幻在瞬息
電燈處處紅

광산 천고의 일이
하루의 석양 속에 있는데
변환은 순식간에 있고
전등이 곳곳에서 붉네.

又

山霧洪濛夜
市燈造化天
一梢蝸角上
蟻轍人肩連

산안개 드넓게 짙은 밤
시가의 전등은 조화의 하늘이네.
한 꼭대기 달팽이 뿔 위에
개미 행렬 같은 사람들 어깨가 이어지네.

족장 송계와 함께 펼쳐 쓰다 자는 덕체 與族丈松溪暢叙 字德替 五首

晩期湖上逢
花樹說從容
只願春來日
播香千萬峯

느즈막히 호숫가에서 만나
화수회를 조용히 말하네.
다만 원하는 것은 봄이 와서
천만 봉우리에 향기 퍼짐이네.

又

世降不用文
四海多風雲
鰍鮮方起舞
鸞鳳未成群

세상 무너져 문장을 쓰지 않으니
사해에 풍운이 많네.
물고기 떼들은 이제 일어나 춤추는데
난새와 봉황은 아직 무리를 이루지 못하였구나.

又

寒襲山陰來
凍雲夕不開
第待錦江月
香爐煖酒盃

한기 끼치는 산그늘이 오니
언 구름은 석양에 열리지 않네.
다만 금강의 달을 기다리는데
향로엔 술잔이 따뜻하네.

又
風潮轉急深
志士多離心
休說好山水
仁居在近尋

바람 치는 조수 더욱 급하고 깊은데
지사는 이별의 마음이 많네.
산수를 좋아한다 말하지 마오.
어질게 살수 있는 곳을 가까운 데서 찾았다네.

又
臨江起一亭
白石又山青
水鳥與同盟
頓然塵夢醒

강에 임하여 세운 정자
흰 바위와 또한 산이 푸르네.
물새와 함께 맹세를 하니
별안간 속세의 꿈이 깨네.

기러기 雁鳥

蒼鷹起碧空
四海雙眸中
凱逐叢林雀
飛將萬里通

푸른 기러기 창공을 나니
사해가 두 눈동자 속에 있네.
승전의 노래는 숲 속의 새떼를 쫓아
날아서 만리에 통하고자 하네.

우연히 적다 偶題

今古一蜃樓
英雄幾箇遊
世事摠如夢
琴書空白頭

고금의 한 신기루
영웅들 몇이나 유람하였나.
세상일 모두 꿈과 같은데
거문고와 책으로 공연히 백발 되었네.

소나무 松

暴寒恸大冬
石上立孤松

誰識古怪像
有全君子容

갑작스런 한기에 큰 추위가 겁나는데
바위 위에 고송이 서 있네.
누가 예스럽고 괴이한 형상을 아는가.
온전히 군자의 용모가 있네.

떠오른 데로 짓다 卽事 四首

下山入海居
世味又生疎
自與弋夫近
不難食有魚

하산하여 바닷가 거처로 드니
세상 맛 또한 생소하구나.
절로 어부와 가까워지니
물고기 있어 먹는 것 어렵지 않네.

又
鬱鬱嘯爲歌
書生抱恨多
寧將萬疊意
寄送東流波

답답하게 읊조려 노래 이루니
서생의 한 품음이 많네.
차라리 만 겹의 뜻을
동으로 흐르는 물결에 부치고자 하네.

又

兀然守一隅
苦海如斯夫
役役買功輩
不知遠計圖

우뚝이 한 모퉁이를 지키니
고해가 이와 같구나.
부지런히 공을 사려는 무리들
원대한 계책을 모르네.

又

胡生半島隅
編作一村夫
未遇文王起
臥看輿地圖

어찌 반도의 모퉁이에서 태어나
한 촌부로 살아가게 되었나.
문왕이 일어날 때를 만나지 못하였으니
누워서 <여지도>를 보네.

집을 그리워하다 思家 二首

霜落月流溪
孤燈聽鴈啼
如持家信到
寄我錦江西

서리 내리고 달빛은 개울에 흐르는데
외로운 등불 아래 기러기 울음을 듣네.
집 소식을 지니고 왔다면
나의 금강 서쪽에 부쳐다오.

又
圓月夜將催
新蓂春復廻
看看歲欲暮
小雨遇庭苔

둥근 달 밤을 재촉하는데
새 달력의 봄[2]이 다시 돌아왔네.
세월이 지는 것 보고 보는데
보슬비 마당의 이끼를 만나네.

스스로를 비웃다 自嘲 二首

一身不報君
白髮臥烟雲
惟有片心月
照吾知守分

한 몸이 군주에게 보답 못하고
백발로 안개구름 속에 누워 있네.

---

2) 명(蓂)은 명협초(蓂莢草)를 말함. 요임금때 조정의 뜰에 난 실한 풀의 이름으로 이 풀의 나고 지는 날짜에 맞추어 달력을 만들었다.

다만 한 조각 마음의 달이 있어
나를 비추어 분수 지킴을 알게 하네.

又
甘貧守舊冠
一世別人看
自得寸心白
不辭衣背寒

가난을 달게 여기며 옛 의관을 지키니
한 세상에 특별한 사람을 보네.
스스로 촌심의 밝음을 얻어
옷 걸친 등 차가움을 마다하지 않네.

성품을 경계함 戒性

傍溪雪一堂
種樹待春光
勿若宋人助
日多漸看長

개울가 설일당에
나무 심어 봄빛을 기다리는데
송나라 사람처럼 조장[3]하지 않으니
햇살 많아 점차 자라는 것 보네.

3) 조장(助長) : 맹자(孟子) 공손추장(公孫丑章)에서 나온 송나라 사람이 벼를 빨리 자라게 하기 위해서 싹을 모두 뽑아 놓았다는 내용의 고사에서 유래한 말. 조급히 키우려다 무리하게 힘들여 일을 망친다는 뜻.

새벽에 일어나다 晨起

庭梅欲着花
臘到山人家
春事知應近
江心點煖霞

마당의 매화가 꽃 맺은 것 보고
섣달에 산의 인가에 이르렀네.
봄 농사 마땅히 가까움을 아니
강 중심에 따뜻한 놀이 점 박혔네.

세상을 탄식하다 嘆世

孰可辨鰌龍
願聞報曉鍾
山梅如過臘
花葉一春濃

누가 미꾸라지와 용을 판별할 수 있는가
새벽종소리 알림을 듣고 싶네.
산 매화는 지난 섣달 같고
꽃잎은 한 봄에 짙네.

동지 冬至

一轍萬斯年
玄機孰使然

伏羲今已遠
此理問無邊

한 자취 만 번 바뀌어 이해에 이르니
현묘한 이 기틀을 누가 이렇게 하였나.
복희[4]씨는 이제 너무 멀어서
이 이치 물을 곳이 없네.

한식날 광주 송학산 사토하고 돌아오다 寒食光州松鶴山莎土還 四首

寒食東邊路
倦節渡野溪
杏花驛日暮
宿鳥下林啼

한식날 동쪽 길에서
나른히 지팡이 짚고 들 개울을 건너니
살구꽃 핀 역은 해 저물고
깃든 새들 아래 숲에서 운다.

又

夕發鶴橋驛
松汀夜已中
千門熱鬧息
春燭四開紅

4) 복희(伏羲) : 중국의 삼황오제(三皇五帝)의 우두머리. 팔괘를 만들고 사냥을 하는 법과 글자를 가르쳐 문명을 일으킨 신.

석양에 학교역을 출발하는데
송정리의 밤이 이미 깊으니
온 집들 시끄러움 조용하고
봄 등불은 사방에 붉게 켜졌네.

又
西倉也不遠
晨霧暗前村
松鶴知吾否
儼然對世尊

서창[5]이 또한 멀지 않는데
아침 안개에 앞마을이 어둡네.
송학도 나를 아는가
엄연히 세존을 대하네.

又
泥場無日晴
歷歷光山青
矗首一長嘯
乾坤幾刼經

진창에는 맑은 날 없는데
역력히 광산만 푸르구나.
고개 들고 한 번 길게 휘파람 부니
건곤이 몇 겁을 지났던가.

---

5) 서창(西倉) : 지명. 현재 광주 광역시 서구 서창동을 말한다.

말세를 탄식하다 嘆叔季

一帆支洋風
無人挽拄同
天公第有意
浪靜日輪紅

돛 하나로 대양의 바람을 지탱하는데
함께 붙들어 떠받칠 사람이 없네.
천공이 다만 뜻이 있어
물결 고요하고 해가 붉네.

스스로 한스러워하다 自恨

種菊叢林中
秋來一氣通
無人知晩節
惟有月浮空

우거진 숲 속에 국화를 심으니
가을되어 한 기운으로 통 하였구나.
늦도록 지킨 절개 아는 이 없고
오직 달만 허공에 떠있네.

여러 생도들과 함께 읊다 與諸生吟

支離四十載
晩喜秋相逢

新里月千古
道山雲一峯

지리멸렬한 사십 년
만년에 가을의 상봉이 기쁘네.
신리의 달은 천고인데
도산의 구름은 한 봉우리구나.

조지원에게 주다 贈趙志遠

天地大鑪中
鑄成萬物同
所以此人貴
一心正且通

천지의 큰 용광로 안에
주물하여 이룬 만물이 동일한데
이 사람이 귀한 까닭은
일심이 바르게 통해 있음이네.

조병식군에게 주다 贈趙君炳植

貧窮士不免
志業世難行
江山陷已極
道在此心清

빈궁은 선비도 면할 수 없고
지업은 세상에서 행하기 어렵네.
강산이 함락됨은 이미 극에 달했으나
도는 이 마음의 맑음에 있다네.

김생연을 만나다 逢金生淵 二首

范叔一何寒
斜陽錦上欄
小街人不識
童子尋常看

범숙[6]은 어찌 이리 한미한가
석양은 비단 위의 난간이네.
작은 길 사람들은 모르는데
동자만이 항상 바라보네.

又
北風海上冬
數戶尼漁農

---

6) 범숙(范叔) : 위나라 사람 범저(范雎)를 말함. 전국시대에 중대부 수가(須賈)가 제나라 사신으로 갈 때 부하로 수행하였는데, 제나라에서 책사로 더 많은 수완을 발휘하여 인기를 끌자 이를 시샘한 수가가 위나라에 범숙이 제나라와 내통한다는 모함을 하여 모진 고문을 받고 옥사를 당하였다. 후에 탈옥하여 장록(張祿)으로 개명하여 지내다가 진나라 왕계(王稽)의 도움으로 망명하여 소왕(昭王)을 도와 외교정책에 큰 공을 세웠다. 그 후에 위나라 사신으로 수가가 진나라에 가자 일부러 한미한 차림으로 변장을 하고 만났는데 그를 측은하게 본 수가가 그에게 제포(綈袍)를 주자 그 후로 범숙도 수가를 달리 대하였다고 한다. 사기(史記) 범숙열전(范叔列傳)에 나온다.

何處雲遊客
誤來訪赤松

북풍 부는 해상의 겨울인데
몇 가호가 고기 잡고 농사 짓네.
어느 곳 떠도는 객인가
잘못 와 적송자[7]를 방문하네.

최기주와 이별하다 別崔基周 三首

作別已千里
相知未五年
人事終如此
續緣恐不前

이별한 지 이미 천리인데
오 년이 안 됨을 서로 아네.
사람일이 끝내 이와 같으니
인연이 전과 같지 않음이 두려워라.

又
黃海淸無日
鳧津通幾時
合分定有數
世事莫能知

7) 적송자(赤松子) : 신농씨(神農氏) 때에 비를 다스렸다는 신선의 이름. 풍우를 거느려 늘 곤륜산(崑崙山) 서왕모(西王母)의 객이 되었다고 한다.

황해는 맑아질 날이 없는데
부진은 언제나 통할 건가.
합치고 나뉨은 정해진 수가 있는데
세상일은 알 수가 없네.

又

地軸水南盡
天輪雲北傾
化工元施力
阻我思君情

지축은 물 남쪽에서 끝나고
천륜은 구름 북쪽에 기울었네.
화공이 원래 힘을 베풀어
내가 그대 생각하는 정을 가로막았구나.

성주의 종인 광재를 이별함 別星州宗人光載

三月光山院
叢叢花樹新
星州千里路
分送一枝春

삼월 광산원
무성한 꽃나무 새롭네.
성주 천리 길
한 가지의 봄을 나눠 보내네

박병소 어른을 애도함 자는 견중 挽朴屛巢丈 字見中

問爾寶平山
古今幾箇山
天如人可贖
不許公之山

너 보평산에게 물어본다
고금에 몇 개의 산이던가.
하늘이 사람처럼 속죄하게 한다면
공이 산에 가는 걸 허락하지 않으리라.

여름밤 夏夜

暑雲夜密生
天色未分明
暗暗庭駒立
但聞食草聲

여름구름 밤에 무성하게 오르고
하늘빛 분명하지 못하네.
어두운 마당엔 망아지가 서 있어
다만 꼴 씹는 소리만 들려오네.

산중의 한거 山中閒居 三首

太古青山幽
至今景色留

浮雲聚復散
何必功名求

태고의 청산이 깊은데
지금 햇빛이 머무네.
뜬구름은 모였다 다시 흩어지니
하필 공명을 구할 것인가.

又
有月不嫌貧
夜來照我身
如何世上事
賤是讀書人

달이 가난을 꺼리지 않아
밤에 와 내 몸을 비춰주네.
세상사가 어떠한가.
글 읽는 자를 천시하네.

又
夏亭宿不甘
殘燭已更三
誰識山林下
空空老一男

여름 정자에 머물기가 달갑지 않은데
스러지는 촛불은 이미 삼경이네.
누가 산림의 아래를 아는가.
공연히 한 남아가 늙어가네.

최계봉을 애도함 이름은 병문 挽崔桂峯 名炳文

烏碣山鍾氣
錦江水聚精
伊今安在哉
江上數峯青

조갈산에 모인 기운
금강 물에 모은 정.
지금 어디에 있는가?
강가에 몇 봉우리가 푸르네.

교남의 김천거사를 만나다 逢嶠南金泉居士

杜子客襄陽
蜀山道路長
嶠南千里外
過我竹林堂

두보가 양양으로 갈 때
촉산의 도로가 길었지.[8)]

8) 두보는 안녹산의 난 때 포로가 되어 장안에 연금된지 1년만에 탈출한 공으로 관직에 오르게 되었으나 두어 번의 좌천으로 결국 사천성(四川省) 성도(成都)에 정착하였다가 54세 때, 귀향할 뜻을 품었다. 이에 성도를 떠나 양자강(揚子江)을 하행하여 사천성 동단(東端)의 기주(夔州)의 협곡에 이르러 2년 동안 체류하다가 다시 협곡에서 나와, 이후 2년간 호북·호남의 수상(水上)에서 방랑하다, 배 안에서 병을 얻어 동정호(洞庭湖)에서 59세를 일기로 병사하였다. 여기에서 양양(襄陽)은 두보의 본향이고 촉(蜀)은 사천성의 옛 이름이다. 두보가 내어난 곳은 하남성(河南省) 공현(鞏縣)이나 여기에서는 양양을 고향으로 보고 있다.

교남 천리 밖에서
나의 죽림당을 방문하였네.

가난하게 살아감 窮居 三首

窮通皆是天
虛老南江邊
文字獨何事
食貧五十年

곤궁과 영달이 모두 하늘에 달렸으니
남쪽 강변에서 헛되이 늙어가네.
문자를 홀로 어디에 쓸 것인가.
가난하게 먹은 지 오십 년이네.

又
病暑晩登軒
松溪仙一源
偃然長嘯坐
厭聽世人言

더위 꺼리어 저녁에 처마에 오르니
소나무 개울가 선원이 있네.
비스듬히 길게 읊조리며 앉아 있으니
세상 사람들의 말은 듣기가 싫어지는 구나.

又
男兒事有端
安足憂飢寒

如得行乎位
堂堂不素餐

남아의 일 처음과 끝이 있으니
어찌 굶주림과 추위를 근심할 것인가.
뜻을 얻으면 행하여 세울 것이니
당당히 헛된 녹을 먹지 않으리.

스스로 회포를 펴다 自叙 三首

夢魂驚曉鐘
覺得一心宗
貧賤不能奪
可辭百里封

잠결에 새벽종소리에 놀라니
한 마음의 종지를 깨닫는다.
빈천도 이 뜻을 빼앗을 수 없으니
백 리의 봉토를 사양할 수 있네.

又
氣足泰山扛
浩然充一腔
萬人吾可往
天下獨無雙

기세는 태산을 들어올릴 수 있고
호연함이 한 빈속을 채우네.

만인도 내가 가게 할 수 있으니
천하에서 홀로 짝할 이 없네.

又

心如一柱銅
衆欲不能攻
碌碌世間事
蠢然動是虫

마음이 한 구리기둥 같으니
모든 욕망이 공격할 수가 없네.
녹록한 세상사
꿈틀대며 움직임이 벌레와 같네.

세상을 탄식하다 嘆世 二首

公私俱耗虛
廈屋尙渠渠
世事牛毛苛
細民能盡梳

공사가 모두 어지러이 헛되나
큰집만 오히려 웅장하구나.
세상일 소털처럼 작으나
영세한 백성도 빗질을 다할 수 있네.

又

世事亂如麻
寒儒不得賒

萬般經首白
莫若漁夫槎

세상일 어지럽기가 삼베와 같으니
가난한 선비는 외상도 할 수 없네.
온갖 일 겪으며 머리만 세었으니
어부의 뗏목만 못 하구나.

그윽한 거처 幽居 二首

飮泉又啄山
萬事一心閒
松鶴自明志
琴書不愧顔

샘물 마시고 다시 산을 쪼니
만사가 한 마음에 한가롭네.
소나무와 학으로 스스로 뜻을 밝히고
거문고와 책으로 얼굴이 부끄럽지 않네.

又
風松鳴自歌
雨竹翻如波
移燭垂簾臥
溪亭夜擾多

솔바람은 절로 노래하고
비오는 대숲은 파도처럼 뒤집힌다.

촛불 옮기고 발 드리워 누우니
개울가 정자엔 밤의 소리 요란하네.

이창헌과 창화하다 與李昌憲暢和 四首

草堂烟雨中
好是嫩楊風
掩戶殘寒在
江南不見紅

초당의 안개비 속에
새 버들의 바람이 좋네.
문 닫으니 남은 추위 있어
강남엔 붉은 꽃을 볼 수 없네.

又

恨不早相逢
春今始見容
蒼蒼東壁外
又喜待歸松

일찍 상봉하지 못한 것 한스러운데
봄날 지금 비로소 얼굴을 보네.
창창한 동쪽 벽 너머
귀환을 기다리는 소나무가 기쁘네.

又

吾道濯如江
杏壇春一窓

六洲昇沸日
惟有古箕邦

나의 도는 강처럼 빛나고
행단의 봄기운 한 창문에 있네.
육주에 떠오르는 해는
다만 옛 기자의 나라에 있네.

又

二君經宿歸
竹戶上春暉
步入花間路
餘香尚襲衣

두 사람 머물고서 돌아가니
대숲의 집엔 봄빛이 오르네.
꽃나무 사잇길로 걸어 들어가니
남은 향기 아직도 옷에 배어있네.

스스로 한스러워하다 自恨 二首

吾不如農夫
閒歌芳草衢
碌碌蠹篇上
一身寄自娛

나는 농부만 못하나
방초의 길에서 한가히 노래하네.

녹록한 좀 먹은 책 위에
일신의 즐거움을 붙였네.

又

難關力打開
寒谷春風來
蘇秦何用節
李白不須盃

험한 관문을 힘껏 타개하고
추운 골짝에 봄바람이 불어오네.
소진[9]이 어찌 절을 쓸 것이며
이백[10]도 잔이 필요 없다네.

봄에 몽탄강을 유람하다 春遊夢灘江 九首

世情一不同
花事自東風
莫恨谷春少
庭青勝白紅

---

9) 소진(蘇秦) : 중국 전국시대의 유세가. 합종책(合縱策)을 주장하여 연(燕)・조(趙)・한(韓)・위(魏)・제(齊)・초(楚)의 여러 나라를 설복하여, BC 333년 연나라에서 초나라에 이르는 남북선상(南北線上)의 6국의 합종에 성공하였다. 이로써 혼자서 6국의 상인(相印:재상의 인장)을 가지고, 스스로 무안군(武安君)이라 칭하여 이름을 떨쳤다.

10) 이백(李白) : 중국 성당기 시인. 시선(詩仙)이라고 불린다. 술을 좋아하여 이백을 적신인(謫仙人)이라고 칭한 하지장(賀知章)등과 함께 '술 속의 팔선'이라고 불리웠다.

세상의 정은 한결같이 같지 않은데
꽃피는 것은 봄바람에서 비롯되네.
골짝의 봄 적다고 한하지 마오.
정원의 푸름 희고 붉은 꽃보다 낫네.

又

春雨久違時
青山花正遲
隨香墻下到
獨秀向陽枝

봄비가 오래 시기를 어겨
푸른 산에 꽃이 진정 더디네.
향기 따라 담 아래 이르니
홀로 꽃핀 양지 향한 가지가 있네.

又

頹波支也誰
讀罷北門詩
天下滔滔是
善身莫適宜

무너지는 파도를 지탱하는 것은 누구인가.
북문의 시[11]를 독파하니
천하는 도도한데
선한 몸 적의가 아니네.

---

11) 북문(北門) : 시경 패풍(邶風)중 한편. 선비가 뜻을 이루지 못함을 풍자한 시로 선비의 불우함을 비유한다. "出自北門 憂心殷殷 終窶且貧 莫知我艱 已焉哉 天實爲之 謂之何哉"

又

溪柳葉抽微
香風入少扉
庭園春色早
浪蝶等閒飛

개울의 버드나무 작은 잎 뽑아내고
향풍이 작은 사립문으로 들어오네.
정원에 봄빛이 빠른데
방자한 나비 등한히 날아가네.

又

天道無親踈
飛潛各得居
喬樹來孕鵲
淺灘縱卵魚

천도엔 친하고 소원함이 없으니
날고 숨은 것 각각 거처를 얻네.
높은 나무엔 잉태한 까치가 오고
낮은 여울엔 알밴 물고기가 따르네.

又

何邊春正佳
細雨山人階
紅粧花千樹
烟絲柳一涯

어느 곳에 봄이 진정 아름다운가.
보슬비 산사람의 섬돌에 내리는데

붉게 단장한 꽃이 천 나무이고
안개 낀 실가지 버드나무가 한 물가에 있네.

又
物無不得春
惟有多心人
何事非愁處
夕陽烟雨新

봄기운 얻지 못한 사물이 없는데
다만 시름 많은 사람이 있네.
어떤 일이 근심 어린 곳이 아니겠는가만
석양에 안개비가 새롭네.

又
雨歇草堂寒
山翁不出欄
喚兒執史至
懶起一遍看

비 그치고 초당이 차가워서
산 늙은이 난간을 벗어나지 못하네.
아이 불러 사서를 가져오게 하여
나른히 일어나 한 차례 살펴보네.

又
山女濕紅裙
雨天漏隙矄
忙忙自野到
傾筥採春芹

산 아낙은 붉은 치마가 젖었고
비오는 하늘에서 석양빛이 새어나오네.
부지런히 들에서 이르니
광주리 가득 봄 미나리를 캐왔네.

두견이 杜宇

杜宇空山中
萬春一夜同
無人告此恨
血月自悲風

빈 산 속의 두견이
만 봄의 한 밤이 한가지네.
이 한을 알릴 사람 없으니
핏빛 달빛 속에 절로 슬픈 바람이 이네.

물이 지나간 후 水退後

水來一大江
水去忽平陸
江陸天工成
只看水滿縮

물 흘러와 큰 강이 되었는데
물이 물러가니 문득 평지이네.
강과 육지를 천공이 이루는데
다만 물이 차고 빠짐을 보네.

사월 초파일 四月初八日

逐逐强樓登
靜觀八日燈
無處不興感
從知佛氏能

달리듯 가서 억지로 누대에 올라
고요히 초파일의 등불을 본다.
흥감이 일지 않은 곳이 없으니
이로써 부처의 능함을 깨닫네.

오월 보름 五月望

晩朝雲日開
遠峀小如盃
懶出星岩里
野雞唱午來

늦은 아침 구름 속 해가 열리니
먼 산굴이 술잔처럼 작구나.
나른히 성암리를 나서니
들 닭이 정오를 알려 오네.

사월 그믐 四月晦

夏歇百叢佳
青青野一涯

繁陰桃樹下
小路危如崖

여름에 온 떨기의 아름다움 시들고
푸르고 푸른 들 한 물가에 있네.
짙은 그늘 복숭아나무 아래
작은 길이 언덕처럼 높네.

여러 생도에게 보이다 示諸生

莫云玉已美
甘受他山攻
璞石磨增彩
爐金煉益丰

옥이 이미 아름답다고 말하지 말라
타산지석의 다듬음을 달게 받아야 하리.
옥덩이는 다듬을수록 더욱 광채가 나고
연금은 단련할수록 더욱 아름답다네.

희암과 이별하다 別希庵

何時正所思
霽月上欄來
更看未花菊
秋應待我開

어느 때 진정 생각날까
맑은 달빛 난간에 오를 때일 것이네.
다시 보니 국화는 아직 피지 않았으나
가을엔 응당 나를 기다려 피어나리.

일본군이 중국으로 들어갔다는 소식을 듣고 聞日兵渡中國 三首

毒虫一巨物
食盡三千桑
兇腸猶不足
延頸渡平洋

큰 독충 한 마리가
삼천리 뽕잎을 다 먹고도
흉악한 창자 오히려 만족하지 못해
목을 늘여 평양으로 들어가네.

又

蠶固無爲食
寄生山柞枝
絲腹莫人救
經綸都不知

누에는 본래 먹이를 만들지 못하고
산 떡갈나무 가지에 기생하네.
실 뽑는 배를 구할 사람이 없어
경륜을 모두 알 수가 없네.

又
桑應剝落後
嫩葉復森森
第仍雨露化
養得陸州蠶

뽕잎이 응당 벗겨져 떨어진 후에
새 잎이 다시 무성하네.
다만 비와 이슬의 조화를 따르면
육주의 누에를 키울 수 있으리.

담뱃대 烟竹

爾身似士人
淸直不汙塵
奚作引烟孔
中心塞惡津

너의 몸은 선비 같아서
맑고 곧아 먼지에 더럽혀지지 않는 구나.
어찌 안개의 구멍을 끌어와서
중심의 악진을 막을 건가.

꿈을 시로 짓다 夢詩

赤壁無海松
我藝赤壁松

松壁萬千歲
爲說此若翁

적벽에 해송이 없어
내가 적벽의 소나무를 가꾸네.
소나무 절벽 만천 세월이면
이 늙은이를 말하리라.

우연히 느껴서 偶感

世事欲尤誰
窮通自在隨
天翁如不答
去問滄浪池

세상일 누구를 허물하겠는가.
곤궁과 영달은 스스로 따르는데 달렸네.
천옹이 대답하지 않을 것 같으면
가서 창랑의 못[12]에 물으리라.

봄날 병중에 春日病中 二首

吟病見花枝
青春己半時
掛冠深縮首
窓日午遲遲

12) 창랑(滄浪) : 굴원(屈原)의 어부사(漁父詞)의 “滄浪之水清兮 可以濯吾纓 滄浪之水濁兮 可以濯吾足”에서 나온 말.

신음하는 병중에 꽃가지 보니
푸른 봄은 이미 반이 지나버렸네.
모자 걸어놓고 깊이 머리 움추리는데
창가의 해는 오후에 더디기만 하구나.

又
春日陰雲低
海天上可携
深門人不到
竹下有鳴鷄

봄날 어두운 구름 나직하여
바다 하늘을 위로 끌어당길 수 있네.
깊은 곳의 문이라 사람들 이르지 못하는데
대나무 아래 닭이 울고 있네.

비가 갬 晴雨 二首

天晴不一塵
山鳥歌陽春
安得片時樂
永均四海人

하늘 맑고 한 티끌도 없는데
산새가 봄볕을 노래하네.
어떻게 짧은 때의 즐거움을 얻어
영원히 사해인이 균등할 수 있을까

又

傍花設一筵
世事都如仙
松鶴亦知意
翩翩過小川

꽃 옆에 한 자리를 차지하니
세상일 모두 신선 같구나.
소나무의 학도 역시 뜻을 아는 양
훨훨 날아 작은 내를 지나간다.

모기장 蚊布

暑窓風路微
蚊脚欲穿飛
夜夜堂前月
照來也不稀

여름 창문 바람 길이 작은데
모기의 다리 뚫고 날려하네.
밤마다 당 앞의 달빛이
비춰오는 일도 드물지 않네.

제비집이 파손 당하다 鷰巢被毁

癡子毁鷰居
四乳落沒如
尙幸理不絶
生得一雛餘

아이들이 제비집을 부수어
네 마리 새끼가 떨어져 버렸다네.
다행히 이치가 끊기지 않아서인지
생명 구한 한 마리 새끼가 남았다네.

서교에 대해 듣고서 聞西教

東海日輪高
西江又急潮
一邦凄雨鎖
民事細如毛

동해에 해가 높은데
서강에는 급한 조수라네.
한 나라가 처량히 비에 잠기니
민사가 터럭처럼 작네.

동지에 읊다 冬至吟 三首

一夜春方開
滿山花約來
誰知天意在
玄酒家家盃

하룻밤에 춘방이 열리니
온 산에 꽃이 약속하여 오네.
누가 하늘의 뜻이 있음을 아는가
좋은 술 집집마다 잔에 채우네.

又

一雷地鑰開
舊國新陽來
草堂風雪裏
滿酌迎春盃

천둥이 한번 치니 땅이 열려
옛 나라에 새 봄이 왔네.
초당의 풍설 속에
가득 따라 봄 술잔 맞이하네.

又

鳳藏鴂舌喧
龍沒鰍泡尊
安回造化力
一掃遍春思

봉황이 숨으니 때까치 소란하고
용이 잠기니 미꾸라지 물거품이 높네.
어떻게 조화력을 되돌려
두루 봄 시름을 한번 쓸어버릴까.

부주산 강변에서 노닐다 遊浮珠山江邊 三首

志業尙遙遙
天寒萬念消
江湖歲月幾
孤枕愁聽潮

지업은 아직 멀고먼데
날 차가워 만념이 녹네.
강호에서의 세월이 얼마이던가
외로운 베개 근심 속에 조수물 소리를 듣네.

又

陽春想不遙
梅查雪初消
起向寒鳥問
翩翩默下潮

양춘이 멀지 않다고 여기고
눈이 처음 녹을 때 매화 찾는데
일어나 추운 새를 향해 물으니
훨훨 묵묵히 조수로 내려가네.

又

掩目思悠悠
驚鴻今幾秋
倦飛佳境得
飲啄錦江洲

눈 가리니 사념만 유유한데
놀란 기러기 지금 어느 때인가.
나른히 날아 좋은 경치 얻어
금강의 물섬에서 물 마시고 모이 쪼네.

두 객이 있어서 有二客 二首

浮山削玉峯
仙俗夜奇逢

子房千秋後
我從二赤松

부산의 깎아낸 옥봉에서
선인과 속인이 밤에 기이하게 상봉하였네.
자방[13]의 천추 후
나는 두 적송자를 따르네.

又
山日開清灘
臨流高一欄
四時迎送幾
此地降仙官

산의 해가 맑은 여울을 여니
물에 임한 높은 한 난간이 있네.
사시에 맞이하고 전송함이 몇 번이던가.
이 땅엔 선관이 내려온다네.

나종건의 필첩에 적다 題羅鍾健筆帖

古云錦上花
我看羅人家
王羲千載後
奎苑一星加

13) 자방(子房) : 장량(張良)을 말함. 자방(子房)은 그의 자(字)이다. 한고조를 도운 공신으로 항우(項羽)와 유방이 만난 '홍문의 회(會)'에서 유방의 위기를 구하였던 책략가.

금상첨화라는 옛 말을
나는 나씨의 집안에서 보네.
왕희지[14] 천 년 후
규원에 한 별이 더해졌네.

옛것을 지킴 守舊 二首

自守舊衣冠
羞吾井底看
江山掃已盡
無處寄身安

스스로 옛 의관을 지키는데
나의 우물 아래를 보는 것 부끄럽네.
강산이 모두 쓸어져버리니
몸을 편안히 붙일 곳이 없네.

又

苦海幾風波
鬢邊白髮多
乾坤不容許
奈其命數何

고해에 풍파가 몇 번이던가
귀밑머리 가에 백발만 많네.
하늘과 땅이 허락함을 용납하지 않으니
그 목숨을 어찌하랴.

---

14) 왕희지(王羲之) : 중국 동진(東晉)의 뛰어난 서예가.

홀로 앉아 감회가 있어 獨坐有感

方寸堅如城
泰山視尚輕
丈夫將有意
第待濁河晴

방촌이 성과 같이 견고하여
태산을 바라봄 오히려 경시하네.
장부가 장차 뜻을 두었으나
다만 탁한 강물이 맑아지길 기다리네.

선친의 생신에 先親生辰

聊裁一幅屛
畵出老人星
北堂獻作壽
不羡碧桃汀

한 폭 병풍을 오려 만들어
노인성[15]을 그려내었네.
북당에 잔 올려 축수하고
벽도나무의 물가를 바라지 않네.

---

15) 노인성(老人星) : 남극노인성(南極老人星)의 약어. 천구(天球)의 남극 부근에 있어 2월 무렵 남쪽 지평선 가까이에 잠시 보이는 별. 예부터 사람의 수명을 맡아 보는 별이라 하여 이 별을 보면 오래 산다고 하였다. 남극성·수성(壽星)이라고도 불린다.

김문옥과 창화하다 與金文玉敍暢

休道尋常逢
留侯從赤松
山空塵不到
捿鶴七星峰

항상 만난다고 말하지 마오
유후[16]는 적송자를 따라갔다네.
산이 비었는데 먼지도 이르지 못하고
깃든 학은 칠성봉에 있네.

스스로 술회하다 自述 三首

九天尚易登
學道難爲明
不得心專一
百魔交眼層

구천은 오히려 쉽게 오를 수 있지만
학문의 도는 밝히기가 어렵네.
마음을 전일할 수가 없어
온갖 마가 시야에 교차하며 층을 이루네.

又

經雪看松林
亭亭根固深

16) 유후(留侯) : 장량(張良).

一面清風到
自鳴千古音

눈을 겪은 솔숲을 보니
정정하게 뿌리가 굳고 깊네.
한 면에 청풍이 이르니
절로 천고의 음을 울리네.

又
彤雲和夕烟
小雨忽中天
正待窓前月
送人汲酒泉

붉은 구름에 석양의 연기가 섞이니
보슬비가 문득 중천에 있네.
진정 창 앞의 달을 기다리는데
사람을 보내어 주천을 길러오네.

나종호에 화답하다 和羅鍾浩

同是一鄕山
人情胡有間
爲緣風浪逐
不得放舟閒

함께 한 고향 산에 있으니
인정에 어찌 틈이 있겠는가

풍랑에 내몰리어
배 띄우는 한가함을 얻지 못하네.

눈 오는 날 문을 열고 雪日推戶

大雪滿空階
煖居頗忘懔
扣氷汲水女
呵手固金釵

큰 눈이 빈 섬돌에 가득한데
따뜻한 거처에서 자못 정성을 잊네.
얼음 깨고 물 긷는 여인
손을 불며 금비녀를 고쳐 꽂네.

김문옥과 이별하다 別金文玉

去是雪窮天
來應花富年
人情推此卜
斷去知來連

갈 때는 눈발 가득한 하늘이지만
올 때는 마땅히 꽃 풍부한 해이네.
인정을 이것으로 미루어 점치면
끊어졌다 이어짐을 알 수 있지.

충효당 앞에서 기쁘게 매화를 보고 忠孝堂前喜見梅花

見爾越三年
戰雲隔漠然
春風更引我
迎笑故堂前

너를 본지 삼년이 넘었는데
전운에 막혀 막연하였네.
봄바람이 다시 나를 이끌어오니
옛 당 앞에서 맞이하며 웃네.

산보 散步

暖日出江坮
香風入袖來
問津十里到
桃李正芳開

따뜻한 날 강가 누대를 나서니
향기로운 바람 소매로 불어오네.
나루 물으며 십리에 이르니
복사꽃 오얏꽃 막 향기롭게 피어났네.

박춘재의 벽 위에 적다 자는 자중 題朴春齋壁上 字子重

天春人不春
春固無長春

惟有春齋春
四時一貫春

하늘은 봄인데 사람은 봄이 아니니
봄은 본래 긴 봄이 없다네.
다만 춘재의 봄이 있어
사시가 하나같이 봄이네.

반곡재에서 회포를 풀다 盤谷齊叙懷 九首

春風祚我東
一色萬山通
古松葉復綠
老栢花將紅

봄바람이 우리 동쪽에 내리니
한 빛이 온 산을 통하네.
고송의 잎은 다시 푸르러지고
늙은 동백은 꽃이 붉어지려하네.

又
臥吟梁父詩
漢祚知曾移
南陽龍不起
鰍鱔舞汚池

누워서 양보시[17]를 읊으니

17) 양보시(梁父詩) : 양보음(梁甫吟)을 말함. 악부(樂府) 초조곡(楚調曲) 이름. 양보

한나라의 천명이 장차 바뀔 것을 알았네.
남양의 용[18]이 일어나지 않으니
미꾸라지 드렁허리가 진창에서 춤추네.

又
記名粗解書
運殼定無居
鵬飛那有日
恨作池中魚

이름 적어 대략 글을 이해하는데
성실함을 운행함은 진정 거처가 없네.
붕새의 낢이 어찌 날이 있겠는가.
못 속의 물고기가 됨이 한스럽네.

又
春雨漲山溪
林林鳥自啼
一鶴捿不得
之北又之西

봄비가 산 개울에 넘치니
떼 지은 새들 절로 우네.

는 산동성(山東省) 신태시(新泰市) 서쪽 태산(泰山)있는 작은 산인데, 사람이 죽어 양보에 장사지내면서 부른 상여수리 형태의 노래로 제갈양(諸葛亮)과 이백(李白)의 작품이 전한다.

18) 남양(南陽)의 용 : 제갈량(諸葛亮)을 말한다. 제갈량이 남양(南陽)에서 농부가 되어 영보음(梁甫吟)을 지었는데 그때가 유비(劉備)가 위(魏)의 조조(曺操)에게 쫓겨서 유표(劉表)에게 가서 피신하였을 때였다. 이에 서서(徐庶)가 그에게 제갈량을 추천하면서 제갈량을 와룡(臥龍)이라고 하였다.

학 한 마리가 깃들 곳이 없어
북으로 갔다가 다시 서로 가네.

又

霽天月少街
物物胎新佳
風送砧聲到
客窓愁一涯

갠 하늘 달빛이 거리에 적고
사물마다 모습이 새롭고 아름답네.
바람이 다듬질소리 전해오는데
객창의 근심 한 물가에 있네.

又

春早花稀開
夜闌月不來
惟君知我寂
閒屐破庭苔

봄이 일러 꽃이 드물게 피고
밤 깊어도 달이 오지 않네.
다만 그대가 나의 적막을 알아
한가한 걸음 정원의 이끼를 짓밟네.

又

一心重泰山
不役塵埃間
鳥得陽春樂
松青太古顏

일심은 태산처럼 무거우니
먼지 속에서 다투지 않네.
새는 양춘의 즐거움을 얻고
솔은 푸르러 태고의 얼굴이네.

又
井蛙自樂天
未睹大江邊
文字空欺我
客中又一年

우물 속 개구리도 스스로 하늘을 즐기나
큰 강가를 보지 못하네.
문자가 공연히 나를 속여서
떠도는 중에 또 일년이 가네.

又
河清日尚遙
千歲今寥寥
斯道誰能復
危如犾木橋

강 맑을 날 아직 먼데
천세의 지금 적료하네.
이 도를 누가 회복할 건가.
위험하기가 개가 다리에서 으르렁거리는 듯 하네.

무제 無題

吾道脫秦灰
僅存千世來

嗟今又蕩盡
那復地中雷

우리의 도 진나라의 재[19]를 벗어나
겨우 천년을 보존해 왔는데.
아 지금 또다시 탕진되니
어찌 땅속 우뢰를 회복하랴.

망월숙에서 제군과 이별하며 주다 望月塾贈別諸君 三首

此生宇宙中
賦界聖賢同
莫墮衆人堀
一心萬理通

이 생애 우주 가운데
부여한 경계 성현과 같네.
여러 사람의 굴로 떨어지지 말고
일심으로 만리에 통하오.

又
天賦此身全
重名在那邊
所宜君子業
勤力治丹田

19) 진(秦)의 재 : 진시황제(秦始皇帝)의 분서갱유(焚書坑儒).

하늘이 부여한 이 몸이 온전한데
무거운 명성 어느 곁에 있는가.
군자의 업을 마땅히 하니
부지런히 힘써 단전을 가꾸네.

又
慾雨饕風中
心舟難保終
一邊學海靜
第待春方濃

욕망의 비가 욕심의 바람 속에 있으니
마음의 배를 끝내 보존하기 어렵네.
한 모퉁이에서 바다 고요함을 배우며
다만 춘방이 짙어옴을 기다리네.

삼호정에 적다 題三乎亭

賢人去後思
惟見巋然亭
潭月心餘白
庭松氣獨青

현인이 떠나간 후 생각하니
다만 우뚝한 정자를 보네.
못의 달 중심이 밝고
마당의 소나무 기운만 홀로 푸르네.

청암 족제 재철 淸菴 族弟 在哲

世潮無日晴
砥柱獨亭亭
醉夢滔滔是
正難屈子醒

세상 물결 맑은 날이 없는데
지주[20]만 홀로 정정하네.
취한 꿈은 도도한데
진정 굴원[21]의 깨어남이 어렵네.

송당 족제 달규 松堂 族弟 達奎

無物誓堅志
衆林愛晩靑
炎凉塵不到
靜待黃河淸

굳은 뜻을 맹세할 물건 없는데
온 숲의 만년의 푸름을 사랑하네.
염량의 먼지가 이르지 않으니
조용히 황하가 맑기만 기다리네.

---

20) 지주(砥柱) : 중류지주(中流砥柱). 중국 하남성(河南省) 섬주(陝州)에서 동쪽으로 40리 되는 황하(黃河)의 중류에 있는 기둥모양의 돌. 위가 판판하여 숫돌과 같다.

21) 굴원(屈源) : 중국 전국시대의 정치가, 어부사(漁父詞), 이소(離騷)등을 지은 시인. 초(楚) 회왕(懷王)의 밑에서 좌상(左相)의 관직을 맡아 내정과 외교에서 활약하였으나 법령입안(法令立案) 때 정적과 충돌하여 모함을 받아 추방되었다.

오언 율시 五言 律詩

미헌에 적다 이름은 박태화이다 題薇軒 名朴泰和

碧山一小軒
自是武陵村
夜靜董書室
秋香陶菊園
松雲高擎枕
鶴月半開門
泉汲薇采茹
不關塵世昏

푸른 산의 한 소헌
스스로 무릉촌인데
밤 고요함은 동중서[22]의 서실이고
가을 향기는 도연명[23]의 국화 정원이네.
소나무 구름에 베개 높이 베고
학의 달빛에 문을 반쯤 열었네.
샘물 길러 고사리를 먹고
진세의 어둠과 관여하지 않네.

---

22) 동중서(董仲舒) : 중국 전한(前漢) 때의 유학자.

23) 도연명(陶淵明) : 중국 동진(東晋) · 송대(宋代)의 시인. 국화를 좋아하여 주돈이(周敦頤)의 애련설(愛蓮設)에 "草木之花 可愛者甚蕃 晉陶淵明獨愛菊" 라고 쓰여있다.

봄을 전별하다 餞春

一言贈爾春
莫負百年人
親堂孝日少
夫塞望雲新
殘花翳密葉
啼鳴送行塵
願訴天公陛
長期數刻隣

한 마디를 너 봄에게 주니
백년의 사람을 저버리지 말라.
친당[24]에서 효도하는 날이 적고
변방에서 구름 새로움을 바라보네.
남은 꽃 우거진 잎에 가리고
새 우는소리 가는 먼지 전송하네.
원컨대 옥황상제의 섬돌에 호소하여
잠깐의 도움으로 길어지기를 바라네

스스로 회포를 풀다 自遣

天送一南風
吾民解慍同
孰匪消長裏
群生造化中
物必窮還復

24) 친당(親堂) : 부모님이 기거하는 곳. 부모님을 뜻함.

理無誠不通
何須煩苦慮
守拙尚勝工

하늘이 한 번 남풍을 보내
우리 백성 노여움을 풀어주니
무엇이 사라지고 소생하는 변화 속에 있지 않겠는가.
여러 생령이 조화 중에 있네.
사물은 반드시 궁하면 다시 회복되고
이치는 성의 없으면 통하지 않네.
어찌 번거롭게 고민하랴.
분수에 맞게 사는 것이 오히려 공교함보다 낫다네.

보평산 시회 寶平山詩會[25]

又
南風引步輕
飄若羽仙成
高臨焉用馬
白戰不須兵
林木參天老
澗流激石鳴
快眼無爲敵
山河一掬盈

남풍이 걸음을 가볍게 이끌어
날아오르는 신선 되었네.

25) 뒤의 칠언율시 <보평산시회寶平山詩會>와 연작이다.

높이 오름에 어찌 말을 쓸 것인가.
백전에 병사가 필요 없네.
숲나무는 하늘에 치솟아 늙고
개울 흐름은 바위에 부딪혀 울리네.
유쾌한 시선 적대함이 없고
산하가 한줌 가득하네.

감방산 시회 坎方山詩會

爾我不相名
晩叩愧此生
上臨天一尺
下盡地長城
奇石雲如畵
老松風自聲
今去千秋後
又誰來踏平

너와 나 서로 이름도 부르지 않았는데
만년에 방문하니 이 생이 부끄럽네.
위로 임한 하늘은 일 척이고
아래로 다한 땅은 장성이네.
기이한 바위엔 구름이 그림 같고
늙은 솔엔 바람이 절로 소리내네.
지금 가면 천추 후에
또 누가 와서 평지를 걸을까.

여름날 夏日

五月火蒸雲
草堂衣帶曛
榴花春自別
篘葉路迷分
村隣來麥酒
籬穴走鷄群
莫浪少年業
撫心更請君

오월의 불길 구름을 달구고
초당의 의상엔 석양빛을 띠었네.
석류꽃에 봄이 스스로 다른데
댓잎에 길을 분간할 수 없네.
마을 이웃에서 맥주를 가져오고
울타리 굴로 닭 무리가 달아나네.
소년의 업을 함부로 하지 마오.
마음 어루만지길 다시 그대에게 청하네.

봄에 몽탄강을 유람하다 春遊夢灘江 四首

永日草堂前
百花春暮天
事業恨今世
經綸依古賢
貧居身少過
老至眼常烟

惟君志向道
可與易心田

긴 해는 초당 앞에 있고
뭇 꽃은 봄 석양의 하늘에 있네.
사업은 금세를 한스러워 하고
경륜은 옛 현인에 의지하네.
가난하게 살지만 몸에 잘못 적은데
늙어서 눈이 항상 연기 낀 듯하네.
다만 그대가 도에 뜻을 둔다면
함께 마음자리를 바꿀 수 있네.

又
春菜露朝朝
嫩芽日上桃
竹溪流碧畵
花市濃紅潮
山女打毬嬉
野童吹葉謠
兩三蕩酒輩
白馬夕陽橋

봄나물은 아침마다 이슬에 젖고
새싹은 매일 복숭아나무에 오르네.
대숲 개울 푸른 그림처럼 흐르고
꽃 파는 저자거리는 붉은 조수처럼 짙네.
산에 처녀는 공을 치며 놀고
들의 아이들은 잎을 불며 노래하네.
두셋의 방탕한 술꾼들
백마 타고 석양의 다리 가에 있네.

又

無人可許交
太半酒其看
艷色杏三月
飽粮麥四郊
士難附鳳翼
民不侮鴟巢
誰識風潮裏
沒泥有玉梢

사귈만한 사람이 없어
태반을 술만 바라보네.
고운 빛의 살구꽃 삼월인데
알곡 찬 보리가 사방 교외에 있네.
선비는 봉황의 날개에 붙기가 어려운데
백성은 부엉이 둥지를 업신여기지 않네.
누가 바람 부는 조수 속에
진흙에 묻힌 옥초가 있음을 아는가.

又

春色晩生加
小園菁始花
呼角車前路
香砧竹裏家
雨急兒行走
風微鷩羽斜
忽聞山外語
東國日差遐

봄빛은 저녁에 더욱 생겨나고
소원에 무꽃이 처음 피었네.
호각소리 수레 앞길에 있고
다듬이소리 대숲의 집에 있네.
비가 급하니 아이들 달려가고
바람 약하니 놀란 날개 기우네.
문득 산 밖의 말을 들으니
동국이 날로 점차 멀어진다네.

소견 嘯遣

處事守從容
未聞警世鍾
眉插衝天氣
眼皆平地峰
無用棘林壁
等閒花外松
如修在我道
雲莫不隨龍

일에 처하면 조용함을 지키니
세상을 경계하는 종소리를 듣지 못했네.
눈썹엔 충천하는 기운을 꽂고
시야엔 모두 평지의 봉우리네.
무용한 가시 숲의 벽옥
등한한 꽃 너머의 소나무
수양함은 나의 도에 달렸으니
구름이 용을 따르지 않음이 없네.

늦게 온 학생 晩到學生

曉雨龍山隅
書生不出衢
十里雙簞食
一傘半酒壺
簾風起冷嘯
簷滴轉明珠
願君愼勿怠
以副親堂娛

새벽 비가 용산 모퉁이에 내리니
서생은 길로 나가지 않네.
십리에 두 도시락 밥
한 우산과 반병의 술
발의 바람은 찬 휘파람 소리 일으키고
처마의 물방울엔 명월주 소리가 나네.
그대에게 바라니 신중히 게으르지 말고
부모를 즐겁게 하오.

관등 觀燈

飄然化莊生
飛上七峯城
浴齊禪戒律
燭戲士風情
麥帶涼秋熟
荷經新雨橫

清綠水石好
何必愛功名

표연히 장생[26]으로 화하여
칠봉성에 날아오르네.
선계율에 목욕제계하고
사풍정에 불 밝히고 노니네.
보리는 서늘한 가을기운 띠며 익고
연꽃은 새 비를 맞아 기울었네.
맑고 푸른 수석 좋은데
하필 공명을 사랑할 것인가.

『통감』을 읽다 讀通鑑

眼過萬古春
歷歷賢愚人
二三秦世亡
八百周邦新
唐虞以揖讓
楚漢多風塵
何事紛紛戰
廢興在一身

시선이 만고의 세월을 지나니
어질고 우매했던 사람들 역력하네.
이삼대에 진나라는 망하였고[27]

---

26) 장생(莊生) : 장주(莊周)를 말함.
27) 진나라는 천하를 통일하고 2대 황제인 호해(胡亥)때에 가혹한 법치와 많은 토목

주나라는 팔백년을 새롭게 하였네.[28]
당우[29]는 읍양하였고
초한 때엔 풍진이 많았네.
무슨 일로 분분하게 싸우었나.
폐하고 흥함은 일신에 달렸다네.

글씨를 익히다 習字

把筆起風雲
圓方以軆分
畫摹鳥遺跡
点成鴈落群
得妙李斯法
泣神太白文
莫能測造化
後學述蝈聞

붓을 쥐고 풍운을 일으키니
원과 모로 체가 나뉘네.
새가 남긴 자취를 그려 본뜨고
기러기 떨어진 무리를 점찍어 이루네.
묘함은 얻음은 이사[30]의 법이고

공사로 인한 잦은 요역의 징발로 인해 많은 농민 봉기가 일어나 점차 쇠퇴했고 한고조인 유방에 의해 멸망한 것을 말한다.

28) 무왕이 은(殷)나라를 멸망시키고 주나라를 세운 뒤 서융(西戎)의 침략을 받아 평왕(平王)이 동천(東遷)하여 동주(東周)가 되기 전까지 팔백년 동안 천자의 나라로 천하를 통치한 것을 말한다.

29) 당우(唐虞) : 중국 고대의 임금인 도당씨(陶唐氏) 요(堯)와 유우씨(有虞氏) 순(舜)을 아울러 이르는 말.

귀신을 울게 함은 태백[31]의 문이네.
조화를 헤아릴 수 없으니
후학들의 조술이 떠들썩하게 들리네.

칠성봉 시회 七星峯詩會[32]

問爾七星名
碩人誰發明
五老文章始
三山仙以成
川通四浦口
野斷雙橋程
求古無徵處
吾遊一準平

너의 칠성이란 이름을
현인 가운데 누가 발명하였는가.
오로[33]의 문장에서 비롯되었고
삼산[34]의 신선이 이루었네.
냇물은 사방 포구로 통하고

---

30) 이사(李斯) : 중국 진(秦)나라 때의 법가류(法家類)의 정치가.

31) 태백(太白) : 중국 성당기(成唐期)의 시인인 이백(李白). 태백은 그의 자이다.

32) 뒤 칠언율시 <칠성봉시회七星峯詩會>와 연작시임.

33) 오로(五老) : 송대(宋代)의 다섯 장로. 서경(西京)의 문로공(文潞公), 범경인(范景仁), 장중선(張仲巽), 사중휘(史中輝), 유백수(劉伯壽)를 말하기도 하고 남도(南都)의 두연(杜衍), 왕환(王渙), 필세장(畢世長), 주관(朱貫), 풍평(馮平)을 말하기도 한다. 여기에서는 오로회(五老會)를 결성했던 남도(南都)의 두연(杜衍), 왕환(王渙), 필세장(畢世長), 주관(朱貫), 풍평(馮平)을 말하는 듯 하다.

34) 삼산(三山) : 삼신산(三神山). 신선이 산다는 세 산. 봉래(蓬萊)·방장(方丈)·영주(瀛州)

들은 쌍 다리 길에서 끊기었네.
옛것을 찾으며 징험할 데 없는데
내 유람의 한 평탄함이네.

이경칠 선부군의 효문에 적다 題李京七先府君孝門

亭亭竪一門
李氏萬年村
位占三綱裏
德培百行根
丹青西蜀近
文物高唐昏
我石記名蹟
確乎君子論

정정하게 한 문중을 세우니
이씨의 만년 마을이네.
지위는 삼강을 독점하고
덕은 백행의 뿌리를 배양하네.
단청은 서촉[35]에 가깝고
문물은 고당[36]이 어둡구나.
내가 비석에 명적을 기록하여
군자들의 논의를 확립하리라.

---

35) 서촉단청(西蜀丹青) : 서촉은 지금의 중국 사천성(四川省)에 있었던 촉(蜀)나라를 말 하는데 서쪽에 있다고 해서 서촉이라고 불리웠다. 단청으로 유명하여 이사(李斯)의 상진황축객서(上秦皇逐客書)에 나온다.

36) 고당(高唐) : 중국 초(楚)나라 송옥(宋玉)이 양왕(襄王)과 함께 운몽택(雲夢澤) 그의 운우(雲雨)의 이야기를 듣고 그에 바탕하여 지은 부인 고당부(高唐賦)를 말함. 고당은 운몽택 가운데에 있던 누대 이름.

봄을 전별하다 餞春 六言

來亦天去亦天
人間都是天年
英雄空老千古
少婦莫嚬一邊
柳絲未繁傾日
花夢已歸散烟
問春今路何處
如失難從惘然

오는 것도 천리이고 가는 것도 천리인데
인간세상도 모두 천년이네.
영웅은 공연히 천고에 늙어 가는데
어린 부녀는 한 쪽에서 찡그리지 않네.
버들가지 무성하지 못한데 해가 지고
꽃의 꿈 이미 돌아가고 안개 흩어지네.
물어보자 봄이 지금 어느 곳에 있는지
잃고서 좇을 수 없어 망연하네.

박후산의 벽 위의 운에 차운하다 次朴後山壁上韻

碧山草一廬
謝世閉門居
人有清高誹
國無延聘書
仰吟梁父句
俯釣太公魚
那是所長物
鶴邊月當餘

푸른 산 초가집 한 채
세상 버리고 문닫고 거처하네.
사람들은 청고하다고 비방하는데
나라에선 초빙하는 글이 없네.
우러러 양보음의 구절[37]을 읊조리고
굽어보며 태공의 물고기[38]를 낚시하네.
무엇이 영원한 사물이던가.
학 옆에 달빛이 마땅히 남음이 있네.

늦은 아침 晚朝 二首

懶身起晚朝
山日達雲霄
富花經露夜
瘦柳送晴韶
運心行有路
濟世絶無橋
童子進槃水
琴書一室饒

게으른 몸 늦은 아침에 일어나니
산의 해가 구름 낀 하늘에 이르렀네.
풍성한 꽃은 이슬 내린 밤을 지냈고
수척한 버들은 맑은 음률을 보내네.
마음 씀에는 가야할 길이 있는데

37) 양보구(梁父句) : 양보음(梁甫吟), 양보시(梁甫詩).

38) 태공(太公) : 주(周) 문왕(文王)과 무왕(武王)을 도와 천하를 통일한 태공망(太公望) 여상(呂尙).

세상 구제함에는 전혀 다리가 없네.
동자가 소반의 물을 올리니
거문고와 책으로 한 방이 풍요롭구나.

又

獨嘆復爲歌
胸襟鬱不和
愁城無壯士
苦海有風波
白日片心照
泰山勇氣多
六洲一網盡
吾道竟如何

홀로 탄식하다 다시 노래하니
마음이 울적하여 평화롭지 못하네.
수성엔 장사가 없고
고해엔 풍파가 있네.
밝은 해는 한조각 마음 비추고
태산은 용기가 많구나
육주를 일망타진하니
우리의 도가 끝내 어떠한가.

칠성산 시회 七星山詩會

一杜樹林間
百年此日閒
草添春雨露
人對舊河山

歌送杜鵑舌
酒紅躑躅顔
誰禁行樂是
夜帶七星還

수풀 사이에 한 모임이 있어
백년 인생에 이 날이 한가롭네.
풀은 봄의 비와 이슬을 더하고
사람은 옛 산하를 대하였네.
노래 보내는 두견새의 혀
술기운 붉은 철쭉꽃의 얼굴
누가 행락을 금하겠는가.
밤에 칠성을 띠고 돌아오네.

스스로 한스러워하다 自恨

深思氣上挑
誰識野居勞
叢竹早生小
鬅松老去高
世險途皆石
心煩陸亦濤
時移事遂往
空臥監門豪

깊은 생각에 기가 위로 오르는데
누가 시골 삶의 노고를 아는가.
우거진 대나무 일찍 돋아나 작은데
무성한 소나무 늙을수록 높아지네.

세상 험하여 길이 모두 자갈이고
마음 번거로워 육지에도 물결 있네.
시간 가니 일도 마침내 지나갔는데
공연히 호기롭게 문지키며 누워있네.

이창헌을 송별하고 광주 봉산정에서 독서하다 送李昌憲讀光州鳳山亭

雨晴烟未晴
巷日不和平
草綠光山路
雲飛松老城
玉藏待重價
鶯出求同聲
莫患無人識
有駒伯樂生

비는 개었으나 안개 개지 않으니
마을에 뜬 해 화평하지 못하네.
풀 푸른 광산 길
구름 나는 송로성
옥을 감춰두고 높은 가격 기다리는데[39)]
꾀꼬리 나와 같은 소리를 구하네.
남이 알아주지 않음을 근심하지 마오.
망아지 있다면 백락이 나온다네.[40)]

---

39) 논어(論語) 자한편(子罕篇)에 나오는 말. "子貢曰 有美玉於斯 韞匵而藏諸 求善賈而沽諸 子曰 沽之哉沽之哉 我待賈者也"

40) 백락(伯樂) : 중국 전국(戰國)시대 뛰어난 말 감정가. 원래 백락은 천마(天馬)를 관장하는 신의 이름이었는데 진 목공 때 손양(孫陽)이라는 자가 말 감정하기를 잘하여 그를 백락이라고 불렀다고 한다. 한유(韓愈)의 잡설(雜說)에 보인다.

회포를 펴다 述懷

消懷不用盃
樂是得賢才
院靜山鷄下
谷幽野鶴來
窮粮打早麥
優味殽甘苔
但恨身多病
星星白髮催

회포 푸는데 술잔은 필요 없으니
즐거움이란 어진 인재를 얻는 것.
정원 조용해 산 닭이 내려오고
골짝 깊어 들 학이 오네.
양곡이 다해 이른 보리를 타작하고
맛좋은 감태로 안주 하네.
다만 몸에 병이 많은 것을 한스러워하니
성성한 백발을 재촉하네.

영화정에서 여러 생도들과 창화하다 詠花亭與諸生暢和

結友貴心交
不甘用酒肴
蘭抽香穿蕀
玉藏光射郊
山勢壓江角
松干老石梢

何患無知己
鶴鷄亦擇巢

벗 사귐에는 마음으로 사귐을 귀하게 여기고
주효를 쓰기를 달게 여기지 않는다네.
난이 뽑아낸 향기 덤불을 뚫고
옥이 간직한 광채 교외를 쏘네.
산 형세는 강 모퉁이를 누르고
소나무 줄기는 바위 위에서 늙었네.
지기가 없음을 어찌 근심하랴
학과 닭도 또한 둥지를 택한다네.

스스로 회포를 펴다 自敍

廣土千年東
一身草木同
青春醉夢裏
白髮塵埃中
澗水多仙境
石峯削玉童
愧吾不似竹
雪滿自清風

넓은 땅 천년의 동쪽
일신이 초목과 같네.
청춘은 취한 꿈속에 있고
백발은 티끌 중에 있네.
개울물 선경이 많은데

석봉은 옥동자를 깎은 듯하네.
내가 대나무 같지 않음이 부끄러운데
눈발 가득하여 절로 맑은 바람 부네.

술회 述懷

草堂擎枕高
孰劣孰爲豪
屈子醒塵夢
庾公醉濁醪
兎走存三穴
鶴飛鳴九皐
歷歷古今事
智愚間一毛

초당에서 베개 높이니
누가 졸렬하고 누가 호기로운가.
굴자[41]는 속세의 꿈을 깨고
유공[42]은 탁한 막걸리에 취하였네.
토끼는 도주함에 세 굴을 두고[43]
학은 날아 구고에서 우네.[44]
역력한 고금의 일
지혜와 우매함은 한 터럭 차이라네.

---

41) 굴자(屈子) : 초나라 충신인 굴원(屈原)을 이른다
42) 유공(庾公) : 진(晉)의 세도가였던 유양(庾亮)을 말한다.
43) 토삼굴(兎三屈)이라는 뜻. 몸을 숨길 곳이 많아 화를 쉽게 피할 수 있음을 비유한다.
44) 구고(九皐)는 구불구불 깊고 먼 늪이라는 뜻인데 시경(詩經) 소아(小雅) 학명(鶴鳴)편에 "鶴鳴于九皐 聲聞于野"라는 소절에서 보인다.

다시 고헌에 화답하다 再和顧軒

對酒發狂歌
半生觸緖多
窮臘寸紗薄
新陽一線過
高山長翠鬱
流水共吟哦
面面承淸誨
胸茅塞復何

술을 대하고 미친 노래 부르니
반평생 부딪치는 일이 많네.
궁한 섣달 짧은 비단처럼 얇고
새 양기 한 선으로 지나네.
높은 산엔 푸르름 울창함 길고
흐르는 물은 함께 읊조리네.
면면히 맑은 깨우침을 받드니
가슴의 띠집 막힌 것 어떠한가.

진나라를 빌어 비유하다 借秦爲喩

憶昔長城歌
千年曾不多
萬里雲消散
三山春忽過
虎威今寂寞
鹿走空悲哦

由仁不以力
天意莫能何

옛날 장성가를 생각하니
천년이 일찍이 많지 않네.
만리의 눈은 녹아 흩어지고
삼산의 봄은 문득 지나갔네.
호랑이 위세 지금은 적막한데
사슴은 달아나며 공연히 슬피 우네.
인에 말미암아 힘으로 하지 않으니
하늘의 뜻을 능히 어찌할 것인가.

이달춘을 애도하다 호는 청계 挽李達春 號淸溪

淸溪厭世塵
鶴背載仙身
氣渴烏江水
心餘錦峀春
厚情兄若弟
深誼姻而親
寂寂問何處
更無知己人

청계가 세상 먼지 싫증나
학의 등에 신선 몸을 실었네.
기세에 오강의 물이 마르고
마음엔 금수의 봄이 넘치네.
두터운 정은 형제 같았고
깊은 정의는 인척 같았네.

적적하니 어디에서 물어야 하나.
다시 나를 알아주는 사람 없구나.

서옥봉을 애도하다 자는 상원 挽徐玉峯 字祥元

平野大川上
巍然秀玉峯
峯可擎天柱
玉能鑄磬鍾
玉沒收精彩
峯頹埋碩蹤
嗚呼峯與玉
恨不遇良工

평야의 큰 냇가에
우뚝한 옥봉 빼어나구나.
봉우리는 하늘기둥을 받을 만하고
옥은 경종을 주조할 만한데.
옥 잠겨 고운 빛깔 거두어지고
봉우리는 무너져 큰 자취 묻히었네.
아! 봉우리와 옥이여!
뛰어난 장인을 만나지 못함이 한스럽도다.

박비경의 선친을 애도함 挽朴斐卿先親

大老雖云亡
後昆貽厥長
志成畎畝業

樂在林泉涼
昭天報有壽
冥世晦無光
淳仁莊敬德
非獨我心傷

큰 스승 비록 죽었다 하나
후손들에게 그 가르침을 주었네.
뜻은 농사일을 이루고
즐거움은 임천의 서늘함에 있네.
밝은 하늘 보답하여 장수하였고
어두운 세계 어둡게 광채가 없네.
순박한 인에 경덕이 무성하니
나만이 심상한 것 아니로구나.

짝을 잃고 喪耦

環視一家親
復誰知我身
空扉便是客
滿室似無人
事事都歸夢
心心漸覺眞
爲君長太息
共喫單瓢貧

일가 친척을 돌아보니
다시 누가 내 자신을 알아줄까.

빈 사립문엔 객들뿐이니
온 집에 사람이 없는 듯하네.
일마다 모두 돌아가는 꿈인데
마음마다 점차 참됨을 깨닫네.
그대 위해 길게 탄식하며
함께 단사표음[45]의 가난을 누리네.

파격시로 여러 생도들의 취사를 경계함 破格詩戒諸生取舍

不可喜新取
不可厭舊舍
新舊執中行
吾人合取舍
舍何又取何
善取不善舍
善不善若明
固知取與舍

새것 취함을 기뻐할 수 없고
옛것 버림을 싫어할 수 없네.
새것 옛것을 알맞게 행하여
우리 사람 취사가 합당하네.
무엇을 버리고 무엇을 취할 것인가.
선한 것을 취하고 선하지 않은 것을 버려야 하니
선한 것과 선하지 않은 것이 분명하면
참으로 취하고 버리는 것을 안다네.

---

45) 단표(簞瓢) : 단사표음(簞食瓢飮)의 준말. 대그릇에 담은 밥과 표주박에 담은 음료. 가난한 사람이 먹는 보잘 것 없는 음식.

안과 김 두 수재에게 주다 贈安金二秀才

金重玉如身
敢何污一塵
行藏皆是命
道理難尋眞
慾堀幾淪性
貨魔必誤人
隨分持意去
寒日復春新

황금처럼 무겁고 옥 같은 몸
감히 어찌 한 티끌로 더럽히랴.
행하거나 숨는 것 모두 천명이고
도리는 참됨을 찾기 어렵네.
욕굴은 얼마나 천성을 타락시키며
화마는 반드시 사람을 그르치네.
분수 따라 뜻을 지켜 가면
추운 날이 봄을 회복하여 새로워진다네.

금강과 이별하다 別錦江

問爾錦江水
古今閱幾時
石壁神工削
波濤萬馬馳
多洒英雄淚
空招遊子悲

移舟何處是
古國悠悠思

너 금강의 물에게 묻노니
고금을 몇 시기나 겪었는가?
석벽은 신공이 깎았고
파도는 만 마리 말이 치달리네.
많은 술은 영웅의 눈물이고
공연한 부름 나그네의 슬픔이네.
배를 옮겨가니 어느 곳인가.
고국을 유유하게 생각하네.

제비 玄鳥

憐甭近人居
去來不忘初
富貧無厚薄
新舊共親踈
孔戒禍將及
斑知封有餘
于飛驃驍像
物性莫相如

너희가 사람과 가까이 삶을 사랑하니
오고감에 처음을 잊지 않네.
빈부에 후하고 박함이 없고
신구에 모두 친하고 소원함이 있네.
공붕[46]은 화가 장차 미칠 것을 경계하였고

반고[47]는 봉함이 넉넉할 것을 알았네.
나는 표요한 모습
물성이 서로 같지 않네.

가난하게 먹다 食貧

甘貧尙志高
莫認山中豪
多病煉丹藥
養生種碧桃
死守田橫義
寒無范叔袍
因時卑自牧
勤力不辭勞

가난을 달게 여기나 오히려 뜻은 높은데
산중의 호걸을 알지 못하네.
병이 많아 단약을 굽고
양생을 위해 벽도를 심었네.
죽어서 전횡[48]의 의리를 지키고
추우나 범숙의 도포[49]가 없네.

---

46) 공융(孔融) : 중국 후한(後漢) 말기의 학자. 공자의 20대손 건안칠자(建安七子) 중 한사람. 당시 세력을 확장하려는 조조(曹操)를 비판하다 일가족이 처형된다.
47) 반고(斑固) : 한서(漢書)를 지은 중국 후한(後漢) 초기의 역사가. 이름은 맹견(孟堅). 역사서를 지었기 때문에 봉함의 넉넉함을 알았다고 한 것이다.
48) 전횡(田橫) : 제(齊)나라 왕. 고조를 섬기는 것이 부끄러워 스스로 자결하였고 그와 함께 발해만(渤海灣)에 있는 지금의 전횡도(田橫島)로 도망간 부하들도 전횡의 절개를 경모하여 모두 순사(殉死)했다.
49) 범숙포(范叔袍) : 수가가 범저(范雎)에게 준 비단 도포.

시대 때문에 비천하게 스스로 목축을 하지만
부지런히 힘을 써서 노고를 사양하지 않네.

늦은 봄 晩春 二首

東風一夢間
偶得莊周閑
春深三月晦
夜曙七星山
花禽共囀舌
水石喜開顔
隱暎畵圖裏
夕陽載馬還

동풍이 부는 한 꿈 사이에
우연히 장주의 한가함을 얻었네.
봄 깊은 삼월 그믐
칠성산에 밤이 새네.
꽃 속의 새는 함께 노래하고
수석에 기쁘게 얼굴을 펴네.
은근히 비추는 그림 속에
석양을 말에 싣고 돌아오네.

又

海山地僻遙
世事夢寥寥
年光春又夏
躬計漁兼樵
鬢毛非昔日

神思常淸朝
只喜朋來遠
無愁可遣消

바다 산의 땅이 궁벽하고 먼데
세상일 꿈처럼 적막하네.
세월은 봄이 가고 여름인데
생계는 고기 잡고 나무하네.
귀밑머리털 옛날이 아닌데
정신의 생각 항상 맑은 아침이네.
다만 벗이 멀리서 옴에 기쁘니
근심 없이 소일할 수 있네.

화오당에 차운하다 도용동 次花塢堂 道龍洞

永春不欲秋
獨樂塢花遊
芳對山靑立
香連水白流
實實垂墻角
叢叢撑石頭
幾多風雨夜
活畵一仙樓

긴 봄이 가을이 되려 하지 않는데
홀로 즐거워 마을 꽃밭에서 노니네.
꽃 마주한 산은 푸르게 서 있고
향기 이어진 물은 하얗게 흘러가네.
실실하게 담 모서리 드리우고

총총히 돌 머리를 지탱하네.
풍우의 밤이 얼마나 많았던가.
활발한 그림 같은 한 선루이네.

남오정에 차운하다 次南吾亭

南登隱士坮
淸爽吾衿開
山閑鷺拱立
海澁蟾橫來
無人和鬱嘯
遣世强厭盃
咫尺市城地
不曾纖一埃

남으로 은사대에 오르니
맑고 상쾌한 바람 나의 옷깃을 여네.
산 한가해 해오라기 공수하며 서 있고
바다 막히니 두꺼비가 가로질러 오네.
성대한 읊조림 화답할 사람 없어
세상에서 억지로 술잔을 꺼리게 하네.
지척이 성시의 땅이건만
일찍이 작은 먼지도 겪지 않았네.

족제 재대를 애도함 輓族弟在大

恨君年不多
天也奈其何

顏賢未四十
王勃早嗟哦
深心明雪月
雄辯決江河
已矣忘思怨
吾門一柱斜

그대의 나이 많지 않음이 한스러운데
하늘은 어찌 그렇게 하는가.
안현[50]은 사십이 되지 못하였고
왕발[51]은 일찍 탄식하였네.
깊은 마음 설월이 밝았고
웅호한 변론 강하를 텄었네.
끝났구나! 그리움과 원망을 잊으니
우리 문중에 한 기둥이 기울었네.

정촌 박처사실기에 적다 제주 題正村朴處士實記 濟州

漢挐山下村
一隱淸名尊
月出魯連海

50) 안현(顏賢) : 춘추시대 노(魯)나라의 현인. 이름은 안회(顏回). 공자가 가장 아꼈던 제자인데 공자보다 30세 연소(年少)하나 먼저 죽었다.

51) 왕발(王勃) : 중국 당(唐) 초기의 시인. 천제로 17세에 과거에 급제하여 관직생활을 하였으나, 당시 유행하였던 투계(鬪鷄)에 대하여 장난으로 쓴 글이 고종(高宗) 황제의 노여움을 사게 되어 중앙에서 쫓겨나 사천성(四川省) 지방을 방랑하였다. 뒤에 관노(官奴)를 죽였다는 죄로 관직을 빼앗기고 교지(交趾:베트남 북부)의 영(令)으로 좌천된 아버지 복치(福畤)를 만나러갔다가 돌아오던 중, 배에서 바다로 떨어져 20대 중반의의 나이로 익사하였다.

菊香陶士園
波石立如柱
醴泉溯有源
德何無後蔭
庭竹又生孫

한라산 아랫마을
한 은사 맑은 명성 높은데.
달은 노중련의 바다[52]에서 뜨고
국화는 도연명의 정원에서 향기 나네.
물결치는 바위는 기둥처럼 서 있고
예천은 소급할 근원이 있네.
덕에 어찌 후음이 없겠는가.
마당의 대나무는 또 자손을 났네.

삼팔선의 난리 소식을 듣고 聞三八亂

忽聞外喧哦
洋東濃戰波
訛傳風唳鶴
空襲火飛蛾
旅窓雨正苦
病枕月何多
分合固元理
竟誰奏凱歌

---

52) 노연해(魯連海) : 노연(魯連)은 전국시대 제나라의 변사(辯士)인 노중련(魯仲連)을 말함. 진 시황에 반기를 들다 순사했다. 노중연은 무도(無道)한 진(秦)나라가 천하를 차지한다면 "나는 동해로 걸어 들어가 죽겠다(連有踏東海而死耳)"고 맹세하였다.

문득 밖의 소란한 소리를 들으니
동양에 전쟁의 물결 무르익었네.
바람 속의 우는 학의 소리로 잘못 전하는데
공연히 불로 나는 나방소리를 잇네.
여관 창의 비는 진정 괴로운데
병든 침석의 달빛은 어찌 그리 많은가.
나뉘고 합함은 진정 원래의 이치인데
끝내 누가 개선가를 연주하리.

김사문형의 방문을 받다 金兄士文見訪

兩情似一家
憶昔注懷加
同窓多日月
併路飽烟霞
於焉蒼白髮
倏忽彫開花
萬事摠歸夢
南柯春色斜

두 사람의 정 일가와 같은데
지난날 추억하니 회포가 더욱 많네.
같은 창가에서 보낸 세월 많은데
함께 길가며 연하에 배불렀네.
어언간 백발 창창한데
문득 핀 꽃을 아로새기네.
만사가 모두 돌아가는 꿈인데
남쪽 가지의 춘색이 기울어 있네.

상사 上巳 二首

鬱悒放爲歌
春光觸緖多
庭院花開市
池塘鷰蹴波
望野農時急
上亭心氣和
睡醒人不到
吉日且如何

우울하여 노래를 부르니
봄빛에 촉발되는 시름이 많네.
정원엔 꽃이 시장을 열고
연못엔 제비가 물결을 차네.
들을 둘러보니 농사철 다급한데
정자에 오르니 심기가 화평하네.
잠에서 깨니 사람은 오지 않고
길일이 또 어떠한가.

又

忽憶漢陽城
悠悠感此生
靑山立有色
流水去無情
千門非舊日
百舌皆新聲
安得天工化
洪爐可鍊成

문득 한양성을 추억하니
유유한 이 생에 감개하네.
청산은 서서 빛이 있는데
유수는 흘러가며 정이 없네.
모든 문이 옛날이 아닌데
온 혀는 모두 새로운 소리이네.
어찌하면 천공의 조화를 얻어
홍로에 단련하여 이룰 수 있을까.

인산 소식을 듣고 4월 20일 聞因山 四月二十日

四海一邱青
堂堂吾王庭
教化贊天地
典章炳日星
秦起仲連去
楚亡屈子醒
視德不要險
江山万古屛

사해의 한 푸른 땅
당당한 우리 왕정
교화에 천지가 찬양하고
전장엔 해와 별이 빛나네.
진나라 일어나자 노중련이 떠나고
초나라 망티 굴원이 깨어나네.
덕을 살피며 험난함을 필요로 하지 않으니
강산이 만고의 병장이네.

무제 無題

萬古存中庸
何須千戶封
權術隨時適
世情不售傭
渡水深難測
陟山高幾重
勤厚可成德
此心冣怕慵

만고가 중용에 있으니
어찌 천호의 봉후이겠는가?
권모술수는 때에 따라 적합할 순 있으나
세상의 인심은 품팔이 할 수가 없네.
물을 건넘은 깊이를 헤아릴 수 없고
산에 오름은 높이가 몇 겹이던가.
근면의 두터움이 덕을 이룰 수 있으니
이 마음 가장 게으름을 두려워하네.

모판이 짓밟히다 見踏秧板

舊民勤治畦
被彼秧爲泥
假仁人不服
陷害戰交蹄
恐喝痛如割
怨聲憎欲醯

未耕西伯野
此世莫能奚

옛 백성 부지런히 농사 짓는데
저 모들이 진탕이 되었네.
거짓 인자함에 사람들 복종하지 않는데
싸우는 발굽에 피해를 당하였네.
공갈의 고통 살을 베는 것 같고
원성은 증오하여 젓을 담그려하네.
서백[53]의 들을 갈지 못하니
이 세상 어찌 해야 할 것인가.

9월에 망월산을 유람하다 九月遊望月山中 三首

八岩穿路微
江上一幽扉
月谷夜能幾
龍湖雲擁飛
錦山秋色染
背野穀生肥
有主不厭客
從客却忘歸

바위로 들어가는 뚫린 길 작고
강가에 한 깊은 사립문이 있네.
월곡의 밤이 몇 때던가.

53) 서백(西伯) : 서방 제후(諸侯)의 장. 은(殷) 주(紂)왕이 주(周) 문왕(文王)을 서백으로 삼았으므로 서백은 주 문왕을 뜻한다.

용호의 구름 끼고서 나네.
금산의 가을 빛 물들었는데
뒷들의 곡식들 여물었네.
주인이 객을 싫어하지 않고
객을 따르며 도리어 돌아가길 잊네.

又

絶世下南邊
竹林屋小椽
出無展足地
立雲擧頭天
風俗非今日
人心太古前
堪嘆知音少
案琴獨調絃

세상 끊고 남쪽 가로 내려가니
대숲에 집이 작은 서까래이네.
나서도 발을 펼 땅이 없고
서면 구름이 머리 드는 하늘이네.
풍속은 금일이 아니고
인심은 태고의 전이네.
지음이 적음이 탄식할 만하니
금을 살피며 홀로 현을 고르네.

又

汎汎一葉船
飄泊南江邊
赤壁恨無客

武陵別有仙
悠悠忘歲月
屑屑却塵烟
風靜波濤息
捿身自樂天

둥실둥실 작은 배 한척
떠돌다 남쪽 강변에 정박하네.
적벽은 객이 없음이 한스럽고
무릉은 따로 선경이 있네.
유유한 세월을 잊으니
층층한 먼지를 물리치네.
바람 자고 파도 멈추니
몸을 두고 스스로 천명을 즐기네.

송휴당에 차운하다 자는 여경 次宋休堂 字勵卿

幽竹一山村
碩人臥杜門
行藏早見義
榮辱不須論
夕餐東籬菊
日傾北海樽
至今過指點
烟雨況黃昏

깊은 대숲의 한 산 마을
석인이 누워 문을 닫았네.

행장은 일찍이 의를 보이고
영욕을 따지지 않네.
저녁엔 동쪽 울타리의 국화를 먹고
낮엔 북해의 술잔을 기울이네.
지금 지나가며 한 점을 가리키는데
안개비가 황혼임에랴.

명륜을 읊다 明倫吟

聖聖曰明倫
繼開萬世人
臨頭天日白
對面春風新
教科敷五品
彝性本三親
一雷陽脉動
第見泰平辰

성인마다 명륜을 말하여
계승하여 만세의 사람을 열었네.
머리 임하니 하늘의 해가 밝고
대면하니 봄바람 새롭네.
교과는 오품을 부연하고
이성은 삼친에 근본하였네.
한 천둥 양맥이 움직이고
다만 태평의 날을 보네.

임농은 항촌 林聾隱 恒村

絶俗退居休
聲名不肯求
身邊無毁譽
腔裏有春秋
重聽固何損
從容是遠謀
泰然安所樂
羞此楚狂流

세속을 끊고 퇴거하여 쉬며
성명을 기꺼이 구하지 않네.
신변엔 훼예가 없고
몸 속엔 춘추가 있네.
거듭 들으니 참으로 무엇이 손실이겠는가.
조용함은 원대한 계책이네.
태연히 즐기는 바를 편히 여기고
이 초광[54]의 부류를 수치스럽게 여기네.

박소산을 추도하다 追挽朴小山

南州望已深
才德冠吾林
寶釰試何地

54) 초광(楚狂) : 초광접여(楚狂接輿) 능통(陵通)을 말한다. 춘추시대 초나라 사람으로 소왕(昭王)때에 세상이 그르다 하여 미친척하여 사람들이 그를 초광이라고 불렀다.

奎星光忽沉
騷壇無敵手
琴上獨知音
病未能奔哭
追思疾不禁

남주의 명망이 이미 깊은데
재덕이 우리 사림에서 으뜸이었네.
보검을 어디에 시험할 것인가.
규성의 빛 갑자기 잠기었네.
소장에선 적수가 없었고
금에서는 홀로 음률을 알았네.
병들어 달려가 곡하지 못하였으나
추도하는 그리움 미워하여 금하지 마오.

족장 고제민을 애도함 挽族丈高濟珉

嗚呼哭碩人
況是一家親
生稱箕山老
死爲王帝臣
功名雲視沒
事業德維新
惟有長空月
四時穎水濒

아! 석인을 곡하는데
하물며 일가친척임에랴.

살아서는 기산[55]의 노인이라 불렸고
죽어서는 제왕의 신하가 되었네.
공명은 구름처럼 시야 속에 사라지고
사업은 덕이 유신하였네.
다만 긴 하늘의 달이 있어
사시에 영수[56] 가에 있네.

박현풍을 애도함 挽朴炫豊

此行孰不同
仁類惜其終
篤志守先業
尚賢立後功
溪聲吞泣咽
山影帝悲空
嗟矣斯文熄
百年一夢中

이 행차 누가 함께 하는가.
인자한 부류가 그 끝을 애석해하네
돈독한 뜻 선조의 업을 지키고
어짊을 숭상함은 후손의 공을 세웠네.
개울 소리 울음을 삼키고
산 그림자 제자의 슬픔이 공허하네.

---

55) 기산(箕山) : 중국 하남성(河南省) 등봉현(登封縣) 남동쪽에 있는 산. 요(堯)임금 때의 은자(隱者)인 소부(巢父)와 허유(許由)가 이곳에 숨어 살았던 곳.

56) 영수(潁水) : 요 임금이 소부와 허유에게 나라를 맡기고자 하자 소부와 허유가 귀를 씻었던 곳.

아! 사문이 종식하니
백년이 한 꿈속에 있네.

박죽파를 애도함 이름은 기청 挽朴竹坡 名淇青

天奪奎星精
那時道環明
玉無半玷黑
金是洪爐成
聞問兼師友
結交親弟兄
一哭青山暮
更誰知我情

하늘이 규성의 정채를 빼앗으니
어느 때나 도가 다시 밝아 질 것인가.
옥엔 반 흠의 검정도 없고
금은 홍로에서 이루어지네.
듣고 질문하니 사우를 겸하였고
사귐 맺어 형제처럼 친하였네.
청산의 저녁에 한 번 곡하는데
다시 누가 나의 정을 알아줄 건가.

종형 춘정을 애도함 挽從兄春汀

天不祚吾門
春歸一夕曛
道明儀禮節

理熟陰陽文
行止有常度
言論無過分
山空人已遠
何處更音聞

천하가 우리 문중에 복을 내리지 않아
봄이 한 석양에 돌아갔네.
도는 의례절을 밝혔고
이치는 음양문에 익숙하였네.
행지엔 상도를 지녔고
언론엔 과분함이 없었네.
산은 비었는데 사람은 이미 머니
어디에서 다시 음성을 들을까.

사중을 애도함 挽舍仲

陋巷樂安貧
賢翁九十春
志如巢父隱
心固董生仁
誰是康衢老
禀眞太古民
世間文字輩
筆舌徒傷神

누추한 거리에서 안빈을 즐기고
어진 노인 구십 춘추였네.

뜻은 소부[57]의 은거과 같았고
마음은 참으로 동생[58]의 인자함이었네.
누가 강구의 노인인가.
자질이 참으로 태고의 백성이었네.
세간의 문자 쓰는 무리들
필설로 다만 정신을 상하게 하네.

57) 소부(巢父) : 요임금때의 은자임. 주로 나무 위에서 살았다고 해서 소부라고 불린다.

58) 동생(董生) : 동소남(董召南). 소학(小學) 선행편(善行篇)에 당나라 덕종(德宗) 때 안풍현(安豐縣)에서 주경야독하면서 부모에게 효도하고 처자에게 자애하였으므로, 집안의 가축들까지도 그의 덕화를 입어 서로 보호해주었다고 기록되어 있다. 그가 현자인데도 등용 되지 않는 것을 보고 한유(韓愈)가 동생행(董生行)을 지어 천거하고자 했다고 한다.

칠언 절구 七言 絶句

동지에 읊다 冬至吟

陽來陰去理相尋
環轉一機妙又深
安將此朕移于世
天地通明道不深

양기 오고 음기 가는 이치가 서로 찾는데
한 기가 도니 묘하고 심오하네.
어떻게 이 조짐을 세상에 옮기리.
천지에 밝음 통하면 도가 깊지 않으랴.

색을 경계하다 戒色

千清難免察機微
百盟易差見是非
此中興瘠曾幾許
大智剛腹未脫歸

천 번 맑아도 면하기 어려우니 기미를 살펴야 하고
백 번 맹세하여도 쉽게 어긋나니 시비를 보아야 하네.
이 가운데서 흥하고 쇠한 것이 몇 번이었던가
큰 지혜나 굳은 배심으로도 되돌릴 수 없게 되네.

고국에 감회가 있어 感故國

三千里我漢陽城
聖道熄然一大明
短木未扶渠廈覆
書生遺恨泰山輕

삼천리 우리 한양성
성도에 한 대명이 꺼졌네.
목재 짧아 저 큰집의 전복을 지탱하지 못했으니
서생의 남긴 한 태산처럼 가볍네.

가난하게 먹다 食貧

世上最難一士名
淡淡爲樂足平生
揚雄韓子終難免
此地能安是大成

세상에서 한 선비의 명성이 가장 어려운데
담담하게 즐기니 평생이 풍족하네.
양웅[59]과 한자[60]도 끝내 면하지 못했으나
이곳에서 능히 평안하니 이것이 대성이네.

---

59) 양웅(揚雄) : 전한(前漢) 말의 학자 겸 문인. 뛰어난 문장가이지만 왕망(王莽)이 정권을 찬탈한 뒤 새 정권을 찬미하는 문장을 썼고 괴뢰정권에 협조하였기 때문에, 지조가 없는 사람으로 송학(宋學) 이후에는 비난의 대상이 되기도 하였다.

60) 한자(韓子) : 중국 전국시대 말기 법가 사상을 대성한 한비(韓非). 뛰어난 사상가이나 한(韓)나라가 진(秦)의 공격을 받자 화평을 위해 사신으로 진에 갔으나 이사(李斯)의 참언으로 옥에 갇히고 이사가 준 독약으로 자살하였다.

구도를 읊다 求道吟 五首

一半如狂一半歌
東求西覓光陰多
實地誰能看大道
泰山頂上獨嵯峨

반은 미친 듯 반은 노래하는 듯
동으로 구하고 서로 찾는데 세월만 많네.
실지의 대도를 누가 볼 수 있는가
태산의 정상이 홀로 드높네.

又

謝絶世華老海濱
子牙窮八識無人
一清河水將何日
王者宜求輔佐臣

세상의 화려함을 사절하고 바닷가에서 늙어가니
강태공도 팔자가 궁하여 알아주는 사람 없네.
하나의 맑은 물은 어느 날에나 다할런고
왕은 마땅히 보좌할 신하를 구할 것이네.

又

坐似仙宮醉玉霞
清凉溫神匪丹砂
六經奧旨是康劑
養性治心氣有餘

선궁에 앉은 듯 노을에 취한 듯
청량하고 따뜻하게 해주는 것은 단사가 아니라네.

육경의 그윽한 뜻이 바로 강정제이고
성품을 기르고 마음을 다스리니 기 또한 남음이 있네.

又
本能天賦智愚同
笑獨賤生落下空
見始知終論理極
伐柯其則是良工

근본은 능히 하늘이 부여해 지혜와 어리석음이 같으니
홀로 천한 인생이 공에 떨어진 것을 비웃네.
처음을 보고 끝을 알아 논리가 지극하니
도끼자루 베는 그가 곧 양공이라네.

又
青線陽脉寄吾東
第待山中春色紅
力治良田栽一木
霜前恐或梁丹楓

푸른 선의 양맥을 우리 동쪽에 붙이니
다만 산중의 춘색이 붉어짐을 기다리네.
힘써 양전을 가꾸고 한 나무를 심었는데
서리 전에 단풍이 물들까 근심이네.

스스로 감회가 있어 自感

乾坤浩浩一身微
何事人生多是非

紛紛出沒徒心病
窮通榮辱煩隻歸

건곤은 드넓고 한 몸은 작은데
어찌하여 인생에 시비가 많은가.
분분히 출몰하여 다만 마음이 병드는데
궁통 영욕에 번민하여 홀로 돌아오네.

최병문이 새 달력을 보내옴을 사례함 謝崔炳文新曆見寄 二首

一蓂消息萬邦春
東閣寒梅待臘新
惟有江堤向暘柳
恐先乘氣爭佳辰

한 달력의 소식 만방이 봄인데
동각의 찬 매화 달을 기다리며 새롭네.
다만 강둑에 해돋이를 향한 버드나무가 있어
먼저 봄기운 타고 좋은 날을 다툴까 두렵네.

又
賴知寒谷到陽春
只怕鬢毛添白新
三百六蓂皆換面
願排愁堀迓歡辰

찬 골짜기에 양춘이 이른 것 아는데
다만 귀밑머리에 새 흰빛이 더할까 두렵네.
삼 백 육십일이 모두 얼굴을 바꾸니
수심 물리치고 즐거운 날 맞이하길 원하네.

네 벗이 방문하다 四友見訪

鏡川靜夜月中天
四友同舟泊岸前
如愛山春迷路入
老梅恐非好風烟

거울 같은 냇물 고요한 밤에 달은 하늘에 있고
네 벗이 함께 배를 타고 언덕 앞에 정박하였네.
산의 봄을 사랑하여 미로로 들어가니
늙은 매화 풍연을 좋아하지 않을까 두렵네.

고헌을 만나다 逢顧軒

山門涼夜獨閒居
竹外殷勤來小車
又是多情同二客
小軒明月喜看書

산문의 서늘한 밤 홀로 한가롭게 머무는데
대숲 너머 은근히 작은 수레가 왔네.
다정한 두 객이 함께 하니
작은 대청 맑은 달빛에 즐겁게 글을 보네.

스스로 한스러워하다 自恨

農家無復立錐餘
壃土三千捲沒如

小輩不知軍國事
長歌花柳送春虛

농가에 다시 송곳 꽂을 여지도 없는데
강토 삼천리가 말아져 없어진 듯하네.
젊은이들 군국의 일을 모르고서
꽃과 버들 아래서 긴 노래로 봄을 허송하네.

먼 개울을 찾아가다 訪遠溪

一脉清溪遠且深
巖捿穴跪四歸尋
半千里路誠何意
來百年頭自許心

한 줄기 푸른 개울 멀고 깊은데
바위에 서리고 굴에 걸터앉아 사방을 돌아 찾네.
반 천리 길 참으로 무슨 뜻인가.
오는 백년에 스스로 마음 허락하였네.

백마강을 유람하다 遊白馬江

白馬洲今春二月
落花庵古雲千秋
興亡世事無人問
碧水危岩淚自流

백마강 물섬은 지금 봄 이월인데
낙화암과 암자 예스럽고 구름은 천추이네.

흥망 세사를 물을 사람 없는데
푸른 물 높은 바위에서 눈물 절로 흐르네.

회포를 펴다 自叙

野菜山根各吐香
造翁春事萬生光
莫非天下敷榮裡
堪作田家禿葉桑

들 채소 산나물 각기 향기 토하니
조화옹의 봄 일에 만생이 빛나네.
천하에 꽃 피지 않은 곳이 없는데
전가에서 잎 떨어진 뽕나무가 되네.

어부를 보내며 주다 贈送漁夫 二首

寧違萬事白鷗同
當世認知海上翁
斜日魚鰕網得去
老妻煖酒待吾忠

어찌 만사가 어긋나 백구와 함께 하나
당세에 바닷가 늙은이를 알았네.
석양에 물고기 새우를 그물로 잡아가니
늙은 처 술 데워 나의 충심을 기다리네.

又
閒步行行下碧洲
一身擺脫世憂收

是非不到滄浪上
何事江鷗老白頭

이따금 걸어서 푸른 물섬으로 내려가
일신에 세상 근심을 벗어버리네.
시비소리 들리지 않는 창랑 가에서
무슨 일로 강 갈매기는 흰머리로 늙어 가는가.

최금남에게 화답하다 和崔錦南 二首

有鳥嚶嚶喚友廻
那如枳棘非鸞抬
春蘭秋菊問何處
願借扶搖拂翼來

새가 짹짹거리며 벗을 부르며 돌아오는데
어찌 탱자가시가 난새의 대가 아님을 아는가?
춘란 추국은 어디에 있는지
돌개바람을 빌려 날개 치며 오길 바라네.

又
茫茫天意力難廻
空使男兒老海抬
夜行適埴君休嘆
理勢固然往復來

망망한 하늘의 뜻 힘써도 되돌리기 어렵고
공연히 남아를 바다 누대에서 늙게 하네.
밤길의 진창에 그대 탄식하지 마오.
이치의 형세가 본디 그렇게 왕래한다오.

포충사에서 고적을 받들어 살펴보다 襃忠祠奉審古蹟

天借明基大宇修
老梅蒼栢幾春秋
登堂今拜先人蹟
曾一近源遠萬流

하늘이 빌려준 밝은 터에 큰집을 지어
늙은 매화 푸른 측백나무 몇 세월을 보냈던가.
당에 올라 지금 선인의 유적에 절 올리니
일찍이 한 가까운 수원이 멀리 만리를 흘러가네.

4월 18일 탄환 같은 우박이 내리다 四月十八日雨雹如丸

午枕驚雷坐有間
連天雨索注昏山
忽然飛雹彈丸下
奔走野翁畏掩顔

낮잠 자다 천둥에 놀라 앉아 있자니
하늘에 이어진 빗발이 어두운 산에 쏟아지네.
갑자기 나는 우박 탄환처럼 뿌려지니
내달리는 시골노인 두려워 얼굴을 가리네.

취성재에서 여러 생도들을 경계하다 聚星齋戒諸生

萬邪由起不謹獨
百行皆虧一失言

爲善非難難去惡
終身大道在心存

만가지 사악이 일어남은 근독하지 않음이고
백행이 모두 일그러짐은 한 실언 때문이네.
선을 행하는 것은 어렵지 않으나 악을 제거함이 어려우니
종신의 대도는 마음 살핌에 달려있다네.

호은정에 적다 자는 압해이고 윤주일이다 題湖隱亭 字押海尹柱逸

得行志節可成仁
何事江湖作隱人
人去江流渺想像
四時烟月一天新

지절을 얻어 행하여 인을 이룰 수 있는데
어찌하여 강호에서 은인이 되었는가.
사람은 떠나고 강 흐르니 상상이 아득하고
사시의 연월 속에 한 하늘이 새롭네.

마음을 다스리다 治心 三首

半線陽脉寄吾東
第待山中春色紅
力治良田栽一木
霜前恐或染丹楓

반 선의 양맥을 우리 동쪽에 붙이니
다만 산중에서 춘색이 붉음을 기다리네.

힘써 양전을 가꾸어 한 나무를 심으니
서리 전에 단풍으로 물들까 두렵네.

又

良心非以万錢沽
大德曾無一已孤
生世自期君子域
邯鄲虛步老江湖

양심은 만전으로 살 수 없고
큰 덕은 일찍이 한 번도 외로운 적이 없었네.
세상에 태어나 스스로 군자의 영역을 기대하는데
한단의 헛된 걸음 강호에서 늙어가네.

又

千古尙存五子經
道理方方金石銘
東敎西人奔走裡
漏船誰復濟生靈

천고에 오히려 오자경이 남아 있는데
도리가 여러 곳의 금석명에 있네.
동학과 서인[61]들 분주한데
새는 배에서 백성들을 누가 다시 구하리.

강을 유람함 江遊

却隨漁伴入幽扉
九月寒江鳥亂飛

61) 서인(西人) : 천교인들을 말한다.

太公嚴子曾何處
散步彷徨久不歸

문득 어부 따라 함께 사립문으로 들어가니
구월 찬 강엔 새만 어지럽게 나네.
태공과 엄자[62]는 어디에 있는가.
방황하며 거닐면서 오랫동안 돌아오지 못하네.

박민재선생의 평천정에 적다 題朴敏齋先生平川亭

先生高躅問何處
川水澄澄日夜流
惟有依山松一棟
纖塵不到鶴千秋

선생의 높은 자취 물을 곳 없는데
냇물은 맑게 밤낮으로 흘러가네.
다만 산에 의지한 소나무 한 용마루가 있어
작은 먼지 이르지 못하고 학만 천추에 나네.

포충사 앞 메마른 쌍 측백나무 褒忠祠前自枯雙栢

鬱蒼林木古祠前
枯栢不朽幾十年
忠孝丹心貫白日
知應靈氣固根天

62) 엄자(嚴子) : 후한(後漢) 때의 엄자릉(嚴子陵)을 말한다. 본성은 장(莊). 젊었을 때에 광무(光武)와 유학(遊學)했기에 광무가 즉위한 후에 간의대부로 불렀건만 응하지 않고 부춘산(富春山)에서 농사를 짓다 팔십여 세로 세상을 떠났다.

울창한 숲나무 옛 사당 앞에 있는데
마른 측백나무 썩지 않고 몇 십 년을 지났던가.
충효 단심이 밝은 해를 관통하니
영기가 본래 하늘에 뿌리 둠을 알겠네.

물고기를 낚다 釣魚

生付釣竿絶世華
江湖白髮已年多
餌香不受魚深窟
塵海憎爲祿利家

생을 낚싯대에 붙이고 세상일 끊으니
강호의 백발 이미 여러 해이네.
미끼 향은 물고기 깊은 굴에서 받지 않고
진해의 녹리가에게 미움을 받네.

6월 3일의 폭풍우 六月三日暴風雨

豪雨怒風掀一天
滄桑浩劫陸州連
安將大舸海仙櫓
魚鱉生靈濟得全

폭우와 노한 바람 한 하늘을 흔드니
창상의 호겁이 육주에 이어졌네.
어찌해야 큰배 해선의 노를 가지고
어별 생령을 온전히 구할 수 있을까.

서북의 어지러운 난리를 듣고 聞西北擾亂

天不祚東四起塵
誰將禹斧一揮新
沛水龍藏荊虎伏
挽回此道有其人

하늘이 동쪽을 돌보지 않아 사방에서 먼지 일어나니
누가 장차 우임금 도끼를 한 차례 새로이 휘두르려나.
패수[63]의 용이 잠기고 형호가 잠복하니
이 도리 만회할 사람이 있는가.

청사를 전송하다 送靑簑

人生苦海幾風波
萬事不如漁一歌
贈送靑簑深有意
五湖烟雨思偏多

인생의 고해에서 몇 번의 풍파던가
만사가 어부의 노래 한가락만도 못하네.
청사에게 주어 전송하니 깊이 유의하오.
오호[64]의 부슬비에 사념이 많다네.

---

63) 패수(沛水) : 패수(浿水)를 말한다. 한서지리지(漢書地理志)에서는 두 글자를 모두 썼다. 패수는 지금의 압록강을 말한다.

64) 오호(五湖) : 은둔하는 곳. 춘추시대 말 월(越) 대부 범여(范蠡)가 월왕 구천(句踐)을 보좌하여 오(吳)를 멸망시킨 뒤 벼슬에서 물러나 작은 배를 타고 오호(五湖)에 숨어 지낸 일에서 유래되었다.

이창헌과 창화하다 與李昌憲暢和 二首

山林固志斗南懸
藥可爲蔬魚可鮮
鯨海風潮昇沸裏
白頭誰信一名全

산림의 굳은 뜻 북두 남쪽에 걸어놓고
약초를 채소 삼고 물고기를 생선으로 삼네.
큰 바다의 풍랑이 올라 비등하는 속에서
백발머리로 한 이름 온전함을 누가 믿겠는가.

又
守氣當如萬仞墻
臨難不屈是剛腸
當時莫道爲仁遠
執手伐柯則在傍

기를 지킴은 마땅히 만 길의 담 같고
환난에 임해 굴하지 않으니 이것이 강장이네.
이 때에 인을 이룸이 요원하다 말하지 마오.
손잡고 벌가함은 바로 곁에 있다네.

더운 밤 暑夜

五月夜凉竹似秋
歸雲片片飛烏頭
倚欄聽漏爐烟歇
蒼漢銀河轉斗牛

오월 밤이 서늘해 대숲이 가을 같은데
돌아가는 구름 편편히 새들 머리에 나네.
난간에 기대어 물 새는 소리 듣는데 화로 연기 끊기고
푸르고 아득한 은하수를 견우성이 도네.

우연히 풍우에 느낌이 있어 偶感風雨

雨以潤生動以風
春秋終始雨風中
萬耳聚散皆由是
聚則盈之散則空

비는 생물을 윤택케 하고 바람으로 움직이니
춘추가 시종 풍우 속에 있네.
온 귀에 모이고 흩어짐이 모두 이에 말미암으니
모여서 채워지면 흩어져 비우게 되네.

세상을 탄식하다 嘆世

壃土無餘錐一攢
英雄髀肉可消鞍
書生白手只爲恨
獨步春風孔子垻

강토에 송곳 꽂을 여지도 없으니
영웅의 비육을 안장에서 없앨 수 있네.
서생은 맨 손으로 다만 한스러워
홀로 봄바람 부는 공자사당을 걸어가네.

이창헌과 창화하다 與李昌憲暢和 三首

田村多事上樓遲
溪綠山紅謾不知
爲得此翁趣味足
東風吹送杜鵑枝

전촌에 일이 많아 누대에 오르는 것 더딘데
개울 푸르고 산 붉은지를 알 수가 없네.
이 노인의 취미 풍족함을 위하여
동풍이 진달래 가지를 불어 보내네.

又

兩岸靑山水一池
鶯花鷰柳日相隨
忽天飛雹驚三月
上下春光夕欲移

양 언덕의 푸른 산 한 못의 물에
꾀꼬리 우는 꽃나무 제비 나는 버들이 매일 뒤따르네.
문득 하늘에 날리는 우박에 놀라는 삼월
위아래 봄빛이 석양에 옮겨가려 하네.

又

江鷰懶飛客亦稀
早春三月雨初微
山翁不識天時晩
謾說花階昔日非

강 제비 나른히 날고 객도 드문데
가뭄의 봄 삼월 비가 비로소 보슬거리네.
산 늙은이는 천시가 늦을 줄 모르고
꽃 섬돌이 어제와 다르다고 멋대로 말하네.

까치둥지 鵲巢

吉鳥來巢正對門
雙飛化卵向人喧
完全綢繆誰能侮
雨不漏盖風不飜

길조가 와서 바로 문 앞에 둥지 틀고
쌍으로 날아 알을 부화하여 사람 향해 우짖네.
굳게 얽히어 완전하니 누가 해칠 것인가.
비도 새지 않고 바람에도 뒤집히지 않네.

까치둥지가 부서지다 鵲巢被毁 三首

雙鵲來巢七子生
被擒凶漢存三名
觀其寃恨喙頻啄
力或及之報不輕

한 쌍 까치가 와서 둥지 지어 일곱 자식 낳았는데
흉한에게 붙잡혀 세 명이 남았네.
그 원한을 보니 부리로 여러 번 쪼아대어
힘이 간혹 미치어 보복이 가볍지 않네.

又

日逐兒童護以看
爾應信我無他端
一朝橫亂休深怨
善養餘三視此顔

매일 아동들을 좇으며 보호하여 살피니
너희는 마땅히 나를 믿어 다른 의심 없네.
하루아침에 스친 난리에 깊은 원한 풀지 못했으나
남은 셋을 잘 키워 이 얼굴을 보네.

又

爲爾羽成許久留
若知今日好曾驅
伊間急急引餘去
恐有凶人又後頭

너희 날개 이루려고 오래 머물게 하였으나
금일 일찍 좇아내는 것이 좋음을 깨달으니
조만간 급급히 나머지를 이끌고 가라.
흉인이 또한 뒤따를까 두렵네.

죽순 竹筍

愛爾與他自別看
竿茸透出錐其端
世間獨禀淸剛性
一出能長百尺竿

너를 사랑하여 다른 것과는 달리 보는데
대나무 싹이 솟아나서 그 끝이 송곳 같네.
세간에서 홀로 맑고 강한 성품을 받아
한 번 나와 백 척의 대나무로 성장하네.

지네 蜈蚣

赤身毒喙勢如山
性不畏懼蟠石間
莫道虫類無敢敵
遇鷄當日未應閒

붉은 몸 독 부리 형세가 산과 같은데
성질은 반석 사이에서 두려워하지 않네.
충류 가운데 대적할 수 없다고 말하지 마오.
닭을 만나면 당일에 한가롭지 못하리라.

노송 老松

濶枝髗葉老幾朝
上溯光陰竟敻寥
閱歷風霜根已固
可堪他日棟樑饒

넓은 가지 늘어진 잎 늙어 몇 세월인가.
광음을 위로 거슬러 끝내 아득하고 적료하네.
풍상을 겪어 뿌리가 이미 견고하니
훗날 동량의 넉넉함을 이룰 수 있네.

해당화 海棠花

雨浥露垂拚不高
半眠幼妓未勝勞
微風乍起花影動
一片小庭轉紅濤

빗방울 이슬 내림 높이 날지 않는데
반 잠 든 어린 가지 노고를 이길 수 없네.
미풍이 갑자기 부니 꽃 그림자 움직이고
한 조각 작은 정원에서 붉은 물결이 도네.

백동화 白桐花

靄散雲昇日太晴
紅桃謝後白桐生
化翁嫌我無興致
能使草堂買春情

아지랑이 흩어지고 구름 오르니 해 무척 맑은데
붉은 복사꽃 진 후 백동화가 피어났네.
조화옹이 내가 흥치 없음을 꺼리어
초당에 춘정을 사오게 하였네.

여름구름 夏雲

千奇萬怪立如城
變幻無常浮且輕

長碧須曳烟靄合
茫茫巨海一鋪平

천만 가지 기괴한 모습 성처럼 서 있는데
변환이 무상하여 떠서 가볍네.
긴 푸름이 놀을 이끌어 합해지고
망망한 큰 바다 하나로 펼쳐 있네.

종이 紙

紫闥龍門排可登
世間此友親無層
平生最喜清勤士
晝逐長時又夜燈

붉은 문 용문을 밀치고 오를 수 있어
세간에서 이 벗을 친함에 층이 없네.
평생 가장 기쁜 것은 맑고 부지런한 선비가
낮에 긴 시간을 따르고 밤에 등불 켜는 것이네.

바람 風

來無其迹去無心
一氣流行難淺深
萬竅洞然誰得見
物由動盪總林林

와도 흔적 없고 가도 무심하니
한 기운이 흘러감이 깊고 옅음을 알 수 없네.

만 구멍이 통연하니 누가 볼 수 있는가.
사물이 동탕하여 모두가 무성하네.

붓 筆

罪惡記功總立談
把能吐氣閣能含
如無錯枉揮之直
今古不容姦軌男

죄악을 기록한 공 모두 담론을 세우고
쥐고 토한 기운 멈추었다가 머금고
왜곡하지 않고 곧게 휘두르면
고금에 간궤한 남자를 용납하지 않으리.

개구리 蛙

方頭短足井身沾
告我農時聲徹簾
莫道觀天居也小
水行陸步兩能兼

네모 머리 짧은 발 우물 속의 몸인데
나에게 농사철 알리어 소리가 발을 뚫고 들리네.
하늘 보는 거처가 작다고 하지 마오.
물로 가고 육지를 걷는 것 양쪽을 겸하였네.

파리 蠅

吮甘逐臭喜乘時
一味營營去復隨
生世自成側媚態
鼓翔容喙恐人知

단 것을 빨고 냄새를 좇아 기쁘게 기회를 타는데
한 맛에 앵앵대며 갔다가 다시 좇아오네.
세상에 나서 스스로 옆의 미태를 이루어
치는 날개 얼굴의 부리 사람이 알까 두려워하네.

이와 홍 두 수재를 송별하고 돌아오는 길에 送李洪兩秀才歸路上 三首

客年秋別又傷秋
秋與人情到處愁
如到來秋寧不合
秋秋斯意正難休

지난해 가을에 이별하고 또 가을을 상심하니
가을은 인정과 더불어 도처에 수심이네.
오는 가을에 올 것 같으면 어찌 만나지 못하랴.
가을마다 이 마음 진정 그만두기 어렵네.

又

金如堅厚玉如成
鑛鐵碔砆孰重輕
叔世無人和價貴
鍊雕何日見眞情

쇠처럼 견고하고 두터운 옥처럼 이루어지니
광철과 무부 중 어느 것이 무겁고 가벼운가.
숙세에 가치를 알아줄 사람이 없으니
단련하고 새겨서 언제쯤 진정을 볼까.

又

龍峴傾斜虎峙高
雨烟風露不辭勞
歸家莫爲利魔困
一墮慾場誤志操

용현 기울고 호치 높은데
안개비와 바람 이슬 속에 수고를 사양치 않네.
귀가하여 이마에게 곤궁을 당하지 마오.
한 번 욕망에 떨어지면 지조를 그르친다오.

학야의 큰 물 鶴野大水

平蕪漲水白連霄
風日浪花春正夭
桑碧須更曾若此
也應千古不相遙

넓은 들에 물이 범람하여 하얗게 하늘과 이어지고
바람 부는 날 어지러운 꽃 봄이 진정 짧네.
상전벽해가 일찍이 이와 같았을 것이니
마땅히 천고가 서로 멀지가 않네

능주 박의를 만나 읊다 逢綾州朴醫吟

百里綾城間一溪
多時花雨好禽啼
南天六月虫燈夜
何事兩人晩着題

백 리의 능성 한 개울가에서
좋은 시절 꽃비 속에 새소리도 좋네.
남쪽 하늘 유월 벌레 우는 등불의 밤에
무슨 일로 두 사람 늦도록 시를 적는가.

국화를 꺾어 유리병에 꽂다 折菊花插琉璃甁

憐爾菊花生晩長
經霜耐雪不渝眞
被兒折插琉甁水
謾作人家座上春

어여쁜 국화가 늦은 시절에 자라나
서리 겪고 눈을 이겨 참다움 변치 않네.
아이들에게 꺾이어 유리병의 물에 꽂아지니
부질없이 인가의 좌석에서 봄을 이루네.

춘궁기 저녁 누대에서 감회가 있어 春窮夕樓有感

獨倚空樓感恨長
窮村幾戶炊烟生

山街倦出携筐女
楡皮茶根供夕粮

빈 누대에 홀로 기대니 감회와 한이 긴데
궁촌의 몇 집에서 밥 짓는 연기가 오르나.
산길로 나른히 나선 광주리 든 여인
느릅 껍질 씀바귀 뿌리로 저녁양식 공양하네.

대설 大雪

朔風忽夜凍雲深
四海粉粧一色沉
願廻造物三春氣
着此素花萬樹林

삭풍이 문득 밤에 언 구름 속에 깊고
사해의 분단장 한 색으로 잠기었네.
조물주 삼춘의 기운이 돌아오길 바라는데
이 하얀 꽃 만 그루 나무숲을 덮었네.

노지수와 함께 與魯智洙 二首

四十星霜客日遲
山雲江月已多時
驥展蟄窮皆有數
一林捿鳥未移枝

사십 성상의 나그네 세월 더딘데
산 구름 강 달이 이미 많을 때이네.

기전과 침궁에 모두 운수가 있으니
한 숲의 깃든 새 가지를 옮기지 않았네.

又

倘何歲月付萍江
一面勝於璧十雙
幽谷安知喬木日
翩翩歸鶴下松窓

어찌하여 세월을 평강에 부치고
한 면이 벽옥 열 쌍 보다도 낫네.
깊은 골짜기 어찌 교목의 날을 알겠는가.
편편히 돌아오는 학이 소나무 창에 내려오네.

노지수에게 화답하다 和魯智洙 二首

邱壑十年謾守株
與君平日面相隅
三宵惠顧同庚癸65)
宦海青山兩不孤

구학에서 십년 동안 헛되이 수주대토하는데
그대와 평소 서로 한 귀퉁이 면하였네.
은혜로이 와주어 삼일 밤 함께 숙식하니
환해와 청산 둘 다 외롭지 않네.

---

65) 경계(庚癸) : 경(庚)은 서방으로 곡식을 뜻하고, 계(癸)는 북방으로 물을 뜻하는데 군량의 은어로 사용되었다. 좌전(左傳) 애공(哀公) 13년에 보인다. 여기에서는 숙식을 했다는 뜻으로 쓰였다.

又
青山一別意偏深
雨夕花朝堪獨吟
時有臨門溪上月
照來快許故人心

청산의 한 이별 뜻이 두루 깊어
비오는 석양 꽃 핀 아침 홀로 읊조릴 만하네.
때때로 문에 임한 개울가 달이
비춰와 벗의 마음을 유쾌히 허락하네.

5월 13일 우박이 계란만큼 컸다 五月十三日雨雹大如鷄卵

一震雨雷五月寒
滿空矢石驚河山
火雲飛震將何怪
生世未聞天地間

한 차례 진동하는 비와 천둥에 오월이 찬데
온 공중의 화살과 돌에 산하가 놀라네.
불 구름 나는 번개 얼마나 괴이한가.
세상에 나서 천지간에서 들어보지 못한 것이네.

신년 新年 二首

忽看庭梅臘雪晴
新年消息是多情

青山不老逝如水
一脉陽春四海清

마당의 매화가 섣달 눈 속에 맑음을 문득 보니
신년 소식이 다정하네.
청산은 늙지 않는데 흘러감이 물과 같고
한 맥의 양춘에 사해가 맑네.

又

千歲如今臘日晴
古園梅竹春多情
人間幾處悲新舊
造物無私一氣清

천세가 지금처럼 섣달이 맑은데
옛 정원의 매화 대나무 봄에 다정하네.
인간세상 몇 곳에서 신구를 슬퍼하는가.
조물주는 사사로움이 없어 한 기운이 맑네.

여러 생도에게 경계하다 戒諸生

世間賦畀兩難兼
鶴脛偏長烏喙尖
萬事勿求分外計
居山宜採海宜醢

세간의 부승은 둘 다 겸하기 어려우니
학의 목은 길고 까마귀는 부리가 날카롭네.

만사에서 분수 밖의 계책을 구하지 말지니
산에 살면 나물을 채취하고 바다에서는 젓갈을 얻는다네.

신력 新曆

病把新蓂縮頞低
徒然化物驚幽棲
得無半寸書生老
三百六旬又暮西

병들어 새 달력을 들고 콧마루 찡그리며 들여다 보며
도연히 화물에 깊은 거처에서 놀라네.
반촌도 얻음이 없이 서생이 늙으니
삼 백 육순이 또한 서쪽으로 저무네.

백설 白雪

天破玉山屑屑斜
均施下界洪恩加
維新邦國能如此
可使民人富厚家

하늘이 옥산을 파괴하니 가루로 기울어
하계로 균등하게 뿌려 큰 은혜를 가하니
나라를 유신함이 이처럼 능하여
백성들을 부후가로 만드네.

어떤 사람이 아이를 이끌고 방문하다 有人携兒見過

風雪逆旅四莫親
携兒背袱東西隣
父難其子子難父
積善誰家寄二身

풍설 속에 떠돌며 사방이 친척 없는데
등 포대기에 아이 데리고 다니니 동서가 이웃이네.
아비는 자식이 곤란하고 자식은 아비가 난감한데
적선하는 누구 집에 두 몸을 의지할 것인가.

동지 冬至 二首

子夜一雷四海春
浩然此氣達天人
古今興替元如是
須信物初箇箇眞

한밤중 한 뇌성에 사해가 봄인데
호연한 이 기운 천인에 다달았네.
고금의 흥체 원래 이와 같은데
사물의 처음이 하나 하나가 참됨을 믿겠네.

又

歷歷古今細算來
世間名利酒空盃
山中獨抱羲皇易
雪裏陽春一小梅

역력한 고금을 자세히 계산해 보니
세간의 명리는 술이 빈 잔이네.
산중에서 홀로 희황[66]의 역을 끼고 있으니
눈발 속 양춘에 한 작은 매화가 피었네.

천자봉에 오르다 登天子峯

天子峯高氣肅淸
書生一嘯悲呑聲
唐虞已古宋明遠
朝會百川空有情

천자봉이 높아 기가 숙청한데
서생의 한 휘파람 슬프게 소리 삼키네.
당우는 이미 오래이고 송명도 먼데
조회하는 백천이 공연히 정이 있네.

김농석의 벽에 적다 자는 문옥 題金聾石壁上 字文玉

聲名以石石如聾
石是非聾人是聾
義也不聾聾不義
世間明聽不如聾

성명을 바위로써 하니 바위는 귀먹은 듯한데
바위가 귀먹은 것이 아니고 사람이 귀먹었네.

66) 희황(羲皇) : 복희씨의 다른 이름. 8궤를 만들었다.

의로움에 귀먹지 않는데 귀먹은 것 의롭지 않다 하네.
세간의 밝은 들음이 귀먹은 것만 못하네.

거미 蜘蛛

獨抱經綸暗窺時
夕陽一網誰料知
四方來者皆吾入
歛足騁眸依幕垂

홀로 경륜을 껴안고 암암리에 때를 살피니
석양의 한 그물을 누가 헤아려 알겠는가.
사방에서 오는 자 모두 나에게 들어오니
다리 오그리고 눈동자 굴리며 장막에 매달려 있네.

손길룡을 전송하다 送孫吉龍

莫美此身王與金
恐將鉛雜又泥沉
滔滔皆是夢夢裏
一念或差禍十尋

이 몸을 옥과 금이라고 찬미하지 마오.
아연 섞이고 진흙에 묻힐까 두렵다오.
도도하게 모두가 꿈결같은데
일념도 간혹 십 심의 바람이 차질이 있네.

박일상을 애도함 호는 삼호 挽朴馹相 號三乎

三三春日哭三乎
願訴一言上帝都
何使當年仁不贖
斯人斯德永泉途

삼월 삼일 봄날에 삼호를 곡하니
한 마디 제도에 상소하고 싶네.
어찌하여 당년에 인자하게 용서하지 않고
이 사람 이 덕을 영원히 천도에 있게 하였나.

한식 寒食

爲告忠靈敢搆文
四蛇不與做同群
誰知當日隱身義
棉上千秋空白雲

충령에게 고하려 감히 글을 지으니
사방 뱀들과 함께 같은 무리가 되지 않았네.
누가 당일 은신의 의리를 알았던가.
솜 위의 천추에 공연히 흰 구름만 있네.

임수재 형제에게 주다 贈林秀才兄弟

盤山斜日到雙秀
一袱擔書陪老親

行傭板築自常事
璞裡誰知玉有眞

반산의 석양에 두 수재가 오니
한 보자기 책을 지고 노친을 모시었네.
떠도는 고용살이 판축이 일상사인데
박석 속에 옥이 진짜임을 누가 아는가.

흥양 김오강에게 주다 呈興陽金梧綱

一泊仙舟盡海春
武陵何處種桃新
興陽芳草年年碧
莫作雲山落漠人

한 번 정박한 선주에 바다의 봄이 다하고
무릉 어느 곳에 심은 봉숭아 새로운가.
흥양의 방초는 해마다 푸른데
운산의 낙막한 사람이 되지 마오.

늙은 측백나무 老栢

百年老栢立亭亭
傲雪勁風不渝青
可笑蹈蹈名利下
男兒幾箇醉難醒

백년의 늙은 측백나무 정정하게 서 있는데
눈 이기고 센 바람에도 푸름을 잃지 않네.
가소롭구나! 도도한 명리의 아래
남아가 몇이나 취하여 깨지 못하는가.

나문칠을 애도하다 挽羅文七

藤蘿四月麥斜秋
爲哭故人老淚流
眞實相知次第去
世間何處說吾愁

등라 사월에 보리 기울어 익었는데
친구를 애도하며 늙은이 눈물 흘리네.
진실한 벗들 차례로 떠나가니
세간에 어디에다 나의 근심 말할 것인가.

만송 족대부 정주 晩松 族大父正柱

水如汪汪玉如潔
進退隨宜片一心
長往不渝君子樂
大寒風雪時成林

물처럼 넘실대고 옥처럼 정결하여
진퇴를 마땅히 한 마음을 따르네.
오래 가도 군자의 즐거움을 바꾸지 않으니
대한의 풍설에 때때로 숲을 이루네.

스스로 소일하다 自遣

無處世間老胸情
臨江垂釣忘餘生
是非榮辱皆何事
不羨子牙功必成

세간에 늙은이의 마음의 정을 둘 곳 없어
강가에서 낚시 드리우고 여생을 잊네.
시비와 영욕은 모두 무슨 일이던가.
자아의 공이 반드시 이루어질 것을 선망하지 않네.

삼체당에 차운하다 정룡희 次三棣堂 鄭龍熙

地靈人物共相齊
三棣古堂今不迷
成落重新非偶事
吉星臨照此山堤

신령한 땅과 인물이 모두 나란하니
삼체 고당을 이제 헤매지 않네.
낙성 이루어 새로 중건함이 우연한 일 아니니
길조의 별이 이 산의 둑에 임하여 비추네.

권 4

칠언 율시 七言 律詩

만헌에 적다 題晩軒

曾知嘉遯卜幽居
菊月松風樂自如
潁山志趣來垂釣
鏡水胸衿去看書
蘭芽連茁榮無替
萱草長春慶有餘
軒非晩也將其晩
心氣渾渾復性初

좋은 은거로 그윽한 거처를 택했음을 일찍이 알았는데
국화의 달빛 솔바람에 즐거움 자적하네.
영산의 지취로 와서 낚시 드리우고
경수의 흉금으로 떠나가 책을 보네.
난의 싹이 연이어 나와서 꽃이 바뀌지 않고
원추리의 긴 봄에 경사가 넘치네.
헌은 저물지 않았으나 그 저묾을 이끌고
심기는 혼혼하게 본성의 처음을 회복하네.

영암 백운동 이익제 일시정 靈岩白雲洞 李益齊 一視亭

地與嘉亭玉潤成
白雲仙鶴子和鳴

百川流湊來源一
萬理分殊推本誠
名節證垂太史氏
事功不愧古先生
群昭群穆無疎遠
香火千秋海永盟

땅이 좋은 정자와 옥처럼 윤택하게 이루어져
흰 구름 속 선학이 화평하게 우네.
온 냇물 흘러 모임은 한 근원에서 오고
만리의 분수는 본성의 성실을 미루어보네.
명절 증거는 태사씨[67]에게 드리워 있고
사업의 공은 옛 선생에게 부끄럽지 않네.
여러 무리가 밝고 화목하여 소원함이 없고
향화를 천추에 바다에 영원히 맹세하였네.

삼가 박중선의 천자 운에 따라 謹次朴仲先天字韻 二首

推數古今運一天
昭昭万理難欺天
寒往暑來元定理
龍飛虎伏第何天
渡江蝦蟆猶餘力
立雪杉松不畏天
迫火豈知分玉否
心中素有各仁天

67) 태사씨(太史氏) : 사관을 말한다.

몇 고금을 미루어 일천을 운행하나
밝고 밝은 만 이치 하늘을 속이기 어렵네.
추위 가고 더위 옴은 원래 정해진 이치인데
용이 날고 호랑이 잠복함은 다만 어느 하늘인가.
강을 건넌 두꺼비 여전히 힘이 남아돌고
눈 속에 선 삼나무 소나무 날을 두려워 않네.
다급한 불길에서 어찌 옥을 구분할 수 있겠는가.
심중에 평소 각자 인천이 있다네.

又
万億生生是一天
窮通榮辱摠循天
龍門禹斧非由力
垓下楚侯尙怨天
尺虫屈步能移地
清漢仰頭自信天
諸葛更誰也保蜀
短軀未作宋文天

만억이 나고 남이 일천인데
궁통과 영욕이 모두 하늘을 따르네.
용문의 우의 도끼는 힘을 빌지 않았는데
해하의 초후[68]는 오히려 하늘을 원망하네.
작은 벌레 기어가도 땅을 옮겨갈 수 있고
맑은 은한 우러러보니 스스로 하늘을 믿네.
제갈량[69]이 아니면 누가 촉을 보존하리.

68) 해하초후(垓下楚侯) : 항우(項羽)를 말한다. 해하는 항우가 유방에게 포위되어 자결한 곳이다.
69) 제갈량(諸葛亮) : 중국 삼국시대 촉한(蜀漢)의 정치가이자 전략가.

작은 몸 송나라 문천상[70] 되지 못하네.

송사 기우만 선생을 애도함 挽松沙

勉淵諸老逝含寃
獨有先生扶道源
一世未伸伊尹志
千秋不愧伯夷魂
南州已絶蒼生望
東土更無復國論
斯文長熄今惟極
万壑山川白日昏

면암 연재[71] 여러 노인 떠나가 원한 품었는데
홀로 선생이 남아서 도덕의 근원을 붙잡았네.
한 세상에서 이윤의 뜻 펴지 못하였으나
천추에 백이[72]의 혼 부끄럽지 않네.
남주는 이미 창생의 바람이 끊기고
동토엔 다시 나라를 회복할 논의가 없네.
높은 도 오래도록 꺼져 이제 아득하기만 하니
만 골짝 산천에 해가 어둡구나.

---

70) 문천상(文天祥) : 중국 남송(南宋)의 정치가이자 시인. 송이 원(元)나라에 멸망당하자 자살을 기도 했으나 실패하고 여러차례 원의 세조가 벼슬할 것을 권하였으나 거절하자 사형당하였다.

71) 면연(勉淵) : 면암(勉菴) 최익현(崔益鉉)과 연재(淵齋) 송병선(宋秉璿).

72) 백이(伯夷) : 중국 주(周)나라의 성인. 중국 숙제(叔齊)와 함께 무왕(武王)의 행위를 비난하며 주나라의 곡식을 먹지 않겠다고 하며 수양산(首陽山)에서 고사리를 캐어 먹고 지내가 굶어 죽었다.

조여일 형 모친의 생신 뒤에 적다 題趙兄如一萱親晬辰後

掃洒中堂設宴莚
長歌獻誦蓼莪篇
壽盃戊戌初三日
廻慶丙辰七十年
諸孫起拜南陔下
白髮安享彩舞前
金昆玉季敦和睦
爲賀君家福蔭連

중당을 소제하고 잔치자리 설하여
긴 노래 요아편[73]을 올리네.
무술년 초삼일에 수배를 들었는데
병진년 칠십 세에 다시 경사가 돌아왔네.
여러 자손들 남쪽 뜰에서 일어나 절하니
백발로 평안히 색동옷의 춤을 즐기네.
금지옥엽들 돈독히 화목하니
그대 집안의 복음이 이어짐을 축하하네.

말세의 풍우를 탄식함 嘆叔世風雨

何代無乏壯士豪
八荒今日爭相高
不識天心由我德
空費國力浚民膏
形勢急鬪全局奕

73) 요아편(蓼莪篇) : 시경 소아(小雅)에 나오는 편명. 부모의 은혜에 대한 내용의 시이다.

威炎湯沸一甌醪
願借南屛山上氣
西夷北狄虎前逃

어느 시대인들 장사의 호협이 없지 않았는데
온 세상에서 지금 서로 높음을 다투네.
천심이 나의 덕으로 비롯됨을 모르고
공연히 국력을 낭비하여 백성의 기름을 짜내네.
형세는 전 바둑판의 바둑돌을 다급히 다투고
위염은 한 사발의 술을 끓게 하네.
남병산 위의 기운을 빌리려니
서이와 북적이 호랑이 앞에 도망치네.

능주 옛 고을을 지나며 過綾州舊邑

綾州城外水東流
滿眼森羅故國愁
樂豊樓下斜陽日
控海堂前万木秋
衣冠輳入獸蹄裏
言語亂鳴鴃舌頭
西望惟存夫子廟
亘天吾道祥雲浮

능주성 밖 물은 동으로 흐르고
시야 가득 늘어진 건 옛 나라의 근심이네.
낙풍루 아래엔 석양이 기울고
당해당 앞엔 온 숲에 기을이네.
의관은 짐승의 발굽 아래 뭉개지고

언어는 때까치 혀에서 어지럽게 울리네.
서쪽을 바라보니 부자의 사당이 남아 있어
하늘에 닿은 우리 도의 상서로운 구름이 떠 있네.

스스로 감회가 있어 自感

讀罷魯論下監川
逝如一理似完然
賤生恨後三千子
局見羞費四十年
河清日月今安在
世變風雨但久連
廻首乾坤無所事
善身勤力奉吾先

노론을 다 읽고 함천으로 내려가니
흘러가는 일리가 완연하네.
천한 생은 삼천 제자의 뒤임이 한스럽고
작은 견식 사십 년을 낭비했음이 부끄럽네.
하수 맑은 일월은 어디에 있는가.
세상 변한 풍우가 다만 오래 이어지네.
건곤에 고개 돌리고 하는 바가 없는데
착하고 부지런하게 우리 선조 받들리라.

전횡도가 있다는 소문을 듣고 聞有田橫島

浮浮大海一孤島
千古悲風使我愁

欲生孤負齊宗國
寧死不爲漢小侯
獨有塚傍閒日月
誰知心上掛春秋
窮天此意無人訴
五百其徒共下遊

아득히 떠 있는 대해에 한 외딴 섬
천고의 슬픈 바람 나를 수심 짓게 하네.
살려고 홀로 제나라 종국을 저버렸으나
차라리 죽을지언정 한나라 소후가 되지 않았네.
외로운 무덤 가 일월이 한가로운데
누가 심상에 춘추를 매달았음을 알겠는가.
궁천에 이 뜻을 호소할 사람 없는데
오백 명 그 무리들 함께 아래에서 노니네.

모암재에 적다 題慕岩齋

君子幽居自樂天
碧山壽壽千斯年
遭世蒼黃生不後
臨江平濶眼無前
芬苾遠誠家錫類
蓮花隱操野遺賢
短篇爲賀門樓永
寶樹一春萬葉傳

군자가 유거에서 스스로 천리를 즐기는데
푸른 산 오래도록 천년에 이르렀네.

세상의 창황함을 만나니 생이 끝이 없고
강의 드넓음에 임하니 시야가 아득하네.
향기로운 먼 정성은 집안의 석류이고
연꽃의 감춘 지조는 들의 유현이네.
짧은 글로 문루의 영원함을 축하하니
보수가 한 봄에 만 이파리를 전하리.

여러 생도에게 보이다 示諸生

世人所見百層層
稀有正門獨蹴登
愚夫亦識惟吾道
上智或差作佛僧
眼前志可三軍奪
義外行無一髮增
君子大賢非別事
欲之在我豈難能

세상 사람 보는 것 백가지로 층층이라
바른 문은 적은데 홀로 올라가네.
어리석은 사람도 오히려 우리 도를 아는데
상지는 차이 있어 불승이 되네.
눈앞의 뜻은 삼군에게서도 빼앗을 수 있고
의로운 밖의 행실은 한 터럭도 더하지 않네.
군자와 대현은 특별하지 않으니
되려고 함은 나에게 달렸는데 무엇이 어렵겠나.

삼가 박계은의 회갑운에 차운하다 謹次朴溪隱廻甲韻

先生超德又高年
始信仁人必得年
文章不羨王初丁
箴誠豈惟武晩年
香花佳氣吟來日
固竹清霜老去年
短詩爲賀今朝慶
舊甲丁寧戊午年

선생은 덕이 높고 나이 또한 높은데
비로소 인인은 반드시 장수한다는 것을 믿겠네.
문장은 왕의 초정을 선망하지 않고
잠성은 어찌 다만 무공의 만년이겠는가.[74]
향기로운 꽃 좋은 기운 내일을 읊는데
고죽과 맑은 서리 거년에 늙었네.
짧은 시로 오늘 아침의 경사를 축하하니
구갑이 정녕 무오년일세.

김돈희의 춘장 생신시에 차운함 次金敦喜春丈晬辰韻

蓼莪爲賦祝親年
何庸區區萬項田
一日福來今早日
六廻甲又古先天
經綸案積多文富

74) 위(衛) 무공(武公)이 말년에 자경(自儆)하는 내용의 억시(抑詩) 12편을 지었나는 고사가 있다. 시경에 보인다.

光景門收百祥連
爲賀君家餘蔭足
蘭芽春色滿庭邊

요아시를 읊으며 친년을 축하하니
어찌 구구하게 만 이랑의 밭을 쓰겠는가.
하루의 복이 오니 오늘 해가 이르고
육십 회갑이 되니 옛 선천이네.
경륜을 책상에 쌓아 많은 문장 풍부하고
광경을 문으로 수습하여 온 길상이 이어지네.
그대 집안 넘치는 음덕이 많음을 축하하니
난의 싹 봄빛 띠고 뜰 가에 가득하네.

저동 숙사에서 동사의 제군에게 부침 苧洞塾寄同社諸君

重此一身願守眞
人誰知過不從新
居家如作愼修士
出世應無獨好隣
氣餒意城難禦敵
見差心鏡或遮塵
謙受滿招君莫忘
大來基業在青春

거듭 이 한 몸이 참됨을 지키길 원하니
남들 중 누가 허물을 알고 새로움을 좇지 않는가.
집에서 신중히 수양하는 선비가 되면
세상에 나가도 마땅히 홀로 좋은 이웃이 없겠는가.
기가 쇠하면 의성이 적을 막기 어렵고

차이를 보면 심경이 간혹 먼지를 차단하네.
겸손이 온갖 부름을 받는 것을 그대는 잊지 마오.
커다란 기업은 청춘에 있다네.

문명호 춘장의 송죽정에 차운함 능주에 머물며 次文明浩春丈松竹亭韻 居綾州

綾城百里一溪淸
夢夜乾坤月自明
長流逝水如斯道
晩節高家不墮聲
可憐今日風霜裏
却喜古人事業成
松竹庭前栽寶樹
万折益堅素春情

능성 백 리에 한 개울이 맑고
꿈꾸던 밤 건곤의 달빛 절로 밝았네.
길게 흘러가는 물은 사도와 같고
만절의 고가 명성이 떨어지지 않았네.
가련하다 오늘의 풍상 속에
도리어 고인의 사업이 이뤄짐이 기쁘네.
송죽을 마당 앞에 보수로 심어놓으니
만 번 꺾여도 더욱 견고한 평소의 춘정이네.

스스로 회포를 펴다 自敍 二首

渺茫大塊隻身微
屈去伸來理莫違

陰雨淺堆窮蟄出
勁風長宇老鷹飛
潔玉難容半點黑
至公牙害一毫非
千般憂喜分元在
着布河湏煥錦衣

아득한 대괴에서 몸이 작은데
굽어 가고 펴 오는 이치가 어긋나지 않네.
장마 지니 작은 흙더미에서 궁한 벌레가 기어 나오고
센 바람 부니 긴 지붕에서 늙은 매가 나네.
정결한 옥은 반 점의 티끌도 허용하지 않고
지극한 공정함은 한 터럭의 잘못도 범하지 않네.
천 가지 근심과 즐거움이 나뉘어 원래 있으니
도포 입고 어찌 비단 옷을 찬란하게 하랴.

又

昔我西來二月初
一區名勝掛圖書
八簾山色斜陽裡
落浦雲烟歇雨餘
佳花結子春情晩
好鳥稀音客面踈
東平沃野連窮海
逸士隱居可以漁

지난날 내가 서쪽으로 오던 이월 초
한 지역 명승지를 도서로 걸어두었네.
팔렴산 빛이 석양에 있는데
물가에 떨어지는 구름은 비가 갠 나머지이네.

좋은 꽃 씨앗 맺어 춘정이 저무는데
좋은 새의 드문 소리 객의 얼굴은 드무네.
동평의 기름진 들은 궁벽한 바다에 이어지니
일사가 은거하여 물고기를 잡을 수 있겠네.

비에 체류하며 滯雨 七言四律

約友不來雨暗南
悄然靜坐掩松菴
澹澹孤影如泥塑
活活深源見石潭
薄雲斷海初生日
行旅登程遠散嵐
江山長與吾人阻
只把羲經意自甘

약속한 벗 오지 않고 비가 남쪽에 어두운데
슬프게 조용히 앉아 송암을 닫았네.
담담한 외로운 그림자 진흙 소상 같은데
활활한 깊은 원천의 석담을 보네.
엷은 구름 바다에 끊기어 막 해가 돋고
여행길에 오르니 흩어지는 이내가 머네.
강산은 길게 우리들과 막히고
다만 희경을 쥐니 뜻이 절로 달콤하네.

산정을 유람하다 遊山亭

君子南東海一州
唐虞日月自優遊

絲垂姜渭懷經濟
舟放范湖勇退休
泰山餘氣層坮立
九鼎重名短碣留
景仰千秋過者式
漢江如帶至今流

군자의 남쪽 수레 바다 한 주에 있는데
당우의 일월에 스스로 우유하네.
강태공의 위수에 낚시 드리우며 경제를 생각하고
범려의 오호에 배를 띄우고 용퇴하여 휴식하네.
태산의 남은 기운 층대에 서 있고
구정[75]의 무거운 이름 작은 비석에 남아 있네.
천추에 경앙하니 지나는 자가 절하고
한강은 띠처럼 지금까지 흐르네.

은암거사에게 주다 贈隱菴居士

五柳村深石一庵
陶淵居士是英男
際海秋晴慣鷺夢
尼山夜靜聽禪談
松桂低雲觀世態
芙蓉明月照寒潭
葛天氏古唐虞遠
閒適隨時分自諳

75) 구정(九鼎) : 우(禹)왕 때 주소한 솥으로 하(夏)·은(殷)·주(周) 삼대 전해진 보배이다. 천자의 나라에서 소유하는 것으로 천하 혹은 천자를 뜻한다.

오류촌 깊은 곳에 바위 암자 있어
도연명거사 빼어난 남아이네.
제해의 가을 맑아 해오라기 꿈 익숙하고
이산[76]의 밤 고요해 선담을 듣네.
솔과 계수의 나직한 구름에서 세태를 관찰하고
부용꽃 밝은 달빛 찬 못을 비추네.
갈천씨[77] 옛 당우는 아득한데
한적함 때를 따름을 분명히 스스로 기억하네.

보평산 시회 寶平山詩會[78]

盧山五老尙爲輕
南國文章一坐成
斷崖懸瀑飛千尺
西海急潮退萬兵
將軍古壘烟深鎖
太守荒垖鳥獨鳴
可笑人生蝸角上
登高識得氣虛盈

여산의 오로봉[79] 오히려 가볍고
남국 문장이 한 자리에서 이루어지네.
깎은 듯한 절벽에 매달린 폭포 천 길을 날고

---

76) 이산(尼山) : 공자의 부모가 공자를 낳기 위해 기도했다는 산. 공자는 이 산 이름을 따라 중니(仲尼)라고 호를 지었다고 한다.

77) 갈천씨(葛天氏) : 중국 전설상 고대의 제왕. 이상정치를 실현하여 성군으로 추앙되고 있다.

78) 앞의 오언율시 <보평산 시회 寶平山詩會>와 연작이다.

79) 중국 강서성(江西省)에 있는 여산(廬山)의 오로봉(五老峯)을 말하는 듯 하다.

서해의 급한 조수 만 병사 물리치네.
장군의 옛 루는 안개에 깊이 잠기고
태수의 황량한 대엔 새가 홀로 우네.
가소로운 달팽이 뿔 위의 인생
높이 올라 기운의 비우고 차오름을 알았네.

남원의 김학래를 만나다 逢南原金學來

西來半袱訪誰家
竹下小軒午影斜
阜帽見如流俗態
玉音聽是醉仙霞
大旱三旬蓷已老
晩秧五月栗飛花
安如坐得簪纓士
古話殷勤意倍加

서쪽으로 오는 반 보자기 누구 집을 방문하나
대숲 아래 소헌엔 낮 그림자 기울었네.
높은 모자 유속의 자태를 보는 듯한데
옥음은 선하에 취한 듯 들리네.
큰 가뭄 삼순 동안 익모초가 이미 익었고
늦은 모내기하는 오월에 밤나무 꽃을 날리네.
평안히 앉아 잠영의 선비[80]를 얻으니
옛이야기 은근하여 뜻이 배가되네.

---

80) 잠영사(簪纓士) : 잠영은 높은 벼슬아치나 그 지위를 비유적으로 이르는 말. 여기에서는 김학래(金學來)를 말한다.

남원의 유람객을 만나다 逢南原遊客

芳草南原客上抬
名山幾處試高才
李花露結全身玉
石角雨多半面苔
好鳥東風鄕幾夢
愁雲西日路何催
世間不識邵康節
空託夕門獨徘徊

향기로운 풀 남원에 객이 대에 오르니
명산이 어디이던가 높은 재능 시험하네.
자두꽃에 이슬 맺혀 전신이 옥빛이고
돌 모서리에 비가 많아 반면이 이끼이네.
좋은 새 동풍 속에서 고향을 꿈꾸고
근심스런 구름 석양에 길을 어찌 재촉하리.
세간에서 소강절[81]을 알지 못하여
공연히 석양 문에 기대어 홀로 서성이네.

떠오른 대로 짓다 卽事 三首

雨氣腦人倦上欄
從容書室起居安
一言可守千金重
覓路須知十里難
野臾生楸備夏溽

81) 소강절(邵康節) : 소옹(邵雍). 중국 송나라의 학자이자 시인.

山婆香蕨供春盤
萬般苦海誠如是
數盡古今歷歷看

비 기운에 근심 어린 사람 나른히 난간에 오르니
조용한 서실에서 기거가 편하네.
일언을 지키는 것 천금보다 중하니
길을 찾으려면 반드시 십리의 어려움을 알아야 하네.
시골 노인은 생 바둑판으로 여름 장마를 대비하고
산 노파는 향기로운 고사리 봄 쟁반에 올리네.
온갖 고해가 참으로 이와 같으니
여러 번의 고금을 역력하게 보네.

又
山人澹泊別無肴
栗飯葱沉可納交
嫩荀三月生牛角
白石千年削玉梢
土堦中缺鼠來穴
喬柳上繁鵲構巢
第是高樓呑挹大
捲簾草色一平郊

산사람 담박하여 별다른 안주 없는데
밤밥과 파김치로 교유를 할 수 있네.
여린 순 삼월에 소뿔이 돋고
흰 돌 천년에 옥 모서리 깎아내네.
흙 계단 중앙 파인 곳은 쥐가 굴 판 것이고
높은 버들 위가 무성한 곳은 까치가 둥지 튼 것이네.

다만 이 높은 누대 탄읍함이 큰대
발 걷으니 풀빛이 교외에 한결같네.

又

落花時節雨朝朝
竹裏小樓意頗寥
人心危看驚弓鳥
世事難過獨木橋
霧中青嶂烏頭出
海外歸雲鶴背遙
飮啄從容春計足
香蒔葷蒜味豊饒

꽃 질 무렵 아침마다 비 내리고
대숲 속 작은 누대 뜻이 자못 쓸쓸하네.
인심은 활에 놀란 새를 보듯 위급하고
세상일은 외나무다리 지나는 듯 어렵네.
안개 속 푸른 봉우리 새 머리에서 나타나고
바다 밖 돌아오는 구름 학의 등에서 머네.
마시고 쪼음 조용하여 봄 생계가 족하고
향기로운 시초와 매운 마늘 맛이 풍요하네.

봄에 몽탄강을 유람하다 春遊夢灘江[82)]

又

萬潭春水下望平
十里斜陽萬態生

82) 앞의 오언절구 <봄에 몽탄강을 유람하다春遊夢灘江>와 연작임.

紅桃籬落𠈇鷄走
青草路傍亂犢鳴
浮榮雲沒片時跡
大道山依太古情
百不一堪今老矣
兒孫勤學自躬耕

온 못의 봄물 아래로 평지를 바라고
십리의 사양 속에 온갖 자태 생겨나네.
붉은 복사꽃 울타리에 병아리들 달려가고
푸른 풀 길가에 송아지들 요란하게 우네.
떠서 무성한 구름은 잠깐의 흔적으로 사라지고
큰길의 산은 태고의 정에 의지하였네.
백의 한 가지도 지금의 늙음을 감당할 수 없는데
아손들 부지런히 공부하고 스스로 밭을 가네.

효우정에서 최병문 孝友亭 崔炳文

難將祈壽可延年
驗得於公孝極天
千秋常恨無曾子
末世又聞有大連
寸心已古春幾度
素抱留今月一川
情迹遙遙何處覓
夢灘江水碧如烟

장수 바라고 나이 연장하기 어려운데
공에게서 효도 지극함을 징험하네.

천추에 항상 증자 없음을 한스러워 했는데
말세에 또한 대련이 있음을 듣네.
촌심이 이미 예스러운데 봄을 몇 번이나 보냈나.
평소의 회포 지금에 남기니 달이 한 냇물에 있네.
정의 자취 요요하니 어디서 찾을 건가.
몽탄강의 물은 연기처럼 푸르네.

유산정 시회 遊山亭詩會

連峽帶河邈一州
大夫車馬曾南遊
賈生屈首長沙臥
陶士歸來彭澤休
百鍾勳祿全城享
兩世高風萬口留
鮮池日煖山依在
故國荒涼水自流

이어진 골짝 물을 따라 한 고을 먼데
대부들 수레와 말들 일찍이 남쪽 유람하였네.
가생은 긴 장사에 고개 숙이고 누웠고[83)]
도사는 팽택에서 돌아와 쉬었네.[84)]

---

83) 가생(賈生) : 중국 전한(前漢) 문제(文帝) 때의 박사이자 시인인 가의(賈誼)를 말한다. 그는 시문에 뛰어나고 제자백가에 정통하여 문제의 총애를 받아 약관으로 최연소 박사가 되어 1년 만에 태중대부(太中大夫)가 되어 많은 공을 세웠으나 당시 고관들의 시기로 장사왕(長沙王)의 태부(太傅)로 좌천되었다.

84) 도사(陶士) : 중국 동진(東晋) · 송(宋) 때의 시인이자 문장가 도연명(陶淵明)을 말한다. 군벌항쟁의 세파에 밀리면서 생활을 위하여 하는 수 없이 진군참군(鎭軍參軍) · 건위참군(建衛參軍) 등의 관직을 역임하였으나 항상 전원생활에 대한 사

백종의 훈록을 온 성에서 누리니
양세의 고풍이 만구에 머물어 있네.
맑은 못 햇살 따뜻한데 산이 의지해 있고
고국은 황량한데 물은 절로 흘러가네.

송계정에 적다 題松溪亭

九里峰廻一局開
松雲溪月入簾來
錦江秋蓼深如染
芝谷仙霞絕不埃
耕讀隨時心自適
行藏中道意寬恢
犧皇氏古陶淵臥
白鶴青山獨美哉

구리봉이 돌아 한 지역이 열리니
솔의 구름 개울의 달빛 발에 들어오네.
금강의 가을 여뀌 짙게 물들고
지곡의 선하 전혀 먼지가 없네.
농사와 독서 때를 따르니 마음 절로 한적하고
행장을 도에 맞추니 뜻이 넓고 크네.
희황씨[85] 오래인데 도연명이 머무니
백학과 청산이 홀로 아름답네.

모의 정을 달래지 못하다 41세 때에 누이의 죽음을 구실삼아 팽택현(彭澤縣)의 현령(縣令)을 사임한 후 다시 관직에 나가지 않았다.

85) 희황씨(犧皇氏) : 복희씨의 또다른 이름.

봄을 전별하다 餞春

何事一年獨少春
此心難可說知人
細思萬變來猶去
須認玄機舊替新
嬌女鏡臺空照月
英雄劒匣已生塵
許多送別皆厭見
寧使天衢遠我隣

어찌하여 일년에 유독 봄이 적은가.
이 마음 남을 깨우쳐 주기 어려운데
만 변화가 오고 감을 세심히 생각하고
현기의 옛것이 새로 교체됨을 깨닫네.
어여쁜 여인의 경대에 공연히 달빛 비치고
영웅의 칼집엔 이미 먼지 끼었네.
허다한 송별을 모두 실컷 보았는데
어찌 천구를 나의 이웃과 멀리 만드는가.

자동차 自動車

如鬼如猩轟上衢
追之莫奈驪山徒
眼前千里何難有
手術百家古所無
萬力奮迅當走虎
一聲爆發落飛烏

世間神怪今容易
蜀馬秦鞭亦可圖

귀신인가 성성이인가 천둥소리 길에 오르니
좇아도 여산의 무리같아 어찌할 수 없네.
눈앞 천리가 무슨 어려움이 있으리오.
술수는 백가에도 예전에 없던 바이네.
온 힘으로 분신함은 달리는 호랑이도 당하고
한 소리 폭발은 나는 새를 떨구네.
세간의 신괴함이 지금 용이하니
촉의 말과 진의 채찍 또한 도모할 수 있네.

여름 나비 夏蝶

生也不時俯首看
如狂似醉定情難
忽仰忽浸雙翼苦
紛來紛去一心寒
戱卵高飛空點樹
覓香遠下誤過灘
白桐亦盡山栗發
嚬腰曲眉未花冠

태어남이 때가 아닌데 머리 숙여 바라보니
미친 듯 취한 듯 정을 정하기 어렵네.
문득 치켰다 내리는 쌍 날개가 고달프고
분주히 오가는 한 마음이 차갑네.
알을 낳으려 높이 날아 공연히 나무에 점 찍고
향기 찾아 멀리 내려가 잘못 여울을 지나네.

백동꽃 또한 지고 산밤이 피었는데
잘룩한 허리 굽은 눈썹 화관은 쓰지 않았네.

말 馬

勒首鐵蹄性如天
知吾伯樂逢何年
嘶風越海能餘力
立草舐毛困似眠
壯心猛虎千山外
豪氣英雄一劍前
駑駘驥騏誰識別
馳驅得正足生烟

굴레 쓴 머리 철 발굽 성품이 타고난 듯한데
우리 백락을 언제 만날지 아는가.
바람 속에 울며 바다 건너도 남은 힘이 있고
풀밭에 서서 털을 핥으며 노곤하게 잠든 듯하네.
장심의 맹호가 천산 너머에 있고
호기의 영웅이 일검 앞에 있네.
노둔한 말과 천리마를 누가 식별하는가.
내달림이 바름을 얻어 발에서 연기가 나네.

칠성봉 시회 七星峯詩會[86]

聞說此山妙有名
頂頭一屐透看明

86) 앞 오언율시 <칠성봉시회七星峯詩會>와 연작시임.

斗精流落奇峯列
地軸展開大野成
隱隱宿雲仙去後
依依軟草鹿遊程
若能實踐皆循理
咫尺天根可踏平

듣자니 이 산 묘하다는 명성이 있는데
정상에 한 신발로 올라 투명하게 바라보네.
두성의 정기가 흘러 떨어져 기이한 봉우리 벌려있고
지축이 전개되어 큰 들을 이루었네.
은은히 머문 구름은 신선이 떠난 후이고
의의한 부드러운 풀밭은 사슴이 노니는 길이네.
만약 실천할 수 있다면 모두가 이치를 따름이니
지척의 천근을 평지처럼 밟을 수 있으리.

문기선의 부친 종모당 효자각에 차운하다 次文基瑄父親終慕堂孝子閣韻

無事肯親義奕先
當然子職終吾天
德名百行惟居一
學力十能己欲千
寸草心心常愛日
跬時戰戰不游川
小堂記蹟奚爲美
永錫其類世可傳

무사히 부모 섬기는 의리 크고 으뜸이니
당연한 자식 직분 우리 천리를 다하네.

덕과 명성 다만 한결같고
학력은 십분 능한데 스스로 천을 이루려하네.
촌초는 마음마다 항상 해를 사랑하고
반걸음 걸을 때도 전전긍긍 노니는 냇물이 아니네.
소당의 남긴 기록 어찌 아름다운가.
영원히 그 후손에게 주어 세상에 전할 만하네.

서옥봉의 희우음에 차운하다 次徐玉峯喜雨吟

周餘憫旱欲傷眞
一霈甘霖甦我人
動植何生非所賜
江山無物不相親
渴心老杪天然茁
屈地盤芽任意伸
第是當今爲上瑞
化中功用妙如神

한 주가 넘게 한발을 근심하니 마음 상하려한데
한 차례 달콤한 장마가 우리들 소생시키네.
동식물에게 어찌 생명을 내린 바가 아니리.
강산도 서로 친하지 않은 것이 없네.
갈증의 늙은 가지도 천연하게 싹이 트고
지면 뚫은 서린 싹도 마음껏 뻗어나네
다만 지금 상단을 이루니
변화의 공용이 신처럼 묘하네.

김후암 회갑 자는 덕신 金後巖廻甲 字德新

年今乙亥昔其人
九月茶山又一春
南極壽星方向曙
西天活佛不嫌貧
雲仍繼志岩撐後
玉琢有成德晩新
爲賀香風翻彩舞
子蘭孫竹福天申

금년은 을해년 옛날 그 사람
구월 다산에 또 한 봄이 되었네.
남극의 수성이 지금 날이 새려하는데
서천의 환생한 부처 가난을 꺼리지 않네.
구름 이어져 뜻을 계승하니 바위가 뒤를 버티고
옥 가공 이루어지니 덕이 만년에 새롭네.
축하하여 향풍 속에 색동옷 날리며 춤추고
자손의 난과 죽 복천에 뻗어나네.

조원철 조부의 양죽당에 차운하다 次趙元喆祖父養竹堂韻

竹色人心兩共齊
沒身不改小堂西
嫩生春筍容如見
泠淡幽陰魄降捿
當世誰知賢父母
至今良覺好夫妻

猗歟君子終難忘
白雪青青有斐萋

대나무 색과 사람 마음 함께 나란한데
몸은 죽었으나 소당의 서쪽은 바뀌지 않았네.
싹 트는 봄 죽순 용모를 보는 듯하고
냉담한 짙은 그늘 혼백이 내려와 서린 듯하네.
당세에 누가 어진 부모를 알았던가.
지금 좋은 부처를 참으로 깨우네.
아! 군자를 끝내 잊기 어려우니
흰 구름 청청하게 오가며 무성하네.

몽탄 연포당에 적다 題夢灘淵圃堂

人有其名地玉成
淵山太古小牕明
釣坮雨滑魚深夢
琴館夜凉鶴聽聲
一片心期鋤月白
四時松桂嘯風生
桑田今日來何處
江水蒼蒼送遠情

사람에게 명성이 있으면 땅이 옥을 이루니
연산에 태고의 작은 창이 밝네.
조대는 빗물 미끄러운데 물고기가 꿈에 잠기었네.
금관은 밤이 서늘한데 학이 소리를 경청하네.
한 조각 심기에 서월이 희고
사시의 소나무 계수나무에 소풍이 일어나네.

뽕밭은 지금 어디에 있는가.
강물이 창창하게 먼 정을 보내네.

봄을 전별하다 餞春 六言

來亦天去亦天
人間都是天年
英雄空老千古
少婦莫嚬一邊
柳絲未繁傾日
花夢已歸散烟
問春今路何處
如失難從惘然

오는 것도 천리이고 가는 것도 천리인데
인간세상도 모두 천년이네.
영웅은 공연히 천고에 늙어 가는데
어린 부녀는 한 쪽에서 찡그리지도 않네.
버들가지 무성하지 못한데 해가 지고
꽃의 꿈 이미 돌아가고 안개 흩어지네.
물어보자. 봄이 지금 어느 곳에 있는지
잃고서 좇을 수 없어 망연하네.

삼월 삼일 유달산 시 三月三日儒達山詩 二首

高探仙堀下臨湖
百鳥花林春自呼
奇石拱趺金活佛

平波流去玉浮圖
東風海市魚千艇
斜日酒城客一駒
色態猶今文物古
問渠儒達儻知吾

높이 선굴을 찾아 호수를 아래로 임하니
뭇 새가 꽃나무 속에서 봄에 서로 부르네.
기이한 바위 금활불 받들고 걸터앉아 있고
잔잔한 물결 옥부도로 흘러가네.
동풍 속 해시엔 물고기가 천 배에 실렸고
석양의 주성엔 객의 한 망아지가 있네.
색과 태 오히려 지금 문물이 예스러워
저 유달산에게 혹시 나를 아는지를 물어보네.

又
儒達高崗一望湖
伴鶯侶鶴牽相呼
嫩楊城壘登歌妓
淺草池坮嘶乳駒
花約春來三吉日
山容天掛萬年圖
斜陽俯瞰千門慹
滿港風烟揔抵吾

유달산 높은 언덕에서 한 차례 호수를 바라보니
해오라기 학을 짝하여 서로 이끌며 부르네.
새 버들 성루엔 가기가 오르고
낮은 풀 지대엔 젖먹이 망아지가 우네.
꽃은 봄이 온 삼길일을 약속하고

산은 하늘에 걸린 만년도를 받아들이네.
석양에 내려다보니 온 문들이 고요하고
가득한 밀물 풍연이 모두 나를 가로막네.

오세원의 목포음에 화답하다 和吳世元木浦吟

浦之名木問何辰
江水悠悠閱萬春
僉使樓坮殷已古
牧官鼓角夢空頻
語飛千里電紅樹
航笛高秋月白蘋
百態惹生游子淚
西風洒下夕陽濱

포구 이름 목이라 한 것이 언제인지 물어보네.
강물은 유유히 만 봄을 겪었네.
첨사의 누대는 은연히 이미 오래이고
목관의 고각소리 꿈속에서 공연이 빈번하네.
말이 천리를 나는 전선이 붉은 나무에 있고
뱃고동 우는 가을에 달빛이 백빈에 있네.
온갖 자태 나그네 눈물 자아내는데
서풍이 석양의 물가에 시원하게 내려오네.

화계처사 유순기의 강습소에 적다 題花溪處士柳淳基講習所

栗里晋居周渭陽
高人出處各芬芳

台山曙色春常碧
倉海琅流月躍光
名逐佳香千祀遠
氣同清轉一源長
築坮記蹟自餘事
君子裕遺德不凉

진나라 거처인 율리[87]와 주나라 위양[88]
고인의 출처 각기 향기롭네.
태산의 아침빛 봄이 항상 푸르고
창해의 옥빛 흐름 달빛이 밝네.
명성은 좋은 향기 좇아 천 제사가 멀고
기는 맑음과 함께 돌아 한 원천이 기네.
축대의 기록 자취 스스로 여사인데
군자의 넉넉히 남긴 덕은 차갑지 않네.

여수 삼황묘 십 주년 소식을 듣고 聞麗水三皇廟十週年紀

功大山河德配天
於戱烈烈萬斯年
臣民舊國生春草
帝子長洲哭蜀鵑
履足雨霜悽愴地
臨頭日月陟降邊
漢官復覩周郊遠
十紀香壇一炷烟

87) 율리(栗理) : 도연명의 고향
88) 위양(渭陽) : 주 문왕이 이곳에서 강태공을 얻었음.

공이 큰 산하는 덕이 하늘과 짝하고
아! 열렬한 만 세월이네.
신민들 옛 나라에 봄 풀이 자라고
제자의 긴 물섬에 두견이 통곡하네.
서리 내린 슬픈 땅에 발을 딛고
일월이 오르고 내리는 가에 머리 임하였네.
한나라 관리가 다시 주나라 교외 먼 곳을 보니
십 주기 향단에 한 향 연기 오르네.

늦은 봄 晩春

花謝山春草復堤
少年車馬野東西
濃樹碁亭仙侶會
稚蠶桑畝女筐携
池塘日永魚初沫
城郭烟深柳漸低
主翁趣味於斯得
南國風流盡此溪

꽃 진 산의 봄에 풀이 다시 방죽에 나고
젊은이들 거마가 들 동서에 있네.
우거진 나무 바둑 두는 정자에 신선 무리 모였고
어린 누에 뽕밭엔 여자들 광주리를 들었네.
지당에 해 길어 물고기가 처음 물방울 튀기고
성곽에 안개 짙어 버들이 점차 드리워지네.
주인 늙은이 취미를 여기서 얻으니
남국의 풍류가 이 개울에서 다하네.

정학정을 축하하다 賀丁鶴汀

生不喜華老海東
閒天雲鶴心隨同
夜涼穩室琴依月
春煖晴汀釣捲風
陶士故街垂柳碧
孔融客座醉顏紅
請朋歡樂是餘事
山史溪篇臥起中

태어남이 중화를 기뻐하지 않고 해동에서 늙으니
한가한 하늘 구름 속 학과 마음 따름이 같네.
서늘한 밤 온화한 방엔 거문고 달빛에 의지하고
봄 따뜻한 맑은 물가엔 낚시대가 바람을 거두네.
도연명의 옛 거리엔 늘어진 버들 푸르고
공융의 객좌엔 취한 얼굴이 붉네.
벗을 불러 즐기는 것은 여사인데
산과 개울의 사편이 기거 중이네.

최금남의 소헌에 적다 題崔錦南小軒

傍磵高樓竹少東
此心不與世人同
懸榜募詩移陋俗
開門好士播仁風
閒日釣汀鷗夢穩
多年書幌蠟燈紅

春蘭秋菊隨時樂
鶴髮微醺澹蕩中

개울가 높은 누대 대나무 적은 동쪽
이 마음 세상 사람들과 같지 않네.
방을 걸어 시 모집함은 누추한 풍속으로 바뀌고
문을 열어 선비를 좋아함은 인풍을 퍼뜨리네.
한가한 날 물가에서 낚시하니 갈매기 꿈꾸며 조용하고
다년간의 독서한 휘장엔 촛불이 붉네.
춘란과 추국을 때를 따라 즐기니
학발로 약간의 취기가 담박하게 요동하는 중에 있네.

궁도음 窮道吟

窮道生涯上蜀山
摩天前嶺去尤難
危過蛇堀鯨波急
跳出龍湫虎嘯寒
一着垢衣鶉百結
四皆破壁幕三間
菜咬不飽春猶旱
白首殘軀寧忘閒

길이 막힌 생애가 촉산에 오르니
하늘에 닿은 앞 고개는 가기가 더욱 어렵네.
위태롭게 사굴을 지나니 경파가 급하고
용의 못를 도망쳐 나오니 호랑이 울부짖음이 서늘하네.
한 번 걸친 먼지 옷 메추라기처럼 백 번 기우고

사방이 모두 파괴된 벽 초막 삼 칸이네.
채소를 씹어도 배부르지 않는데 봄이 오히려 가물고
백발로 쇠잔한 몸을 어찌 잊고 한가하겠는가.

보릿고개 麥嶺

天有不周地釖閣
人間麥嶺果如何
智短英雄無好策
力窮壯士且難過
莫怨隣富善心小
只恨我私青色多
秋事未知貧口早
踏穿那境太平街

하늘이 돌봄이 없어 땅이 검각이니
인간세상 보릿고개가 어떠한가.
지략이 짧은 영웅은 좋은 계책이 없고
힘이 다한 장사는 또한 지나기 어렵네.
이웃의 부자가 선심이 적다고 원망 마오.
다만 내 자신 파리한 색이 많음을 한스러워하네.
가을 농사 알 수 없고 가난한 입이 이른데
어느 곳의 태평한 길을 뚫어가야 하나.

저무는 해에 감회가 있어 暮年有感

文字誤人滿七旬
天無厚薄似虛言

平居謾信管寧榻
患亂何須高子門
不知大學生財道
傲視馬傳殖貨源
萬苦千辛皆夢境
世間何事是眞元

문자가 사람을 그르쳤는데 만 칠순에 이르니
하늘엔 후하고 박함이 없다는 건 허언인 듯싶네.
평거에도 관녕[89]의 의자를 믿었으니
환란에 어찌 고자[90]의 문이 필요하겠는가.
대학의 생재의 방도를 모르고서
마전의 식화의 원천을 거만하게 바라보네.
천만의 신고가 모두 꿈결 같은데
세간에선 무엇을 진원이라 하는가.

남평으로 돌아가는 객을 전송하다 送南平歸客

山肥野茁雨青青
百鳥春聲入戶聽
西海風烟無好處
南平水石幾名亭
浮雲往蹟思如夢

---

89) 관녕(管寧) : 중국 위(魏)나라의 학자. 황건적의 난 때 세상이 어지럽자 요동(遼東)에 은거 하여 질서가 바로 잡혀지고 위 문제와 명제가 불렀으나 끝내 나아가지 않았다. 평생 검은 모자를 쓰고 목탑에 앉아 글을 읽어 그의 무릎이 닿은 상 뚫어 졌다고 한다.

90) 고자(高子) : 제(齊)나라의 대부. 제 환공(桓公)의 명을 따라 노나라의 희왕(僖王)을 옹립하고 노나라의 성문을 쌓아 주었다. 공양전(公羊傳)에 보인다.

迷霧人心醉不醒
忽看四十年前面
仙骨依依累㤥經

산이 비옥하여 들풀이 비 속에 푸릇푸릇하고
뭇 새들의 봄 소리가 문으로 들려오네.
서해의 풍연이 좋은 곳이 없는데
남평의 수석은 유명한 정자가 몇이던가.
뜬구름 지나간 자취 생각이 꿈결 같은데
안개 속에 헤매는 인심은 취하여 깨지 않네.
문득 사십 년을 전면에서 보니
선골이 의의하게 여러 겁을 지났네.

붓 장사 筆商

客來玉城一古州
竹林細雨午登樓
吠尨遊鹿山山裏
橫渡危程野野頭
顏髮復新春日月
衣冠專恃士風流
徐看天歇又臨發
禍福此生意不休

객이 옥성의 한 옛 고을에 와서
대숲의 보슬비 속에 오후에 누대에 올랐네.
짖는 삽살개 노니는 사슴 산 속마다 있고
비킨 나루 위태로운 길 들 앞마다 있네.
얼굴과 머리 봄 세월이 다시 새롭고

의관은 전적으로 선비의 풍류를 지니었네.
천천히 하늘 빈곳을 바라보고 다시 출발에 임하니
이 생애의 화복 뜻이 멈추지 않네.

조용히 앉아서 靜坐

山禽野鹿厚相知
肯使閒人不苦隨
淡烟晴草斜陽裏
甘露明花細雨時
藻塘霧罷蛙鳴出
松塔春深鶴夢遲
童子助余幽寂意
錦箋一幅乞春詩

산새와 들 사슴 몹시 서로 아는 양
기꺼이 한가한 사람 괴롭게 따르지 못하게 하네.
맑은 이내 밝은 풀 석양에 있고
감로와 밝은 꽃 보슬비 속에 있네.
물풀의 못엔 안개 걷혀 개구리 소리 들리고
소나무 탑엔 봄이 깊어 학의 꿈 더디네.
동자가 나의 적적한 뜻을 도우려고
금전 한 폭에 봄 시를 청하네.

송계에 차운하다 자는 덕찬 次松溪 字德贊

瀅澈方塘一鑑開
溪心珠月照松來

曉燈講罷芝山霽
秋枕夢淸錦水恢
嚴子羊裘終傲世
管寧木榻掃無埃
廻頭寄語名遊客
亦獨區區何事哉

물 맑은 방당에 한 거울 열리니
개울 중심의 둥근 달이 소나무 비추며 오네.
새벽 등 아래 강의를 파한 지산에 비 개고
가을 침석에 꿈이 맑은 금수가 넓네.
엄자의 양구[91]는 끝내 세상을 오시하고
관녕의 목탑은 쓸어서 먼지가 없네.
고개 돌려 명유객들에게 말하노니
또한 홀로 구구함은 무슨 일이던가.

나주로 돌아가는 객을 송별하다 送羅州歸客

錦江航路一葦餘
過化香風座上初
氣同不恨山川阻
情合何關面目踈
道顔士是淸溪鶴
世事人皆涸轍魚
窮地施爲無物厚
白桐春色自裕如

91) 양구(羊裘) : 양구수조(羊裘垂釣)를 뜻한다. 엄자릉이 양 갖옷을 입고 낚시를 드리우며 광무제를 거절하고 부춘산에서 은거하는 생활을 했다는 고사에서 나온 말이다. 후한서(後漢書) 엄광전(嚴光傳)에 보인다.

금강의 뱃길 한 작은 배 넉넉하고
지나가는 향풍이 좌상에 있네.
기가 같으면 산천의 막힘을 한스러워하지 않고
정이 합하면 면목의 소원함이 무슨 상관인가.
도안의 선비들은 맑은 계곡의 학인데
세상일 사람 모두 마른 수레자취 속의 물고기이네.
궁지에 베풀 사물이 후하지 않는데
백동의 봄빛 스스로 넉넉하네.

스스로 탄식하다 自嘆

深入碧山臥一天
世憂轉念病相連
大勢長驅全局上
前程已迫危橋邊
寧守貧窮蹈魯月
忍看文字又秦烟
不知臨事應機變
虛度悠悠四十年

푸른 산에 깊이 들어가 한 하늘에 누우니
세상 근심 더욱 염려되어 병이 서로 이어지네.
대세는 전국 위에서 오래 내몰리고
앞길은 위태로운 다리 가에서 이미 급박하네.
어찌 빈궁을 지켜 노나라 달빛을 밟으며
차마 문자와 진나라 연기[92]를 보겠는가.
일에 임하여 마땅한 기변을 모르는데
헛되이 유유한 사십 년을 지냈네.

92) 진연(秦烟) : 분서갱유(焚書坑儒)를 말한다.

광주 관가정 光州觀稼亭

千門高出一間亭
行樂四時醉不醒
景陽水月臨秋白
瑞石山光帶雨青
倦鳥舞春飛鶴鶴
老人歌壤髮星星
政清閑日逍遙極
百里民風可視聽

천문 중에 높이 솟은 한 칸 정자
사시의 행락 취하여 깨지 않네.
경양수의 달은 가을에 임하여 희고
서석산의 빛은 비를 띠고 푸르네.
나른한 새는 봄을 춤추며 나는 깃털 희고
노인들 격양가 부르며 백발이 성성하네.
정치 맑아 한가한 날 소요함이 지극하고
백 리의 민풍을 보고들을 만하네.

풍년의 즐거움 豊年樂

天賜我民大熟秋
穰穰田野滿家收
燰街兒止寒謠唱
飽蔀女乾飢淚流
上貢下傜資有力
老親幼者保無憂

社豚臘酒安終歲
願似年年此樂遊

하늘이 우리 백성에게 큰 풍년을 내리니
전야에서 양양하게 여물어 집안 가득 거두네.
따뜻한 거리의 아이들 추운 동요 부름을 멈추고
볼록한 덧문의 여인은 굶주린 눈물이 말랐네.
위로 공납하고 아래로 요역할 자본에 힘이 있고
노친과 아이들을 보존하여 근심이 없네.
제사의 돼지 섣달 술 편안히 세월 보내니
해마다 이런 즐거움에 노닐길 바라네.

여름의 감회 夏感 二首

山柹葉長栗滿花
午烟濃厚麥炊家
田村有事書童寡
海國騰雲雨鷰斜
身勢久時籠絏鳥
人心太半毒含蛇
請君何物無功得
市上明珠磨以沙

산 감나무 잎 자라고 밤꽃 가득한데
오후의 연기 보리밥 짓는 집에 짙고 자욱하네.
전촌에 일이 있어 글 배우는 동자들이 적고
해국에 솟은 구름 비 속의 제비가 비켜있네.
신세는 오랫동안 새장에 갇힌 새인네
인심은 태반이 독 머금은 뱀이네.

그대에게 청하니 무엇을 공 없이 얻겠는가.
시장의 명주도 모래로 연마한다네.

又

一雨一風動萬生
玄機運用化終成
飛能巢木走能穴
下自爲池上自城
秩秩羽毛皆有色
形形清濁各分聲
鼓琴歛滕深斯樂
得是靈名賦七情

한 차례 비바람이 만생을 움직이니
현기의 운용 변화하여 이루어졌네.
나는 것은 나무에 둥지 틀고 달리는 것은 굴을 파고
아래로 못이 되고 위로는 성이 되네.
가지런한 소의 터럭 모두 색이 있고
형형히 맑고 탁함 각각 소리를 나누네.
금을 치며 거두고 올리며 이 음악을 심오하게 하는데
이 영명을 얻어 칠정을 읊조리네.

장량 張良

天降大任一眞人
漢業綿綿四百春
誅楚滅秦籌策妙
曾留報韓事功新
辟穀終辭三萬戶

吹簫能散八千塵
信越見醢皆呂虐
赤松遊嶽保吾身

하늘이 한 진인에게 대임을 내리니
한나라 공업 면면하게 사 백 세월이었네.
초나라 죽이고 진나라 멸망시킨 주책 묘하고
일찍이 한나라에 보답 남겨 사업의 공이 새롭네.
벽곡하며 끝내 삼만 호를 사양하고
피리 불며 팔 천 먼지를 흩어버렸네.
신월[93]이 젓갈이 된 것은 모두 여학[94]때문이니
적송자는 산악에 노닐며 내 몸을 보호하였네.

바둑을 두다 圍碁

草堂高對兩仙顔
千古興亡一局間
從容陣勢風塵靜
談笑兵刃日月閑
淸名空賭謝安墅
世事不關四皓山
堪嘆人心分黑白
丁丁聲裏春秋還

초당에서 두 신선의 얼굴을 높이 대하니
천고의 흥망이 한 바둑판에 있네.

---

93) 신월(信越) : 한(漢)나라때의 한신(韓信)과 팽월(彭越).
94) 여학(呂虐) : 여태후(呂太后)의 학정(虐政)을 말한 듯하다.

조용한 진세 풍진이 고요하고
담소하는 병기 날 일월이 한가롭네.
맑은 명성 사안[95]의 별장에서 헛되이 도박하는데
세상일 사호[96]의 산을 관여하지 않네.
인심이 흑백으로 나뉨이 탄식하는데
정정한 소리 속에 세월이 돌아오네.

함께 공부하는 아이가 신학교에 들어감을 송별하다 別同硯兒入新學校

風雨東南世忽驚
八荒昇沸正難晴
千仞鳳飛寧不啄
一時蚊脚豈求聲
棘林藏玉猶生色
糞土塗金但汚名
鬼燏魑言紛鬧裏
昭懸日月獨天淸

동남에 비바람 치니 세상 문득 놀라고
팔황이 비등하여 진정 개기가 어렵네.
천 길 높이로 봉황이 날며 차라리 쪼지 않는데
한 때의 모기다리가 어찌 명성을 구하리오.
가시 숲에 감춘 옥은 오히려 색채가 나지만
거름흙에 파묻은 금은 다만 이름만 더럽히네.

95) 사안(謝安) : 중국 동진(東晋) 중기의 재상(宰相).

96) 사호(四皓) : 상산사호(商山四皓). 중국 진시황 때에 난리를 피하여 산시 성(陝西省) 상산(商山)에 들어가서 숨은 네 사람. 동원공(東園共) · 하황공(夏黃公) · 녹리선생(甪里先生) · 기리계(綺里季)을 이른다. 호(皓)란 본래 희다는 뜻으로, 이들이 모두 눈썹과 수염이 흰 노인이었다는 데서 유래한다.

귀신불 도깨비 말 떠들썩한 곳에
밝게 일월이 매달려 유독 하늘이 맑네.

늦은 봄 晩春

萬事浮雲舊漢陽
東風遊子更垂楊
獨立青山多歲月
大明白日幾炎涼
暑午林間喧鳥息
早春溪上晩花香
箇中清趣無人識
時有老僧過草堂

만사가 뜬구름 같은 옛 한양
동풍 속 노는 사람 수양버들에 있네.
청산에 홀로 서서 세월이 많은데
몹시 밝은 해 염량이 몇 번이던가.
더운 오후 숲 속에서 우는 새들 휴식하고
이른 봄 개울가에 늦은 꽃이 향기롭네.
개중에 맑은 취미 아는 이 없는데
때때로 노승이 초당을 지나가네.

중춘 仲春

晴窓午睡醉昏微
倦起喧然有鳥飛
殘麓歸翁樵舊葉

清川下女練春衣
錦城斜日桃紅染
穀雨東風麥翠肥
一洞交遊從二客
書生眞樂揔無非

맑은 창가의 낮잠에 취한 듯 혼미하고
나른히 일어나니 시끄럽게 새들이 나네.
쇠잔한 기슭으로 돌아가는 노인 묵은 낙엽 나무하고
맑은 냇물 하류에 여인이 봄옷을 빨래하네.
금성의 석양에 복사꽃 붉게 물들고
곡우의 동풍에 보리의 푸름이 짙네.
한 골짝의 교유에 두 손님이 따르니
서생의 참 즐거움이 모두 그르지 않네.

회포를 펴다 述懷 三首

卓立乾坤養氣豪
泰山東嶽未曾高
大業可傳千載史
小名焉用匹夫刀
天澤不遺方寸物
春光遍及一枝桃
君子哲人非別事
心機善惡間容毛

건곤에 우뚝 서니 양기가 호기롭고
태산 동쪽 봉우리 높은 적이 없네.
대업은 천년의 역사에 전할 만하고

작은 명성에 어찌 필부의 칼을 쓸 것인가.
하늘의 은택은 방촌의 사물을 남기지 않고
봄빛은 두루 한 가지 복사꽃에 미치네.
군자와 철인이 모두 특별한 일 아니니
심기의 선악은 간혹 터럭을 용납하는 것이네.

又

昔我東行二月初
江山何處可安居
窮地旣多楊子賦
上車宜用太公書
朝日應來長夜後
陽春知是大冬餘
皇天不許男兒志
結熱中心那有紓

지난날 내가 동행하던 이월 초
강산 어느 곳이 편안히 살 거처인가.
궁지엔 이미 양자[97]의 부가 많고
수레 오르면 마땅히 태공의 글을 쓰네.
아침 해 오는 것은 긴 밤 뒤이고
양춘은 큰 추위 뒤임을 아네.
황천이 남아의 뜻을 허락하지 않으니
마음에 맺힌 열을 어찌 풀 수 있으리오.

又

滔滔世事上危橋
解慍南風想不遙

97) 양자(楊子) : 전한 말의 학자 겸 문인인 양웅(揚雄)의 존칭.

藏跡自甘漂母飯
治田恐作宋人苗
萬機歷歷寒來暑
一理昭昭夕復朝
東海西山今已遠
書生此日膽如消

도도한 세상일 위태로운 다리 위에 있는데
화를 풀어줄 남풍이 멀지 않다고 여기네.
자취 감추고 스스로 빨래하는 여인의 밥을 달게 먹고
밭 갈며 송인의 알묘조장이 될까 두렵네.
만기 역력하여 추위가 더위 되고
일리가 밝아서 저녁이 아침 되네.
동해와 서산은 지금 이미 먼데
서생은 이날 쓸개가 녹을 듯하네.

노지수에게 화답하다 和魯智洙

許多閑日夜逢迎
零露收雲氣獨淸
臾女汲泉烟已沒
故人駐馬月初生
亭亭志節秋荷發
赫赫佪聲野鶴鳴
落花楊柳春能幾
客子未歸廣武城

허다한 한가한 날을 밤마다 맞이하니
떨어지는 이슬 구름 기운 거두어 홀로 맑네.

아녀자들 샘물 길으니 연기 이미 사라졌고
친구가 말을 세우니 달이 막 떠올랐네.
정정한 지절의 가을 연꽃 피어나고
혁혁한 맑은 소리 들 학이 우네.
꽃 진 버드나무 봄이 얼마나 가랴?
나그네 돌아오지 않았는데 무성이 넓네.

철성산에 오르다 登鐵城山

聞有鐵城見是初
丈夫胸次快能舒
可憐浮世營營裏
始覺太虛綽綽餘
列土山河全枰大
蒼生宇宙一網踈
森林歸路因臨水
百態千形滿載車

철성산에 대해 들었지만 보는 것 처음인데
장부의 가슴속을 유쾌히 펼 수 있네.
뜬세상에서 영영함이 가련한데
태허의 작작함을 비로소 깨닫네.
여러 땅의 산하가 전체 바둑판처럼 크고
창생의 우주가 한 그물에 성그네.
삼림 속 돌아가는 길은 물에 임하여
백천 가지 형태가 수레에 가득 실리네.

집 생각 思家

一氣稟生萬不齊
此人心事筆難題
鄕山久別恒懷北
故國長歌登彼西
稚子倘忘呼父語
老親幾念小兒啼
錦城莫若還家早
數畝山田足我捿

한 기운 품부 받은 생이 전혀 고르지 않으니
이 사람의 심사를 붓으로 적기 어렵네.
고향 산을 오래 이별하여 항상 북쪽을 생각하고
고국을 길게 노래하며 저 서쪽에 오르네.
어린애는 애비 부르던 말을 오히려 잊었지만
늙은 부모는 어린애의 울음을 몇 번이나 염려했던가?
금성은 집에 일찍 돌아감만 못하나
수 무의 산전이 나의 머뭄에 족하네.

속마음을 털어놓다 攄破

偶然生世偶然遊
志業功名俱水流
推看時事知千歲
試用身心運六州
遍野新花自開落
立山喬木幾春秋
榮通禍福皆吾取
萬惡人間少不留

우연히 세상에 태어나 우연히 유람하니
지업과 공명이 모두 물 흐름과 같네.
시사를 미루어 보면 천세를 아니
시험삼아 심신으로 육주를 운행하네.
온 들의 새 꽃은 절로 피고 지고
우뚝한 산의 교목은 몇 세월을 지났던가?
영통과 화복을 모두 내가 취하니
만 악의 세상에 머물지 않음이 적다네.

자친의 생신에 慈親晬辰

人家教子愛能孝
識字爲魔離老親
安得一桃西王母
不憂永歲北堂親
今朝恨未同兄弟
異日豈望頭我親
寄語世間廉介士
莫思軀命或違親

인가에서 자식을 사랑하고 효도하라 가르치나
식자가 마가 되어 노인을 이별하였네.
어떻게 서왕모의 복숭아[98] 하나를 얻어
근심 없이 북당의 노친을 영원히 살게 하나.
오늘 아침 형제들과 함께 못함이 한스러운데

98) 서왕모(西王母) : 산해경(山海經)에 나온 서방 곤륜산(崑崙山)에 사는 사람 얼굴에 호랑이의 이빨, 표범의 털을 가진 신인(神人). 그의 복숭아를 먹으면 불로장생한다고 한다.

훗날 어찌 우리 부모를 바라볼 수 있겠는가.
세간의 염개한 선비들에게 말하노니
구명을 생각하여 부모를 저버리지 마오.

괴로운 비 苦雨

雨度三春似一年
楃頭稀見太陽天
徽衣牧竪牛牽後
油帽行人馬不前
秧沒軟芽驚水俯
麥傾弱穗枕畦眠
田家最是難堪過
土突生薪暴黑烟

비 지난 삼춘이 일년만 같은데
기두에서 태양의 하늘을 드물게 보네.
휘의 입은 목동이 소를 끌고 간 후
유모 쓴 행인의 말은 전진하지 않네.
모의 연한 싹 수몰되어 물에 놀라 고개 숙이고
보리의 약한 이삭 밭두둑을 베고 잠자네.
전가에선 이때가 가장 지나기 어려우니
아궁이에서 생 땔나무 시커먼 연기 뿜어내네.

이석사 병휴의 생신 李碩士秉休晬辰

曾無一語紉相親
慶賀今朝面目新

鶴下楊州飛白髮
黽昇蓮葉卜天長
醴泉不渴金塘水
螽羽化生柳谷春
彩舞如雲山碧立
幻然風骨是仙人

일찍이 한 마디도 없었지만 친교를 맺어
경하하는 오늘 아침 면목이 새롭네.
학이 양주로 내려와 백발을 날리고
맹꽁이가 연잎에 올라 긴 하늘을 점치네.
예천의 마르지 않은 금당의 물
메뚜기 우화하는 유곡의 봄이네.
색동옷의 춤 구름 같은데 산이 푸르게 서 있고
환연히 풍골이 선인이구나.

금산의 순절비를 복구하다 錦山殉節碑復舊

天借義拳討敵兵
指揮談笑不顧生
丹心青作千秋史
凜節威垂萬古名
國運盛衰元有數
碑身破壞忽傷情
陽復一雷掀八域
大東日月蝕還明

하늘이 의로운 주먹을 빌어 적병을 두벌하니
담소하며 지휘하여 생명을 돌보지 않았네.

단심이 푸르게 천년의 역사가 되고
늠름한 절개 위엄 있게 만고의 명성 드리웠네.
국운의 성쇠는 원래 운수가 있으니
비신이 파괴되어 문득 정이 상하네.
양기 회복되어 한 천둥소리 팔역을 흔드니
대동 일월의 잠식이 다시 밝아졌네.

모암재에 적다 題慕岩齋

君子幽居自樂天
碧山鬱鬱千斯年
遭世蒼黃生不後
臨江平濶眼無前
芬苾遠誠家錫類
蓮花隱操野遺賢
短篇爲賀門樓永
寶樹一春萬葉傳

군자가 은거에서 스스로 하늘 즐기는데
푸른 산 울울창창하세 천년이네.
세상의 창황함을 만나니 삶이 뒤를 잇지 못하고
강에 임한 평야 넓어 시야에 앞이 없네.
향 피운 먼 정성 가정에 착함을 내리고
연꽃 은근한 지조 들에 현인을 남겨 놓았네.
짧은 시로 축하하니 문루가 영원하고
보배로운 나무는 한 봄에 만 이파리 전하리.

안호산의 벽에 적다 題安湖山壁

湖上浮山自別區
明珠一顆埋光幽
深春漁笛花開塢
到夜琴聲月滿洲
龐德勤田耕犢臥
董生安圃啄雞遊
何須腥俗營營得
茅楝竹扉穩不愁

호수 위 떠 있는 산이 스스로 특별한 구역인데
명주 일과가 빛을 감추어 어둡고
깊은 봄 어부의 피리소리 꽃 핀 곳에 있고
밤이 되어 금의 소리 달 가득한 물섬이네.
방덕[99]의 부지런한 밭엔 쟁기질하는 송아지가 누웠고
동생의 편안한 원포엔 모이 쪼는 닭이 노니네.
어찌 반드시 비린 세속을 영영히 얻을 건가.
띠 용마루 대나무 사립문 평온하여 근심 없네.

부주 학생과 이별하다 別浮珠學生

愛以如爺敬以師
愧無半一肖人知
霜晨雨夜年方暮
冷誚溫言日幾時

99) 방덕(龐德) : 삼국 시대 위(魏)나라 장수. 자는 영명(令明)이고 남안(南安)사람이다. 처음에는 마등(馬騰)을 따랐으나 후에 조조(曹操)를 도와 관우(關羽)를 토벌하려다 관우에게 패하여 죽었나. 위서(魏書) 방덕전(龐德傳), 삼국지(三國志) 등에 보인다.

致意江山分更合
在心吳越遠猶追
張翰思蓴陶賦去
雲遊歸客路遲遲

부모처럼 사랑하고 스승처럼 존경하니
반의 하나도 닮음 없는 사람을 알아줌이 부끄럽네.
서리 내리는 아침 비오는 밤 해가 저물어 가는데
차가운 꾸짖음 온화한 말 며칠이던가?
강산에 뜻을 두니 헤어졌다 다시 만나고
오월에 마음 있으니 멀지만 오히려 따르네.
장한[100]은 순채국을 생각하고 도연명은 귀거래사를 읊었으니
구름처럼 노니는 돌아가는 사람의 길 더디구나.

홀로 앉아 감회가 있어 獨坐有感

環看世事誠區區
蕕臭薰香一器俱
征鳥窮捿枳棘裏
巨鯨渴飮鰍鮮湖
抱琴獨恨知音少
蘊玉人無直価呼
滔滔皆是風湖去
寧把釣竿盟與鷗

100) 장한(張翰) : 진(東晉)의 오군(吳郡) 땅에 살던 선비. 그가 낙양에 들어가 대사마동조연(大司馬東曹椽) 벼슬에 있을 때 어느 가을 날 고향에서 나는 순채국과 농어회(蓴羹鮃膾)의 맛을 추억하며 가난하게 살아도 고향에서 뜻대로 살고 싶다는 생각을 하자마자 고향으로 돌아갔다는 고사가 진서(晉書) 문원전(文苑傳) 장한(張翰) 조에 보인다.

세상일 둘러보니 참으로 구구한데
유취와 훈향이 한 그릇에 함께 있네.
나그네 새는 궁벽하여 가시 숲에 깃들고
큰 고래는 갈증나 미꾸라지의 호수를 마시네.
금을 끼고 홀로 지음이 적음을 한스러워 하는데
품은 옥을 바른 가격을 부르는 사람이 없네.
도도하게 모두 바람 부는 호수로 가는데
차라리 낚싯대 쥐고 갈매기와 맹세하리라.

해남의 귀객 海南歸客

肥魚香菜海春深
迷路歸仙誤此尋
箕子殷墟多欲哭
屈原楚澤獨醒心
三宵苦雨無歡酒
一曲消愁可尺琴
何事東天春惠晩
神州今日陸咸沉

살진 물고기 향기로운 채소 바다의 봄이 깊은데
미로로 돌아가는 선인이 이곳으로 잘못 찾아왔네.
기자는 은허[101]에서 통곡함이 많았고
굴원은 초택[102]에서 홀로 마음 깨어 있었네.

---

101) 은허(殷墟) : 은나라의 수도. 현재 중국 하남성(河南省) 안양현(安陽縣) 소둔촌(小屯村)에 있다.

102) 초택(楚澤) : 굴원이 재상이 된 자란(子蘭)을 비난하다가 함을 받아 양쯔강 이남의 소택지로 추방되었는데 이때 어부사(漁父辭)를 지었다. 여기서 말한 초택은 추방당한 곳을 말하는 듯 하다.

삼일 밤 괴로운 비 기쁜 술이 없는데
한 곡조로 근심 푸니 작은 금이 적당하네.
어찌하여 동쪽하늘에 봄의 은택이 늦는가.
신주는 금일 육지가 모두 잠기었다네.

몸의 늙음을 한탄하다 恨身老

此身久不欲寒微
其奈逢時有暗輝
驚世伏狙能縮首
衝天高鳥未曾飛
青春事業浮雲沒
白髮功名流水歸
捨却琴書何處倚
魯連海月伯夷薇

이 몸이 오래 한미하지 않으려고 하였는데
어찌 하나 때를 만남이 어둡고 밝음이 있느니
세상을 놀라게 한 엎드린 원숭이 머리를 움추리고
하늘에 부딪힌 높은 새 일찍이 날지 않네.
청춘의 사업이 뜬구름처럼 사라지고
백발의 공명이 흐르는 물처럼 돌아가네.
금서를 내버리고 어디에 의존할 것인가
노중련의 바다 달과 백이의 고사리이네.

경상도 진주 하천재에 차운하다 次慶尙道晋州荷泉齋

荷香泉洌一幽居
嶠外清風是舊廬

昭格苾芬裕後繼
閑多花月入懷餘
長平谷闊鳶飛戾
太古峰低龜息嘘
光山滴翠遙如畵
春講禮詩秋可書

연꽃 향기 샘물 맑은 한 유거
산길 너머 맑은 바람 옛 여막이네.
밝게 이르는 향기 여유 있게 뒤를 잇고
한아하고 많은 꽃과 달빛 가슴에 들어와 넘치네.
장평곡은 넓어 소리개가 날며 울고
태고봉은 낮아 거북이가 쉬며 호흡하네.
광산에 맺힌 푸름은 멀리 그림 같고
춘강 예시 가을에 쓸 만하네.

광주 윤씨의 환혼을 축하하다 賀光州尹氏還婚

鳳凰山下一溪清
中有雙仙也醮迎
月姥彩繩仍舊約
關雎好合正家聲
天時轉協梅三實
人事更濃太一情
新粧華冠呼進退
子孫歌舞樂非輕

봉황산 아래 한 개울이 맑은데
중간에 쌍선이 있어 초례로 맞이하네.
월로[103]가 채색 끈으로 옛 약속을 잇고

관저노래[104] 기쁘게 합하여 가성이 바르네.
천시가 매실 셋을 도와주고
인사는 다시 태일의 정을 짙게 하네.
새 단장 화관 쓰고 진퇴를 부르니
자손들 가무의 즐거움 가볍지 않네.

나우헌의 벽 위에 차운하다 나주 오강리 次羅愚軒壁上 羅州烏江里

明智守愚任所遊
烏江秋月鏡心流
一不塵埃穩白首
四皆夷狄獨青邱
志業有遺龐德畝
名華載送范公舟
山禽野鹿安其樂
富貴如雲忘世愁

밝은 지혜로 우둔함을 지켜 임소에서 노니니
오강의 가을달 거울 중심에 흘러가네.
티끌 하나 없이 백발로 편안하고
사방이 모두 오랑캐이나 홀로 푸른 언덕이 있네.
지업은 방덕공의 밭을 남기고
명성은 범려의 배에 실어보내네.
산새와 들 사슴 그 즐거움을 평안하게 여기고
부귀를 구름으로 여기고 세상 근심 잊었네.

---

103) 월노(月姥) : 월하노인(月下老人)이라는 표현을 잘못쓴 듯하다. 월로(月老)는 혼인의 신으로 빨간 끈으로 남녀를 묶어 놓아 혼인의 연을 맺게 한다고 한다. 그와 관련된 고사가 진서(晉書) 예술전(藝術傳)과 속유괴록(續幽怪錄)에 보인다.
104) 관저(關雎) : 시경(詩經) 주남(周南)에 있는 편명. 혼인을 맺는 내용이다.

경남 진주의 종인 인석이 준봉 선조의 초혼하는 단을 설치하기 위하여 모의재를 세웠다는 소식을 듣고
聞慶南晋州宗人仁錫爲準峯先祖招魂設壇築慕義齋

憶昔壬辰烈烈秋
晋陽江水自清流
亘天義色青千古
貫日衷心白一區
勇辨熊魚前直往
仁成忠孝外何求
不許招魂那有禮
灵壇左右暮雲收

지난날 임진년 열렬한 세월을 추억하는데
진양의 강물 절로 맑게 흐르네.
하늘에 이어진 의로운 빛 천고에 맑고
해를 뚫은 충신 한 구역에 하얗네.
용감히 웅장과 물고기를 판별하고 앞으로 곧장 나아가
인을 이룬 충효 그밖에 무엇을 구할 건가.
초혼을 허락하지 않으니 어찌 예가 있으리오.
영단의 좌우에 저녁 구름 거두어지네.

양과정 육육계 시회에 적다 題良瓜亭六六契詩會

萬山和氣揔春綠
好是勝遊周又還
已作先天今幾座
未歸白髮共携筵
花溪涵影紅流玉

麥野豊光碧漲烟
吾道維新從此始
青邱旗下敢誰前

온 산의 온화한 기운 모두 봄의 푸름인데
좋은 승유를 다하고 돌아오네.
이미 선천이 된 이는 지금 몇 좌석인가.
백발로 돌아가지 않은 이 함께 자리를 하였네.
꽃핀 개울 물방울 그림자 붉은 빛 흐르는 옥이고
보리밭들의 풍요한 빛 푸름 넘치는 연기이네.
우리 도의 유신이 이로부터 시작되니
청구의 깃발 아래 감히 누가 앞서랴.

족숙 광석의 생신 니장리 族叔光奭晬辰 泥場里

春日遲遲宴甲年
羣生和氣添相連
昭昭南斗星回柄
歷歷西天佛設筵
黃山新雨鶯聲裏
泥谷香風鸗舞邊
聞道鐵花曾幾世
老仙當地又眞緣

봄날 더딘데 회갑을 잔치하니
여러 생령의 온화한 기운 더하여 서로 이어지네.
소소한 남두성의 자루가 도니
역력한 서천불이 자리를 배설하였네.
황산의 새 비는 꾀꼬리 울음소리 속에 있고

니곡의 향기로운 바람은 제비의 춤 가에 있네.
듣자니 철화가 일찍이 몇 세상이던가.
노선이 땅에 임하니 또한 참 인연이네.

나주 삼도면 송학리 노병환의 죽병헌 羅州三道面松鶴里盧炳煥竹屛軒

一幅新屛竹小盧
此君曾不厭貧居
青心直可千秋史
稠葉篆成上古書
雨滴丁丁碁子戲
風來切切玉簫如
四時活畵天然作
何使人工模得踈

한 폭 새 병풍 대나무의 작은 여막
이 사람은 일찍이 가난한 거처를 싫어하지 않았네.
푸른 마음 곧아서 천추의 역사가 되고
무성한 잎 전자로 상고의 글을 이루네.
빗방울 맺히면 정정히 바둑돌을 놀리듯 하고
바람 불면 절절히 옥피리 소리 같네.
사시의 살아있는 그림이 천연히 이루어지니
어찌 인공으로 본떠서 성김을 얻겠는가.

족숙 광두의 생신 호는 우송 흥덕 族叔光斗生辰 号又松 興德

百歲幾人達一生
又松晩節露貞情
塵界匪無神佛像

玉京空有列仙名
琴瑟關雎南國化
彩衣萊子故家聲
三山咫尺從吾好
不換公侯萬戶榮

백세를 몇 사람이나 일생에서 이루겠는가.
우송의 만절이 진정을 드러내었네.
진세에 신불상이 없는 것이 아닌데
옥경엔 공연이 열선의 이름이 있네.
금슬의 관저 노래 남국의 교화이고
색동옷 노래자는 고가의 명성이네.
삼산이 지척이니 내 좋음을 좇고
공후의 만호의 영광과 바꾸지 않네.

성헌 박공의 실적 뒤에 적다 나주 칠봉촌 題醒軒朴公實蹟後 羅州 七峯村

朴公醒軒, 諱重鎭. 默齋恭孝公之后也. 襲家傳一門五孝優矣. 偉矣朝家賜典, 諸賢贊揚, 而公, 其五孝之五世孫也. 承襲修行亦以孝彰公之德, 實不誣矣. 一日其孫永來, 示狀求言. 余猥無以塞其請, 而屢辭不得, 遂步一韻.

박공 성헌은 이름이 중진인데, 묵재 공효공의 후손이다. 집안의 전함을 이어 한 집안에 다섯 효자가 우수하였다. 위대하다, 조정에서 전례를 내림이여! 제공들이 찬양하였다. 공은 그 다섯 효자의 5세손이다. 수행을 이어받아 또한 효로써 공의 덕을 드러내었으니 참으로 거짓이 아니다. 하루는 그 손자 영이 와서 행장을 보여주고 한 마디를 구하였다. 나는 외람되게 그 요청을 막을 수 없고 여러 번 사양할 수 없어서 마침내 한 운을 보운하였다.

滿天陰雨一家晴
高士名聲大呂輕
七峯山下春秋在
五孝門前日月明
魚得風雲應變化
馬逢伯樂也長鳴
善身劬學終無慍
桐栢青青叉董生

온 하늘의 어두운 빗속에 한 집이 맑으니
고사의 명성 대려가 가볍네.
칠봉산 아래 춘추가 있고
오효문 앞에 일월이 밝네.
물고기가 풍운을 얻어 마땅히 변화하고
말이 백락을 만나 또한 길게 우네.
착한 몸 부지런한 공부 끝내 화를 내지 않고
동백이 푸릇푸릇하여 또한 동생이네.

송암재 松巖齋

綿南城外水長流
寃我先生是古州
邱園蕭瑟淸風日
牕戶玲瓏霽月秋
直節見違亂臣口
丹忠褒刻大碑頭
君子仁人天報厚
環山老栢瘴雲收

면남성 밖 물이 길게 흐르는데
우뚝한 나의 선생의 옛 고을이네.
구원에 소슬하게 맑은 바람 부는 날
창호에 영롱한 갠 달빛의 가을이네.
곧은 절개로 난신의 입을 거슬렀고
단충은 표창되어 큰 비석머리에 새겨졌네.
군자 인인에게 하늘의 보답 후하니
산을 두룬 늙은 동백에 장기의 구름이 거두어지네.

이달춘이 서석산을 유람한다는 소식을 듣고 聞李達春遊瑞石

聞說壯遊放遠節
地應有待出靈峰
奇石珍禽除外鶴
名花佳木叢中松
四時苐好何天色
百歲是難一日容
無等必然厭獨步
胡爲吾子不相逢

듣자니 장한 유람 지팡이를 멀리 폈다고 하니
땅이 마땅히 기다리며 영봉을 내었으니
기이한 바위 진기한 새 그 밖에 학이 있고
이름난 꽃 좋은 나무 떨기 속에 소나무 있네.
사시가 차례로 좋은데 하늘색이 어떠한가.
백세에 한 번의 해 얼굴 보기가 어렵다네.
무등산은 반드시 독보를 꺼릴 것인데
어찌하여 나의 그대를 상봉하지 못하는가.

여러 어린애들의 모임 群小兒鳩首

煖日堂前衆小兒
菜筐竹馬適其宜
見人奔走初如避
對面笑談洽似知
雜叢弱木將成棟
摟箔稺蠶竟飽絲
脚休喧息悠悠坐
忽有馱翁問所之

따뜻한 날 당 앞에 여러 어린아이들
나물 바구니 죽마로 그 마땅함을 따르네.
사람 보면 달아나며 처음엔 피하는 듯하다가
대면하고 담소하니 흡사 아는 사람 같네.
여러 떨기의 약한 나무 장차 대들보를 이루려하고
발 속의 어린 누에 마침내 실을 품었네.
다시 떠듦을 멈추고 유유히 앉아서
말 탄 노인에게 가는 곳을 물어보네.

국휼 소식을 듣고 3월 15일 聞國恤 三月十五日

陰雨蒲天久不開
吾皇悲報逐人來
恨餘三角終千古
淚寄漢江蒲一盃
觸目無非凄日月
風頭惟見舊樓抬

五百春光今已盡
空山渼夜血鵑催

음산한 비 포천에서 오래 개지 않는데
우리 황제의 비보가 사람을 따라왔네.
한이 남은 삼각산 천고가 끝나고
눈물 붙인 한강의 부들에 한 잔이 있네.
눈에 띠는 것 처량한 일월이 아님이 없고
바람 앞은 다만 옛 누대가 보이네.
오 백 년 춘광이 금일 다 소진하니
빈 산 깊은 밤 두견의 피울음을 재촉하네.

병중에 病中 四首

麥雨晩春病枕寒
莫如曾日歸家安
五福三寧應不易
一瞬百歲胡多難
食母善良供菽水
穉兒憂勵購仙丹
平和近日幸常復
壁上塵埃久沒冠

보리 비 만춘에 병든 침석 차가운데
일찍이 귀가하여 편안함만 못하네.
오복 삼녕이 마땅히 쉽지 않는데
한 순간 백세에 어찌 어려움이 많은가?
밥하는 어미는 선량하여 콩물을 올리는데

어린애는 우려하여 선단을 구매하네.
평화로운 근일 다행히 일상을 회복하니
벽 위의 먼지 오래도록 관을 덮고 있네.

又
病窓三月甚冬寒
傍有吾君賴以安
尺地家山千里遠
壯丁筋膂一跫難
愛護如親無面赤
扶持同苦照心丹
蓬髮亂衣試對鏡
形容草草似猴冠

병든 창가에 삼월이 겨울 추위보다 심한데
곁에 나의 그대가 있어 평안히 의지하네.
지척의 가산이 천리처럼 멀고
장정의 근육 힘 한 발자국소리도 어렵네.
친척처럼 애호해주며 얼굴 붉힘이 없고
부축하여 함께 고생하며 단심을 비추네.
흐트러진 머리 어지러운 의상으로 거울을 들여다보니
형용이 초초하여 원숭이가 관을 쓴 것 같구나.

又
在病慰存寔不虞
蒲團長日不勝劬
身苦蘭朋情亦濶
口厭魚湯匙難濡
茂草連莖開翠帳

早櫻垂顆掛紅珠
試步下庭行數武
川流山默意區區

병중에 위로하고 살펴주니 참으로 근심 없으나
부들자리의 긴 해에 수고를 이길 수 없네.
몸 괴로운데 난붕의 정이 또한 넓고
입이 꺼리니 어탕도 숟가락 적시기 어렵네.
무성한 풀이 줄기를 이어 푸른 휘장 열고
이른 앵두 열매 드리워 붉은 구슬 매달았네.
시험삼아 정원으로 내려가 몇 걸음 걸어보니
냇물 흐르고 산은 묵묵한데 뜻이 구구하네.

又
病窓四月日如年
香袂好音偶合綠
可憐腥俗營營裏
幾處茂林步步連
伏櫪良騏試登陸
捿山老鶴渴下泉
屈地未聞君子道
蹄涔難爲大江前

병든 창가에 사월의 날이 일년 같은데
향기로운 소매 좋은 소리 짝하여 녹유에 합쳐지네.
가련한 비린 속세에서 영영하며
몇 곳의 무성한 숲에 걸음들이 이어지나.
구유에 엎드린 좋은 천리마를 시험삼아 타보니
산에 깃든 늙은 학이 갈증나서 샘으로 내려오네.

굴종한 곳에선 군자의 도를 듣지 못하였고
발굽의 괸 물은 큰 강물의 앞이 되기 어렵네.

인산 소식을 듣고 4월 20일 聞因山 四月二十日 二首

金谷悲風白日寒
吾皇陵寢永宮安
渴澤喁魚臨禍迫
覆巢孤卵冀專難
万壽山光春恨碧
億千民淚血流丹
書生此地終天痛
只向北雲哭素冠

금곡의 슬픈 바람 밝은 해 차갑고
우리 황제 능침 영궁이 평안하네.
마른 소택의 뻐끔대는 물고기 화에 임함이 급하고
둥지 뒤집힌 외로운 알은 온전함을 바라기 어렵네.
만수산 빛은 봄에 푸름을 한스러워하고
억 천 백성의 눈물은 피 흘러 붉네.
서생은 이곳 하늘 끝에서 비통하여
다만 북쪽 구름 향해 흰 관 쓰고 곡하네.

又

雲雨不開數日連
百愁駢至鎖如烟
客子無心俯從俗
丈夫何事固守錢

塵埋席榻頭頭缺
風苦門窓片片穿
環閱東西無立處
掩篇高臥足春眠

구름과 비가 개지 않고 여러 날 이어지니
온 근심 함께 이르러 안개처럼 잠기었네.
나그네 무심하게 고개 숙여 세속을 좇는데
장부는 무슨 일로 굳게 돈을 지키는가?
먼지에 묻힌 석탑은 머리마다 부서졌고
바람 심한 문과 창은 조각조각 구멍났네.
동서를 둘러보니 설 곳이 없는데
책을 덮고 높게 누우니 봄 잠이 족하네.

맑은 날 晴日

晴窓忽起見山南
長鍤小車多少男
懸簷蛛網因風毁
臥地蕙莖飽雨含
牧童吹葉放肥犢
採女傾筐飼飢蠶
麥寒漸襲兒喧息
遠郭烟生和夕嵐

맑은 창가에서 문득 일어나 산 남쪽을 보니
긴 삽과 작은 수레 다소의 남자들이 있네.
처마에 걸린 거미줄은 바람에 훼손되었고

땅에 누운 혜초 줄기 비를 머금고 있네.
목동은 잎을 불며 살진 송아지를 풀어놓고
뽕따는 여자는 광주리 기울여 배고픈 누에를 기르네.
보리밭의 서늘함 점차 이어지니 아이들 소란이 그치고
먼 성곽에 연기가 이니 석양 이내 화평하네.

은사 隱士 二首

碧山深處老雲烟
世外怳如天上仙
朝拾槁枝煎藥草
暮耕寒圃濯淸泉
功名不屑引琴坐
非是無關對月眠
逐波出沒誠何事
花鳥霜楓可記年

푸른 산 깊은 곳에서 운연 속에 늙어가니
세상 밖에서 천상의 신선처럼 황홀하네.
아침엔 마른 가지 주어 약초를 달이고
저녁엔 찬 채마밭 일구고 맑은 샘물에 씻네.
공명 하찮게 여기며 거문고 끌어 앉고서
시비 무관하게 달빛 아래 잠자네.
물결 따라 출몰함은 참으로 무슨 일인가.
꽃과 새 서리맞은 단풍으로 세월을 기억하네.

又

腥塵不到鎖雲烟
白石靑山可一仙

清秋種菊淵明里
曉月提罌巢父泉
秫飯魚鮮深自樂
松燈書史燭閒眠
草廬藐視王公貴
呂尙何心出老年

비린 먼지 이르지 않고 운연에 잠겨
흰 바위 푸른 산 한 신선이네.
맑은 가을 도연명의 마을에 국화 심고
새벽 달빛 속 소부의 샘물에서 물병을 드네.
조밥과 물고기 반찬을 몹시 스스로 즐기고
소나무 등불 사서 속에 한가히 잠자네.
초려에서 멀리 왕공의 귀함을 보고
여상은 무슨 마음으로 노년에 출사하였던가?

버들피리 柳笛

如怨如歌野日晴
令人感想喜憂生
依依雲幕儒開樂
隱隱江坮猿訴聲
細雨空閨招女恨
斜風異城動鄉情
青山不老乾坤寂
牛背閒歸薄暮城

원망하는 듯 노래하는 듯 시골 날이 맑은데
사람의 감상에 기쁨과 근심이 생겨나게 하네.

의의한 운막에 신선이 음악을 펼치고
은은한 강대에서 원숭이의 하소하는 소리가 있네.
보슬비 속 빈 규방엔 여인의 한을 부르고
기운 바람 타향의 성엔 고향 생각 나게 하네.
청산은 늙지 않아 건곤이 적막한데
소의 등에서 한가히 돌아오는 박모의 성이네.

인산날에 곡배하다 因山哭拜

奉訣吾皇有約尋
白衣素帳圍如林
四皆夷俗生還辱
一痛民哀怨莫禁
日月不居今夜迫
山河已舊暮烟深
大塊寂寂天無語
何處訴來方寸心

우리 황제 받들어 영결하니 약속하여 찾은 듯한데
흰 옷 흰 장막 숲처럼 둘렀네.
사방이 모두 오랑캐 풍속이니 삶이 도리어 욕되고
한 번의 통곡 백성의 슬픔 원망을 막을 수 없네.
일월이 머물지 않으니 오늘밤 다급한데
산하는 이미 옛날이 되어 저녁 연기가 깊네.
대지는 적적하고 하늘은 말이 없는데
어느 곳에서 방촌의 마음을 호소할거나.

여름구름 夏雲

高臥草堂見夏雲
奇奇怪怪各形分
峻如泰嶽岩層立
黑吐濃烟火猛焚
童子暑亭開日傘
紅妓舞帳掛羅裙
雨集風掃常處起
要知天道自勤勤

초당에 편히 누워 여름구름을 보니
기기괴괴하게 각각의 형태 나뉘네.
우뚝함은 태산과 같아 바위가 층층이 서 있고
검게 토한 짙은 안개 불길이 맹렬히 타네.
동자의 더운 정자엔 일산을 펼쳤고
예쁜 기녀의 춤추는 장막엔 비단 치마 걸쳐놓았네.
비가 몰아치고 바람 쓸어감이 항상 일어나니
천도가 스스로 근근함을 깨달아야 하리.

석류 石榴

時閱花譜四月迴
石榴堦上放幾枚
端垂倒掛紅鳶角
蒲發稠如白雪梅
深含甘露精神玉
倫得新春造化媒

看看爾匪尋常物
空使詩人意轉催

때때로 화보를 들쳐보다 사월이 돌아오니
석류가 섬돌 가에서 몇 매나 피었는가.
끝에 거꾸로 걸어놓은 것은 홍연의 뿔이고
창포 피어 조밀함은 백설의 매화 같네.
감로를 몹시 머금음은 정신의 옥이고
새봄을 훔쳐 얻은 것은 조화의 매개이네.
보고 보아도 너는 심상한 물건이 아닌데
공연히 시인의 뜻을 더욱 재촉하네.

대풍 大風

天地視威怒氣眞
飈能走石觸傷薪
湘祠幾危秦帆船
滎陽救出漢君臣
蛟龍失勢深藏跡
虎豹縮頭穴處身
書生若借暫時力
大麾千兵定四鄰

천지가 위엄 보여 노기가 참되고
바람이 바위 굴려 땔나무에 부딪혀 상하게 하네.
상수의 사당[105]엔 몇 번이나 진나라 배가 위태로웠던고?
형양[106]에선 한나라 군신들을 구하여 나왔네.

105) 상사(湘祠) : 상군(湘君)의 사당.

교룡은 세를 잃고 깊이 자취 감추고
호표는 머리 움추리고 굴에 몸을 감추었네.
서생은 만약 잠시의 힘을 빌릴 수 있다면
천 병사를 크게 지휘하여 사방 이웃을 안정시키리.

두남당에 적다 박사호씨 題斗南堂 朴士浩氏

斗星精移射湖南
山有寶平人是男
名節磨成無玷玉
塵埃不到講書菴
渭濱姜鈞意閒適
莘野伊耕躬自擔
器能瑚璉終難周
世味胡爲苦克甘

북두성 정기 옮겨 호남을 쏘니
산에는 보평산이 있고 사람엔 이 남아가 있네.
명절을 닦아 이루어 티 없는 옥인데
먼지 이르지 않은 글을 상론하는 암사이네.
위수 가 강여상의 낚시 뜻이 한가한데
신야의 이윤[107]의 농사 스스로 담당하였네.
기량이 호련인데 끝내 이루기 어렵고
세상 맛 어찌하여 쓴맛이 단맛을 이기는가?

---

106) 형양(滎陽) : 중국 하남성(河南省)에 있는 땅. 유방(劉邦)이 항우(項羽)의 반격을 받고 겨우 목숨만 살아 이곳에 패주하였다.

107) 이윤(伊尹) : 중국 은(殷)나라 재상. 하(夏)의 걸(桀)왕 때 밭가는 농부였다가 탕(湯)왕의 부름을 받아 하나라를 멸망시켰다.

김공빈은 병자란 때 검천성에서 전사하였는데 연산 충곡사에서 추향한다는 소식을 듣고 聞金公鑌丙子亂戰死檢川城追享連山忠谷祠

一判熊魚見善明
赤心王事成仁名
青山默立依依色
江水長鳴烈烈聲
百世史論宜竹帛
當時材器正干城
士林今日供籩豆
可使冥冥庶慰情

한 번 웅어를 판별하여 착함과 밝음을 보이고
적심으로 왕사를 도와 인명을 이루었네.
청산은 묵묵히 서서 의의한 색이고
강물은 오래 울며 열열한 소리이네.
백세의 사론 죽백에 마땅하고
당시의 재기 진정 간성이었네.
사림들이 오늘 제사를 올려
명명히 정을 위로할 수 있으리.

족장 제민의 생신에 차운함 7월 7일 次族丈濟民晬辰 七月七日

山如太古水如天
七七今朝又一年
南出明星曙有色
西來活佛潔無愆
晅昇蓮葉香風動

樹着鐵花甘露連
子舞孫歌滿獻壽
人間遐福敢誰先

산은 태고 같고 물은 하늘 같은데
7월 7일 오늘 아침 또 일년이 되었네.
남에선 밝은 별이 나와 새벽에 색이 있고
서쪽에서 온 활불 정결하여 허물이 없네.
맹꽁이가 연잎에 오르니 향풍이 일고
나무에 철화가 피니 감로가 이어지네.
자손의 가무 헌수가 가득하고
인간세상 아득한 복을 감히 누가 앞서리오?

다시 삼호를 애도함 再挽三乎

三乎一去我心痛
事事眠前皆觸情
腔子寶平山氣淑
精神月谷水光明
危邦未試經綸手
鄕曲播知慈善名
春寂鶴飛松已折
詞林南土忽秋驚

삼호가 한 번 떠나가니 내 마음 애통한데
일마다 눈앞에서 정을 돋우네.
강자엔 보평산의 기가 맑고
정신은 월곡수의 빛이 밝았네.
위급한 나라에서 경륜의 솜씨 시험하지 못하였으나

향곡에서 자선의 이름을 퍼뜨려 알게 하였네.
봄 적막하여 학 날아가니 소나무 꺾이고
사림들 남토에서 문득 가을에 놀라네.

윤씨 화수계운을 대신 짓다 代尹氏花樹契韻

一春春氣萬斯年
花樹香風煖日邊
官坊草肥魚吐沫
松林麈靜鶴來眠
靑山景色今如古
浮世榮枯理信天
合則有成分必敗
涓流歸溱大江連

한 봄 봄기운 만년의 해인데
화수의 향풍 따뜻한 해 곁에 있네.
관방의 풀 우거지고 물고기 거품 토하고
송림의 사슴 조용하고 학이 와서 잠자네.
청산의 경색이 지금 예스러운데
헛된 세상의 영고의 이치 하늘을 믿네.
합치면 이루고 흩어지면 패하니
냇물 흐름 큰 강으로 돌아가 이어지네.

남강 원운을 대신 짓다 이연직 代南崗原韻 李連稙

四山皆秀愛南崗
肯構一堂向正陽

節彼瞻岩增義氣
寬柔養性樂淸狂
百草秋根時採藥
千紅春色日尋芳
古賢今碩從心好
閒適微身可晦光

사방 산이 모두 수려한데 남쪽 언덕 사랑하여
기꺼이 한 당을 지어 정양을 향하였네.
절개는 저 바위를 보고 의기를 더하고
관유하게 양성하며 청광을 즐기네.
온 풀의 가을 뿌리 때때로 약으로 캐고
많은 붉은 빛 춘색 매일 꽃을 찾네.
고현과 금석이 마음 따름이 좋고
한적한 작은 몸 광채를 감출 수 있네.

송학산 松鶴山

松鶴靈巒問幾秋
卓吾先祖大名垂
石龜不老海田㤝
家鴨和鳴桑梓籬
車馬古崖苔已蝕
芙蓉新沼馥猶遺
悠悠萬事追無所
空使後承淚自墮

송악산 신령한 봉우리 몇 세월인지 물어보니
우뚝한 우리 선조 대명을 드리웠네.

돌 거북은 늙지 않아 상전벽해의 겁 년이고
집오리 화평하게 우는 뽕과 가래나무 울타리네.
수레 말이 오던 옛 기슭은 이끼가 잠식하였고
부용 피었던 새 못엔 향기가 아직 남아 있네.
유유한 만사를 추구할 바가 없는데
공연히 후계자에게 눈물 절로 떨구게 하네.

강헌 족제 재홍 剛軒 族弟在弘

南方秀氣稟寬柔
行止安危任意休
纖芥難汚平海腹
泰山不重巨鰲頭
當前大事涓如滴
背後怨言永解流
萬人吾往尋常視
君子攸居屹一樓

남방의 수기가 관유함을 품부하니
행지 안위를 임의로 멈추네.
작은 겨자도 더럽히기 어려운 평해의 배이고
태산도 무겁지 않은 거오의 머리이네.
당전의 대사를 물방울처럼 흘려버리고
배후의 원망의 말을 영원히 풀어 흘려보내네.
만인과 내가 가서 항상 보았는데
군자의 유거 우뚝한 한 누대이네.

광주 학수당에 차운하다 次光州鶴壽堂

樓出世間鶴戾天
斗南星彩一牕邊
黃花酒熟重陽節
讌落歌成乙亥年
瑞石風鍾簾捲外
錦溪水鏡檻橫前
南山華柱曾安在
當地遊仙羽化然

누대가 세간의 학이 우는 하늘에 솟으니
남두성의 광채가 한 창가에 있네.
황화주 익은 중양절
연석에 노래 이룬 을해년이네.
서석산 바람의 종소리 발 걷은 너머에 있고
금계 물의 거울 난간 비낀 앞에 있네.
남산의 화표주 일찍이 어디에 있었던가?
땅에 이른 유선이 우화하려 하네.

춘원정에 차운하다 황룡 김원익 次春園亭 黃龍金源益

不忘春暉思永言
草心日日恐衰昏
夕陽庭際舐牛嘶
暖霧松林鶴子喧
誠是召南甘供旨
豪如北海酒盈樽

築亭記蹟皆餘事
錫類白天化一門

봄빛을 잊지 못해 그리움을 오래 말하는데
초심이 매일매일 쇠하여 저물까 두렵네.
석양의 마당가에 어린 소가 울고
따뜻한 안개 속 솔숲에선 새끼 학들이 시끄럽네.
성실함은 소남의 좋은 음식 올리는 뜻이고
호협함은 북해의 술이 잔 가득한 것과 같네.[108)]
정자 세우고 행적 기록함은 모두 여사인데
석류는 하늘이 한 문중을 교화함이네.

용파정에 차운하다 황룡 김원득 次龍坡亭 黃龍金源得

勝地天成突一坡
主翁遊歷曾幾何
霽月江垖鷗穩夢
茂林淺灘鹿翻沙
際會風雲時不遇
幽閑花竹意偏多
賢人遊後亭惟在
姜釣嚴裘併且歌

승경지가 천연스럽게 한 언덕에 솟았는데
주인 노인의 유람의 벽이 일찍이 얼마이던가.
맑은 달빛 강대에서 갈매기 평온히 꿈꾸고

108) 북해태수 공융(孔融)이 손님을 좋아하여 자리에는 귀한 손님이 가득하고 술독에는 술이 비지 않는 것이 가장 큰 바라는 것이라는 고사에서 나온 말.

무성한 숲 얕은 여울엔 사슴이 모래를 뒤집네.
제회하는 풍운은 때때로 만나지 못하고
유한한 꽃과 대나무는 뜻이 한쪽에 많네.
현인이 노닐고 간 후 정자만이 남아있어
강조[109]와 엄구[110]를 함께 노래하려 하네.

정내경을 애도함 挽鄭乃京

韜名絶世養吾眞
碧柳光風九十春
陶令已歸無處士
董生去後更誰仁
空樓澹月心餘白
激石寒溪淚咽頻
今古此行終未免
帝鄉添錄一仙臣

이름 감추고 세상과 끊고 내 참됨을 양성하니
푸른 버들 광풍이 구십 춘추였네.
도연명 이미 돌아가고 처사 없는네
동생이 떠나간 후 다시 누가 인자한가?
빈 누대 맑은 달빛 마음이 흰데
바위에 부딪히는 찬 개울 눈물 오열이 빈번하네.
금고의 이 행차 끝내 벗어날 수 없는데
제향에 한 신선을 첨가하여 기록하네.

109) 강조(姜釣) : 강태공의 낚시.
110) 엄구(嚴裘) : 엄광(嚴光)의 가죽옷.

애절당에 차운하다 박석원 次愛節堂 朴錫元

遠慕其先築一奄
兩賢傳蹟頌綿南
揚名山斗士林仰
盡瘁國家躬自堪
日月精忠研白玉
春秋潔義濯清潭
高懸額字常心目
烈烈主翁上野談

그 선조를 멀리 추모하여 한 암자 세우니
두 현인이 전하는 자취 면남을 송도하네.
떨친 이름 태산 북두처럼 사림이 우러르고
국가에 대한 근심 몸소 감당하였네.
일월의 정충 백옥을 연마하고
춘추의 맑은 의리 맑은 못에 씻었네.
높이 매달린 액자 평상시의 심목인데
열렬한 주인 노인 야담에 올리네.

삼효각명 정대연 三孝閣銘 鄭大衍

千世在前
道德由出
萬世在後
倫綱不絕
沙川流長
錦江水烈
一門三孝
古今卓潔

問曰誰家
鄭氏名節
綿城望族
雪裔裔后
碑屹閣飛
其報必厚
子子孫孫
永錫爾類
感此事蹟
銘頌數句

천세가 앞에 있어
도덕이 그로부터 나오고
만세가 뒤에 있어
윤강이 끊어지지 않네.
사천의 흐름이 긴데
금강의 물은 세차네.
한 집안에 세 효자
고금에서 빼어나게 정결하네.
누구 집안이냐 물으니
정씨네의 명절이라네.
면성의 명망 있는 씨족
설예의 후손들이네.
비석 우뚝하고 비각은 높은데
그 보은이 반드시 두터우리라.
자자손손
영원히 이 복을 내리리라.
이 사적에 감개하여
몇 구절로 명을 지어 칭송하노라.

계묘(癸卯)년 유하(榴夏)에 장흥(長興) 고재현(高在鉉)이 삼가 짓다.

권 5

서간 書簡

심석 선생님께 올리는 글 上心石先生

선생님과 소자는 현명함과 우둔한 점으로 경계가 있고, 귀함과 천함에 있어서는 하늘과 땅의 차이가 있습니다. 다만 한마음으로 쏠려 우러르는 것은 선생님을 사모하는 본성[常性]에서 나온 것입니다. 천리 밖에서 한 번 절하고 외람되게 문 앞을 쓰는 대열에 드는 은혜를 입었습니다. 저로서는 영광스럽고 다행스런 일로서 비록 등룡(登龍)의 경사일 뿐이지만 선생님을 더럽혔다는 책망을 받을 것은 아닌지, 스스로 빚을 진 것이 헤아리기 어렵습니다.

삼가 안부를 살피지 못했는데 선생님의 건강이 한서풍우(寒暑風雨)에 손상됨이 있지는 않는지요. 가르침을 받으며 시봉하고 자식을 교육시키는 일은 잘 닦아가고 있는지 엎드려 사모하는 정성이 지극합니다. 소자는 어머니를 봉양하고 있는데, 궁벽한 곳이라서 바라시는 물건을 대지 못하고 있습니다. 기질이 본디 어긋나서 스스로는 구렁 속에서 빠져나올 수 없습니다. 때로 우러러 사모함이 있지만 문 앞에서 조석으로 배움을 들을 수 없음을 한스럽게 여깁니다. 친절하게 대해주시니 만에 하나라도 넉넉하게 듣습니다. 저는 도(道)를 지키기를 바라기에, 위로는 세상의 교육을 붙들어 세우고, 아래로는 창생을 복되게 하도록 작은 성의를 보태려고 합니다. 이만 줄입니다.

민재선생에게 올림 上敏齋

봄에 잠깐 절하고 물러나서는 여름에는 아직 안부 인사를 하지 못해서 직분에 있어서 속죄할 곳이 없습니다. 하물며 평일 날 봄처럼 사랑해준 것에 있어서는 한 방에 사는 것이나 다름이 없다고 자부한 것이 여기에 이르니 또 두려움과 부끄러움을 이길 수 없을 따름입니다. 삼가 일상생활에 건강이 더욱 복되시는지, 슬하의 모든 선비들이 날로 고명한 데로 나아가고 있는지 살피지 못했습니다. 그러나 가만히 상상하건대 여러 아이들이 앞을 다투고, 보내고 맞이하는 것이 일정하지 않아서 특별히 옷깃을 바로 할 겨를이 없으리라 여깁니다. 멀리서 염려해주시니, 삼가 위로됨이 평일에 비해 백배가 됩니다.

저는 타고난 바탕이 본디 둔해서 거듭 가려진 것을 열어 깨치기가 어려우니 어찌 다시 둔함을 깨우쳐주는 가르침을 입어서, 몽매함이 있는 것을 벗어나서 깨달을 때가 있겠습니까? 하물며 지금은 서책을 전폐하고 이부(二夫)가 황탄하고 방일함[荒逸] 가운데 험하게 구르면서 종일토록 접해서 말하는 바는 단지 식(食)과 색(色)을 희롱하는 것에만 있습니다. 이른바 무부(珷玞)의 성질은 끝내 옥이 될 수가 없는 것과 같습니다.

아! 우리의 도는 날로 엷어지고, 현명한 사람은 별처럼 흩어져서, 그 어찌 변화의 극치가 한결같이 이에 이르니 하늘이 도를 사랑하지 않은 것인가요? 사람이 도를 사랑하지 않은 것인가요? 동자(董子: 동중서)가 말하기를 "하늘은 변하지 않고 도 역시 변하지 않는다."라고 했는데, 지금의 도가 손상한 의미로써 언급한다면 하늘도 혹시 때로 진실하기 어려움이 있는 것인가요?

그러나 정자(程子)가 말하길 "태양은 낮에 쇠해지는 뜻이 없고, 도는 조금도 폐해지는 날이 없다."고 했으니, 그 장차 어떤 일인석과(一仁碩果)가 있어서 다행히도 혹 양춘(陽春)의 시기가 있다면 우리나라의 일월이 환하게 다시 밝음을 회복할 수 있지 않겠습니까? 세상의 도는 이와 반대인 것 같으며, 장차 조석(朝夕)을 넘기지 못할 듯합니다. 문 앞에서 의리가 무엇인지에 대하여 대략 들었는데 우러러보는 한 마음이 북쪽을 바라보고 한숨을 쉴 따름입니다. 이미 세상에 처하여 살아감이 이와 같으니 아마 심하지 않습니까? 아! 저 모기떼와 같은 무리들은 시설(時說)로 이미 늦었다고 말하지만, 또 족히 말할 것도 못됩니다.

영외(嶺外)의 소식은 지금 어떠한지요? 면암 노인[최익현]께서 귀국하게 되었다니, 들은 것이 기이하지 않습니까? 두 귀를 기울여서 상세히 듣고자 하지만 들을 길이 없습니다. 수동(水東)의 인심이 귀의할 바가 없을 뿐입니다. 정이 간절하여 참람되고 외람됨을 돌아보지 않고 감히 진달합니다. 이만 줄입니다.

김사문 사문에게 주는 글 與金斯文士文

지난 번 편지를 받은 것이 한두 번이 아니었으나, 타 지역에서 머무르면서 생계에 일도 없었건만 바빠서 한 자도 부치지를 못했습니다. 삼가 건강이 연이어서 더욱 복되시는지 살피지 못했습니다. 편지꾸러미를 살펴본 바 지금 무슨 책을 읽고 있으신지요? 제가 생각하건대 『소학』 가운데에서 의리를 깨치기를 다하고, 『대학』으로 나아가서 주경(主敬)공부를 꿰뚫게 되는 것을 처음부터 끝까지 한다면 부지불식간에 함양하게 될 것입니다.

태산북두와 같이 우러러봄과 깊은 물 넓은 강과 바다와 같음은 어찌 말세[叔世]의 진유(眞儒)가 아니겠습니까. 아! 세상이 어둠 속에 들어서니 이른바 그것을 배우는 자들이 드뭅니다. 그러나 혹시

한 명이라도 선왕의 법을 행하고 선왕의 옷을 입은 자가 있다면 저들이 습속에 어두운 것을 슬퍼할 것입니다. 새로운 것을 좋아하는 무리들은 바른 것을 싫어하여 깎아서 매장해버리고 심지어는 미쳤다고 하여 헐뜯는 자가 많습니다. 의(義)의 있는 바가 비록 이러한 것으로써 덕을 누추하게 손상시키지는 못할지라도 또한 우리 도를 위하여 지금 깨닫지 않을 수가 없습니다. 사사로운 근심이 여기에 이르니 책을 덮고 한탄할 따름입니다. 하물며 지금의 머리를 자르고 검은 색으로 변하게 한 것은 다만 우리 오백 년에 처음 있는 일입니다. 그리고 백성이 부화뇌동하여 풍속을 좇아 그 아래로 몰려들어서, 법복(法服)과 법언(法言)을 도깨비[魑魅] 가운데로 쓸어서 빠뜨리니, 하늘이여! 사람들이여! 늘어놓을 말이 끝이 없습니다.

생각하건대 도형(道兄)께서는 거처하시길 무릎을 단정히 하고, 성인의 말씀과 현인의 모의를 친절히 경청하여, 좌우가 그와 같게 하니, 풍상(風霜)의 먼지가 감히 물들이려 들어가지 못하고, 마치 한 줄기의 난초가 가시나무 사이에서 뻗었으나, 그 가시로써 해칠 수 없는 것과 같습니다. 두 손 모아 받들어 가장 축하할 일은 미미한 이 도가 다행히도 기댈 곳이 있어 매우 다행입니다. 이 업신여겨야 할 사람을 돌아봐주시니 부디 혹은 형의 여파에 두루 적셔져서 한 궤도로 같이 돌아가기를 바랍니다.

저는 기질이 본디 노둔하고 잡스러워서 일찍이 하나라도 아는 것이 없고 해득도 못하였으며 동쪽지방에서 하는 일없이 놀고먹으며 홀로된 어머니를 모시느라 형제가 함께 참여할 수 없습니다. 공자께서 이른바 "그 직업을 닦지 않고 골동(汨董)에 종사한 자"라고 한 것은 실로 준비된 말입니다. 이른바 진문(秦文)이 스스로 아장(兒長)이란 이름에 의탁하고, 앉으나 누우며 지내면서 여간한 심신은 편안한 생활 가운데 추몰(追沒)한 것과 같습니다. 정이 간절히 깊습니다. 글로 대면함을 한 번 웃어버리시고 나서 부디 깊이 책망하시지 말기 바랍니다. 나머지는 형이 학문을 함이 새로워지길 기도합니다. 이만 줄입니다.

윤낙경 형에게 답한 글 答尹兄樂卿

한 채의 빈집에 행적조차 깊숙이 잠겨있어서 천하고 용렬한 모양이 대낮에 심하니, 대개 재앙을 저질러서 꼭꼭 묶여진 자입니다. 낮닭이 울고 나자 동자가 객을 모시고 왔는데 한 통의 문안편지가 나부꼈습니다. 그 가슴속으로부터 책상에 떨어진 것을 눈을 부비고 장미수에 손을 씻고 보니, 그로써 재여(宰予)의 낮잠을 깨웠습니다.[111]

형의 편지는 어찌 정의의 교유뿐이겠습니까? 생각건대 반드시 나태하고 흩어진 마음을 경책하고 일으켜 세워서 함께 공손하고 착한[謹善] 곳으로 돌아가고자 한 것이었습니다. 군자가 사람을 가르침에 어찌 그리 술수가 많겠습니까? 매우 축하드립니다. 보여주신 습(習), 라(懶) 두 글자는 몹시 지극한 말이 아니겠습니까? 대저 명(名)과 실(實)이 서로 일치하는 것은 비록 옛사람일지라도 어려워한 바의 일입니다. 그런데 지금 형의 지취(志趣)와 명망(名望)은 속사(俗士)들의 유명무실한 것들과는 동류로서 나란히 하지 않습니다. 아마 공손한 군자들이 칭송한 바가 떳떳하지 않겠습니까? 난새의 화답하는 소리가 멀리서 들리고, 천리마처럼 반드시 잘 달린다고 하셨는데, 이날 이 말은 결코 진실이 아닙니다. 스스로 더욱 돈독한 설(說)을 지었다고 하신 것에 이르러서는 황량하고 산만한 자가 어떻게 감당할 수 있겠습니까? 두서없이 사례하심으로 인하여 수식한 말임

111) 『논어』에 나오는 말이다. 공자의 제자인 재여가 낮잠을 자고 있으니, 썩은 나무로는 조각을 할 수 없다고 나무란 것을 가리킨다. 스승이 가르침을 주는 것을 말하는 것이다.

을 알겠습니다.

아! 편지를 다 읽기도 전인데 절절한 가르침이 이와 같이 정성이 지극합니다. 돌아보건대 노형은 진실로 한 번도 보지 않은 사람이지만 평생의 지기지우와 같습니다. 저는 타고난 성품이 질박하고 우둔하며 또 하나의 반도 익힌 바가 없이 생애를 이어왔으며 어렸을 때 홀어머니 밑에서 자라 허송세월을 보낸 것이 많습니다. 다만 이 천지간에 밥이나 축내는 벌레로 간주한 바, 여간한 옛 공부는 도리어 윤양(閏暘)과 같으니 스스로 슬퍼할 따름입니다. 나머지는 감사의 말 다 갖추지 못합니다.

박비경 도형께 감사하며 謝朴道兄斐卿

푸른 산이 깊고 깊어서 사람의 방문도 없고, 다만 비가 새는 띠집을 짓고 몸을 한가하게 하고 있는데, 홀연히 한 학창의(鶴氅衣)가 편편히 찾아와서 편지를 내주었습니다. 우리 형의 큰 품성은 천박하고 열등한 사람을 능히 용납할 수 있음을 다 알았습니다. 편지에 쓰인 자세한 내용은 또 사람을 격려하여 착한 데로 나아가게 하지 않음이 없습니다. 저 도리를 겨우 하나만 목격하였으나 송구하여 용모를 단정히 하게 됨을 스스로 깨닫지 못하였습니다. 우러러봄이 끝이 없습니다. 삼가 일상생활의 건강이 좋으시다는 것을 살피고 위로가 되며 축하드립니다. 저는 오래된 졸렬함이 복록만 의지해서 다만 해 놓은 바를 한 번 보면 퇴락함이 스스로 있습니다.

아! 이 구경(究竟)을 수립하는 것은 다만 과연 이와 같이 우둔한 데 그쳐버리는 것입니까? 몸을 쓸며 길게 한탄할 따름입니다. 가만히 생각건대 노형의 영매한 기질은 남쪽에 짝할 자가 없고, 또 노월(蘆月)이 있어서 서로 마광상조(磨光相照)하니, 안연(顔淵)의 한 점

찌꺼기를 씻어내게 하고, 증점(曾點)의 만리(萬理)가 밝게 드러나는 곳이 평탄하게 눈앞에 있습니다. 더욱 공경하고 우러르며 가까이 하기 어려운 한은 두 처지가 일반이나 노형의 양친을 모시는 일에 변화하여서 더욱 영역(櫺役)을 극히 헤아리기 어려움이 있습니다. 이것은 큰 일인데, 어떻게 헤아려 계획을 세워야 쇄신하는 피곤함을 없게 할 수 있겠습니까? 계(契)를 만들어서 펴나가는 일은 지금 긴 밤의 흐릿한 가운데 하나의 좋은 소식입니다. 다만 가르쳐 보여주심이 좀 더 이르지 못한 것을 한할 뿐입니다. 대개 계를 만들고 닦지 않으면 뒤에는 새벽별이 스러지듯 회합할 길이 없습니다.

우리 무리의 예속의 사귐은 그 뜻이 어디에 있습니까? 호연히 탄식을 발함이 열에서 여덟, 아홉입니다. 그러나 단서를 다시 만들게 되니 우리의 도에 있어서 다행한 조짐이 아니겠습니까? 대개 계를 만드는 방도는 먼저 명목의 소재를 확정하고, 차후에 같은 계원의 뜻을 살펴보는 것이 단합의 여하가 가능할 것입니다. 그것을 헤아려주십시오. 물과 산이 길게 막혀서 일일이 상대하여 논할 수 없습니다. 모두 형께서 살펴주시길 바랍니다.

박락경 도형에게 답하여 答朴道兄樂卿

영술(永述)이 와서 손수 전해준 편지를 황망히 뜯어보고 다시 감격이 복받쳐 올랐습니다. 이날 이 편지는 얼마나 많이 마음으로 그리워했던가요. 마음이 타들고 근심한 나머지 족히 외로운 마음을 위로해주어서 다시 한 번 태양을 본 듯하였습니다. 형의 좋지 않던 건강이 다시 평상을 회복하였다니 이러한 조짐이 장차 나를 잊을 정도의 기쁨이었습니다. 그리하여 위로되고 축하하는 마음이 어찌 끝이 있겠습니까? 편지 가운데 세세한 내용은 하나라도 슬퍼하지 않은 것이 없고 스스로의 의사에 성실하였습니다.

세월은 흐르는 물과 같고 문자는 무궁하여 한 구절의 말뜻도 진중하고 정성스러우니 족히 오늘날의 학자의 지남철이 될 것입니다. 그 맛을 곰곰이 되새겨보면 게으른 사람도 일으킬 수 있을 것입니다. 도리어 송구하여 뜨거운 땀이 남을 깨닫지 못하겠습니다. 아! 지금은 나라가 침략을 당하여 망해버려서 다시 여지가 없을 때입니다. 『춘추』를 읽으며 우리 무리는 강마(講磨)함을 더욱 돈독히 면려(勉勵)해야 합니다. 시일을 허송할 수 없으며, 그 자신을 착하게 해야 할 것입니다. 이 천한 자질을 돌아보건대, 이른바 몇 년간 배웠다는 것들이 남아 있는 듯 없어진 듯하여, 취사와 출처의 뜻에 망연(茫然)하여 어찌해야 법이 되는지를 알지도 못합니다. 그리고 표계(瓢係)에 앉아 있고, 또 근(勤), 근(謹) 두 글자에 종사할 수가 없으니, 진실로 봄에 밭에서 일하지 않은 자는 오는 가을에 바랄 것이 없다는 것을 알 따름입니다.

대저 『노론(魯論)』은 평소 생면부지의 것입니다. 이에 구두(句讀)의 사이를 섭렵하여 지나가려 하여도, 의아하고 의심나는 곳이 많지 않을 수 없는데 모두 사색하여 묵계(默契)할 수가 없습니다. 비록 전심을 다해서 읽더라도 오히려 전혀 소득이 없음을 면하지 못할 것입니다. 하물며 때때로 책을 대하더라도 많은 일의 틈에 빠져서 스스로 책을 볼 마음이 생기지 않았습니다. 새로 보는 것은 그만두고라도 옛날에 읽었던 것도 함께 잊어먹으니, 어찌 종사한다는 이름을 감당하겠습니까? 다만 형께서 살펴주시길 바랍니다.

박락경 도형에게 與朴道兄樂卿

평일 웃고 얘기한 것도 이미 버려두었는데, 이처럼 글을 다듬는 것이 부끄럽지 않겠습니까? 만의 하나도 그 형상과 같은 것이 없습니다. 삼가 저간에 안부를 묻지 못하였습니다. 교훈의 도에 있어서는 허노재(許魯齋: 元나라 許衡)의 옛 법에서 얻음이 있고, 수몽(授蒙)의 이익에 있어서는 장횡거(張橫渠: 宋나라 張載)의 취사(取捨)에 가함이 있느냐고 물으시니, 멀리서 위로함을 받지는 못하였으나 스스로 이미 좌우의 첨언(僉言)으로 삼았습니다.

상상컨대 존문(尊聞)의 빛이 큽니다. 저는 편모의 보살핌 아래서 한때의 안정된 참마음도 얻지 못하고, 몸은 타지에 살며 위태위태하게 곡식이나 먹고 있으니, 입양현친(立揚顯親)의 일은 장차 무슨 일을 해야 할지 알지 못합니다. 저는 장래의 형세가 막힘을 면하기 어려운 것이 두렵습니다. 미친 듯 일신이 도리어 뜻을 잃은 것 같이 한밤중에 일어나 앉아서 다만 하늘을 두려워하고 있습니다.

또 아침저녁 사이에 더욱 익히는 부지런함도 없으면서 스스로 몹시 더러운 싹이 마음 가운데 뿌리를 서리는 것을 알지 못합니다. 다만 둔한 기질이 또한 나태한 기운의 해로움이 됨을 한탄할 뿐입니다. 차라리 책을 내던지고 종적을 감추고서, 전야(田野) 사이에 묻혀 열심히 농사짓는 것을 더 낫게 여기는 것만 못할 것입니다. 가만히 생각하니 옛 것을 비춰보는 자는 높은 재주와 밝은 지혜 가진 자가 많지 않은 게 아니지만 그 뜻이 군자의 방술에 있는 자는 대저 몇 사람이나 있겠습니까?

하물며 지금 도가 손상됨이 날로 심해지고, 백 가지 사악함이 서로 선동할 때, 한 점의 우리 도는 다시 찾을 곳이 없습니다. 다만 노형은 단정히 거처하며 도를 음미하니, 일실(一室)이 소연(蕭然)하고, 다른 잡기나 성색(聲色)에 대한 취미가 없으니, 금옥의 기틀인 자질로 나아가게 하는 날이 없겠습니까? 지난번에 한번 상대하여 토론한 것은 오히려 공부방에서 10년을 공부한 것보다 나았습니다.

옛날에 조청헌(趙淸憲: 趙挺之)은 주렴계(朱濂溪: 朱敦頤)가 행한 바를 익히 보고는 이내 깨어나 그 손을 잡고 말하길 오늘 비로소 주무숙(朱茂叔: 주돈이)을 알았다고 말했습니다. 사람을 보는 지혜는 비록 감히 고인보다 선후를 따지거나 경중을 견줄 수는 없지만, 감탄을 발하는 뜻이 금일에 방불하다는 것이 저의 견해입니다. 정(情)과 의(義)를 서로 가져서 말의 뜻이 어떠한지를 알지 못하겠으나, 마음속의 정을 스스로 내었는데, 당신에게 책망을 당할까 두렵습니다. 이만 줄입니다.

정사익 사문에게 답하여 答鄭斯文士益

산속의 집에 추위가 다하고 모든 나무에 다시 봄이 찾아오는 이때, 벗의 편지가 있어서 외로운 가운데 위로가 되었습니다. 완연히 시들어버린 것 같은 한 물건이 기쁘게 춘풍이 가져온 소식을 듣고 활활한 발동(發動)의 기후(氣候)가 있었습니다. 그 스스로 느끼는 즐거움을 누가 감히 저지하거나 억눌러 막을 수가 있겠습니까?

일전에 몸소 나아가서 실지로 몇 시간 우러러 바라보던 중 그 틈에 공교롭게 서로 길에서 만나보고 한마디 말도 못 붙여보고 단지 책상 가득히 편지만 있으니, 마치 속된 것을 계승한 객이 부득이하게 회피하는 계책과 같습니다. 가만히 고인(古人)의 봉(鳳)자의 놋을 부쳐주셨는데, 황폐한 기록과 거친 문장의 몇 글자로 되돌려 보냈습니다. 이것은 창졸간의 일입니다. 그 말을 세운 것의 경중이 어떠한가를 알지 못하겠으나, 매우 다행스럽게도 노형께서 깊은 책망을 히지 않고 도리어 이와 같이 정중히 편지를 주셨습니다. 또 경거(瓊琚)의 보답이 있어서, 화려하고 청수함이 족히 사람의 먼지를 쓸어버리고, 사람의 고질병에 침을 준 것과 같았습니다. 『시경』에서 이른바 "나에게 경거(瓊琚)를 던져서 보답해 주신다."라고 한 것이 어찌 옛날에만 홀로 아름다운 일이겠습니까? 이내 군자가 사람을 대함은 그 박함에 처하지 않음을 알았습니다. 아! 무릇 이웃과 떨어져 산 지 3개월인데 끝내 반날의 인연도 없어서, 귀신의 장난이 있음을 깊이 한스러워 할 뿐입니다. 궁벽한 곳에 칩거한 것이 한스럽다면 한스러울 뿐입니다.

그러나 지금 나라를 침략당한 날에 있어서 그 일심으로 춘추의 의리를 굳게 지켜서 문을 걸어 잠그고 무릎을 단정히 한 자가 몇 사람이나 있겠습니까? 이로써 말한다면 도리어 편안할 만한 도가 됩니다. 진실로 이날에 최대의 아름다운 일입니다. 어찌 출몰이 경박한 자들이 그와 같지 않음을 한스러워 하겠습니까?

서로 마주보고 아침저녁으로 구구한 심회를 보임을 미리 손가락으로 꼽기 어려우니 송구하고 민망합니다. 다시 건강을 살피지 못합니다. 시대로 인해서 신중하신다면, 여러 접하는 일 또한 평안하고 태평하지 않겠습니까? 저의 기량은 다하였을 뿐입니다.

김사문 형에게 與金兄士文

문겸(文兼)이 와서, 시봉하는 생활이 편안하고 길하다는 것과 학문을 하는 것을 다 상세히 알게 되었습니다. 하룻밤을 접하고 이야기를 하면서 그 의용(儀容)과 언사(言辭)가 화순하고 온윤한 자태가 파다함을 보고, 곧 노형의 훈습여파의 빛이 보고 느끼는 사이에 밀려옴을 알았습니다. 매우 축하합니다. 생각해 보니 전번에 몸소 찾아간 것이 공교롭게도 어긋나서 산문(山門)을 방문하지 못하였습니다.

문 앞길이 적적하고 다만 원숭이나 학, 수풀 새들이 사람을 향해 조롱하는 듯하여, 머뭇거리며 고개를 돌려보니 한 가슴 속의 생각이 나타나 만만(萬萬)히 안주할 수 없는 것이 있었습니다. 이윽고 길에서 당신의 아버님을 뵙고 계속해서 동생 분을 만나 억지로 끌려서 집으로 들어가게 되어, 앉아서 이야기하며 날을 보내었습니다. 그 따뜻하게 사람을 대함이 도리에 있어서 노형의 평상생활이 근엄하고 장중함보다 덜하지 않았습니다. 형과 동생이 있어 덕(德)이 외롭지 않음을 알았습니다.

또 십도병풍명(十圖屛風銘)은 옛날의 현인과 군자가 스스로 살펴서 간절히 가진 것인데, 이 뜻을 이제 형이 얻게 되어 일상생활에 소요하는 그 사이에서 벗어나지 않으니, 이 밝은 계율을 돌아보건대 더욱 받들어 축하드립니다. 저의 재주가 낮고 자질이 엷어서 과거보는 문장과 도리에 있어서 한 번도 팔리지 못했으며, 또 표계(瓢係)는 스스로 사우들과 연결되는 것에 단절되었으니 부끄럽습니다.

때로 간혹 삼사행의 글을 입에 올려보는데, 성인들의 언어로서 친절하게 경계해야 할 곳을 말해 준 것입니다. 스스로 하늘과 같기가 어려우니, 주자(朱子)가 이른바 함만 팔고 구슬은 다시 가져온다는 것이 진정 이것을 말한 것입니다. 어떤 한(恨)이 이와 같을는지요? 나머지는 이만 줄입니다.

민재 선생에게 올림 上敏齋

일전 9월 9일에 물러나며 사례한 후, 오랫동안 집편(執鞭)을 비웠습니다. 게으름을 붙잡아서 스스로를 송사(訟事)하였습니다. 10월 13일에는 다행히 서사문(徐斯文) 편으로 인해 멀리서 문안인사를 드리는 정성을 이루게 되었습니다. 저는 일월이 바뀜도 살피지 못하였습니다. 정양하시는 몸의 건강이 바람의 차가움과 추위의 심함에 손상됨은 없는지요?

엎드려 듣건대 문하의 생도들이 전날 회사(會社)에서의 십신(十信)을 좇았다고 하는데, 수만의 사재직(祀齋稷) 아래의 성대한 풍속들보다 앞서는 것입니다. 지금 계산(溪山) 십리를 나가지 않고도 목도(目睹)하게 되니, 아울러 저의 축하함이 간절한데, 문생들 또한 흠모의 즐거움이 없지 않을 수 있겠습니까? 자취가 깊은 산에 막혀서 종종 얼굴을 대하고 가르침을 받을 수가 없습니다. 평소 또한 기욕(氣欲)의 혼미한 바를 스스로 뽑아버리고 새롭게 할 수가 없습니다.

이 같은 생각이 오래 동안 커져가니, 참으로 그 모습이 가증스러운 바가 있습니다. 간혹 마음으로 스스로를 경책하여 이르길 "하잘것없는 세상사를 생각하지 않도록 맹세하고, 학문에만 오로지 뜻을 두고, 옛 성현들의 법도의 규계(規戒)를 따르자."라고 해봅니다. 그러나 잠시라도 그런 생각을 지키고 기를 수 없어서, 또한 광분함이 곧 말을 제압하여 일촌(一寸)도 머무르게 할 수 없다면, 장차 천리의 달아남을 이겨낼 수 없는 것과 같습니다. 이른바 한단지보(邯鄲之步)가 어찌 조금이라도 나아가는 날이 있겠습니까? 차라리 책을 버리고 들에 들어가 선비라는 이름을 더럽히지 않은 것이 더 나을 것 같습니다. 삼가 다 갖추지 못합니다.

김노동에게 충남 결성 산수동에 살고 있음 與金魯東 居忠南結城 山水洞

선향(仙鄕)으로부터 돌아와 즉시 편지 한 통을 부치니 서로 말하길 매우 다시 통하게 됐다고 합니다. 다만 스스로 우러러볼 따름입니다. 지금 두 통의 편지를 받음이 지척에 있는 것처럼 용이하였습니다. 자세한 경책과 가르침의 말이 극히 간절하고 지극하니, 만약 보통의 정이라면 어찌 이와 같이 진중함을 얻겠습니까? 몇 번을 받들어 읽고 스스로 식은땀이 흐름을 깨닫지 못했습니다.

또 『시남문집(市南文集)』 중에서 채록해서 보내준 저의 선조의 「약재기(藥齋記)」를 읽을 수 있었습니다. 이 글은 대개 평생을 높이 우러른 것이기는 하나 구해볼 수 없었던 것입니다. 감사함과 부끄럼이 서로 아울러서, 사례하고자 하니 헤아려 주십시오. 비문은 삼가 영감(令監)의 후의를 입어 입언(立言)을 천발(闡發)하게 되어서, 우리 선조의 실행(實行)과 명적(名蹟)을 천백세에 길이 전해지게 하여 민몰(泯沒)되지 않게 해주셨습니다. 그러니 그 자손에게 경사이며 다행입니다. 비록 구정(九鼎)과 대려(大呂)라도 도리어 이보다 중하게 될 수는 없으니 받들어 축하드립니다.

편지를 받고 영감의 건강과 양생하심을 살피게 되었습니다. 부모님 받들며 모시는 생활에 건강은 잘 보호하시고 계시며, 주위의 모든 유생들도 잘 지내시는지요? 삼가 위로됩니다. 저는 그런대로 보내고 있으며 다만 비석을 세우는 일에 바쁘고, 또 사월 이십일 이후에는 긴 장마 중에 있어서 약물(藥物)을 받들며, 나아갈 수 없었습니다. 글을 지어서 스스로 암송해보니, 가르쳐 주심에 태만하였습니다. 잘못된 점을 별지에다 조목별로 열거하여 영감께 밝게 고하니, 법대로 바로잡아서 다시 보내주시길 엎드려 빕니다. 나머지는 영감의 도체가 복되시고 부모님 모시는 생활이 신의 보호가 있으시길 빕니다. 이만 줄입니다.

김노동께 답하여 答金魯東

6월에 편지를 이미 받았는데 3개월여가 지나도록 미처 답장을 올리지 못하였습니다. 속으로는 광묵(光默)과 재현(在鉉)이 영감의 문의 끝에 달려 나아가 저간의 일을 사례하려고 하였습니다. 하물며 청소일이라도 받들며 책을 잡고 대략 공부하는 방법이라도 들으려 함에 있어서는 말할 것이 있겠습니까?

외롭고 비루하고 천한 품성을 밝게 열려있는 곳으로 발돋음하여 미치도록 한다면, 사적으로 과분한 영광이 무궁하여 마치 띠 집 위로 무성한 것 같았습니다. 냉담한 생활에서 사고(事故)가 만단(萬端)이 있어서, 천리가 막히고 멀 뿐만이 아닙니다. 이 뜻이 드디어 묘연해서 얻지 못하고 이제야 겨우 앉아서 편지를 쓰게 되니 당신의 뜻에 어긋난 것에 이를까 두렵습니다. 깊이 책망하지 마시고, 장차 은혜를 간절히 내려주시길 바랍니다. 머리를 들고 서쪽 하늘을 바라보고 바라볼 뿐입니다.

삼가 가을이 서늘해짐을 살피니, 영감께서는 도체(道體)를 때맞춰 보중하십시오. 부모님 모시는 몸도 잘 보호하시고, 주위의 모든 군자들도 과연 봄에 보았을 때의 모습과 같은지요? 위로될 뿐입니다. 저는 바닷가 모퉁이의 한 구역에 살고 있어서 아침저녁으로 듣거나 보는 것이 다만 이 세간의 비리한 것뿐입니다. 그 지어서 작성한 말 외에 점유할 만한 어떤 비유가 있겠습니까? 석문(石文)과 가장(家狀) 한 통을 정초(精抄)해서 올려 보내 영감 전에 사뢰옵니다. 혹시 잘못된 것이 있으면 다시 하교하여 주셔서, 이 무지랭이로 하여금 거듭 과실에 이르지 않게 하시길 삼가 빕니다. 이만 줄입니다.

배성채께 답하여 答裵成釆

지난번에 오셨을 때 공교롭게 어긋났으나, 몸소 사양하지 못하고 자리의 정(情)을 이루어 주셨는데, 예를 모두 빠뜨린 것 같습니다. 가서 절하거나, 오히려 편지로 사죄를 해야 하나 그렇지 못한 것은 진실로 까닭이 있습니다. 날마다 산에 눈이 가득해서 비단 새들이 날기만 그친 것이 아니라 바쁜 가운데 겨를이 미치지 못했습니다. 항상 마음에 미안한 것은 그만 두고라도 보내주신 편지에 여러 가르침은 하나라도 덕을 쌓아 행한 일에서 나오지 않은 것이 없었습니다. 이른바 완악한 사람을 청렴하게 하고 게으른 사람을 일으켜 세운 것입니다. 진실로 순전한 아름다움을 얻을 수는 없으나, 너그럽고 널리 대중을 포용하는 자를 아마 오늘날 당신의 눈앞에서 끊어짐을 보지 않는 것이 아니겠습니까?

먹을 대하고는 마음이 갈팡질팡하여 말을 꾸미기가 어렵습니다. 삼가 살펴보건대 섣달의 음랭한 기운이 흩어지면 춘후(春候)가 청목(淸穆)하지 못하다고 하니 몹시 근심입니다. 그러나 양의 기운이 다시 돌아오면, 본래 맑게 형통하는 자질이라서, 그 조짐을 이루면 이(理)가 안정되고 기(氣)가 화평하게 되어, 그로써 태평을 펴게 됩니다. 그러니 무슨 근심이겠습니까?

저는 본디 반쪽 사람일 뿐입니다. 만에 하나도 닮지 못하였는데, 즐겁게 아이들의 장(長)이 된 것은 다만 구복(口腹)의 계책입니다. 남을 이루어주어야 하는데 남을 그르치니, 모두가 싹을 틔우지 못합니다. 다만 주검처럼 행동하고 하는 일 없이, 오직 지나친 겸손과 빈 칭찬을 일삼음을 깨닫습니다. 진실로 군자의 바르고 밝은 사람을 가르치는 방도가 아닙니다. 노형께서는 어찌 그렇게 하겠습니까?

대저 얼음이 풀리듯이 철저하게 깨쳐서, 인인(仁人)과 현자(賢者)에게 나아가서 덕을 이루고, 흡족하게 좋은 곳은 형용이 지극히 정밀하고 긴밀한 말들입니다. 그러나 후생말학으로 칭명되고, 계교(計較)가 잡답(雜沓)합니다. 다만 성인의 지극한 말이 구실거리로 돌아갈까 두려운데, 아마 불가하지 않겠습니까?

노형의 정밀하게 살핀 공부가 적절하지 않다고 말할 수 없는데, 이와 같은 문자들을 보고 이렇게 받으니, 식은땀이 이마에 흐름을 알아차리지 못했습니다. 먼 산에 눈이 녹고 깊은 길에 여행객이 통하게 되면, 부디 당신의 수레가 왕림해주시기를 바랍니다. 간절한

한 통의 편지가 찬 얼굴로 떨어진 후 이처럼 나뉘어 떨어지니, 만나서 정을 나누는 것을 어찌 기약할 수 있겠는지요? 매우 한스럽습니다. 때때로 혹시 인편이 있거든 소식을 주시기 바랍니다.

박비경 형께 與朴兄斐卿

상쾌하게 축하드립니다. 노형이 오늘날 의리에 처함이 어찌 이다지 흡족하고 좋을 수가 있는지요? 천박한 세상에 태어나 소위 식자의 무리라고 하는 사람들이 몰염치함을 무릅쓰고 있어서, 만약 저같이 대략 어(魚)와 로(魯)자의 분별만 할 줄 아는 사람이면 향곡(시골의 구석진 곳)에서 분주하여서 외람되게도 맹자의 호위지계(好爲之戒)를 범하고 있으면서도 스스로 마음을 잡고 의를 행하는 것이 이것만 같음이 없다고 말합니다.

아! 저 의를 행한다는 선비들은 왜 또 그리 많은가요? 우습습니다. 생각건대 노형께서는 고요한 방에서 단정히 앉아 몸을 바로잡고 학문을 강의하고 있으며, 양친이 모두 살아계시면서 나이와 덕이 훌륭하고, 아들이 어버이 앞에서 춤추는 영광을 즐거이 누리고, 현명한 아들이 슬하에서 모시며, 학문을 닦아 나아가며 앞으로 올 기틀을 구축한즉, 마치 으슥한 소택에서 학이 우는 것같이 자연히 들판에까지 소리가 들리어서 원근의 선비들이 날마다 서로 다가와서 풍모에 취하고 의리에 배불러서, 아정함을 뛰어넘어 저울대에 이르는 취미가 있는 것 같습니다.

배우기를 좋아하고 선행을 좋아하는 자는 그 어질다는 소리와 의롭다는 소문에 기쁨을 이길 수 없습니다. 옛날에 이른바 은거하며 뜻을 구하여 너그럽고 평이함을 즐겼다는 것이 어찌 노형을 두고 한 말이 아니겠습니까. 말이 여기까지 이르렀으니 문득 아첨하는 것같이 보이나 선행을 보고 몸으로 알고자 하여 스스로 말을 삼켜버릴 수가 없을 따름입니다.

삼가 묻습니다. 효도하는 생활이 즐거움이 많고 주위사람들도 공부 잘하고 있는지요? 저는 한 번 남으로부터 나온 후에 한 가지도 사람의 도리를 향하지 않았는데 다만 한결같이 마음이 힘들고 흔들려서 문득 일시의 편안함도 없었다는 것을 깨달았습니다. 그러니 어찌 크게 감히 군자의 마음 씀에 합해지기를 구하겠습니까? 저에겐 한 이웃만이 있을 뿐이니 곧 화산사(花山寺)의 배접장(裵接丈)입니다. 그 말 잘하는 것을 보면, 알고들은 것이 많아 능히 사람의 마음을 움직일 수 있습니다. 홀로 쳐다보며 비루하고 오염된 국량이 맑음을 받아 바뀌지 않음을 한스럽게 생각합니다.

다행히 이제 이 몇 줄을 부칠 인편이 있어서 친히 밝게 보시고 사랑해주면 어떨지 우러러 공경하며 바랄 뿐입니다. 지난겨울에 답한 편지는 다행히 단지 덮개나 하지 않았으면 가만히 살펴보아서 아울러 말씀 한마디 해주시지요. 그만 두고 다 갖추지 않습니다.

기윤명 형께 답하여 答奇兄允明

양기가 처음으로 봄소식을 고르게 할 때 의연하게 한 통의 편지가 여기에 이어서 도착한 것이 있었습니다. 받들어 읽으니 비루하고 인색한 것이 탈락하고, 황홀하기가 마치 궁음(窮陰)이 양기의 발산으로 인하여 사라지는 것과 같았습니다. 여기 이 한 통의 편지는 어찌 십 수 년을 읽어온 것보다 낫지 않겠습니까? 엎드려 축하드립니다. 고금을 통철히 아는 것은 군자도 어려워하는데, 노형과 같은 대안(大眼)으로써 널리 모으고 찾은 것으로 인하여 옛 친구에게 편지를 내니, 선배들의 경력을 들어서 고질병이 간격(肝膈)에 있는 사람에게 침을 놓아서, 저와 같이 독기에 무너지는 사람을 다시 일으켜 세우시고 고명한 곳에 한 가지로 함께 돌아가고자 합니다.

노형과 같은 사람은 포용하지 않을 것이 없다고 이를 만하니 사람 중에서도 큰 우량(宇量)이십니다. 더욱 공경스러우나 아주 작은 그릇으로 역량이 한계가 있어서 강하(江河: 선생님) 앞에서 답하지 못하고 뜻을 받듦에 이르지 못할까 두렵습니다. 서리를 밟고 얼어붙는 계절에 이르러서 세월이 쉬이 가고, 오늘의 이웃한 땅이 다음날 아침의 초(楚)나라나 월(越)나라가 됨을 알지 못하니 이 약석(藥石)과 같은 은혜를 베푸심을 끊임없이 얻어 볼 수 있겠습니까?

풍모를 향하여 달리는 정이 연꽃의 호수에 푸르디 푸르니 다소간의 편지라도 주십시오. 말은 접어두고 편지 끝에 쓰신 말은 지나친 겸양이니, 어찌 이른바 겸손하고 공경한 군자이겠습니까? 『시경(詩經)』에 이른바 "훈훈하게 사람에 공손하다"고 하였는데. 어찌 노형의 체취와 그 태도로 보고 한 말이 아니겠습니까? 감탄하고 부러울 뿐입니다.

족제인 재필에게 나주 도림산숙에 머물면서 與族弟在弼 留羅州道林山塾

자네가 떠난 후 갑자기 두 달이 흘렀는데 우체부의 편지는 믿을 수가 없네. 때로 밤에 간혹 한두 번 꿈에 보이니, 과연 이것은 평일에 서로 사랑함이 깊은 것이겠지. 자네도 응당 또한 이와 같이 그럴 것이네. 대저 학문을 함은 자기에게 달려있고 남에게 달려있지 않으나, 천리 밖의 스승을 좇는 것은 고인도 또 행한 바가 있었네. 어찌하여 그런가?

선비가 된 자가 만약 훈도(薰陶)를 받고, 질문하고 변별하여 그 옳고 그름을 바르게 하지 않는다면, 보는 바가 혹은 옳기도 하고 혹은 한쪽에 빠지기도 하여, 마침내는 그 고질병을 이루게 되나 스스로 그 잘못됨을 깨닫지 못하게 되네. 자네의 뜻이 진실로 이로써 하여 덕을 기르는 문하로 나아가니, 과연 장하다고 이를 만하네. 자네의 행함은 오늘날의 백리에서도 어려움이 있는 것으로, 고인의 천리에 비교해서 다름없는 까닭은 형제를 갖추어 기르면서 어버이를 멀리 떠나 있기 때문이네.

자네가 능히 항상 여기에 마음을 쓰고 있어서 근심스럽게 스스로 경책하여 말하길 "나의 어버이가 살아계심에 이미 조석으로 공양하는 것을 어기었다."라고 하는데, 몸이 여기에 떠나온 것은 모두 학문의 이룸을 위해서이네. 생각마다 잊지 않고 동정을 살펴서 틈을 찾아 기울어지려는 것을 다 끊고, 마음마다 거스리지 않고 진퇴를 엄하게하여 그 치우치고 반대되는 싹을 뽑아내어 공평 정대한 뜻으로 하여금 활활하게 마음을 관철하게 하여, 스스로 날로 쓰는 사이에 항상 상행의 길을 가게 한즉 성인의 천언만어가 진실로 나를 속이지 않았음을 알게 될 것이라네.

이와 같이 날로 새롭고 더욱 독실하여 스스로 강해지려는 힘을 찾아서 향상해간즉 무엇을 근심할 것인가. 학문을 이루지 못함을 근심하여 어찌 나아가지 못할 것인가. 진실로 그렇게 하지 않으면 비록 공자 맹자를 모신 좌석이나 정자, 주자를 직접 보고 질문해도 또한 얻는 바가 없을 것이니, 하물며 그 선생의 장점을 하시(下視)하고는 그 어찌 할 수가 있겠는가.

원컨대 그대는 날을 쫓아 일찍 일어나서 그 기미를 살피고 맹자의 야기(夜氣)[112]를 배양하여 방책을 공경히 대하여, 체인(體認)하고 힘써 행하여 정문(程文)의 책방에 놓여있는 하나의 책자가 되게 하지 말고, 듣고 본 바를 기록하여서 참고용으로 갖추어두고, 그 어떤

112) 야기 夜氣 : 일체(一切)의 바깥 사물(事物)이 잠든 깊은 밤중이나 새벽의 전혀 잡념이 없는 순수(純粹)한 맘가짐을 맹자(孟子)가 이른 말.

것이 의와 리이며 공과 사인가를 판단하고 어떤 것이 심·성·리·기가 되는 지를 판단할 것이니, 그 체나 용, 공부, 효험 등에 있어서 내외가 되고 빈객이 되는 것 등의 설을 일일이 추구하여 자기의 흉중에 얻어서 이 몸으로 하여금 통철하게 적셔들게 한 후에야 이내 가할 것이네.

진실로 혹 재주로 집에 있을 때 유유하게 헤아려본즉 한단(邯鄲)의 보인(步人:지각없는 사람)113)이 비록 홀로 부끄러움을 말하지 않아도 스승을 좇아서 이름을 지키는 바가 간절하여 깊이 이와 같이 그대에게 바라니 다만 문호의 책임만이 아니고 진실로 그대로 하여금 이 눈 먼 자의 지팡이가 되게 하고자 한 것이니, 그대는 이 정을 알지 못하겠는가. 깊이 바라기는 하나 아직 그대의 일상생활이 과연 어떠한지, 후석 선생(後石 吳駿善(1851-1931))의 일상생활의 안부가 더욱 복되시는지 살피지 못했네.

지금 선생의 앞에서 마땅히 먼저 편지 상으로 안부 인사를 해야 하나 일찍이 스스로 정미년 봄에 한 번 얼굴을 뵌 후에는 문득 아정한 정분이 없으니 비록 오늘의 편지가 있더라도 선생 또한 묵묵히 기억하지 않으니, 선생을 더럽혔다는 책망을 면하지 못할까 두려우므로 어쩔 수 없이 스스로 그만 둘 뿐이네. 족형도 그런대로 잘 보내고 있네.

족숙 현수씨께 올림 上族叔玄修氏

돌 언덕길의 풍설 속에서 한 번 이별하고 갑자기 세월이 지난 후

113) 한단지보 邯鄲之步 : 한단의 걸음걸이라는 뜻으로, 제 분수를 잊고 무턱대고 남을 흉내 내다가 이것저것 다 잃음을 비유하여 이르는 말. 《장자(莊子)》의 〈추수편(秋水篇)〉에 나오는 말이다.

에 해오라기 날아가고 봄꿈을 꾸니 세상의 일이 그렇습니다. 의연할 수가 없어서 정초에 세 번 고향을 지나는 길에 있어 종현씨를 방문하여 한낮에 밥을 같이 먹고 얼굴을 보고 칭찬하며 그 때 간선(幹旋)하는 고통을 옮기게 되었습니다. 총총히 집으로 돌아와서 당신의 가마가 돌아갔다는 소리를 듣고 가슴이 비어버린 듯 했습니다.

대저 산에 들어간 사람은 약초에 달려가서 취하고, 바다에 들어간 사람은 물고기를 맞닥뜨려 취합니다. 일이 비록 다르다고 할지라도, 세상을 잊고 도를 즐기는 데에 있어서는 한가지입니다.

지금 족숙이 세상의 흐름이 거두어들여 깊게 들어가는 것에 임박하여, 비록 옛날 현인이 덕을 오로지 하고 몸을 선하게 하는 것에는 미치지 못할지라도, 한 편으로 선인의 언덕에서 효를 바치고, 다른 한 편으로는 군자가 몸소 밭을 갊으로써 뜻을 구하여 세간의 효상(爻象)을 잊을 수 있으며, 또한 전날의 시비를 잊을 수 있습니다.

만년에 한적하게 보낼 계획은 이를 좇아 넉넉하고 여유가 있으니, 옛사람이 이른바 '백구청강가운경월(白鷗淸江歌雲耕月)'이라고 했으나 어찌 그 아름다움을 완전하게 할 수 있겠습니까. 한 번 축하드립니다. 제가 여생이 백겁이나 되는 것처럼, 다시 뜬 구슬 물결을 지어 노닐고, 날마다 서른 명의 아동과 더불어 입으로 씨름하니, 이 일이 우습습니다. 동풍이 아직 없이지지 않았으니 혹시 한 번 왕림해 주시겠습니까?

족조 도관씨께 올림 上族祖道寬氏

가을볕이 바로 쪼일 때 어르신의 편지가 욕되게도 도착하여 황망히 뜯어 받들어 읽어보니 편지 가득 자상한 내용이 능히 차가운

가슴에 온기가 돌게 합니다. 군자의 자잘하지 않는 가르침이 이와 같이 묘하니, 가을볕과 더불어서 빛을 다툴 만합니다. 편지를 받고 어르신의 건강이 보중하심을 알게 되었습니다.

삼가 족손을 칭송하니 낙척한 작은 체구가 몸둘 바를 모르겠습니다. 지난달 그믐에 금강의 반산의 그늘에 있는 송계 족장의 서사에서 손님으로 의탁하여, 조용히 소일하며 보낼 계획을 세웠습니다. 그러나 외간의 여러 일들이 모두 꿈밖의 알지 못하는 것에 부쳐 있어서, 날마다 몇몇 뛰어난 학동들과 단지 입씨름을 일삼고 있습니다. 가르침을 주신 충원(忠院)에도 불구하고 의를 저버린 것은, 어르신을 사모하는 것이 마음에 있지 않아서가 아니라, 형편이 그렇게 되었기 때문이지만, 스스로 미안한 책임을 면하기 어려울 따름입니다. 삼가 송구합니다.

하물며 단발령의 반포를 행한 이후로 종적이 위태롭고, 세상 사람과 더불어 왕래하지 않고자 하여 차라리 산으로 들어가거나 바다로 도망하여 사슴이나 돼지들과 이웃이 되고자 하였습니다. 만일 부득이하게 저들의 노여움을 만난다면 어떻게 의로운 처신을 해야 40년간 임하에서 뜻한 것을 온전하게 얻을 수 있을지 모르겠습니다. 도리어 우습습니다. 가르쳐주신 제반의 일은 오로지 족숙인 광율씨에게 맡기었으니 살펴주십시오.

아들 병석은 보아라 示家兒秉錫

하늘이 사람을 도와주지 않아서 해악이 기근에까지 이르렀으며 춘궁이 넘기 어려우니 어떻게 타개하겠느냐? 만일 독실한 뜻으로 전력하지 않으면 촌보도 나아가기 어려우니 털끝만큼이라도 등한히 조처를 함이 있으면 40일 전의 도단을 답파할 수 없을 것이다. 인간세상의 범사가 이러한 난국을 지낸 후에야 이내 편안하고 한가로운 즐거움을 얻을 수 있을 것이다. 반드시 경계하고 삼가하여 조물자의 해한 바가 되게 하지 말도록 하여라.

너의 두 형이 군색함에 탈진하여 만리 산 넘고 물 건너 길을 가서 네 사람이 떨어지게 되어 오로지 너의 힘만을 믿고 있으니 지금 어떤 지경이며 상태이겠느냐. 피아를 구별 말고 나의 몸과 마음을 다하여 간호할 때에 빈사지경으로 이르지 않을 것이다. 너는 형이 집에 돌아오면 좋은 얼굴로 보도록 하여라. 곧 마땅히 내려가서 한 번 물어야 하나, 세정이 인심의 반복함을 허락하지 아니하여, 힘써 좋은 계책을 낼 수 없으니 이 마음이 어떠하겠느냐. 차라리 몰랐다면 좋겠구나. 만주의 편지 두 통 중의 하나는 지난달에 있었고 하나는 이달 열흘에 있었는데, 아직 별탈이 없다고 하니 조금 위로가 되는구나. 네 아비는 그런대로 잘 조석을 보내고 있으니, 염려할 필요 없다.

김승지 지산선생께 올림 충남 결성군 산수동 上金承旨芝山先生 忠南 結城郡 山水洞

천리나 먼 길에 아득하고 도로도 막히고 멀어서, 삼 년이 훌쩍 지나고 성상이 여러 번 바뀌었습니다. 저간에 풍우처럼 변한 세상일을 이미 일일이 번거롭게 개진할 수가 없습니다. 외롭게 궁벽진 곳에 사는 사람이 하늘에서 받은 성품도 본디 잡박하여서 스스로 더러운 기운을 다스려서 열어젖힐 수가 없고, 우물 속에 앉아서 세상의 한정된 부분만을 융통성 없이 보고, 다만 그루터기에 앉아 장시간 동안을 보내게 되었습니다.

우러러 바라보는 것이 단지 간절하여 높은 산과 같은 훌륭한 행실을 생각하나, 문하의 끄트머리에서라도 빗자루질하는 역을 할 수 없음을 한스럽게 여깁니다. 무부(珷玞)의 성품을 감화시켜서 한 알의 명주(明珠)를 만들 수 있을 것입니다. 하물며 우리 선조의 묘도문이 빛나는 것은, 정직하게 묻혀져 있던 훌륭한 점을 열어젖혀 돌에 새기고, 묘소에 나무를 심어 표시하여 족히 당시를 부러이 감상하게 하였습니다.

백세에 걸쳐 명성과 위엄이 드리워 나타남에 대해 진실을 증명하니, 어찌 화려한 말이나 풍성한 꾸밈으로 일시의 이목을 밝게 빛나게 하여 거의 다하는 것과 비교할 수 있겠습니까? 비가 오나 눈이 오나 때로 인사하는 것이 한없는 것 같이 하니 빛나는 자색이 아름답습니다.

풍모를 향하여 내달리는 우러름을 바다를 기울인들 어찌 그만두겠습니까? 삼가 영감의 건강과 침식을 잘 살피지 못하였습니다. 어찌 공리(孔鯉)가 보물을 사양하고 급히 나아가 대답을 하는 것과 같겠습니까?114) 주위의 모든 사람들은 시봉하는 생활이 과연 수년 전의 옛날 모습과 같으신지요. 정성의 간절함이 기울어 쏟아버려도 그지없습니다. 시봉하며 가르치는 저는 노친네를 봉양하며 궁협진 곳에서 다만 아름다운 물건을 잊지 못한 것을 한스러워하며 복습하는 것은 기송하는 것에 불과하고, 문식을 하는 끝[文具之末]이나 가을볕을 매개하는 것[秋陽爲媒]은 스스로 몸소 한번 쬐고자하나 또 알지 못하는 사이에 추위가 와서 병이 들었으니, 앉은 채 처져 있어서 개미의 행렬도 옮기지 못할 정도입니다.

진실로 지극히 민망하고 송구합니다. 원컨대 몸을 잘 지켜서 처세함에 마음을 세우는 방법을 몇 마디의 말로 어두운 곳을 밝혀 나아가게 하신다면, 비록 감히 이 말을 청하지는 못할 일이나, 이를 지녀서 백 년 동안의 부적으로 삼을 것입니다. 가련하게 여기소서.

114) 논어 양화편(陽貨編)에 나오는 뜻. 아들이 부모의 교훈을 듣는 것을 가리킨다.

나머지는 다만 도체 잘 보호하시고, 자애하셔서 천한 사람의 정성에 부응하시길 바랍니다.

이창헌에게 답하여 答李昌憲

한 번 꿈의 강에 이르니 모든 생각이 꿈과 같이 단절되어 어질고 덕 있는 붕우가 어느 곳에서 구름처럼 노니는지 어느 곳에서 은거하는지를 알 수가 없네. 누가 황량한 물가에 사는 사람에게 멀리서 물으러 와서 이 꿈을 각성시켜서 이생에 소식을 문득 깨닫게 한 것을 생각이나 했겠는가.

내가 듣자하니 유자(儒者) 김문옥씨는 영외에서 문장의 대가라고 하네. 한 달간 닦으면 자못 10년 닦은 것보다 나으리니, 궁색한 곳에 사는 사람이 과연 이러한 큰 가르침의 아래서 정금(精金)을 다시 불리어서 주조할 수 있는 십분 좋은 기회이겠지. 그동안 잡고 보아 온 글의 구두, 자법은 전일에 비해서 열 배나 같지 않다 하더라도, 이 편지로 미루어보면 축하드릴 일이네. 편지 중에, '인에 게으르지 않는다.[不倦之仁]'거나 '도체(道體)' 등의 설은 어찌하여 정에 얽매여 자랑함을 만나서, 번거롭게 나 같은 사람으로 하여금 도리어 앉아서 미안함을 당하게 하는가. 정이 있는 그대에게 바라는 바는 오늘만의 일이 아니네.

부모를 위하여 헌수하는 것은 효자의 일대 절목이니 건강하시길 바라네. 수연시의 청에 있어서는 본디 문구에 졸렬해서 진실로 근실한 뜻을 칭할 수가 없으나 다만 정의 처지에 어쩔 수 없어 거칠고 천박하게 말을 짜서 보내오니 보시고 단지 덮개로나 쓰게나.

최병순에게 답하여 答崔炳淳

하늘이 궤도를 돌아서 토끼가 달리고 용이 날아드니, 사람의 근심하고 걱정하는 것은 과거의 꿈속에서 흩어지고 풀리게 되고, 만물을 파서 새롭게 하는 것과 명협(蓂莢) 풀이 상서로운 빛깔을 드날리는 것은 소식(消息)에 따라 움직이는 것입니다. 사람의 일은 통틀어 보건대 고(苦)와 낙(樂)이 반드시 따르니, 그 천시의 변화는 이치의 당연함입니다. 우리들이 축복하고 경사를 축하하는 일은 진실로 그러한 때입니다.

그러나 형 집안의 보배로운 자식이 작게 아픈 것 또한 장차 그 영화를 받기 위함입니다. 그러나 망령되게 다섯 가지 기쁨이 있으니 춘풍에 씻고 푸는 것에 어찌 피차에 두텁고 엷음이 있겠습니까? 묵묵히 기도합니다. 얼굴을 보지 않고 편지만 준 것이 마음에 미안한 것은 제가 먼저이고 형이 뒤일 것이거니와, 지금 뒤에 거하는 자가 도리어 앞에 선 자에게 말하게 하니 우습습니다.

모든 것이 서로 간의 정이니, 풍파와 고해가 이와 같다고 말할 수 있을런지오. 어떤 도리가 이와 같을 것인가요? 아드님이 3년 전의 얼굴보다 더욱 아름다워, 그 큰 행복이 온 것을 장차 어떻게 축하드려야할 지 모르겠습니다. 저는 남은 생을 두려워하며 지내고 있어서 혼이 아직도 안정되지 못하고 가정도 어지러움이 날로 심합니다.

하루라도 감히 누구를 원망할 것인가요? 다만 운수가 본래 기구함을 한할 뿐입니다. 찾아와주셔서 가르침을 주시는 것은 감히 바라는 바이며, 저도 또한 봄의 따뜻해짐을 기다려서 한 번 형의 거처에 들리고자 하고 있습니다. 나머지는 붓이 얼어붙어서 이만 줄이겠습니다.

이창헌에게 답하여 答李昌憲

편지가 온 후 여름과 가을이 교체하는 즈음에 노염이 불같이 뜨거워 가뭄이 전에 없이 혹심하네. 어찌 한 번이라도 하늘에서 단비를 쏟아주어 말라붙은 수레자국 안의 물고기들이 소생하게 하여 이 답답함을 풀어줌이 있을까 싶네. 나는 조석으로 나무나 하러다니는 입장이라 도를 말할 만하지 않으나 다만 환란에 혼백이 놀라고 눈동자가 어지러워져서 안정할 수가 없네. 때로 문을 닫아걸고 몸과 마음을 다할 뿐이나, 한 둘의 향로들이 진심으로 권하길 두세 명의 동자들과 보낼 계획을 말하지만, 또한 몸을 어떻게 하여야 할지 알지 못하겠네.

계진(啓鎭)의 재주와 자질은 사랑할 만하나 독실함이 적고, 신학(新學)의 남은 습관을 다 버리지 못하였을 따름이네. 그간의 여러 상황은 다시 어찌되었는지 알지 못했네. 문자를 어떻게 보던 간에 다만 몸을 잘 지켜서 더욱 중하게 하길 바라며 선덕의 근실함을 능히 이어가는 것은 유가의 다행이네. 세상 일이 산과 같아 큰 화가 장차 일어날 것 같네. 누가 능히 옥석을 구분할 수 있겠는가. 어쩌겠나.

임기열에게 與任奇烈

그대를 어느 날에나 볼 것인지, 날이 오래됨에 어려운 것은 정이로군요. 대저 평범하게 서로 나뉘어져서 사람이 오히려 없는 것 같군요. 하물며 정으로 보면 마치 어버이가 보통으로 고별하는데, 사람들은 오히려 근심하는 것과 같습니다. 하물며 병마가 장난을 한다니 오죽하겠습니까? 그대가 떠난 후 십 며칠 만에 바람결에 전해

들은 말로 병이 매우 놀랄 만하다고 하니 근래에는 과연 어찌된 것인지, 거듭 살펴 평상을 회복했는가요. 근심스런 마음이 항상 가운데에 걸려있어 문득 평상심의 시간이 없었음을 깨닫게 되네요.

마땅히 한 번 나아가서 병이 어떠한가를 물어야하나 몸이 매어져 있고 늙은 다리가 무겁게 지탱하여 뜻대로 할 수가 없으니 늙은 얼굴이 붉어 오르는구려. 그대의 예술에 사용하는 여러 도구는 나아가 수장하고 있으니 마음을 두실 필요는 없으나, 다만 근신하고 조섭하고 보호하여 좋은 얼굴로 한 번 만나 보면 지극히 기쁘겠습니다.

이달춘에게 與李達春

일전에 서석산에 갔을 때에는 오로지 노형의 안내에 의지하여 승경의 특별한 구역을 관광할 수 있었던 것이 병든 파리가 말꼬리를 타고 한 것과 같았으니, 황홀하기가 마치 날개 달고 오르내리는 것과 같았습니다. 돌아와 궁벽한 시골에서 지내고 있자니 아름다운 승지의 명물과 장려한 모양이 눈을 감는 사이에도 항상 떠올라서, 속세의 때로 찌든 흉금을 완전히 상쾌하게 할 만하니 지금에 와서야 옛 사람이 풍경을 노닐며 관람하는 즐거움이 있는 바를 알겠습니다.

어찌 바람을 일으켜서 한 번 다시 지리산이나 금강산 등 모든 천하제일로써 평생에 미치지 못한 절승을 고삐를 나란히 하며 여행할 수 있겠습니까. 꿈과 같은 생각이 뜬구름처럼 일어나니 앉아서 용의 고기를 이야기하는 것과 같아 이른바 언덕을 얻고는 촉나라를 바라본다는 것과 같으니 부끄럽고 또 우습습니다. 거듭 지나는 바에 선현의 가르침을 익힘이 있이시 나른 공이에 기독하여 올리지만, 이것이 어찌 문장이겠습니까. 모두 버려버릴 편지일 뿐입니다.

박비경형에게 답하여 答朴兄斐卿

지난번에 주신 편지는 진실로 마음을 헤아릴 수 있었습니다. 겸해서 '끌어세움에 흔들리지 않는다.'는 등의 설은 마음을 다하여 비유하여 보인 것이 지극히 갖추어졌습니다. 이것은 모두 거친 생각과 천한 염려이기는 하나 어수선하고 흔들려서 자기의 직분 밖의 것은 힘을 쏟을 데를 알지 못하겠습니다. 또한 숙연히 면전의 도리를 얻을 수 있을 것입니다.

예부터 잘 개발하는 사람은 오늘을 준비하여 시원스럽게 하고 있습니다. 다만 미안한 것은 항상 먼저 베풀어 주시니, 한 번도 편지가 오기 전에 안부 인사를 닦을 수 없었던 것입니다. 시봉하시면서 가르치시는 생활은 편안하시며, 얼마나 노래자(老萊子)의 희색을 지어 오셨는지[115], 주위의 모든 선비들은 덕에 나아가는 수업을 잘 받고 있는지, 초선생(焦先生)의 제자들은 기약함에 이르렀는지 등을 살피지 못했습니다. 받들어 바라는 바입니다.

저는 나그네의 여비는 포기하고 길게 이곳에서 10여 년을 보내고 있으면서, 노인을 봉양하며 직장을 다니고 있어서 특별히 인사의 일을 아는 것에는 망연합니다. 왕왕 가슴속을 돌아보아 도무지 얻은 바가 없어서 있기도 하고 없기도 하다가 없어지고 마니, 재야에 사는 사람이 이와 같이 깊이 한스러운 사람은 없을 것입니다. 계의 일은 3여 년을 기약하여 왔었는데, 지난달 서로 얼굴보고 만나볼 때에, 장차 입속에서 소곤거리기만 할 뿐 입 밖에 내지 않은

115) 효도생활을 하는 것을 뜻한다. 노래자(老萊子)는 춘추시대 초(楚)나라의 학자. 70세의 나이에 늙은 부모 앞에서 어린애 옷을 입고 재롱을 피웠던 효자.

것은 곧 곁에서 귀를 계속 소란스럽게 해서 그랬습니다. 또 해가 다하여 저물고 있어서 결말을 내지 않을 수 없으나, 다만 그 사이에 생각할 일들이 있었습니다.

왕년에 계산(溪山)에서 계를 강할 때 정재 낙경 형이 서거했고, 지금 또 계를 만드는데 저의 족숙인 덕함이 서거하였습니다. 두 분의 화락함이 삼가 선을 즐기고 의를 좋아하여 실로 우리당의 사표가 되었습니다. 그러나 한 번 이러한 지극한 일에 이르러서는, 우리의 도가 길게 통탄할 일이며 갈수록 앞을 헤아리기 어렵습니다. 노형 또한 생각이 여기에 미치는지 알지 못하겠습니다.

그러나 좋은 풍속을 더욱 세우려고 밭가는 가운데에서도 계를 만들었으니, 우리들로 하여금 풍상이 몰아치는 시절에 좌절하지 않게 하고자 한 것입니다. 이것은 또 두 분에 있어서는 필생에 있어서 큰 좋은 뜻이었습니다.

장차 어두운 가운데에서도 웃음으로 도와주십시오. 또한 어찌 참고 견디는 가운데 한 번의 즐거운 일이 없을 것입니까? 이러한 대망에 이르러서는 무릇 어느 것이 노형의 책임이 아니겠습니까만, 도리어 곁에서 그림자를 밟듯이 처세하니 어찌 이와 같이 무덤덤합니까.

원컨대 곧 계안(契案)을 세워서 좌목(座目)과 구성원을 정할 것이고 돌이켜서 말하지 말아야 합니다. 일세를 돌아봄에 이르러서는, 오늘의 공맹(孔孟)이 내일의 양묵(楊墨)이 되는 것은 태반이 그런 사람입니다. 특별히 살피고 신중하여 다른 아침이 됨을 면하고, 부끄러움과 욕됨이 없어지게 하십시오. 정사익형은 편지를 전달할 인편이 없고, 몸을 나섰으나 또 형을 볼 수가 없었으니, 혹시 인편을 본즉 이 바람을 통기해 주십시오.

기윤명에게 답하여 答奇允明

활보하는 것이 매우 어려운 일은 아니지만, 혁제(㶊蹄) 또한 하려면 할 수 있을 것입니다. 오히려 지금 헛된 것은 다만 흉중의 많은 일로 인하여 총총하여 겨를이 없는 것입니다. 지난번에 돌아온 틈을 타서 외람되게도 선생님 수레의 굽어진 것을 메는 사이, 수일에 또 편지를 받게 되니 진실로 미안할 따름입니다. 주목(注目)하여 세 번에 이르니 보여준 뜻이 또 간절하고 지극하여, 게으른 사람을 청렴하게 하고 야박한 것을 도탑게[懶廉薄敦]하니, 옛날에 이른바 '천금일자'라고 하는 말이 도리어 염가(廉價)가 되었습니다. 대저 얼굴을 보면 이야기하고 편안하면 묻는 것이니, 이런 것이 인간에 다반사이나, 누가 이와 같이 정과 의가 서로 부합함이 있겠습니까. 그래서 선생님의 건강이 정중(鄭重)하심을 알게 되었고, 연꽃과 가을 달, 이 이치가 서로 비추듯이 기예가 능숙함[116]을 얻었습니다. 좌우의 모든 사람들이 생각건대 응당 떨치고 일어나, 묻지 않아도 알 수 있는 가운데[不問可知之中]에 함양하며 노니리라 생각합니다. 태산북두와 같이 축하드립니다. 저는 돌아옴에 백리 부평초처럼, 바람 부는 날에 건너는 것을 맡겼습니다. 나그네의 돛이 여기에 이르러 편안히 정박하니, 어머니와 형제들은 모두 근심이 없어서 개인적으로 큰 기쁨입니다. 이 밖에 어떤 일이 좋겠습니까.

여러 곳의 사우(士友)들은 각자 궁벽지고 먼 땅에 있어서 저간의 정황을 알지 못하고 있습니다. 도림의 체신 편을 의지해본즉, 난와장(難窩 吳繼洙(1843-1939))의 문고가 불행히도 영진(嬴秦)의 화를 만났다고 하니, 매우 우울할 따름입니다. 나머지는 하잘 것이 없어서 말할 것이 없습니다.

---

116) 장자(莊子) 양생주(養生主)에 나오는 말.

족숙 현수씨께 올림 경성에 있으면서 직업을 구할 때 上族叔玄修氏 在京城求業時

일을 결정할 수 있으나 결정하지 못하는 것은 꿈속의 일이며, 말에 믿지 못할 것이 있는데도 믿을 수 있는 것은 취했을 때입니다. 족숙이 오히려 지금 미혹되어 있으면서 깨닫지 못하고, 혹 저들의 말에 믿음이 있어서 일을 이룰 수 있기를 바란즉, 취하거나 꿈속이라고 말하지 않을 수 없습니다. 왜 그러냐 하면, 오직 이익을 구하려고 대륙에서 경쟁한다면, 반드시 마음이 어두운 사람이 들어설 것이니, 어찌 족숙이 잔을 들도록 기다리겠습니까? 마치 세상에 들어가면 거의 형제끼리도 서로 잡아먹는 사람들인데, 누가 능히 족숙을 용서하겠습니까. 반드시 그럴 이치가 없는 것이 명백합니다. 한 번 물러나서 더위가 가고 두 번 물러나서 가을이 다 되고, 만일 세 번을 물러난즉 해가 가고 세가 가서 머리가 다 하해질 것입니다.

이른바 '진을 구하기를 그만둠이 없으나, 땅이 다함이 있다.'고 하니 어찌할 것입니까. 어찌 운수의 소재는 하늘도 어쩔 수 없다는 것을 듣지 못하여, 이치의 소재는 사람도 어쩔 수 없다는 것을 거슬려서, 억지로 설하는 것입니까? 오늘날 일이 이루어지지 않은 것은, 반드시 운수이고 이치인데, 다시 누구를 원망할 것입니까? 다만 한스런 것은 일찍 깨닫지 못했다는 것입니다. 그러나 나무가 잎을 벗어 뿌리로 돌아가고, 사람이 궁극에 근본으로 돌아가는 것을 갑자기 크게 알게 되어, 잠자는 사람이 깨어나게 되었습니다. 그러나 직분 외에 감농(監農)에서 업을 구하지 말고, 서서히 업을 일으키면, 삼년 묵은 쑥을 얻어서 칠년의 병을 구제할 줄을 어찌 알겠습니까? 진퇴유곡이라고 말하지 말고, 사람의 얼굴하기가 어려우니 용맹스럽게 기를 세우고 돌아와서 후일의 좋은 날을 도모하십시오. 만약 혹시 의심하는 것을 미니 안나면, 고령의 노친이 바라보는 눈을 어찌 위로할 것이며, 과년인 아기는 길사에 어찌 부탁하리오. 나머지 눈앞의 비근한 일은 장차 말할 만한 것이 없습니다. 평일에 권태로울 때, 정을 닿게 번거롭게 고하니, 지나친 책망은 말아주소서. 급급하게 쓰니 보아주십시오.

박후산에게 자 천일 與朴後山 字千一

막혀 있어서 가르침을 듣지 못하여, 얼굴엔 때가 서 말이나 끼었습니다. 인생에 떠나고 만나는 것이 어찌 이리도 곡절이 많은지요. 오호라. 무릇 세간의 풍랑은 도도하고 험난하고, 넓고 거친 대륙은 범람하지 않은 곳이 없으니, 어느 곳이 평탄한 곳이며 마르고 깨끗하여 편안히 정박할 곳인가요. 스스로 기미를 보지 아니하니, 인사(人士)가 완전하여도 거의 환란에 빠져드는 것을 면하기 어렵습니다. 저 같은 사람은 우매하고 노둔한 것으로 성품을 이루어서, 스스로 도끼자루를 베는 도끼를 살피지 못하고, 그것이 손에서 머무르는 중간에 허다한 풍파를 겪어서 푸르고 누런 것이 전도되고, 혼백이 떨어져서 여기에 이르게 되었으니, 장차 어떻게 귀착할 것인지 알지 못할 따름입니다. 늘그막에 강에서 빈 배로 표박하고 있으니, 이것이 어찌 궁극적인 계획이셨습니까? 다만 운명이 야박함을 한할 따름입니다. 바라건대 형께서 잘 살펴주십시오.

김노동에게 답하여 答金魯東

지난해에 사문 이창환씨가 와서 존선(尊先)선생의 속집을 간행한다는 소식을 듣게 되었습니다. 그러나 발의 논의가 너무 정에 치우쳐서, 세간에 의심과 의혹이 없지 않았습니다. 생각하건데 청산과 녹수가 이욕을 띠지 않음이 있을 따름입니다. 땅의 북쪽과 하늘의 남쪽이 반천리라서 눈을 깜짝거려도 이르지 못하니, 어찌 의심과 믿음이 서로 섞이지 않겠습니까? 떨어져 있는 바닷가의 보잘것없는 사람이 예전 바람결에 품은 정을 내달릴 뿐입니다.

이 겨울이 다하고 양기가 생길 즈음에, 홀연히 27일에 책의 서문을 써달라는 부탁을 받고 비로소 간행하는 일이 처음 비롯함을 알게 되었습니다. 그리고 이때 선생님의 건강이 다복하심을 살피게 되었으니 어찌 이보다 더 위로됨이 있겠습니까? 저는 나이가 74살이 되어서 남은 생에 대한 기미가 없고, 북풍에 뼈가 시진되어, 매양 생각이 옛날의 사우의 뜻에 미쳐서는 개탄스럽고 슬퍼질 뿐입니다.

홀로 궁벽진 곳에 앉아서는 가르침을 받을 바탕도 없어서, 근본에 직면한 가르침을 저버리고 홀로 잃어버린 것과 같이 하니, 어떤 한이 이와 같겠습니까? 한미한 가문에 힘도 졸렬해서 대략 간행비용만 원을 부치오니 웃으면서 받아주십시오. 나머지는 다만 저의 선조의 문자가 편입한 후, 답장을 주시기를 바랍니다. 이만 줄입니다.

족제 재홍에게 답하여 答族弟在弘

큰물 진 것이 조용해지고 해가 지난 후에 편지를 가진 기러기가 훨훨 날아들어 책상의 먼지를 쓸어내니, 병든 몸이 다시 소생하는 것 같이 황홀하였고, 마치 봄기운을 얻은 듯하니 어떤 감사함이 이와 같겠는가? 당연히 한 번 활보하여 그간의 일을 눈으로 보고, 항차 조금이라도 도움을 주어야 할 것이나, 항상 병마가 이웃하고 있어서 머리와 다리가 평온하지 못하니 한스러움이 어찌하겠는가? 다만 한 번 말함이 있을 뿐이네.

무릇 대사를 도모하는 것은, 반드시 먼저 인심을 거두고 난 후에, 일이 이루어짐을 볼 수 있을 것이네. 지금 우리의 족보를 만드는 일은 각처에서 이에 호응하는 단자(單子)가 과연 아주 많이 모여들고 있으며, 아울러서 돈의 단자도 이르고 있는가? 만일 기미를 볼 수 없는데도 홀로 우뚝하게 보청(譜廳)을 설치한다면, 헛되게도 비방을 불러들일 것이며, 밑천의 재력도 헛되이 낭비할 것이니, 이것이 걱정되는 바이네. 원컨대 한층 근본을 살피고 기간을 헤아려, 완전한 공을 이루기를 목을 빼고 기다릴 따름이네. 교정은 다 보았고 큰 족보가 있으니, 반드시 다른 눈으로 넣거나 빼거나 함을 필요로 하지 않는다네. 그리고 약간의 흠과 보충할 곳은, 자네의 바른 견해가 늙어서 혼몽한 사람보다는 백배 나을 것이니, 이로써 전적으로 믿을 따름이네.

다만 남풍을 기다려서 추위가 풀리면 나아갈 요량이니, 용서하고 지나친 책망은 말아주시게. 몸을 지키고 자중하길 바라며, 여러 사람의 입으로써 명예가 훼손되지 않기를, 이 마음을 바꾸어가며 일백 번 간절히 바랄 따름이네.

곽기영에게 답하여 答郭基永

저번께 삼가 편지를 받고 보니, 사의가 진중하고 간절하여, 사람으로 하여금 슬기로워지게 하였습니다. 받들어 재삼 읽어보고 스스로 부끄러워서 이마에 땀이 흐름을 깨닫지 못하였습니다. 진실로 정이 두텁거나 신의가 서로 믿지 않으면, 어찌 일찍이 이와 같이 기울어보도록 간곡할 수가 있겠습니까? 저는 어리석게도 서책을 폐하고서, 해가 여기에까지 이르게 되었습니다. 완고하고 둔하고 천한 물건이 뜻 또한 성글고 거칠어서, 요즘 세상의 언동에 마음과 눈이 모두 거슬립니다. 그러니 차라리 갑자기 무지하였으면 합니다.

봄의 따뜻한 볕과 가을의 서늘한 때에, 때로 천지기운이 답답함이 있으면, 멍하니 일어나서 하나의 간짓대에 낚시 줄 드리우고, 뜻 가는 바에 따라서 물고기와 새도 서로 잊고, 피로해지면 돌아오곤 하였습니다.

다만 형제가 서로 의지하여 살다가, 지난달 10일 쯤에는 문득 중형의 상사를 당했으니, 지극한 정이 박절하고 애통하기가 칼로 베는 듯하였으며, 형체가 외로운 그림자여서 홀로 슬픔을 이길 수 없습니다. 유명이 다른 길이라 어쩔 수 없는 마음을 지니고 지금에 이르게 되었습니다. 무릇 백 가지 일이 있어서 감사인사를 하는 것 또한 늦은 것을 용서해주십시오. 훌륭한 서간의 글은 백 명의 친구보다 나았습니다. 어리석고 졸렬한 이 사람이 어찌 감히 과분한 말을 감당할 수 있겠습니까. 편지로 거칠게 답하오니 웃음의 자료로 삼으십시오.

혼자 생각건대, '아침에 도를 들으면 저녁에 죽어도 좋다.'는 말은 성인의 좋은 가르침입니다. '하늘 천, 따 지'하며 80년을 보냈으나, 마침내 들음이 없이 장차 죽으려 합니다. 외로이 하늘이 준 중함을 저버리고, 부끄럼과 한을 가슴에 품었으니, 어찌 족히 다른 사람에게 말할 수 있겠습니까?

별지에 쓰신 내용에 이기선후의 설은 손을 마주하고 한 번 보니, 놀랍게도 무엇을 잃은 듯하여 그 어떠한지를 알지 못하겠습니다. 비유하여 말한 '귀머거리를 빌리고 맹인에게 묻는다.'는 것은 과연 빈말이 아니고, 바로 오늘날을 위하여 준비된 말입니다. 어찌 마음에 두려워하지 않겠습니까? 스스로 이러한 것들의 문자를 헤아려보면, 이것은 스스로의 학식을 요구하여서, 율곡(栗谷)과 노사(蘆沙) 두 선생의 지위에 노닐한 연우에, 이 경계를 볼 수 있을 것입니다.

속된 선비들과 비슷한 저와 같은 무리들에게는 감히 쉽게 설파할 수 있을 것입니다. 저의 뜻은 여기에서 그치니 달리 생각하지 마시길 바랍니다. 다시 살피지 못합니다.

고요히 생활하시는 몸을 신이 도우시니, 그리워하는 마음이 간절합니다. 저는 일년 상에 놀란 이후에, 번뇌 가운데 상한 것 외에도 조석으로 기다리는 것을 다하니, 옛날 종유했던 즐거움이 두 번 다시 어려울까 두렵습니다. 어떤 한이 이와 같겠습니까? 다만 천만 보중하시어, 간직한 속을 열어 보이시고 후학들을 위해서 안내자가 되어주시길 바랍니다. 존경하여 우러러 봅니다. 나머지는 다 갖추지 못합니다. 삼가 답장 올립니다.

김형실에게 답하여 答金炯實

병으로 궁벽한 산에 칩거하며, 문밖을 나가지 않은지가 지금까지 몇 년이 되었습니다. 아득하여 먼 곳의 사우들의 근황이 어떠한지 알지 못하고 있으니 헤아려주시겠지요. 춘사선생의 유고 2책은 서쪽의 우편으로부터 도착해서 놀라움을 금치 못하는 중에 공경하여 받들어서 한 번 열람하였습니다. 시와 문의 구절마다 말마다 모두 법도가 있어서, 마치 쇠잔해진 몸처럼 마비되고 약한 것이 소생하는 것과 같았고, 족히 콩깍지에도 빛이 생기게 하는 것과 같았습니다.

제가 어릴 적에 다행히도 함께 한 번 연구한 것이 어리석음을 일깨워주어, 스승의 본디 공경하여 중히 여기는 바가 되었습니다. 그러니 믿고 우러르는 기쁨이 옛날보다는 백 배나 큽니다. 정력이 쇠하고 마음이 흔들려서 문장을 닦기에는 이미 늦었을 따름입니다. 감사함을 표할 물건이 없으니 송구하고 민망합니다. 바라건대 용서하시고 헤아려주시길 빕니다.

송현 문중의 종손에게 써서 보이다 書示于松峴門中宗孫

추위와 더위의 예(例)가 본래 금일처럼 번거로워 할 바가 아니었습니다. 일전에 남의 말을 전해 들으니, 귀(貴) 종숙(仲叔)과 계숙(季叔)이 서로 돈독하게 화목하지 못하여, 담장처럼 얼굴을 멀리 하고, 개처럼 이빨로 서로를 물어뜯고, 조개와 도요새처럼 서로를 잡아먹으려고 하고, 심하게는 윤리를 없애려 하고 의리를 상하게 하는 처지에 이르렀다고 함이 가까운 데서 보고 멀리서 들음에 있습니다.

그 덕문(德門) 예가(禮家)에 대한 비난을 내버려두고 말하지 않으니, 비록 황구(黃口)나 주졸(走卒)일지라도 대략 염치를 알아서 좌측으로 흘겨보고 우측으로 흘겨보지 않음이 없고, 비웃으며 논하며 비루하다고 비웃는다고 합니다. 도도지설(途塗之說)은 비록 다 믿을 수 없다고 하지만, 세 번이나 호랑이가 나타났다고 전한다면, 누가 그 말이 잘못되었다고 의심할 수 있겠습니까? 이른 바 사부가(士夫家)의 인성(仁聲)과 의예(義譽)는 아득하여 알 수 없는데, 어찌하여 이처럼 흉악하고 차마 말할 수 없는 행위로써 일문(一門)의 덕을 더럽히고 훼손합니까? 이것이 무슨 모양인가요? 또한 무슨 풍색(風色)입니까? 옛날부터 지금까지 대저 이성(彝性)을 지닌 자는 천 번 표창하고 만 번 상을 주더라도 오히려 할 수가 없습니다. 하물며 조부와 부친이 충효를 서로 계승하고, 문벌의 이름난 규수들이 한 고을에서 갑을(甲乙)을 다투는 자에게는 말할 수 있겠습니까? 옛말에 "화는 혼자 오지 않는다.[禍不單行]"라고 하였으니, 그대가 그치지 않는다면, 집안의 복이 끊어짐을 눈으로 보게 되고, 인류(人類)가 멸망할 것입니다. 어찌 그것이 한낱 우연일 것입니까?

아! 하늘은 덮고 땅은 싣고, 형이 있고 아우가 있음은 사람의 상륜(常倫)인데, 그 부모를 사랑하지 않음이 없고, 그 형을 공경함을 알지 못함이 없음은 사람의 양지(良知)이며 양능(良能)입니다. 어찌 우리 고씨(高氏) 문중에 일찍이 병이(秉彛)의 지극한 하늘의 그물을 떨어뜨리고, 이 같은 변괴(變怪)를 저지를 줄 몰랐습니다. 어찌 능히 높이 날고 멀리 달림이 인간세상에 있지 않겠습니까?

이는 일가(一家) 일문(一門)의 재앙(禍孼)일 뿐만 아니라, 풍속을 손상하고 망하게 하는 것이며, 또한 고금의 방국(邦國)의 큰 흠궐(欠闕)이었습니다. 어찌 차마 입으로 다 말을 할 수 있겠습니까? 그래서 상동(上洞) 문중(門中)에서 마침 의논을 세워서, 글로써 통고(通告)합니다. 그 소종(小宗)의 지위에서 백세(百世)에 수립한 기풍을 능히 하지 못하고 오히려 화목하지 못하니, 일대(一代) 옹목(雍睦)은 그 명위(名位)가 어디에 있습니까? 아침저녁으로 권고하여, 돈과 재산은 항상 얻을 수 있으나 형제는 항상 있지 않다는 큰 뜻을 알게 하고, 금일 한 가지 일을 고치고, 다음날 한 착한 일을 실천하며, 끊임없이 선행을 하여 형제가 집안을 의롭게 한다면 우리 문중이 어찌 크게 창성하지 않겠습니까? 만일 고집한다면 대소 문중으로부터 죄를 성토하여 이에 밝힐 것입니다.

망월숙에서 동사의 제군들과 이별하며 望月墪別同社諸君

형은 아버지와 같으니 사랑하고 친해야 하고, 조금도 등한(等閒)하지 않고 매일 매일 새롭게 해야 한다. 비오는 저녁 서리 내리는 아침에 고뇌가 많을 지라도 옥안(玉顔) 금질(金質)을 양성할 수 있다. 참으로 한 마음의 지탱하는 기둥에는 어려운 일이 없으니, 십면(十面)에 매복된 병사들이 있더라도 역시 몸을 빼어내어, 혹시라도 함몰되어 부랑아가 되어서는 안 된다. 인문(仁門)과 의로(義路)로부터 비롯하면 참으로 그러한 사람이 될 것이다.

손자 영창은 열어 보아라 孫兒 永敞 開見

너의 편지를 읽어보니 마음이 매우 우울하구나. 우선 채독약 약간을 부치니 매일 공복에 한 줌씩 따뜻한 물에 복용하고 밤에 잠자리에 들 때 또 복용하도록 하여라. 그러면 채독약 한 제를 얻었으니, 다음 공휴일에 몽탄리로 환약을 만들어 부칠 터이니 지나친 생각은 하지 말고 안심하고 복용하도록 하여라. 돈 2천원을 기석 편에 부치니 영수하여라.

경자년 음력 8월 8일 할아버지 지산 부침.
(우선 돼지고기국물을 세 그릇 정도 추가로 복용하면 좋음.)

손자 영창은 열어 보아라 孫兒 永敞 開見

기석이 왔을 때 너의 소식을 들을 수 있었는데, 근래에 출장하는 일 하나 없이 한가하고 무고하다고 하니, 이는 비록 다행이기는 하나 집무자의 행할 일은 아니니, 그 어찌 된 것이냐? 부쳐달라고 한 돈은 만 환을 기석 편으로 부치니 착실히 영수할 것을 부탁한다. 어찌 한 번 올라올 일이 있느냐? 다행히 한가한 틈이 있어서 올 수 있으면 자취하는 일을 착실하게 경영하여 완전하게 정하도록 하여라. 나머지는 서로 보고 말하기로 하고 일일이 적지 않겠다.

경자년 음력 10월 1일 할아버지 지산 부침.

손자 영창은 열어 보아라 孫兒 永敞 開見

편지를 쓴 후에 하룻밤 사이에 눈이 산처럼 쌓였으니 지척이 천리와 같고 교통이 두절되었다. 통행하는 거리가 삼 리 가량 되는데 무사히 출근은 하였느냐. 차가운 바람과 얼어붙은 물에 쌀을 일어서 자취하는 그 고통이 어찌하느냐. 연료를 미리 갖추어서 언 방을 면할 수 있게 했느냐. 이것은 모두 세상의 풍상을 경험하는 일종의 공부가 되는 것이니 진실로 내 심지에는 천금의 약석이 되는 것이다. 그러니 얻을 바가 없다고 등한히 여겨서 방종하게 보내지 말고 기미에 따라서 변화에 대응하여 부지런히 복무하고 용감하게 지내면 평탄한 대로가 마땅히 앞에 있을 것이니, 때로 고난과 고통을 만난 것을 어찌 괘념할 것이냐. 하늘은 때에 맞추어 양기를 낳으니 사람의 일에 어찌 무심할 것이냐. 이로써 매진하면 상사(上司)로부터 감응하여 보답함이 있을 것이다.

객지생활은 보건이 으뜸이 되니 조금이라도 불편한 것이 있으면 약값을 아끼지 말 것이고, 조금 경계할 것은 술과 색이니 비록 영웅이라도 한 번 굴에 떨어지면 뛰쳐나올 수가 없는 것이니 삼가고 삼갈 것이다. 가정은 그런대로 보전하며 무고하니 관심하지 말고 만약 주간에 왔다가고자 한즉 얼어붙은 길이 위험하니 기차 편을 따르도록 하여라. 만 가지 변화에 한결같은 마음은 너도 본디 듣고 알 것이니 나머지는 많이 하지 않겠다.

경자년 11월 일 할아버지 지산 부침.

손자 영창은 열어 보아라 孫兒 永敞 開見

너의 편지를 보니 그간의 사정을 다 알 것 같구나. 부탁한 돈은 7000환을 빌려서 임종성편으로 부치니 착실하게 영수하여 빌린 곳에 갚고 이후부터는 근신하고 절약하여 낭비를 하지 않도록 부탁한다. 들어 오는 것을 헤아려서 지출을 하는 것에 대해서는 네가 본디 들어서 알 것이니 수입이 없이 빌려만 쓰고 어떻게 판별할 수 있겠느냐. 다시는 이와 같은 통지가 없는 것이 좋을 것이다. 가정 일은 겨우 보내고 있으니 깊이 우려하지 말고 좋은 모습을 잘 보전하기를 빌 따름이다. 나머지는 많이 부탁하지 않겠다.

신축년 음력 5월 27일 할아버지 지산 부침.

손자 영창은 열어 보아라 孫兒 永敞 開見

고대하던 차에 너의 편지를 받아보니 마음이 기쁘다. 무더위의 훈련에 어찌 고생하였느냐? 조부는 몸 편하고 너의 부모도 몸 편하고 도생들도 충실하고 집안이 무고하니 안심하여라. 그리고 금년 농사는 전답 간에 잘 되었다. 절대 가정사는 다 잊어버리고 아무쪼록 몸조심하여 돌아오기 바란다. 끝으로 몸건강을 바라며 배치받으면 편지하여라

음력 8월 21일 할아버지 지산 부침

손자 영창은 열어 보아라 孫兒 永敞 開見

생각이 매어있던 중 12월 7일에 너의 편지를 얻어 보고는 군 복무하는 객지의 상황을 알게 되었다. 편지 가운데 쓰인 돈은 580원을 우편으로 부치니 숫자대로 살펴서 받고 뒤에 또 긴급한 일이 있으면 다시 편지하거라. 목포양복대금 3만 2천 원은 반액은 보상하고, 반액은 내년으로 연기하였다. 임씨에게 부탁한 의가사(依家事) 신청은 곧 너의 아버지를 목포로 내려 보내 임씨를 방문한 결과 출

장 중이라고 하여 만나보지 못했고, 장소장에게 편지로 부탁하였으니 이것을 헤아려서 다시 임씨에게 편지하여 성공하도록 하여라. 가정은 별탈없이 지내고 있으니 안심하고 휴가증을 얻어서 한 번 왔다 가거라. 곧 편지하여라.

임인년 12월 18일 할아버지 지산 부침.

손자 영창은 열어 보아라 孫兒 永敞 開見

삼양(三陽)이 회태(廻泰)하니 봄기운이 가득해지는구나. 천시가 이와 같으니 어찌 인사(人事)에 좋은 소식이 없을 것이냐. 이 즈음에 너의 편지를 보게 되어 너의 그간의 마음의 상황을 알게 되었다. 네가 보내준 편지에 보인 사건은 주선할 터이니 병역 복무 확인증을 급히 얻어서 부치거라.

그러나 이것저것 많은 말 하지 않고 너의 아버지가 다리가 아프고 너의 어머니가 허리가 아픈 것은 너도 아는 것이라, 지금 매우 추운 때를 지내면서 날마다 통증이 심해져서 가사가 극히 어려우니 이 뜻으로 상관에게 간절히 사정하여 속히 휴가증을 얻어서 한 번 집에 돌아와 얼굴 볼 수 있기를 바란다. 다만 그 사이라도 술과 색을 절제하고 말을 신중하게 해서 상관에게 성실히 복무하고 군우에게 화평하여 이 몸을 삼가 지키고 마음을 너그럽게 하여 그 장래가 어찌할 것인가를 보도록 하여라. 만사에 이룸과 못 이룸은 하늘에 달렸으니 어찌 반드시 그럴 것을 기대할 것이냐. 나머지는 뒤에 소식전하기로 하고 일일이 쓰지 않는다.

계묘년 2월 23일 할아버지 지산 부침

(추신하니 책자는 구매하지 못했다.)

손자 영창은 열어 보아라 孫兒 永敞 開見

남북이 천리인데, 편지를 보는 것이 얼굴을 보는 것과 같구나. 다른 사람의 손을 빌려서 되는 일이 두루 상세하기는 어려우니 세간의 정을 어찌할 것이냐? 접때에 교부한 서류가 면장의 확인증의 미비로 반려되어서 다시 구비하여서 4월 초4일에 또 해당 지역으로 발송하려고 하니 금일의 일을 또한 혹시 알지 못하겠구나. 마음을 너그럽게 하고 그 다가오는 일을 보도록 하여라. 휴가는 어째서 지연되었느냐? 5월 중순이면 너의 선조비의 기일이니 당도하도록 하여라. 가정은 그런대로 잘 보내고 있다. 군 복무에 엄밀할 것 중에 경계해야 될 것은 술이니 명심하거라. 나머지는 이만 줄인다.

계묘년 4월 18일 할아버지 지산 부침

손자 영창은 열어 보아라 孫兒 永敞 開見

네가 집을 떠나 출발한 후 일주일 만에 너의 편지를 보게 되니 무사히 군부대에 도착하였음을 알게 되었다. 천리가 지척과 같으니 기쁨이 어찌 다함이 있으랴. 편지에 쓰인 금액은 돈 500원을 우편으로 부치니 살펴서 받도록 하여라. 나머지는 제대하여 집에 돌아왔을 때 하기로 하고 모두 낱낱이 쓰지 않는다.

계묘년 5월 14일 할아버지 지산 부침

손자 영창은 열어 보아라 孫兒 永敞 開見

곧 너의 편지를 보니 너의 마음의 번뇌를 알 수 있겠다. 그러나 일을 꾸미는 것은 사람에게 있고, 일을 이루는 것은 하늘에게 있는 것이라, 어찌 곁사람이 해를 짓는다고 해서 차마 그 일이 이루어지지 않겠느냐? 모두 너의 운수가 어떠한가에 달려 있는 것이다. 그러니 마음을 너그러이 하고 복무하다가 이루어지면 된 것이고, 그러지 못하면 만기 이외에 별반 좋은 도리가 없으니 어찌할 것이냐? 가정은 우려하던 중 그런대로 보내고 있다. 그리고 긴 장마가 몇 달을 걸침에 보리농사가 크게 흉작이니 농가의 생활이 어렵게 겨우 버티고 있단다. 이로써 다 알고 참고 삼가 이 몸을 보전함이 제일 묘방이니 천천히 앞으로 닥치는 일을 살펴보아라. 나머지는 마음이 소란하고 손이 떨리기 때문에 모두 갖추지 못한다.

계묘년 6월 13일 할아버지 지산 부침

손자 영창은 열어 보아라 孫兒 永敞 開見

이 무슨 연고냐? 6월 그믐날에 기한을 작정하고 편지를 부치고서 손가락을 꼽으며 기다리고 있는데 이번 7월 15일까지 아직 회답 소식이 없으니 혹시 또 그 사이에 마가 끼어서 그러느냐? 제대를 할 수 없으면 몸의 모양이나 편안하게 복무하다가 좋은 기회를 기다리는 것이 옳을 것이다. 그렇지 않으면 군복무 중에 무슨 사고가 있어서 편지 쓸 정신이 미치지 못한 것은 아니냐? 매우 우려가 되는구나. 대저 동백의 일은 과연 쓸모없이 된 것이냐? 만일 얻을 수 없다면 모두 힘을 다해서 상관에게 사정하여 최후방으로 옮겨 복무하는 것이 좋을 것이다. 그러나 이루어지지 않는 일은 없는 것이니 혹시 가능한 것이 있으면 알리도록 하여라. 가정은 근근이 목숨을 보전하고 있나. 그러나 이 무슨 세상이냐. 3월 이후에 장마가 아직까지 개지 않아서 보리농사는 이미 썩어 자빠졌고 좋은 논은 풀이 무성하니 비옥한 전답이 사태(沙汰)가 나서 사람들의 마음이 소란하고 때의 일이 분분하다. 어찌할 것이냐. 한스러울 뿐이다. 늙은 정신이 평안하지 못하여 갈겨 쓴 것이 한결같지 못하니 편지를 본 즉시 자상하게 회답을 보내어서 모든 집안에 위로가 되도록 하여라.

계묘년 7월 15일 할아버지 지산 부침

손자 영창은 열어 보아라 孫兒 永敞 開見

옛말에 말했으되 '한 가지 일이라도 경영하지 못하면 한 가지 지혜도 자라지 못한다.'라고 했으니 일이 이미 경영되었으나 지혜가 자라지 않았으면 이것은 우매한 사람이다. 참고 신중해서 일이 이루어지는 것을 기다리도록 하여라. 강경한 글은 이것이 바로 망발이니 어찌 대충해서 신중하지 못하냐. 다시는 이러한 말은 하지 말도록 하여라. 가정은 흉년의 일로 근근이 지탱하고 있다. 나머지는 일일이 갖추지 못한다.

계묘년 8월 14일 할아버지 지산 부침

손자 영창은 열어 보아라 孫兒 永敞 開見

현재의 세상 정이 성글고 얇고 인심이 험악하여 사람을 믿을 자가 없으니 어찌할 것이냐. 천 번 참고 만 번 삼가서 안심하고 복무하되 주색을 삼가 피하고 언어를 신중하게 하여 상사에게 사랑을 보이고 규우에게 다정하여서 이 몸을 보전하나가 그 좋은 방편을 보도록 하여라. 나머지는 마음이 소란하여 낱낱이 갖추지 못하니 속히 회답하여라.

계묘년 8월 26일 할아버지 지산 부침

손자 영창은 열어 보아라 孫兒 永敞 開見

10월 15일에 너의 편지를 보고는 근심된 마음이 조금은 위로가 되었다. 옛말에 이르길 '어떤 것인들 만족하게 기쁠 수 있으랴.'라고 하는 말은 너도 들어서 알 것이니 경솔하게 색을 보지 말고 삼가 술자리는 피하고 몸은 더욱 신중하게 하여 상하의 군복무에 부지런하고 삼가며 복무하며 천천히 다가오는 일을 보다가 좋은 낮으로 집에 돌아오도록 하여라. 가정은 무고하니 염려하지 말고, 부모된 사람은 일찍이 잠깐 동안이라도 가슴 속에서 잊지 못하는 것인데, 하물며 이 병든 노인까지 있어서랴? 편지를 보고 바로 회답하여 멀리서 품은 정을 위로해주도록 하여라. 다소간의 잡다한 것은 밀쳐 두고 갖추지 않는다.

계묘년 10월 19일 할아버지 지산 부침

손자 영창은 열어 보아라 孫兒 永敞 開見

날이 춥고 얼어붙은 날씨에 복무는 어떠하냐? 초조한 심사가 잠시라도 느슨해지지 않는구나. 너의 편지를 보니 근심과 기쁨이 함께 하는구나. 하물며 몸의 소양증은 아직 낫지 않았다고 하니 이것은 심상하지 않는 근심이다. 제일로 술 먹고 싶은 생각을 금지하고 군의(軍醫)에게 거스르지 말아서 속히 병근을 치료한 연후에 가능할 것이니 결단코 주의하여라. 세상의 일이 갈수록 더욱 어렵고 험해지니 명철히 파악한 연후에 몸을 보전할 수 있을 것이다. 인내하고 근신하여 상하 내외에 조금이라도 방심하지 말고 삼가 열심히 복무하다가 좋은 기회를 기다리도록 하여라.

가정은 그런대로 보내고 있으며 너의 종형인 영표가 음력 11월 20일에 나씨 집안과 결혼하였다. 모두 알도록 하여라. 또 너의 할아버지와 부모가 모두 병들고 늙어서 생각이 매우 우울하여 머리를 들고서 북쪽하늘을 눈이 뚫어질 듯이 바라보니 자주자주 통신하여 조금이라도 이 마음을 위로하도록 하여라. 지나간 일은 말하지 말고 휴가는 양력 3월 초순쯤에 있다고 하니 손가락을 꼽으면서 기다린다. 이만 줄인다.

계묘년 음력 11월 30일 할아버지 지산 부침

손자 영창은 열어 보아라 孫兒 永敞 開見

너의 편지를 받아보고 그간의 상황을 알게 되었다. 소양증이 아직 완치되지 않았다고 하니 이것은 작은 근심거리가 아니다. 군의관과 잘 사귀어서 병근을 쾌히 치료하는 것이 옳으니 절대로 심상하게 생각하지 말거라. 편지에 쓰인 금액은 돈 300원을 우편으로 부치니 살펴서 받도록 하여라. 가정은 근근이 목숨을 보전하고 있다. 현재의 시절이 시끄러워서 세상 인정이 부박하고 인심이 악화되어 천심을 편안히 지키는 자가 백 명 중에 한 명도 없으니 상하 내외의 복무에 신중하여 털끝만치라도 방심하지 말고 힘써서 몸을 보전하여 좋게 돌아올 날을 기다리기를 바란다. 편지를 보는 즉시 답하여라. 나머지는 이만 줄인다.

음력 계묘년 12월 15일 할아버지 지산 부침
(양력 3월 초순께를 손꼽아 기다린다.)

손자 영창은 열어 보아라 孫兒 永敞 開見

지금 너의 편지를 읽어보니 심사가 편안하다. 두 이씨를 믿지 못하는 것은 협잡배들의 일상적인 일이니 누구를 믿을 수 있으며 누구를 쓸 수 있겠느냐. 세간의 일이 이와 같으니 스스로의 힘으로 발분함이 좋은 것이다. 하나라도 괘념치 말고 이 마음을 확고하게 하며 인내하여서 전도를 개척하는 외에 특별히 묘책이 없겠다. 앞의 편지는 급작히 해서 상세하게 물어보지 못했었다. 몸의 소양증이 지금은 과연 어떠하며 평상시와 같아졌느냐? 군의관과 협의하는 것이 혹시 가능하며 좋은 도리가 없겠느냐? 이 할아버지의 추측으로는 대통령 신임 후에 군인에 대한 선인정(善仁政)의 지령이 있을 것 같다고 하나 어찌 반드시 그럴 것을 알 수 있겠느냐? 그러면 군무를 처리함에 절대로 하나라도 방심하지 말고 이목동정을 산가 경솔하게 하지 말고 몸을 잘 보전하다가 좋은 기회를 기다리도록 하여라. 한 달에 한 번 편지를 써서 자주자주 소식을 전하고 혹시 틈을 내는 것이 가능하면 또한 휴가를 얻을 수 있겠느냐? 가사는 형편을 필로 하기 어렵구나. 나머지는 이만 줄인다

계묘년 12월 19일 할아버지 지산 부침

손자 영창은 열어 보아라 孫兒 永敞 開見

편지를 보낸 후에 한 달이 다 되었는데도 아직까지 답장 소식이 없으니 이 무슨 연고냐? 소양증이 완치되지 않아서 몸의 기운이 불편한 것은 아니냐? 군 복무가 번뇌롭거나 혹은 잊혀지는 지역에 두어진 것이냐? 오는 편지가 눈에 막혀서 혹시 떠 있는 것이냐? 300원을 부친 액수는 혹시 도달하지 않았느냐? 생각마다 돌이킴에 속이 우울하다. 즉시 답장을 보내거라. 나머지는 이만 줄인다.

가정은 겨우 그런대로 보내고 있다.

갑진년 2월 21일 할아버지 지산 부침

손자 영창은 열어 보아라 孫兒 永敞 開見

너의 편지를 읽고 나니 마치 너의 얼굴을 대하고 있는 것 같구나. 좌우간 군 복무에 주도면밀하게 근신할 것이고 비록 군용의 술이 있더라도 그 과도한 것을 경계하거라. 가정은 별 탈이 없다. 편지에 쓰인 금액은 돈 700원을 우편으로 부치니 살펴서 받고 삼가 절용하도록 하여라. 나머지는 제대하여 좋게 돌아올 날을 바라면서 이만 줄인다.

갑진년 10월 29일 할아버지 지산 부침

손자 영창은 열어 보아라 家兒 永敞 開見

이제 너의 편지를 보고서 부대가 경질된 것을 알게 되었다. 입원 치료 후에 신심이 상쾌하고 평안하냐? 수족의 운동과 이목의 시청을 삼가 방심하지 말고 대장에게는 그 환심을 사고 군의에게는 신의를 저버리지 말아서 한 번 나가고 한 번 들어옴을 멋대로 경솔하게 하지 말아라. 가정은 별다른 별고가 없고 가을걷이는 이미 마쳤으나, 다만 너의 부모가 모두 병들고 쇠약하여 농촌의 많은 일에 한 번 살피고 세 번을 아프니 고민스럽구나. 휴가를 얻지 못했다고 하니 어찌 제대하여 돌아올 날을 기다릴 것이냐. 이후에는 비록 바쁜 중이라도 한 달에 두 번은 편지하여서 멀리서 그리워하는 마음을 위로해 줄 것을 부탁한다. 나머지는 이만 줄인다.

갑진년 11월 2일 할아버지 지산 부침
(몇 개월 후에 제대를 하는지 명백하게 적어서 보내거라.)

손자 영창은 열어 보아라 孫兒 永敞 開見

동지에 양기가 생하니 봄기운이 다시 회복되는 것이라, 이즈음에 멀리서 편지하니 인사가 어찌 다시 새롭지 않겠느냐? 매우 추운 군복무에 어찌 견디며 지내고 있느냐? 하사 진급은 좋다면 좋기는 하겠지만 나만 지위가 높아진 것을 기뻐할 줄만 알고 겸손하고 공손히 스스로 낮출 줄을 모른다면 임무를 이겨내기가 어려울 것이니 삼갈지어다. 다른 것은 말할 것 없고 하루라도 속히 제대하고 좋은 모습으로 돌아와서 가정을 편안하게 하는 것이 제일 바라는 것이니 새겨 두거라. 너의 할아버지는 거느리고 사는 생활이 그런대로 지내고 있다. 행자가 결혼하고 영휘도 정혼을 했으니 다 알아두도록 하여라. (너의 생활을 자주) 통지하여서 멀리서 그리워하는 마음을 위로해주길 지극히 부탁하노라. 나머지는 이만 줄인다. 만약 생각하는 것이 있거든 급히 알리거라.

갑진년 동지 후 3일 할아버지 지산 부침

손자 영창은 열어 보아라 孫兒 永敞 開見

신년 벽두에 천리에서 편지가 도착하니 완전히 봄기운이 얼굴을 스치는 것 같구나. 기쁨을 형용할 수가 없음이라. 다만 극한 군복무에 몸의 기운이 혹시 불편함이 있지는 않았는지 알 수가 없구나. 술은 성품을 깎아내는 약이니 비록 군대에서 사용하는 합환석상이라도 혹시라도 과도하게 하지 마라. 지나치면 덕을 잃을 것이고, 금전은 생명이니 비록 약간의 수당이라도 혹시 낭비하지 말고, 절검하고 저축하여 신변에 장래 긴급할 때를 대비하여라. 두 마음이 서로 비춤에 정은 실다운 말을 토해내는 것이니 심상하게 간주하지 말고 깊이깊이 경계하도록 하여라. 편지에 쓰인 금액은 돈 500환을 우편으로 부치니 살펴서 받아보고 즉시 답장하도록 하여라. 가정은 겨우 보내고 있다. 나머지는 제대하여 돌아올 것을 바라며 이만 줄인다.

을사년 1월 6일 할아버지 지산 부침

권 6

논 論

찬연하게 세론을 다시 밝히다 粲然復明於世論

논(論)하여 말한다. 천지(天地)에는 홀로 운행하는 기(氣)가 없으니, 해와 달이 교대로 빛난다. 인물(人物)에는 상존(常存)하는 운수가 없으니, 성쇠(盛衰)가 이어서 교차되어 행한다. 그 천지와 인물의 기수(氣數)를 따라서 도(道) 역시 그로 인하여 흥찬(興贊)함이 있다. 그렇다면 흥(興)은 기(氣)가 왕성하여 밝아지는 것이고, 찬(贊)은 기가 쇠퇴하여 어두워지는 것이다. 어둡고 어두우며 밝고 밝은데, 밝으면 곧 어두워져서, 결국 처음을 회복하게 된다.

정(貞)하면 곧 원(元)을 회복하게 되는데, 만고(萬古)의 치란(治亂)과 백왕(百王)의 흥망(興亡)의 영향(影響)이 서로 따르는 것이다. 이 도(道)는 어떠한가? 위로는 복희(伏犧)가 먼저 나와서 요순(堯舜)까지 3대(代)인데, 주공(周公)과 공자(孔子) 같은 성인(聖人)이 차례로 나왔다. 사도(司徒)와 전악(典樂)이 그 이륜(彛倫)을 서술하였고, 상서(庠序)와 학교(學校)에서 그 도학(道學)을 밝혔다. 칠요(七曜)가 순도(順度)하고, 미시(微時)에 만약 천지가 위치를 잡고, 인극(人極: 인륜)이 서면, 이는 기운(氣運)의 왕성함이 한 큰 밝은 시대를 이룬 것이다. 공자(孔子) 이후 전국시대에 이르기까지 위에 있는 자는 흠명(欽明)한 임금이 아니어서, 이단(異端)이 기회를 엿보았다.

아래에 있는 자는 집성(集成)한 사람이 없어서 간사함과 음란함이 멋대로 행하고, 생민(生民)들의 이목을 막아버리고. 학자(學者)들의 문견(聞見)을 어그러뜨리고, 도학(道學)이 무슨 일인지, 이륜(彛倫)

이 무엇인지 모르고서, 오로지 지력(智力)으로써 서로 약육강식(弱肉强食)을 숭상하니, 한 큰 암흑시대를 이루었다. 다행히도 맹자(孟子)가 나와서 공자(孔子)가 떨어뜨려 놓은 실마리를 얻어서 그 천리(天理)를 남겨놓고, 사람의 욕망을 막고, 바름을 세우고 사악함을 내치고, 중화를 존중하고 오랑캐를 물리치니, 거의 기울어진 두축(斗軸)을 되돌리게 되었다. 그가 죽게 되니 그 전함을 얻을 수가 없게 되었다.

오계(五季: 五代)의 풍우(風雨) 속에서 그 막힘이 극에 이르렀다. 적막한 천년 아래에 비로소 염계(濂溪) 주자(周子: 주돈이)가 있어서, 미세함을 밝히고 오묘함을 열었다. 그것을 계승한 정씨(程氏) 양부자(兩夫子: 정호와 정이) 연후에 사도(斯道)의 밝음이 해가 중천에 있는 듯하였다. 또 주부자(朱夫子: 주희)가 있어서, 뒤를 이어 뚜렷이 밝히었고, 육경(六經)의 오지(奧旨)을 주석하여 백가(百家)의 같지 않음을 끊었다. 옛날의 사람을 가르치는 법과 성현의 경전(經傳)의 뜻을 찬연(粲然)히 빠짐이 없도록 하였다. 이것이 어찌 이른바 밝으면 어두워지고, 어두우면 밝아져서 결국 처음을 회복하게 되고, 정(貞)하면 원(元)을 회복한다는 기운(氣運)의 성쇠(盛衰)가 아니겠는가?

아! 주자(朱子) 이후 적적(寂寂)하게 들리는 것이 없었다. 그런데 도리어 우리 동쪽에 정포은(鄭圃隱: 정몽주) 선생이 있어서 한 번 창도하여 일어나고, 위에는 밝은 임금이 있어서 서로 유자를 숭상하고 도를 중시함을 받들었다. 인재(人材)를 권장하여 예악(禮樂)을 제작하였다. 아래에는 오현(五賢)이 있어서 정암[조광조], 퇴계[이황], 율곡[이이], 사계[김장생], 우암[송시열]이 서로 계승하여 나왔다. 경전을 강론하여 밝히고, 의(義)와 이(利)를 판별 분석하고, 윤리(倫理)를 중시하고, 명교(名敎)를 숭상하여 삼대(三代: 夏商周)의 다스림을 거의 다시 보게 되었다. 이는 우리 도(道)의 또 다른 한 대명

(大明)이다.

아! 지금 시대에 당하여 팔황(八荒)의 멂도 지척처럼 다다를 수 있고, 육주(六洲)의 큼도 한 나룻배로 통할 수가 있다. 그래서 육경(六經)의 글과 사자(四子)의 학문이 동쪽에서 점차 서쪽으로 드리워져서 미치지 못할 먼 곳이 없으며, 복종하지 않을 오랑캐가 없다. 마치 요(堯), 순(舜), 탕(湯), 무(武) 등의 임금이 있는 것처럼 도유(道儒)를 숭상하고, 학교를 일으키고, 동서(東西) 민족(民族)들의 집집마다 공자(孔子)를 스승으로 삼게 하고, 사람마다 주자(朱子)를 법으로 삼게 하여 너무 높은 것을 억누르고, 너무 약한 것은 강하게 해주도록 해야 한다.

그 중정(中正)하고 치우치지 않은 도(道)를 잡고서 시세(時勢)와 인정(人情)에 따라서 인도해 준다면, 누가 그것을 이룰 수 있는 때가 있다고 하지 않겠는가? 찬연(粲然)히 광명을 회복함이 어찌 여기에 있지 않겠는가? 맹자(孟子)가 말하기를 "일은 옛사람의 반만 하고서 효과는 반드시 옛사람의 배가 되는 것은 오직 지금만이 그러할 것이다."라고 하였다. 어리석은 나도 또한 그렇게 말할 뿐이다. 삼가 논하다.

생사론 生死論

논(論)하여 말한다. 어찌하여 태어나게 되는가? 천지(天地)에 쌓인 정기(精氣)가 합쳐지면 태어나게 된다. 그 바른 것을 얻은 것은 사람이 되고, 그 치우친 것을 얻은 것은 사물이 된다. 어찌하여 죽게 되는가? 음양(陰陽)에는 일정함이 없고, 기수(氣數)에는 변함이 있는데, 기(氣)가 흩어지면 죽게 된다. 몸을 닦아서 정명(正命)이 됨을 기다리는데, 질곡(桎梏)되어 죽는 것은 천명(天命)이 아니다.

어떻게 몸을 닦아서 생의 도(道)를 다해야 하는가? 크게는 윤강(倫綱)이고, 작게는 사물인데, 각기 그 당연한 법칙을 지극히 해야 한다. 이것이 하늘이 나에게 명(命)한 것이고, 내가 하늘에게서 받은 것이다. 어떻게 살면서 죽음의 도를 얻어야 하는가? 인(仁)을 행하고, 의(義)를 밝히고, 바름(正)을 얻어서 그 돌아감을 정결하게 해야 한다. 이것이 나에게 있는 도를 다하고 하늘을 저버리지 않는 것이다.

아! 삶과 죽음은 고금에서 고정된 이치이다. 그러나 삶이 또한 죽음보다 더 욕될 수 있고, 죽음이 또한 삶보다 더 영광일 수 있다. 그러한 삶을 다하는 자가 몇 사람이나 되던가? 그러한 죽음을 얻은 자는 몇 사람이던가? 그래서 공자(孔子)가 이르기를 "아침에 도(道)를 듣는다면 저녁에 죽어도 좋을 것이다."라고 하였고, 맹자(孟子)가 말하기를 "하고자 하는 바가 삶보다 더 심한 것이 있고, 증오하는 바가 죽음보다 더 심한 것이 있다."라고 하였다. 죽음 역시 어렵지만, 삶 또한 어려운 것이다. 궁달(窮達)과 영욕(榮辱)은 곧 그 여사(餘事)일 뿐이다. 삼가 논하다.

설 說

사우설을 도형 박락경에게 주다 贈師友說贈道兄朴樂卿

제가 듣자니, 스승 삼는다는 것[師者]은 그 도(道)를 스승으로 삼는 것이고, 벗을 사귄다는 것[友者]은 그 덕(德)을 벗삼는 것이라고 합니다. 예로부터 천하에는 도를 지닌 선비[士]가 있었고, 덕이 있는 사람이 있었습니다. 스승이 없이 자득(自得)한 자가 있고, 벗이 없이 자성(自成)한 자가 있었다는 것은 들어본 적이 없습니다. 반드시 스승을 삼고, 벗을 삼아서, 연구하여 밝히고, 갈고 닦은 연후에야 도가 정확하게 전함이 있고, 덕이 대성(大成)으로 나아갈 것입니다.

이런 까닭에 공자(孔子)의 천종(天縱)으로도 오히려 학문이 연구되지 않아서 예(禮)를 질문할 일이 있는 것을 근심하였고, 맹자(孟子)의 호연(浩然)으로도 오히려 덕이 지극하지 않아서 지니지 못한 가르침이 있음을 두려워하였습니다. 하물며 수천 년 아래에서 인물은 붉고(不古)하고, 도학(道學)은 밝지 못하고, 기질(氣質)은 박(駁)하지 않을 수 없는데, 사물은 가림[蔽]이 되시 않도록 할 수 없고, 그 궁벽하고 작은[窮蔀] 사실(私室)에서 스스로 억탁(臆度)를 주로 하면서 실견(實見)을 확립할 자가 있겠습니까? 비록 곡예(曲藝)는 천한 기예이지만 모두 모두 스승을 삼고 벗을 삼음이 있는데, 하물며 학문을 하면서 그 삼강(三綱)의 의론과 오상(五常)의 도를 강의하는 처치에서는 말할 것이 있겠습니까?

대저 달게 남의 아래가 됨은 어찌하지 못한다고 합니다. 어찌하지 못하는 자는 비록 성사(聖師)와 현우(賢友)일지라도 교화시키지 못할 것입니다. 이 때문에 부자(夫子)가 이른 바 "하우(下愚)는 변화시킬 수 없다."라고 한 것입니다. 그 "사람들 모두 요순(堯舜)이 될 수 있다."라고 하였으니, 대저 우리 동포(同胞)들은 처음부터 버려질 수 없는 사람들입니다. 가르친다면 가르칠 수 있어서 굽은 것을 바로잡아 곧게 할 수 있고, 벗을 삼는다면 벗을 삼을 수 있어서 어리석음을 변화시켜 지혜롭게 할 수 있습니다. 이것이 어찌 무용한 변론이겠습니까? 제가 지금 나로써 형을 본다면 옥석(玉石)이 그 차이일 것이고, 형으로써 나를 본다면 현우(賢愚)가 그 구분일 것입니다. 태어남이 다행히 같은 시대이고, 거처가 다행히 이웃 땅이고, 정의(情義)가 이미 미쁘니, 가르쳐 줄 수 있을 것입니다.

근래 편지의 질문에 대해 친절하여 벗삼아 주는 도리가 있었습니다. 스스로 마음으로 경계하여 말하기를 "사람이 제(齊)나라에서 태어났다면, 비록 그 말을 가르쳐주지 않더라도 스스로 제나라 말을 할 것이고, 쑥이 삼밭에서 자란다면 비록 도와주지 않더라도 삼대처럼 곧게 될 것이다. 지금 나는 향기로운 이웃에 이웃하였기 때문에 그 향배(向背)의 문로(門路)와 진취(進就)의 계제(階梯)에 대하여 도와주지 않고, 가르쳐주지 않아도 깨우침을 이룰 뿐만이 아니다. 그러므로 우리 형은 장차 몹시 나를 위함이 있을 것이다."라고 하였습니다. 대개 그것을 하려고 한다면 남에게서 무엇을 구하겠습니까?

한습(閑習)은 본래 그 의형(儀形)을 본받아 바라본 것만 못하고, 풍송(諷誦)은 본래 친히 그 음지(音旨)을 받드는 것만 못합니다. 삭거(索居)의 궁협(窮峽)에서 재질(才質)도 없고 문견(聞見)도 없는 자로서 비록 대략 아름다움과 추함을 분간하고, 향기와 악취를 판별할 줄 알더라도, 어떻게 순숙(純熟)한 심조(深造)를 얻어서 망렬(妄劣)이 일어나지 않게 하겠습니까? 북해(北海)의 물고기는 변화를 얻은 연후에야 용이 될 수 있는 날이 있게 되고, 남산(南山)의 나무는 준승(準繩)을 받은 후에야 재목이 될 수 있는 때가 있게 됩니다. 바라건대 반드시 도형(道兄)께서 공평한 심기(心氣)로써 이 천생(賤生)을 용납하여 교도(敎導)해 주신다면, 다반인(茶飯人)보다 못하지만, 이 몸의 광명(光明)이 어찌 다만 무성한 띠풀이 지붕에 오르는 것일 뿐이겠습니까? 답장으로 보여주심이 어떠할지 기다릴 뿐입니다.

생도들에게 면려하는 입과설 勉生徒立課說

대개 천도(天道)는 쉼이 없고, 인사(人事)는 틈이 없는 것이다. 그래서 『역(易)』에서 "군자(君子)는 종일 건건(乾乾)하다."라고 하였고, 「탕명(湯銘)」에서는 "매일 새롭고 또 새롭다."라고 하였다. 후생(後生)으로서 초학자(初學者)는 항상 척려(惕厲)함을 품고, 매일 일을 공경함은 하늘의 밝음을 본받고, 성인(聖人)의 법을 우러르려는 까닭이다. 그렇다면 학문은 우연히 이루어지고 헛되이 얻어지는 것이 아니다. 열심히 노력한 이후에 도학(道學)의 근원(根源)을 볼 수 있고, 실질을 실천한 이후에 비로소 의리(義利)의 정미(精微)함을 알 수 있다. 나와 두세 생도가 매일 과업을 권장함이 어찌 이 때문이 아니겠는가? 생각을 신중히 한다면, 고인(古人)의 사행(事行)과 금세(今世)의 변천(變遷)들 중 어느 것이 우리가 공부할 지남(指南)이 아니라고 하겠는가?

질문을 세심하게 한다면, 일용(日用)의 사물과 눈앞의 색태(色態)들 중 어느 것이 우리가 학습할 자료가 아니라고 하겠는가? 한 가지 일을 행할 때는 그 선악의 기미(幾微)를 살피고, 한 사물을 볼 때는 그 취용(取用) 단서를 생각해야 한다. 새가 여러 번 나는 것처럼 하고, 옥을 조탁하는 것처럼 한다면, 훗날의 성취가 사람의 뒤에 있지 않겠는가? 열심히 하라.

서 序

정경엽과 정영술에게 주는 서 贈丁京燁丁永述序

인륜(人倫) 가운데 붕우(朋友)가 그 중 하나를 차지한다. 그래서 옛사람이 소중히 여겼던 것이다. 그러나 벗은 반드시 자신을 알아주어야만 하므로 반드시 단정한 사람을 취하여야 함은 참으로 이런 까닭이다. 왜냐? 옥(玉)은 비록 아름답지만 다듬지 않으면 그릇을 참으로 이룰 수 없다. 사람은 비록 지혜롭지만 배움이 없으면 도(道)를 필히 알 수 없다. 그리고 배우는 방법 또한 벗으로 말미암아 이루지 않은 적이 없다. 이런 까닭으로 스스로 큰 것이 큰 것을 이루지 못하고, 스스로 많은 것이 많음을 이루지 못하는 것은 반드시 절차탁마(切磋琢磨)를 기다려야만 한다. 바르게 꾸짖어 줄 사람이 충고하고 선도해주고, 덕을 보필해 줄 사람이 있은 연후에야 타고난 자질이 더욱 커질 수 있고, 이익 됨이 더욱 많아질 수 있다. 배움이 박도(博道)에 이르면, 그 요약함이 있게 된다.

정미(丁未)년 가을에 두 사람이 벗을 취하는 도리를 은혜롭게 나에게 의뢰하였다. 나는 얼굴을 붉히며 감당할 수가 없어서 "빈 골짜기[虛牝]처럼 들은 바가 없는데, 장차 어찌 감당할 수 있겠는가?" 라고 하였다. 그러나 그대들은 나에게서 이익을 구함이 아니고, 나도 그대들에게서 이익을 취하지 않으니, 참으로 즐거운 뜻이 없겠는가? 이로써 지난날을 이으니, 아침저녁으로 서로 권하고, 날마다 서로 의뢰하여야 한다. 그 뜻이 굳으면 그 학문이 깊고 견고해질 것이다. 그 조용한 들서움과 우유(優柔)한 뜻을, 대저 누가 서로 도와주는 유익함이 아니라고 하겠는가? 경전(經傳)에 대한 논의와 덕업(德業)에 대한 수련은, 어느 곳인들 서로 구하는 도움이 없다고 하겠는가? 아! 세월이 얼마이던가?

조물주가 마치 나를 시기하는 듯 세월이 끝내 저물었다. 귀녕(歸寧)할 뜻으로써 행장을 보내와 나에게 알리니, 내가 한 마디 하지 않을 수가 없었다. 그래서 어려움에 임하여 어찌 몇 행의 글로써 권하지 않을 것인가? 시작[初]이 있지 않은 것이 아니지만, 마침[終]이 있기는 드문 것이 세상에 사는 인정(人情)의 통환(通患)이다. 그 처음[先]을 잘 지키는 사람도 그 나중에 방종(放縱)하지 않은 사람은 드물다. 오늘에 열심히 하는 사람이라도 뒷날에 황산(荒散)하지 않을 사람이 드물다.

그대들에게 바라건대 뜻을 굳게 하여 맹렬하게 반성하고 형세를 탓하지 말라. 학업을 따르는 것은 부와(浮訛)해서는 안 된다. 마음을 써서 일용동정(日用動靜) 간에 스스로 엄격해야 한다. 책 안[黃卷中]을 잘 살펴서 공자와 맹자[孔孟]가 좌석에 있는 듯이 하고, 정호와 정이 및 주자[程朱]가 옆을 지키고 있는 것처럼 하면 스스로에게 훌륭한 스승[優師]이 있게 될 것이다. 만일 한 걸음이라도 이르지 못한다면, 수고롭게 천리 길을 가더라도 호말(毫末)의 차이가 있게 될 것이다. 그렇게 되면 태산[泰山]의 이름을 애석해 할 것이다. 돌아가서 그것을 구하라. 부디 이 말을 버리지 말고 끊임없이 나아간다면, 나 또한 기쁜 마음으로 함께 돌아가서 스스로 서로 기뻐하는 마음을 얻으리라. 두 사람은 열심히 하라.

정덕엽과 박현장에게 주는 서 贈丁德燁朴顯章序

대저 하늘에 상도(常道)가 있음은 사람에게 상리(常理)가 있는 것과 같다. 학문하는 도리는 본래 기이하게 세속을 놀라게 할 수 없는 것이다. 사람이 세상에 나서 과연 누가 부자(父子)·군신(君臣)·부부(夫婦)·형제(兄弟)간의 천륜(天倫)의 상도[常]를 모르겠는가? 누가 또한 여름에는 갈옷을 입고 겨울에는 갖옷을 입고, 낮에는 밭을 갈고 밤에는 독서하는 인사(人事)의 상도[常]를 모르겠는가? 이것들은 모두 일용사물(日用事物) 사이에서 어렵지 않는 것들인데, 어찌 감히 이것들을 내치고 배움을 구하겠는가? 그런데 고금에서 밭 갈고 독서한 사람으로서 칭송을 받은 사람들을 역력히 살펴보면, 다만 동소남(董召南) 이외에는 특별히 들을 수 없다.

그런데 그가 말하기를 "아! 더불어 함께 할 짝이 없으니 도를 이룸이 참으로 어렵구나!"라고 하였다. 정미(丁未)년 가을에 나는 삼교숙종(三敎塾從)으로서 계산수석(溪山水石)에서 소요하였다. 두 사람이 밭갈이를 멈추고 따라와서 일, 이십일 동안 강마(講磨)하였다. 그 심혈을 기울임을 보니 참으로 짝할 사람이 없었다. 현인(賢人) 군자(君子)들의 윤기(倫紀)에 대한 담화도 또한 힘을 다하여 깨치었고, 다반사(茶飯事)처럼 쫓아다녔다. 이른바 사물의 상연지도(常然之道)가 짐짓 여기에 있지 않는가? 오랫동안 이 즐거움을 누리면서 날이 장차 저물어가고, 한 해가 장차 지나가려는 것도 몰랐다.

이미 시간이 짧아지고[羊胛] 광음(光陰)이 망아지가 구멍으로 통과하듯 홀연 재촉하니, 떠나감에 임하여 쓸데없는 한 미디로 격려하려고 한다. "항상 일찍 일어나고 밤늦게 자며, 근면하며 삼감에 힘쓰고, 안으로는 엄군(嚴君)의 정성을 따르고, 밭 갈고 독서하며 학업을 닦는 외에, 사우(師友)의 도를 경청하고, 공손한가 태만한가를 헤아리고 잘 살피면, 천인(天人)의 상연지리(常然之理)가 현연(顯然)하게 거짓이 없을 것이다. 이로써 부지런히 군자의 영역으로 올라간다면, 이것이 금일의 바람이 아니겠는가?"

만약 혹시라도 평범힘을 꺼리고 괴이함을 좋아하며, 옛것을 버리고 새것만을 도모한다면, 곧 맹자(孟子)가 말한 바 혁추지기(奕秋之技)를 이루지 못하고, 홍곡지념(鴻鵠之念)을 이미 움직인 자이다. 창광자자(猖狂自資)에 가깝지 않겠는가? 명심하고 명심하라. 길가의 사람의 말을 비루하다고 여기지 않는다면 다행일 뿐이다. 두 사람은 돌아가서 그것을 구하라.

윤형 낙경에게 주는 서 贈尹兄樂卿序

대개 항상 듣건대 '여필종부(女必從夫)'라고 하였습니다. 그러나 사람마다 모두가 남편을 따르지는 않습니다. 옥(玉)은 곤산(崑山)에서 나오지만 반드시 산마다 모두 옥이 나오지는 않습니다. 이것으로 보면 사람이 홀로 사물의 독단(獨擅)함을 얻음을 알 수 있습니다. 어찌 다만 여성이 남편에 대하여서만, 옥이 산에 대해서만 이러함이 있겠습니까? 지금의 옥동(玉洞)의 땅은 산악(山岳)이 기이하고, 강수(江水)가 아름다워서 모두 좋은 산[佳山]과 아름다운 물[麗水]들입니다. 이 땅의 끝에는 충효명절(忠孝名節)과 예의문장(禮義文章)이 면면(綿綿)히 끊이질 않았습니다. 우리 남쪽지방에서 빼어난 한 구역이라고 할 만합니다. 비록 그러하나 어찌 집집마다 충효하고, 사람마다 예의 있다는 명성이 있겠습니까? 그 가운데 반드시 홀로 그것들을 얻은 자가 있을 것입니다.

나의 윤형(尹兄) 낙경(樂卿)은 이 땅에서 대대로 살았는데, 안으로는 가정의 엄격함을 계승하고 밖으로는 어진 사우(士友)들과 교제하여, 지려(砥礪)한 명절(名節)과 온윤(溫潤)한 덕업(德業)을 한 몸에 함축(含蓄)하였습니다. 그러나 오히려 그 자질이 닦이지 않고, 그 뜻이 이루어지지 않아서 그 기본(基本)을 크게 드러내지 못한다면 어찌할까 두려워하였습니다.

병오(丙午)년 이른봄에 만향우사(晩香寓舍)로 나를 찾아왔는데, 그 기상(氣像)이 위연(偉然)하고, 언론(言論)이 고상(高尙)함을 보니 참으로 초초(草草)하게 공리(功利)나 탐하는 무리들에게 비할 바가 아니었습니다. 번연(翻然)이 손을 붙잡고 말하기를 "세상에 이 같은 사람이 있었던가? 거처가 그다지 다르지 않고, 지역도 그다지 멀지 않는데, 마치 이곳의 한 장소가 아닌 듯하니, 혹시 격세지인(隔世之人)이던가? 천한(賤漢)을 돌아보니 얼마나 한 이익을 잃었던가? 이른 바 홀로 얻은 사람이라고 하였는데, 그대가 참으로 그 사람이던가? 지금부터 왕래하며 날마다 서로 방문하여, 밤새도록 상을 대하고 성기(聲氣)가 상응하면, 토론(討論)하며 서로 도울 것이오."라고 하였습니다. 이른 바 물드는 것이 단칠(丹柒)과 같다는 것이니, 옛말에서 맑은 물처럼 사귀니 이미 군자(君子)를 보았다고 한 것뿐만이 아닙니다. 서로간의 편지로 정을 통하니, 참으로 지기(志氣)가 서로 같아서 일촌(一寸)의 마음을 허락하였습니다. 장차 어찌 달고 쓴 일들이 서로를 이간할 수 있겠습니까? 아! 누가 금석지계(金石之契)를 알겠습니까?

어느덧 금일에 이르러 흰 이슬이 푸른 갈대에 맺히었는데, 이별에 임하게 되었습니다. 초한 이 글이 어찌 문장이겠습니까? 고인(古人)의 원원(源源)한 뜻을 부칠 따름입니다. 이후로부터 인연이 이어질지는 모르겠습니다. 만일 시골사람으로 보지 않는다면 과연 반형(班荊)의 즐거움이 있지 않겠습니까?

친구 조병우에게 남기는 성암산중에서의 소서 留趙友炳佑星岩山中小序

내가 한묵(翰墨)에 종사하여, 금세(今世) 인물들을 겪어본 것이 많지 않다고 할 수 없었다. 그런데 그 뜻이 고결하고 기상이 높은 사람은 약소하지 않는데, 사람이 경경연(硜硜然)한 자는 모아보아도 그러한 사람이 없다. 병진(丙辰)년 가을, 조군(趙君) 병우(炳遇)는 나를 비루하게 여기지는 않았지만 결사(結社)할 것 같지 않았다. 성암산중(星岩山中)에서 그 뜻과 기국(氣局)을 보니, 표표(飄飄)함이 하늘에 치솟은 봉황처럼 굶주려도 오곡을 쪼지 않을 듯하였고, 교교(皎皎)함은 못 속에 감춰진 구슬처럼 진흙에도 물들지 않을 듯하였다. 마치 상서로움을 알고서 구하여 보배로 삼으려는 것이 있는 듯하였다.

군자(君子)라면 어찌 기꺼이 수레를 함께 타려고 한 번 멈추지 않으리오. 몹시 왔던 바를 이룸이 있으리라. 육안(肉眼)으로도 또한 흠탄(歆嘆)하지 않을 수 없었다. 그래서 이별에 임하여 간략하게 몇 행의 글을 썼는데, 고인(古人)이 권선(勸善)하였던 뜻을 부친 것이다. 이어서 시를 남겼다. "연연(涓涓)한 어두운 밤의 시대에서, 비로소 한 사람을 얻어서 보네. 염우(廉隅)함은 오곡을 쪼지 않는 봉황이고, 기상(氣像)은 가시나무를 제친 난(蘭)이네. 능히 겸손하니 잃은 것이 적고, 자부하며 어려운 성취로 나아가네. 관녕(管寧)의 자리를 만들지 마오, 연파(沿波)가 파도를 도울 수 있으리."

유성근 군에게 주는 이별의 서 贈柳君成根別序

대저 땅속을 살펴보는 것은 샘물을 얻기 위해서이고, 학문을 하는 것은 도(道)를 구하기 위해서이다. 그런데 샘물은 땅속에 있지만 살펴본 연후에야 얻을 수 있고, 도는 책 속에 있지만 배운 연후에야 깨칠 수 있다. 샘물을 얻으려는 자는 먼저 반드시 땅속을 감식하는 공(功)을 시행하여야 하고, 도를 구하려는 자는 먼저 반드시 학문할 수 있는 바탕의 힘이 요구된다. 만일 학문을 버리고서 그 도를 구하려고 한다면, 그것은 땅속을 살핌이 없이 먼저 그 샘을 파려고 하는 것과 다를 것이 없으니, 어떻게 얻을 수가 있겠는가?

옛사람이 말하기를 "도에 뜻을 두고서 하늘에 오르려는 것을 탄식하는 것은 도를 아는 자가 아니기 때문이다."라고 하였다. 어찌 자신을 속일 수가 있겠는가? 도는 본래 기기현현(奇奇玄玄)하고, 고원(高遠)하여 행하기 어려운 것이 아니다. 조물주는 일용상행(日用常行)에 있는데, 그러나 사람들은 스스로 살피지 못한다. 부자(父子)와 군신(君臣)은 다만 그 상법[常]이며, 출입기거(出入起居)는 다만 그 때[時]이다. 반드시 학문을 하여 정밀하게 살피어서, 그것으로 구한다면, 앎이 나에게 있으며 행함이 나에게 있으니, 이것이 도를 이루는 것이다.

이런 까닭에 옛날 성현(聖賢)들이 이것을 행하였던 것이다. 도라는 것은 손바닥을 가리키는 사이[指掌之間]를 벗어나지 않으며, 만사의 기미[萬事之機]가 분명함은 규문 안[閨門之內]을 벗어나지 않는다. 천하의 경륜자(經綸者)도 처음부터 현명하고 지혜롭고 남음이 있지 않았다. 어리석고 불초(不肖)하고 부족한 자도 가까움으로부터 멀리 가고, 낮은 곳에서 높이 가고, 조금씩 나아감을 그치지 않는다면 사람마다 모두 도에 이를 수 있을 것이다.

아! 세상이 하대로 내려와 풍속이 무너지고, 사정(邪正)을 분별하기 어려우며, 사우(師友) 도표(道表)가 사람들을 이끌고 부화(敷華)하여 오랑캐가 되려한다. 오늘날, 유군(柳君)이 한 상자의 책을 가지고 용연소사(龍淵少舍)로 나를 방문하였다. 그 천성(天性)이 근후(謹厚)하고, 지조(志操)가 견렬(堅烈)함을 보니, 의문이 있으면 반드시 질문을 하려는 공(功)이 있고, 소득이 있으면 반드시 깊이 생각함이 있었다.

청상(淸爽)한 꽃이 핀 아침과 조용한 달이 뜬 저녁에도 부지런히 태만하지 않으니, 도에 뜻을 두고 돈독하게 살피며, 학문에 힘을 다하는 자라고 할 수 있다. 그러나 나는 부끄럽게도 그것에 응할 바가 없어서, 다만 둔장(鈍匠)이 그 쇠를 단련해 줄 수 없는 것이 한스러웠다. 그러나 또한 흠상(欽償)이 없을 수는 없다. 그래서 이별에 임하여 대략 몇 마디를 썼는데, 고인(古人)이 권선(勸善)한 뜻으로 붙이었다. 바라건대 그대는 부디 이 말을 저버리지 마오.

이창헌을 전송하는 길가에서 준 서 送李昌憲歸路上序

계림(桂林)의 나무는 비록 재목으로서 귀한 것이지만 준승(準繩)을 받지 않으면 재목으로 쓸 바가 없고, 호련(瑚璉) 옥은 비록 그릇을 만드는데 중요하지만 탁마(琢磨)를 가하지 않으면, 그릇으로 쓸 수가 없다. 군자(君子)가 비록 재질(才質)의 아름다움을 지녔더라도 학문을 바탕으로 삼지 않으면 세상에서 중시 받지 못할 것이 분명하다.

이해 중춘에, 나는 수삼 명의 마을 수재들 때문에 용연서숙(龍淵書塾)에 머물러 있으면서 스스로 소견(消遣)으로 삼았다. 창헌(昌憲)은 17세 총각인데, 논어[魯論]을 상자에 넣어 가지고 와서 도움을 청하였다. 스스로 노망(鹵莽)하여 남의 스승이 되기에 부끄러웠지만, 이러한 뜻으로 왔기 때문에 그를 받아들였다. 그 지의(志意)가 가상(嘉尙)하고, 행동거지에 법도가 있음을 보니, 그가 덕행가(德行家)의 자제(子弟)임을 알 수 있었다. 그 집안[閥閱]을 물어보니, 곧 묵은(默隱) 회우공(悔尤公), 즉 사계와 우암[沙尤] 양 선생의 문인(門人)이었다. 그러니 연원(淵源)있는 고가(故家)의 후예이었다.

더욱 사랑하며 아침저녁으로 권장(勸獎)하였다. 근고(勤苦)하며 저작(咀嚼)함이 평소 이룬 바가 있었다. 또 필법에 뛰어났는데, 용면호

복(龍眠虎伏)하는 듯하여 발해(渤海)의 물고기가 장차 풍운(風雲) 속에서 변화하려는 것을 알 수 있었다. 대저 여기에서 칠삭(七朔)을 보내고 책을 묶고서 귀가를 알렸다. 이에 한 마디 말로 신칙한다.

"사군자(士君子)가 가장 근심하는 바는 오로지 재기(才氣)를 믿고 경부(輕浮)하게 행동하는 것이다. 조신(躁身)에 소중한 것은 덕업(德業)에 근본을 두고, 신후(愼厚)하고 서태(舒泰)하여야 한다. 돌아가서 마음에서 그것을 구하고, 예기(銳氣)로써 원덕(原德)을 넘으려고 하지 않으면, 계림(桂林)과 호련(瑚璉)의 이루기 어려움을 근심하지 않는다면, 아마 크게 이루어서 집안의 명성이 더욱 창성하게 될 것이다. 부지런히 시행하라."

조지원에게 주는 서 贈趙志遠序

나는 소루(疎漏)한 자질로서 품성(稟性)이 우활(迂濶)하여 시속배(時俗輩)들에게 거슬림을 당하였는데, 형세가 참으로 합당하지 못하여 마침내 산수(山水) 사이에 자취를 붙이고 우유상양(優遊徜徉)한 지가 지금 한 해가 되어간다. 을미(乙未)년 겨울에 조지원(趙志遠)이 나를 불러서 수개월의 계획을 이루었다. 나를 아는 사람은 내가 자취를 감추고 뜻을 구한다고 여기고, 그러나 나를 모르는 사람은 도리어 나를 비웃음을 당할 자질로 여겼다. 그러나 문자를 알고 몸을 닦는 사람이라면 어찌 남들의 한 마디 비방과 한 마디 칭찬에 마음 쓰겠는가?

오늘을 살펴보면, 사면(四面)이 가려 막히고, 한 마디 알아들을 수 없는 외국인의 언동[鴂舌言動]도 없고, 그 사이에 일실(一室)을 만들어, 도를 강론(講道)하는 장소로 삼았다. 비록 격치성정(格致誠正)에 깊이 이르려고 하지만, 만약 신독(愼獨)한 대군자(大君子)가 아니라면 어찌 용이하게 진발(振拔)하겠는가? 뜻이 원대한 초학(初學) 선비는 의범(儀範)이 청아(淸雅)하고 추향(趨向)이 단정하지만, 다만 심지(心志)가 확립됨이 없어서 견문이 이른 곳에서 미혹됨이 많다. 그래서 발굽자취의 구멍에 빠질까 두렵다. 나는 그것이 두려워서, 이별에 임하여 일절(一絶)을 불러주니 깊이 알도록 하라.

노여흥과 안중 두 사람과 이별하며 주는 서 別魯汝興安重兩君序

천지(天地)는 한 커다란 용광로[巨爐]인데, 조화(造化)가 한번 크게 담금질을 하였다. 사람은 용광로 속의 한 좋은 쇠[良金]인데 그 단련(鍛鍊)과 주용(鑄鎔)으로 말미암아 각기 그 그릇을 이루었다. 그러므로 그 네모나고 둥글고 길고 짧은 형태가 만 가지로 같지 않음이 있다. 주조된 바의 묘가 균일하게 조화롭지 않음이 없다. 그래서 네모난 것은 더 보탤 수 없고, 둥근 것은 덜어낼 수 없고, 긴 것은 날카롭게 할 수 없고, 짧은 것은 둔하게 할 수 없다. 이것은 곧 조화의 묘가 원래 사적인 두터움[私厚]이 없기 때문이다.

사람과 성인(聖人)은 청탁(淸濁)하고 수박(粹駁)하여, 기품(氣稟)이 각각 같지 않지만, 성선(性善)의 이치는 균일하게 부여하지 않음이 없음은 본래 피차의 구별이 없기 때문이다. 이것으로 추측해본다면 복재(覆載) 사이에 성명(性命) 혈육(血肉)이 있는데, 모두 이기(理氣)이다. 그 가려진 곳의 몽몽(懞瞢)함을 들어서 단정하여 말하기를 "나와 성인은 성(性)이 본래 차별이 있으니, 비록 천만(千萬)의 사력(死力)을 극진히 하여도, 결코 성인의 도(道)로 들어갈 수 없을 뿐이다."라고 한다. 어찌 성인의 죄인이 되지 않겠으며 또한 상천(上天)에 버림받은 바가 아니겠는가? 아! 나 역시 조화 중의 한 구각(軀

殼)으로서, 품기(稟氣)가 비록 조박(粗駁)하지만, 천명건순(天命健順)의 이치는 마땅히 고인(古人)보다 일분자(一分子) 아래가 아니다.

그런데 8세 때부터 유학(遊學)하여 40년 동안 오래 이었지만, 끝내 한 번의 지각(知覺)도 없었는데, 조금이라도 고인(古人)과 같겠는가? 그 까닭이 무엇인가? 평상시에 억탁(臆度)하여 성분(性分)을 받음은 원래 등과(等科)가 없다고 인정하였는데, 그러나 어리석음과 현명함은 구우(區宇)를 정분(定分)함이 같지 않음을 깨달았다. 일조(一朝)에 황연(恍然)하게 자각(自覺)하니, 곧 강충(降衷)하는 하늘이 나에게 박(薄)함이 있는 것이 아니고, 나의 정성에 있어서 다만 고인(古人)에게 미치지 못한 것이 여러 곱[萬萬]인 것이다.

참으로 자강(自强)한 힘이 있다면 어찌 도학(道學)을 깊이 깨칠 수 없고, 성역(聖域)을 실천할 수 없음을 근심하겠는가? 다시 위연히 탄식하기를 "사람이 천성을 받음은 똑같은 이치의 하나인데, 그 병을 받음은 두 가지이다. 하나는 혈기(血氣)의 병이고, 또 하나는 심지(心志)의 병이다. 혈기의 병은 외부에 있고, 심지의 병은 내부에 있다. 외부에 있는 것은 그 풍습(風濕) 한열(寒熱)에 따라서 치료할 수 있는 권리가 남에게 있지만, 내부에 있는 것은 그 나겁(懶怯) 탐욕(貪慾)을 살펴서 투약(投藥)할 권리가 나에게 있다. 지금 내가 고인(古人)과 닮음이 없는 것은 다만 나의 권리를 잃은 데에 있는데, 근신(勤信) 용렴(勇廉)의 약(藥)으로써 그 가려진 곳을 치료하여 나의 본심의 원천을 맑게 하지 못하기 때문이다. 이것을 품고서 말하지 못한 것이 바야흐로 다년간이었다.

경신(庚申)년 봄에 노군(魯君) 여흥(汝興)이 나를 불렀는데, 그 족인(族人) 안중보(安重甫)와 함께 결사(結社)의 호의를 맺고서 꽃 핀 아침에 창영(唱咏)하고, 회나무 꽃이 핀 여름에 논술(論述)하며 근근간간(勤勤懇懇)하게 부합(符合)하는 친분이 완연히 물과 물고기가 서로 친한 것 같았다. 그 기상(氣像)의 아름다움과 재예(才藝)의 민첩함이 범상한 사람들보다 수배가 나았다.

그러나 다만 근심하는 바는 독실(篤實)함이 부족할 뿐이었다. 게다가 이색(異色) 횡설(橫說)이 시끄럽게 날로 왕성해져서 장차 인전(仁田)을 황폐하게 하여서 의로움(義)의 종자의 싹이 자라지 못하게 하려고 한다. 그 도를 믿음이 돈독하지 못하여 벌레처럼 미혹하여 참됨을 어지럽히면 연연(涓涓)한 화(禍)가 반드시 하늘까지 미칠 것이다. 이에 장차 나에게 부여된 천성에 허물을 돌리게 될 것이다. 그래서 이별에 임하여 이것을 써서 주니, 두 사람은 이 말을 거울 삼아서 부지런히 하라.

반곡의 여러 생도들과 이별하며 준 서 贈盤谷諸生別序

반곡(盤谷)은 나의 선인(先人)의 외향(外鄕)이다. 내가 묘년(妙年)에 유학하였을 때 밥 한 도시락과 책 한 보자기를 가지고 죽파(竹坡) 약이(若而) 형(兄)을 좇아서 경려계(警勵計)를 입은 것이 많다. 이미 스무 제사 전의 옛일이다. 이해 2월 길일(吉日)에 병일(炳日), 병기(炳記), 양래(陽來) 군(君)이 나를 가르쳐 달라고 불렀다. 일동의 제생들은 모두 45명 남짓인데, 모두가 지난날 종유하였던 사람들의 자질들과 문중의 수재(秀才)들이었다. 그리고 정군(鄭君)은 더욱 우리 성(姓)의 외손(外孫)이었다. 면면(面面)이 온화하고 순수하여 운반전옥(雲盤轉玉)과 월곡부금(月谷浮金)이 아닌 것이 없어서 근기(根基)가 몹시 좋았다. 곧 이 곳의 명성이 헛되이 얻음이 아님을 알았다.

또 이것은 약이(若而) 형이 도용(陶鎔)한 바가 많았다. 금세에 새 조류가 내려와 육지가 침몰하고, 이언(異言)이 무리를 수립하고, 외학(外學)이 문호를 세우고, 우리 도를 강학함은 사분오열(四分五裂)되고 남은 것이 거의 드물다. 고군(孤軍)이 강적(强敵)을 대하는 것처럼 그 형세를 감당할 수가 없다. 만약 죽음을 무릅쓰고 앞으로 향하는 용기가 아니면 끝내 난(亂)을 극복하고 깃발을 휘두를 날을 보지 못할 것이다.

제군(諸君)은 모두 발속(拔俗)한 재간으로써 수립(樹立)함에 바람이 있으니, 비록 쇠라도 녹일 수 있고, 바위 또한 갈아버릴 수 있다. 이 마음을 바꾸지 말라. 산은 늙지 않고 물은 오히려 남아 있으니, 이 뜻으로 오래 간다면 일석(一碩)의 과수가 여러 그늘을 이루어 벗겨지지 않을 것이고, 양춘(陽春)의 소식이 어찌 가까이 있지 않겠는가? 나는 게으르고 산만하여 들은 것이 없어서 성의(誠意)의 만의 하나도 도와줄 수 없으나 만약 끝내 비루하지 않다고 하고 기꺼이 공시(功偲)의 말(末)에 놓아두고 착한 말로 서로 고하면 또한 즐겁게 듣고 그 만남을 본받지 않겠는가. 제군들은 장차 기억하지 않겠는가? 대략 거친 말을 갖추어서 출발에 임한 정으로서 준다. 그리고 다음의 절구로 잇는다. "명곡(名谷)에서 사람을 오래 머물도록 허락하니, 울창한 소나무와 그윽한 측백나무가 여러 세월이네, 소나무와 측백나무처럼 마음이 오래 있을 것을 원하니, 지석(砥石)이 어찌 풍랑에 흘러가랴."

병인(丙寅)년 유월 그믐.

무술보서 戊戌譜序

대개 나누어지면 합함이 있고, 합해지면 나뉨이 있음은 고금에서 통한다. 그것은 인족(人族)에 있어서 적확한 이치의 형세이다. 우리 씨족이 보(譜)를 만든 것은 대개 몇 차례였다. 옛날 무자(戊子)년의 가승(家乘) 이후, 신해(辛亥)년에 이어서 수찬(修撰)하였다. 그런데 논의를 세우는데 있어서의 규각(圭角) 때문에, 종중(宗中) 양가(兩家)가 마침내 분열되고 말았다. 그로부터 백여 년 친친(親親)의 정의(情誼)가 세월이 갈수록 더욱 소홀해져서 탄식할 만하였다. 옛말에 "비록 백대(百代)일지라도 지친(至親)이다."라고 하였는데, 하물며 우리의 서계(序系)는 시복(緦服)을 넘는 것이 얼마 되지 않음에랴!

다행히 갑신(甲申)년 봄에 문중에서 춘회종중계삼파(春廻宗仲季三派)를 의논하고, 종안(宗案)이 편성(編成)되었다. 경인(庚寅)년에 이르러 대동합보(大同合譜)를 하고, 정의를 펴고 강목(講睦)한 연후에 천질(天秩)의 의리가 유연(油然)이 살아나서, 돈독히 바른 데로 돌아갔다. 아! 우리 조종(祖宗)의 영령이 명명(冥冥)한 가운데서 묵묵히 도와서, 한 뿌리로 융합하니, 만엽(萬葉)이 함께 봄의 은택을 누리게 된 것이던가? 아니면 세기(世機)의 변천으로 인하여 고집했던 성질이 점차 풀리어서 다시 태초의 원기(元氣)를 흐르게 한 것인가? 비로소 우리 문중의 경복(慶福)이 장래에 무궁(無窮)할 것을 믿게 되었다.

나는 관견(管見)으로서 대동보의 일에 참여하게 되었는데, 우리 파(派)의 일인(一人) 일가(一家)의 단합(團合)을 빠뜨리지 않으려고 하지 않음이 없었다. 그러나 어떤 경우는 곤궁에 빠져서 부대(負戴)하고 고향을 떠난 자가 있고, 혹은 화환(禍患)을 당하여 바람과 조수[風潮] 속으로 쫓겨난 자가 있어서, 모두를 들어서 수습할 수가 없었다. 이는 슬퍼할 만하였다. 그러므로 무진(戊辰)년의 파보(派譜)와의 거리가 일세기(一世紀)인 무술(戊戌)년 금일에 세상의 소란이 약간 그쳤는데, 일향(一香)으로 씨족을 거두는 일을 늦출 수가 없다. 고금(古今)을 돌아보면, 천지(天地)가 판탕(板蕩)하고, 육주(六洲)가 탕불(盪沸)하고, 광류퇴파(狂流頹波)가 대륙(大陸)를 범람하여 침몰시켰다. 가정에서는 사탄(邪誕)에 미혹되고, 사람들은 요망(妖妄)함에 빠졌다. 이른 바 우리 윤리의 도는 다 쓸어져 없어지고, 인심을 흩어지게 하니, 장차 아버지는 아버지다워야 하고, 자식은 자식다워야 함을 모르게 될 것이다. 하물며 다시 그 위로 소급하여 조선(祖先)들의 세대(世代)를 알고, 아래로 자손들에게 소목(昭穆)을 진술하여 계승하게 하겠는가?

지난 겨울에 보(譜)에 대한 의논을 일제히 발하여, 규모와 절차에 있어서 반드시 손익을 따지지 않았다. 다만 구례(舊例)에 의거하여 송설정(松雪亭) 이하의 자손들을 합하여 편찬하였는데, 역시 포습(拋拾)에 있어서 빠진 자가 없는지는 알 수 없다. 이는 참으로 나누어지면 합쳐진다는 것인데, 이치가 본래 그런 것이다. 합하면 나누어진다는 것은 형세가 또한 그런 것이다. 어찌 모순원방(矛盾圓方)을 그 사이에 논할 수 있겠는가? 그것이 완성되자, 족형(族弟) 재홍(在弘)과 재철(在哲)이 내가 이 일에 대하여 들은 것이 있다고 하였기 때문에, 감히 서를 써서 우리 종족들이 더욱더욱 화목하기를 권한다.

호보서 號譜序

대개 호(號)를 칭함은 오래되었다. 진한(秦漢) 이상은 살펴볼 수 없으나, 당송(唐宋) 이래 상하(上下) 천 년 동안 대현(大賢) 석덕(碩德)과 문장가와 시가(詩家)에게 호가 없지 않았다. 우리 동방에 있어서는 조정이나 재야에서 은거하거나 현달한 자들, 명유(名儒)와 대가(大家)들, 산림에서 뜻을 꺾인 자들[山林屈志], 강호(江湖)에서 자취를 감춘 자들 모두가 호(號)로 불렸는데, 그 뜻이 어디에 있는가를 밝혔다.

이는 반드시 존귀한 사람을 존귀하게 여기고, 귀한 사람을 귀하게 여기고, 현명한 사람을 현명하게 여기고, 벗을 벗으로 여기는 데에 있어서, 그 사람을 칭하여 말할 때 이름을 부르고 자를 부르는 것은 특히 경중(敬重)하는 도리가 아니기 때문이다. 그러나 호에 대한 설(說)에는 세 종류의 도리가 있다. 스승이 그것을 지어주는 것은 그 여지독행(勵志篤行)을 격려해 주는 것이고, 벗이 그것을 공경하는 것은 그 진덕수업(進德修業)을 권하려는 것이다. 또 스스로 뜻에 안존함을 취함이 있다. 그래서 그 지명(地名)을 따르고, 사물의 이름을 이용하여 각각 그 의취(意趣)에 맞추는 것이다. 그렇다면 사람이 호를 사용하는 까닭은 그 덕행과 지절 때문인데, 사업의 진행과 실천의 진실은 곧 이것으로써 그 방불(彷彿)함을 형용하는 것이다. 이는 실로 학문의 일표(一表)이고 결국 행장(行藏)의 한 관건(關鍵)이다. 그래서 사필(史筆)을 잡은 사람은 반드시 글에다 그것을 주(註)하고, 사업의 공적을 드러내는 자는 반드시 적(籍)에다 그것을 게시하는 것이다. 나라의 승가지첩(乘家之牒)에는 전함에 거짓이 없어서 후세에 조술함이 있는 것이다. 어찌 부박(膚薄) 천삽(淺澁)하게 사용할 바이겠는가?

옛말에 "십실(十室)의 읍(邑)에 어찌 충신(忠信)이 없겠는가?"라고 하였다. 우리 면성(綿城)은 일두(一斗)의 땅인데 비록 바다 모퉁이에 치우쳐 있지만 군(郡)이 있은 후로 수백년이 되었다. 달사(達士) 임현(林賢)들이 어찌 고금에 한정되겠는가? 그 나머지 조신(措紳), 고족(故族)으로서 의리를 지키고 절의를 숭상하고, 보배를 품고서 팔지 못한 선비들이 곳곳에 많았다.

지금 서쪽에서 떠들고 북쪽에서 아우성치는 것을 돌아보면 진나라 때의 화[秦火; 분서갱유]보다도 심하다. 강륜(綱倫)이 무너지고 천양(天壤)이 위치를 바꾸었다. 일부(一部)의 춘추(春秋)뿐만 아니라 찾아서 따를 만한 곳이 없다. 현인(賢人)들의 위대한 행적은 감춰지고 흩어져 사라져서 증명할 근거가 없다. 이 때문에 뜻 있는 자들이 탄식한 지가 오래이다.

나의 벗 현풍씨(顯豊氏)는 인(仁)을 행해야 할 곳을 당하면 남에게 양보하지 않는 선비이다. 평생 세도(世道)에 감개하였는데, 이 근심으로써 군(郡)의 장보(章甫)들과 의논하여 명가(各家)의 문헌재적(文獻載籍)들을 찾고, 들었던 호(號)를 취하여, 실지로 외사(外史)의 뜻을 붙이어 보(譜)를 만들고 편집하여 그것이 내세에도 불후(不朽)하기를 도모하였다. 이것이 어찌 우리 군(郡)의 한 한청(汗靑)이 아니겠는가? 편집이 이미 완성되어, 장차 기강씨(剞劂氏)에게 부치려고 하면서, 나에게 한 마디 써줄 것을 권하였다. 거듭 그 청을 거절하였으나, 미멸(微蔑)함을 돌아보지 못하고 망령되게 이 글을 써서 그것을 더럽히게 되었다.

발 跋

정재유고발 靜齋遺稿跋

문(文)이 어찌 많아야만 하는가? 많으면 정밀함을 다할 수 없다. 시(詩)를 어찌 번거롭게 지어야만 하는가? 번거로우면 아름다움을 순수하게 할 수 없다. 문이란 것은 도(道)를 실어서 그 이치를 정밀하게 하는 것이다. 시라는 것은 정(情)에 순응하여 그 말[詞]을 아름답게 하는 것이다. 그런 후에 곧 시와 문을 말할 수 있다.

고(故) 정재거사(靜齋居士) 박락경(朴樂卿)씨는 무안(務安)의 거족(巨族)이다. 어려서부터 영오(穎悟)하고, 뜻이 노성자(老成者)와 같았다. 성장하자, 송사(松沙: 기우만)와 일신(日新: 정재주)의 문하에 노닐면서 강론을 듣고 학문을 이루었다. 대방(大方)의 지취(志趣)가 정대(正大)하고, 지조와 실천이 단정하고 확고하여 추회(陬海)의 거벽(巨擘)이라고 인정하였다. 불행히 갑자기 수문랑(修文郎: 문인의 죽음)이 되었다.

아! 하늘이 수명을 더해주었더라면 그 진취(進就)를 어찌 헤아릴 수 있었겠는가? 이른 바 전할 수 있는 것은 대개 문과 시가 약간 편으로서 불과 수백 언(言)일 뿐이다. 그러나 의리(義理: 뜻과 이치)가 정수(精粹)하고, 사지(詞旨: 말의 뜻)가 통창(通暢)하여 백세에 징험이 된다고 할 수 있다. 다만 한스러운 것은 계림(桂林)의 주수(珠樹)가 동량(棟樑)에 미치지 못하고 일찍이 도끼질을 받은 것이다. 지금 그 아우 일상(馹相)씨가 그것들이 없어져버릴까 두려워서 한 책으로 모아서 장차 출판하려 하면서, 나에게 편말(編末)에 한 마디

해달라고 부탁하였다.

아! 세상을 떠나고도 전함이 있으니, 재현(在鉉)이 늙도록 들은 바가 없는 것보다 더 낫다. 이 노졸(鹵拙)함을 부끄러워하며, 찬망(僭妄)함에도 불구하고 대략 몇 행을 진술하여 평일 서로 알았던 정(情)을 썼다.

금란서첩발 金蘭書帖跋

오래된 필첩(筆帖)은 우리 선조 약재선생(藥齋先生)이 평생 곤궁했던 일과 좋은 일에서 서로 위로하고 축하하며 주고받은 것들이다. 대략 백여 편지를 한 권으로 편성(編成)하였는데, '금란(金蘭)'이라고 이름 붙이고 우리 후손들에게 남긴 것이다.

그 건필(健筆)과 웅사(雄詞)를 열람해보니, 당시(當時)의 명공거경(名公巨卿)과 석덕군자(碩德君子)들의 유묵(遺墨)이 아닌 것이 없다. 곧 이는 어찌 우리가 대대로 전해야 할 보물이 아니겠는가? 선생이 세상을 떠난 지 이미 3백여 년인데 오히려 건연(巾衍: 상자)을 벗어나지 못하였다. 그런데 12대손 재홍(在弘)이 그것이 인몰(湮沒)될까 두려워서, 개연(慨然)히 재록(在祿)과 함께 계획하고 정성을 다하여 기궐씨(剞劂氏: 판각하는 사람)에게 부치었다.

아! 늦었구나! 선생의 탁절(卓節)과 명덕(名德)이 아직 표창을 받지 못한 것은 자손들이 영체(零替: 영락)하기 때문일 뿐이다. 참으로 한심하다는 것이 바로 이런 것이던가!

후손 재현(在鉉)이 삼가 쓰다.

기 記

병오년 2월 금동서재에 가서 기를 쓰다 丙午二月至金洞書齋便記

이날 가정에서 힘써 채소밭을 가꾸면서 약초의 모종을 옮겼다. 문득 찾아온 사람이 있었는데 곧 박사문(朴斯文) 춘경(春卿)이었다. 협실(夾室)에 머무르게 하였는데, 점심 후에 말하기를 "자식을 위하여 스승으로 모실까 합니다. 이는 사람의 부모로서 당연한 일입니다. 자식을 위한 일은 모두가 중대한데, 외람되게 앉아서 찾을 수가 없어서 일부러 왔습니다. 임자(任子)의 뜻은 어떠합니까?"라고 하였다.

내가 대답하기를 "대저 사람이 세상에 나서 학문하지 않는다면 사람이 될 바가 없습니다. 사람은 자제를 교육시킨 이후에야 군부(君父)의 대강(大綱)을 알게 하여 금수(禽獸)의 영역을 벗어나게 할 수 있습니다. 자제를 교육시킬 줄 모른다면, 이는 모두 군부(君父)의 중요함을 잊은 자들입니다. 그 사람되는 도리에 있어서 전혀 부끄러움이 없겠습니까? 이런 까닭으로 공자(孔子)께서 '장자(長者)가 가르치지 않으면 소자(少者)는 좌하(座下)에 무지하다.'고 하였습니다. 금일 오신 것은 실지로 선성(先聖)의 유후지언(裕後之言)일 따름이니, 군친(君親)의 윤기(倫紀)에 관하여 강론하여 숙지(熟知)하였음이 분명합니다. 몹시 축하합니다. 지금 세계에서 비로소 견문함은 무엇 때문입니까? 그러므로 대개 남의 스승이 되는 자는 덕행이 남에게 미칠 수 있는 후에야 하늘에 부끄럽지 않고 남에게 부끄럽지 않는 마음으로써 남의 스승이 되는 사람에 대한 맹자(孟子)의 경계를 면할 수 있을 것입니다. 지금 스스로 연소함을 돌아보면, 수백의 사업에 대하여 멸렬(蔑裂)하여 하나도 편안히 익힘이 없는데, 무슨 여파(餘波)가 있어서 남에게 미칠 수 있겠습니까?"라고 하였다.

이미 그 위의(威儀)가 진중(珍重)하고 언어(言語)가 속되지 않음을 보니, 표표(飄飄)하게 세상 밖의 인물 같아서 참으로 숙계(叔季)에 출몰하는 객(客)이 아니었다. 사양할 수가 없어서 행장을 꾸려서 길을 나섰다. 춘색(春色)이 영롱(玲瓏)하고, 일기(日氣)가 화창(和暢)하고, 버드나무의 광풍(光風)을 펴고, 상제의 건도(乾道)를 영원히 하여 그치지 않는 이치가 있어서, 사택(四澤)에 물이 흐르니 조금 농사 계획을 알아 여유 있는 뜻이 있다. 바야흐로 월암(月岩)을 지나며, 산기(山氣)가 수려(粹麗)함을 보고, 문득 학교(鶴橋)에 올라서 석수(石手)의 빼어난 솜씨를 미루어 감탄한다. 맑은 물이 들 아래 있는데, 편리하게 한 냇물을 건넌다. 금곡(金谷)에 가까이 이르니 해가 저물려고 하였다.

지산자기 志山自記

산이 어찌 옮겨지겠는가? 대륙(大陸)에 실려 있는 것 가운데 산보다 막중(莫重)한 것이 있겠는가? 지축(地軸)이 꺾이지 않으면, 비록 천겁(千刼)을 겪더라도 산(山)은 굳게 자여(自如)할 것이다. 뜻이 어찌 변하겠는가? 일생을 주관하는 것 가운데 뜻보다 막대한 것이 있겠는가? 인명(人命)이 존재(在存)하면, 비록 온갖 어려움을 겪더라도 뜻은 견고(堅固)함을 얻을 것이다. 내가 지산(志山)으로써 자호(自號)한 것은 산에 은거하여 산에서 채취하며 어둠 속에서 찾으며 외롭게 가고자 함이 아니고, 그 자신을 독선(獨善)하는 데에 뜻을 둔 것이다.

어려서 부모의 명령으로 7세에 입학하여 문자(文字)를 들었다. 학업에 뜻을 세우는 경계로서 산에 맹세하여 뜻을 세웠는데, 산으로써 저 뜻을 세운 것이 아니고, 나로써 경중(輕重) 간을 살피고자 한 것이다. 아! 지금 나의 나이가 69세이다. 그 사이에 변란(變亂)의 풍우(風雨)가 동서에서 번복(翻覆)되어, 인사(人事)가 전도(顚倒)되고 위기가 호망(毫芒)에 있어서 근심과 고통이 형극(荊棘) 같고, 아침과 저녁이 막히어 구학(溝壑)으로 구르려고 하는 것이 눈앞에 벌어지는 일이다. 그러나 이 뜻을 스스로 변하지 않으니, 그 뜻이 만의 하나라도 위에 보답할 수 있을 것이다. 그런데 명도(命道)가 어긋나고, 늙고 궁벽하여 사업은 하나의 작은 공적도 없는데 나이만 남보다 많으니, 이는 명명지중(冥冥之中)에서 허물을 진 것이다. 이에 글을 지어 초막(草幕)의 기(記)로 삼는다.

계사(癸巳)년 9월 일

호은기 湖隱記

도가 행해지지 않은 지가 오래이다. 산야(山野)가 깊고, 강호(江湖)는 멀어서, 예로부터 선인(善人)과 군자(君子)들로서 도덕(道德)을 감추고, 은거하여 의(義)를 행한 자가 곳곳마다 있었다. 비수(淝水)의 동은(董隱)과 신야(莘野) 이경(伊耕)은 모두 까닭이 있다. 위에서 이끌어주었다면 모두가 경륜을 발전시켜서 당세(當世)를 위함이 있었을 것이 분명하다. 눌도(訥島)는 남단(南端)에 이어진 한 작은 고을인데, 사방으로 강호(江湖)에 통하고, 동천(洞天)이 넓게 열려서 인가(人家)가 즐비(櫛比)하고, 이어진 농막이 백여 채이다. 배로 건너도 찾기 어려워서 세상의 먼지가 이르지 못한다. 무릉선계(武陵仙界)의 특별한 인간세상이라고 할 수 있다.

거사(居士)는 이곳에서 대대로 은거하였는데, 어눌한 말과 민첩한 행동으로써 부모에게 효도하고, 형제에게 우애하고, 또 이웃에게 선량하였다. 굶주린 자를 도와서 저장한 식량을 나눠주고, 아이를 낳을 때는 미역을 보태주고, 혼인을 도와서 단장할 수 있게 하였다. 일생 동안 한 일이 오직 자선시혜(慈善施惠)였다. 봄 강에 안개비 내리고, 가을 호수에 서리 달이 뜨면, 혹은 낚시를 하고 혹은 술을 마시면서 나의 천성에 스스로 맞추고, 남에게서 구하지 않았다. 호수 가의 은거를 취할 줄 알았기에 대개 그런 것인가? 함 속에 감춰진 옥과 진흙 속에 묻힌 금처럼 양공(良工)의 혜안(慧眼)을 만나서 세상에 팔릴 것인지는 헤아릴 수 없지만, 세상이 아래로 내려와 풍속이 낮아져서 끝내 그 뜻을 얻을 수 없었다.

아! 또한 한스럽다. 섬 안의 여러 군자(君子)들이 그 덕혜(德惠)에 감복하여 비석을 세워서 행적을 기록하고, 칭송하고 덕을 기리려고 하였다. 남들에게 깊이 감동을 준 것을 어찌할 것인가? 하루는 고인(故人) 최한우(崔漢佑)씨가 나를 찾아와 그 의행(懿行) 미적(美蹟) 한 편을 읊어주며, 나에게 한 마디 써서 그것을 표창해달라고 하였다. 사양할 수가 없어서, 대략 들은 바를 써서 옛사람이 천리 밖에서 상조(相照)한 권곡(綣曲)을 표하였다. 거사는 누구인가? 윤(尹)이 성씨이고 주일(柱逸)이 그 이름이다. 남쪽의 거족(巨族)이다.

소천기 小川記

천하의 아름다운 산과 냇물이 어찌 그 숫자에 한계가 있을 것인가? 그러나 깊은 골짜기와 먼 바닷가에서는 스스로는 아름답고 밝게 드러날 수 없다. 반드시 현인(賢人)과 군자(君子)들이 찾아와서[杖屐] 그것을 돌아봄을 기다려서, 좋은 산수(山水)의 명성을 이룰 수가 있다. 보산(寶山)은 면주(綿州)의 한 조그만 명산(明山)이다. 그 서쪽으로 도는 머리에서 3리쯤에 한 위병(熨柄)이 수려한데 평평하게 펴져서 바다를 누르고, 옆에 한 작은 천[小川]이 있는데 보산에서 흘러와 둥글게 돌아서 흘러간다. 곧 박군(朴君) 학주(學柱)의 세거지(世居地) 평산(平山)이다. 그 왕대부(王大父) 민재선생(敏齋先生)은 산을 베개로 삼고 물을 자리로 삼아 높은 청정(淸淨)한 곳으로 나아가 따로 강사(講舍)를 세우고 만년의 덕업을 마치었다. 그러한 후 숲과 골짜기는 더욱 빛이 나고, 물과 바위는 채색이 나서 평산이란 이름이 비로소 남방 일대에 드러났다.

하루는 군(君)이 나를 찾아와서 그 호(號)를 청하였다. 나는 평소 그 지향함을 사랑하였다. 그 요청을 중시하고 적기를 "소천(小川)은 냇물의 흐름이 쉬지 않는 것처럼 끊임없이 힘써 행하여 그 집안의 대를 이을 수 있었다."고 하였다.

아! 산이 평평한데도 명성은 높은 산악보다도 더 높고, 냇물은 작지만 큰 바다까지 흘러 이른다. 대저 사군자(士君子)가 은거하여 행실을 단속하고, 실질에 돈독하고 의리를 좋아한다면, 비록 당시에 혁혁한 명성을 볼 수 없더라도, 그 윤택하게 점차 젖어드는 교화가 장차 생민들의 후세에 파급되지 않겠는가? 군의 타고난 성품이 몹시 사문(斯文)을 좋아하는데, 더욱 그 학문의 인원(仁源)을 맑게 하고, 그 행실의 옥윤(玉潤)을 닦는다면, 연연(涓涓)한 소천(小川)의 물이 마침내 강해(江海)의 대사업(大事業)을 이루어서 선생의 덕을 빛나게 함이 있으리라. 나는 비록 만년이지만, 봄날 따뜻함을 타고 한 명아주 지팡이와 무명 버선 차림으로 서쪽으로 가서 냇물에 임하여 한 국사의 맑은 물을 떠서 디리옴을 씻어내고 싶은 것이 몹시 소원이다. 학주는 열심히 시행하라.

삼호당기 三乎堂記

대저 호(乎)가 뜻을 이룸은 세 가지이다. 하나는 '의사(疑辭)'이고, 둘째는 '문사(問辭)'이고, 셋째는 '단사(斷辭)'이다. 지금 세 가지의 호(乎)는 의문[疑]과 질문[問]과 단언[斷]이다. 공부자(孔夫子)는 평일(平日)에 도덕의 근저(根柢)와 방향(方向)을 상세히 설명하여 십만 세세(世歲)를 개도(開導)하였는데, 후래에 삼호(三乎)라는 글자를 『논어(論語)』 칠편(七篇)의 머리에다 밝게 걸어놓고 명백하게 단언하여 후세의 학자들에게 흔쾌하게 그 문로(門路)의 기지(基地)가 되도록 하였다. 어찌 그 의심이나 질문을 논할 수 있겠는가?

우리 당(黨)의 박일상(朴馹相)씨는 하서(河西)의 고제(高弟) 죽헌선생(竹軒先生)의 후손이다. 선행을 즐기고 옛것을 좋아하는데, 지향함이 구속되지 않는 선비이다. 평림산(平林山) 한 자락의 조용한 구역에다 농막을 짓고서, 당미(堂楣)에다 '삼호(三乎)'라고 써놓았는데, 아마 그의 뜻이 있어서이다.

근일 윤강(倫綱)이 끊기고, 도학(道學)이 없어졌음을 목격하는데, 성인(聖人)의 글을 부지런히 쉬지 않고 익혀서 몸소 실행하고, 우리의 설(說)을 섬기면서 온 세상의 도도(滔滔)한 사람들을 들어서 모두 오랑캐와 금수로 여겼다. 자기의 학문이 넉넉하다고 듣고서 멀리서 찾아오는 사람이 있으면, 권권(惓惓)하게 서로 함께 선(善)으로 귀의하고자 하였다. 나의 즐거움을 이미 이룰 수 없으니, 세상에서 그 자신을 홀로 착하게 할 뿐이었다. 남들이 비록 알지 못하고 훼손하고 비난하여도 단단(亹亹)히 자득(自得)하고 조금도 화내지 않았다. "나의 마음은 항상 세 가지로써 쓴다."는 것을 단호하고 확고하게 자신(自信)하고 오래되어도 변하지 않았다.

그 첨자(簷字)의 조망(眺望)은 화목(花木)이 소쇄(瀟洒)하고, 천석(泉石)이 빼어나고, 연운(烟雲)이 기이한데, 이것들은 여사(餘事)일 뿐이었다. 그런데 주인(主人)은 시대풍조(時代風潮)로써 그 뜻을 바꾸지 않고서 증자(曾子)의 삼재(三在)와 자사(子思)의 삼위(三謂)를 순순(循循)히 따르며 차례로 공부하였다. 부자(夫子)가 이른바 군자(君子)이던가? 재현(在鉉)은 동자 때부터 서로 알았는데 백수(白首)에도 깊이 사귀었다. 스스로 묵시(默視)할 수가 없었는데, 또한 족숙(族叔) 광순(光淳)씨가 소개하여 글을 짓게 되었다. 다만 그 집만 들어서 기문(記文)을 지었는데, 옳은 것인가, 옳지 않은 것인가?

단기(檀紀) 4284년 신묘(辛卯) 11월, 재현(在鉉)이 짓다.

송계기 松溪記

산에 우거진 소나무와 한 개울이 있는데, 곧 처사(處士) 고옹(高翁) 명진(明鎭)이 한적(閑適)하게 지내는 장소이다. 그 좌측을 보면 학산(鶴山)이 수려(粹麗)하게 9리(里)나 이어졌고, 굽어 도는 것[縈廻]에 천고에 변치 않는 모습이 있고, 늘어진 소나무가 밀접하게 서 있다. 그 우측을 굽어보면 금강(錦江)이 넓게 흐르며 사호(四湖)를 삼키고, 느린 물결은 만곡(萬斛)을 머금은 양(量)인데, 천 개울이 모여 합쳐진다. 옹의 정자는 이곳에 있는데, 개울을 따라 소나무를 심어놓고 스스로 호로 삼았다. 그 뜻이 여기에서 취하려는 것이던가?

나는 한 포의(布衣)로서 우연히 별서(別墅)를 방문하였는데, 때마침 낙엽이 진 후, 장마 물이 다한 9월 가을이었다. 푸른 이끼가 낀 오솔길에는 선흔(仙痕)이 완연(完然)하였고, 흰 띠 지붕의 낮은 처마에는 학골(鶴骨)이 표연(飄然)하였다. 오직 솔바람과 개울의 달빛이 영령(泠泠) 담담(澹澹)하여 사람에게 우화(羽化)에 대한 상상을 하게 하였다.

이에 숙소로 나아가니, 행동거지가 의연[毅如]하였고, 기도(氣度)가 관홍(寬洪)하였고, 두려운 마음으로 가정을 다스리고, 온화하게 남을 접하였다. 바야흐로 뜻을 취함이 평소에 있었음을 알아, 부르는 것이 정이 있었다. 곧이어 양 소년이 나와서 절을 하였는데, 그들을 보여주며 말하기를 "이들은 나의 두 손자인 동주(東柱)와 관주(官柱)입니다. 나이가 지금 열네댓 살입니다, 대략 문자를 익혔는데, 한 명은 『중용(中庸)』을 강(講)하였고, 한 명은 『맹자(孟子)』를 강하였습니다. 군(君)께서 가르침을 내려주시기를 바랍니다."라고 하였다.

그 용모가 단아(端雅)하고, 언어(言語)가 낭랑쾌쾌(琅琅快快)를 보니, 곧 조부의 기풍이 있었다. 고사(固辭)할 수가 없어서 마침내 수업을 하였다. 지금 초휴(楚咻)가 사면(四面)에 있음을 보는데, 기쁘게도 노성(魯城) 아래의 현송(絃誦)을 들은 것이다. 대저 4회삭(晦朔)을 보내고 세월이 장차 저물려 할 때 출발에 임하여 그 사실을 들어서 기(記)를 지었다.

낭월재기 朗月齋記

재(齋)가 낭월산(朗月山)에 있어서 낭월(朗月)이라고 이름을 지은 것이다. 나의 선조 영천공(寧州公)과 그 중손(重孫) 통례공(通禮公)의 배필인 숙부인(淑夫人) 약당(若堂)의 재(齋)이다. 재를 처음 지를 때는 한 띠집에 불과하고, 또한 몹시 낮고 용렬하였다. 이것이 한(恨)이 된 것이 대개 여러 해였다. 다행히도 무인(戊寅)년 봄에 여러 친족들이 서로 상의하기를 "우리 낭월재의 제도를 더하여 다시 건설하는 일은 조금도 늦출 수가 없습니다. 어찌 인사(人事)의 소소(小小)함으로 인하여 들쭉날쭉 머뭇거릴 수 있겠습니까?"라고 하였다.

이에 각자 절약한 재물을 내어서 작은 물방울이 바다를 이룸에 이르러 그 일을 도모하였다.

목공들의 도끼질과 끌질을 신속하게 하도록 하고, 일을 감독하여 동여매고, 땅을 다지니, 몇 삭(朔)이 되지 않아서 재의 모습이 재빨리 바뀌었다. 일단(一團)의 낭월산(朗月山)에서 띠풀을 내오고 기와를 올리니, 백세(百世) 향기로움이 충분히 그 장소를 얻게 되었다. 이는 진정 우리 화수(花樹)가 한 차례 크게 그 뿌리와 꽃대[根蔕]를 돌아보는 때였다.

옛날에는 허둥대진 않았겠지만, 지금까지 그 사이에 여러 번 있었지 않겠는가? 그러나 제를 세운 것은 일이며 외적인 것이다. 추모하는 것은 정성이며 내적인 것이다. 외적인 것으로써 그 일을 이루지 않고, 갑작스레 만족함을 이룬 것은 반드시 내부에 정성을 지니고서 잠시도 풀어놓지 않았기 때문이다.

이후 낭랑(朗朗)한 달빛이 한 조각 영대(靈坮)에 있으니, 비록 비바람 치는 어두운 밤일지라도 썩은 인륜의 구덩이[斁倫坑塹] 속으로 넘어져 떨어지지 않을 것이다. 다만 우리 친족들이 어찌 노력하지 않을 것인가? 족대부(族大父) 제명(濟明)씨는 그 매우 큰일을 주관하였는데, 정성으로 이끌고 감독하였다. 재현(在鉉)에게 명하여 문미에 한 마디를 붙여두도록 하였다. 재현 또한 그 낭월(朗月)과 함께 면산(綿山)에서 사는 사람이다. 감히 문사(文辭)가 없다고 할 수가 없어서, 대략 위와 같이 경개(梗槩)를 거론하였다.

세(歲) 을묘(己卯) 맹춘(孟春),

하원(下院) 후손(後孫) 재현(在鉉) 삼가쓰다.

우(又)

하늘이 신령한 구역을 만든 것은 어질고 큰 덕인[賢碩]을 기다리고자 함이다. 땅이 신령하지 못하면 현인들이 취하지 않는다. 사람이 어질지 못하면 비록 땅이 있더라도 없는 것과 같다. 삼가 오성(篔城)을 살펴보면, 남쪽에 있는 옛 고을인데, 낭월산(朗月山)은 오성의 바닷가에 있는 명산(名山)이다. 우리 선조 시랑공(侍郎公)이 고려조의 유현(儒賢)으로서 기쁘게 오성 유치(流峙)에 은거하였을 때 이 산에 터를 잡았다.

좌측은 영주공(寧州公)의 분영(墳塋)이고, 우측은 통례공(通禮公) 배필인 숙부인(淑夫人) 김씨(金氏)의 묘이다. 중엽(中葉)에 겨우 한 띠집을 지어 제사지내는 장소[俎豆之所]로 삼았다. 무인(戊寅)년 봄에 족대부(族大父) 제명씨(濟明氏)가 계획하고 재력을 모아, 목공들을 모아 일을 감독하며 경영한지 여러 해였다. 다시 그 옆에 기와집을 세우니, 서늘한 정자와 온돌방이 정정방방(正正方方)하였는데, 헌가(軒架)가 한 차례 변하니 냇물과 육지가 생색이 났다. 아! 산이 본래 낭월(朗月)이어서 그것으로써 재(齋)의 이름을 붙인 것이다.

그 뜻은 대개 우리 후손을 위함에 있다. 이 재에 올라서 바라보면 봄날의 연모가 있다. 산 또한 달빛이고, 재또한 달빛이니, 선령(先靈)이 이곳에 오르고 내림이 달의 정백(精魄)과 같아서 구름이 그것을 따른다. 주군(州郡)에 두루 가득한 달의 광선(光線)은, 재의 달과 산의 달과 하늘의 달이 함께 그 빛을 환하게 비추는 것이다. 비록 전구(戰國)의 풍우가 있었더라도 만백 년 동안 항상 이 달이었을 뿐이다. 어찌 우리 백세(百世)의 향기로움이 이에 그 장소를 얻은 것이 아니겠는가?

그래서 "하늘이 인현(人賢)을 둔 것은 마주하고 영원히 하려는 것"이라고 한 것이다. 낙성을 기념하던 날에 재현(在鉉)에게 명하여 그 전말을 대략 기록하게 하였는데, 재현 또한 면산(綿山)에서 자라서 그 밝은 달빛을 함께 한 자이다.

송암기 김득주 松岩記 金得胄

나는 족숙(族叔) 광순씨(光淳氏)를 좇아서 그의 벗 김득주(金得胄)의 사람됨이 구속되지 않음을 대략 알았다. 지난겨울 우연히 망월정사(望月旅舍)에 머물러 그 풍도(風度)가 창쾌(暢快)하고, 더러움을 털어 버리고, 지향함이 돈후(敦厚)하고, 그 덕을 기쁘게 행함을 보았다. 참으로 세간의 녹록(碌碌)한 사람들이 쉽게 할 바가 아니어서, 그가 헌헌(軒軒)한 장부(丈夫)임을 알게 되었다. 하루는 광순씨가 득주의 당(堂)이 높은 소나무와 빼어난 바위를 이루고 있어서 도울 뜻으로 나에게 소개하여 소나무와 바위를 증명할 기(記)를 짓도록 하였다.

내가 도리어 물었다. "득주의 당이 높은 소나무와 빼어난 바위를 이루고 있다면 그 풍미(風味)를 도와줄 자가 있습니까?" 대답하기를 없다고 하였다. 그렇다면 천하의 기이한 화목(花木)과 진기한 물명(物名)에 어찌 등한히 할 것인가? "그런데 홀로 드러누운[偃蹇] 소나무와 완둔(頑鈍)한 바위를 취하여 그 호(號)로 적고, 또한 그것을 위한 글을 구하는 것은 스스로 좋아하는 벽(癖)입니까?" 광순씨는 묵묵하였다.

내가 이에 웃으며 말하였다. "내가 석주의 뜻이 있음을 알겠습니다. 지금 하늘과 땅이 처지를 바꾸고, 모자와 신발이 거꾸로 된 날을 돌아보면, 인정(人情)이 천박(淺薄)하여 이른바 행세배(行世輩)들이 권문(權門)에 머리를 조아리고, 세력가에게 아첨을 하며, 어두운 밤에 애걸하고, 대낮에 세력가에 의지하는 것이 태반입니다. 그런 사람들을 눈이 있는 사람은 보고서 욕할 것입니다. 쉬파리처럼 앵앵대며 개처럼 구차하게 부끄럼이 없는 행위일 뿐입니다. 대저 사군자(士君子)는 처지를 감추고 돈독하게 행하며, 경(經)을 궁리하고 도(道)를 품고서, 뜻을 얻으면 세상에 행하고, 임금을 사랑하고 백성들을 윤택하게 하고, 만물과 더불어 그 영광을 함께 합니다. 만일 밝은 시절의 만남을 얻지 못할 경우에는 자신을 착하게 하고 행함을 정결하게 하고, 사슴과 물고기와 새들과 더불어 함께 그 기심(機心)을 잊습니다. 뜻을 지켜서 변하지 않음은 큰 추위의 풍설 속에 외로운 소나무가 홀로 서 있는 듯하고, 기(氣)를 양성하여 좌절되지 않음은 호겁미란(活愒糜爛) 중에 준암(蹲岩)에 우뚝이 앉아 있는 듯합니다. 맹자(孟子)가 이른 바 '위협과 무력도 그 뜻을 빼앗을 수 없고, 부귀도 그를 타락시킬 수 없다.'고 하였는데, 이는 오늘 득주의 견고하고 확고한 생각입니다. 그러합니까? 아마 그럴 수 없는 것입니까? 그 마음에 질문하여 그것을 증명하고 싶습니다."

나는 구유에 엎드린 천리마가 허공을 날아 달리는 것을 잊지 못하고, 날개를 접은 붕(鵬)새가 항상 구름 위로 치솟아 오를 것을 생각한다고 들었다. 조용한 것은 움직임의 어미이고, 굽음은 펴짐의 근원이다. 다만 좋은 바람의 형세가 있다면, 좋은 전기(轉機)이니, 곧 이 때가 아니겠는가? 한 번 발을 들면 이 바위의 기운을 시험할 수 있고, 한 번 날개를 들면 이 소나무의 뜻을 펼 수가 있으리라. 나는 비록 늙어서 볼 수가 없겠지만 득주는 열심히 하라. 이것을 글로 써서 기(記)로 삼기를 바란다.

학은기 鶴隱記

대저 사군자(士君子)의 처세의 의리는 본래 한 방법이 아니다. 그 시대를 만나지 못하면 빛을 감추고 자취를 감추고서[晦光蹈跡] 행의에 힘쓰고 몸을 착하게 함이 있다. 때가 성명(聖明)을 만나면, 공을 세우고 덕을 행하며 임금을 사랑하고 백성에게 은택을 베풂이 있다. 은퇴의 출사에 있어서 돌아가는 수레는 비록 드물지만 출처(出

處)의 대의(大義)는 판연(判然)히 분명하다. 거사(居士)의 천자(天姿)가 수미(粹美)하고, 자신을 지킴은 공손하고 삼가며, 남을 대함에는 온화(溫和)하며, 효제(孝悌)가 아니면 감히 한마디도 내지 않으며, 충신(忠信)이 아니면 감히 한 가지 일도 행하지 않는다고 들었다.

대저 성색취미(聲色臭味)를 접함에 있어서는 영대(靈臺)에서 그것을 돌이켜 구하지 않음이 없었다. 만약 조금이라도 불안함이 있으면, 일세(一世)의 소란을 몰아내는 데에 조금도 겨를이 없었다. 정성들여 일실(一室)을 지어놓고 학은(鶴隱)이라고 편액을 걸었다. 다만 자선(慈善)과 제휼(濟恤)을 필생의 사업으로 삼았다. 학야(鶴野) 한 모퉁이에서 70세가 되도록 늙었는데, 비옥한 토지의 이익을 취하지 않고, 어량(魚梁)의 취미로 세화(世華)에 담연(淡然)하였다. 나무하는 노인과 농사짓는 늙은이들과 더불어 대오가 되어서 세리(勢利) 영욕(榮慾)의 장(場)으로 나가지 않았다. 한 걸음의 땅도 남아 있는 바가 없는 듯이 하였다. 여유 있게 지키는 바가 넉넉하고, 확고하여 뽑히지 않음이 어찌 이와 같을 수가 있겠는가? 그 지조를 청렴하게 하고, 그 뜻을 정결하게 함은 은처(隱處)에서 마땅함을 행함이던가? 지금 사해(四海)의 풍조(風潮)를 돌아보면, 물결을 뒤집고 파도가 뒤집혀서, 아비가 아비 노릇을 못하고, 자신이 자식 노릇을 못하며, 다만 이익이 있는 곳에서는 칼날을 피하지 않으며, 도도(滔滔)하게 오랑캐와 금수의 영역으로 돌입하고 있나.

아! 지극히 담박한 취미, 지극히 소박한 행위를 누가 알겠는가? 마음에 저장한 것은 밖으로 드러나고, 함 속에 감춰둔 것은 반드시 가격이 있다. 다만 하늘이 밝고 황하가 맑다면 구고(九皐)에서 날개를 접은 학(鶴)이 반드시 하늘에서 우는소리가 들림이 있을 것이다. 나는 장차 눈을 비비고 그것을 살펴보련다. "그 사람을 알려거든, 먼저 그 벗을 살펴라."는 말이 있다. 족숙(族叔) 광순씨(光淳氏)는 상개(慷慨)한 사람이다. 나는 그 취한 벗이 반드시 선량함을 안다. 그리고 그 소개에 감개하여 그를 위하여 기를 썼다. 거사는 그 누구인가? 완산(完山)의 명족(名族) 이문규(李文奎)군이다.

애백당기 愛栢堂記

대저 사군자(士君子)가 인륜(人倫)을 애호(愛好)함은 성분(性分)의 고유(固有)한 바를 함께 얻었기 때문인데, 그 밖에 달리 논하여 말할 수 없다. 화목(花木)을 사랑함에 쓸데없는 초목을 제외하고 풍상에 변하지 않은 것은 그 심지(心志)의 소재(所在)에 따라서 각자 그 마땅함에 맞춘 것이다. 도처사(陶處士: 도연명)가 국화를 사랑하였고, 주선생(周先生: 주돈이)이 연꽃을 사랑한 것은 본래 그 취미 때문이다.

고(故) 서공(徐公) 상태씨(相台氏)는 몸을 착하게 하고 학문에 힘썼는데, 뜻이 오히려 구속되지 않는 선비이다. 일찍이 은처(隱處)에서 올바름을 행하였는데, 맑은 산수(山水) 중의 첨우(簷宇)는 사면이 다른 빼어난 사물이 없었다. 그 둘러 있는 것을 보니, 다만 소나무 측백나무가 울창하게 숲을 이루고 있었다. 청량(淸凉)하고 쇄락(灑落)하여 사슴 한 마리도 이르지 못할 뿐이었다. 그로 인하여 스스로 그 당(堂)의 이름을 애백(愛栢)이라고 하였다. 경서를 궁리하고 행실을 돈독하게 하고, 성명(聲名)과 영리(榮利)에 담연(淡然)하여 마침내 팔십의 광음(光陰: 세월) 스스로 길렀다. 예로부터 은현(隱賢)의 위대한 행적은 이런 것을 넘음이 없었다.

그 족친(族親) 윤종씨(輪鍾氏)가 나에게 소개하고 그 기록을 가져오게 하여 글을 지어달라고 요청하였다. 나 또한 평소 공(公)의 청개(淸介)하고 견고한 지조를 알고 있어서, 대략 그 사실을 뽑아서 감히 이 글을 지었다. 유치(流峙)의 승경과 운눌(雲物)의 기이함 같은 것은 다만 그 마땅한 행적의 여사일 뿐이니, 어찌 족히 공의 흉금 속에 있을 것인가? 다만 자손에게 이 측백나무의 절개를 준수하도록 하여 견고한 뿌리에서 가지가 뻗으면 공이 평생 간직하였던 뜻을 저버리지 않을 것이다.

계묘(癸卯)년 만추(晩秋)에 지산산인(志山山人) 장흥(長興)
고재현(高在鉉)이 삼가 쓰다.

죽파기 竹坡記

대개 군자(君子)에게 호(號)가 있는 것은 그 유래가 오래이다. 어떤 것은 지물(地物)을 따라서 각기 칭정(稱情)을 얻는다. 또한 스스로 지은 것과 남이 준 것으로 구별할 수 있다. 그 스스로 지은 것은 뜻하는 바와 경계(警戒) 및 좋아하는 것의 뜻을 취한다. 남이 준 것은 권면(勸勉)과 덕업(德業) 및 행사(行事)의 아름다움을 취한다.

그렇다면 면주(綿州)의 북양(北楊) 골짜기[谷]는 곧 우리 자손들의 선업(先業)이 융성하게 된 구장(舊庄)인데, 자손들이 대대로 하루처럼 지켜왔다. 땅[地]을 따른다면 면(綿)이나 양(楊)으로 지어야 하고, 사물을 따른다면 금(金)의 아름다움과 옥(玉)의 윤택함, 새소리의 교묘함과 꽃의 화려함 등 명불(名物)의 신귀함이 많지 않다고 할 수 없다. 그러나 혼자 스스로 대나무[竹]에서 취한 것은 그 뜻이 있는 것이다. 나와 서로 안 지가 30년인데, 지금 그 지닌 뜻이 견실하고 확고[堅確]하고, 처신(處身)이 청고(淸苦)하여, 자황(雌黃)을 너무 화려하게 하지 않았다.

한 가지 경영하고 관리 한 것은 마음에다 대(坮)를 세워서 대나무를 심고 자신의 학문[吾學]으로 자임(自任)하고서 자르고 쪼면서 공을 들이고, 갈고 광택을 내면서 정성을 들였다. 저 대나무의 의의(猗

猗)한 푸름을 바라보며 자신이 지닌 아름다운 덕을 닦았다. 저처럼 우뚝하게 자립하니, 서리에도 늙지 않고 눈발에도 변하지 않는다고 할 수 있다. 속류(俗流)들이 세파를 좇아 부침(浮沉)함에서 벗어났다. 나의 그대의 뜻이 아마 이것이 아니겠는가? 옛날 이천(伊川)이 명도(明道)를 칭찬하여 "누가 이 이름의 칭정(稱情)을 알겠는가?"라고 하였는데, 나도 죽파(竹坡)에 대하여 또한 그렇게 말할 뿐이다.

농은기 후를 쓰다 題農隱記後

위는 농은옹(農隱翁)의 실사(實事) 위행(偉行)인데, 외와(畏窩) 기광연(奇光衍)이 저 같은 훼예(毁譽)가 적지 않지만 정직(正直)하게 천양(闡揚)함을 갖추었다. 식견이 좁은[管窺] 필설로서 어떻게 감히 쓸데없는 말을 하겠는가? 그러나 다만 열람한 데에 대한 감개를 표현하지 않을 수가 없었다. 또한 윤자(胤子) 순홍(淳弘)이 한 마디 붙여달라고 부탁하니, 사양할 수가 없어 감히 한 마디를 붙였다.

대저 사군자(士君子)의 처세와 의리에 있어서 그 도(道)는 두 가지인데, 은(隱)과 달(達)이다. 은(隱)이란 무엇을 말하는가? 그 의(義)를 지키는 것이 그것이다. 달(達)이란 무엇을 말하는가? 그 도를 행하는 것이 그것이다. 그렇다면 은(隱)과 달(達)은 도(道)와 의(義)의 사이에 있다. 군자(君子)의 출처거취(出處去就)는 대개 그 까닭이 있는 것이다. 누가 나아가서 현달한 자를 그 의(義)를 홀로 행한다고 하겠는가? 물러나서 은거한 자가 그 도를 모르겠는가?

주부자(朱夫子)가 "하나이면서 둘이고, 둘이면서 하나인 것은 다르게 함이 적기 때문이다. 뜻에 얻음이 있는데, 세상의 지우를 얻지 못하면 불우한 것이다."라고 하였다. 지금의 세변(世變)을 보면 매일 백괴(百怪)가 선동(煽動)하여 동쪽에서 번쩍거리고 서쪽에서 빛나며,

이제(二帝) 삼왕(三王)의 대경(大經)을 도리어 협소(狹小)하다고 말하고, 주사(洙泗) 낙민(洛閩)의 정맥(正脈)을 도리어 진부(陳腐)하다고 말한다. 예악(禮樂)을 강습(講習)하던 땅이 목장(牧場)으로 바뀌었다. 오늘날 그 이른바 달(達)을 취하여 명리(名利) 상(上)에서 출몰(出沒)하는 것이 옳겠는가? 그 은(隱)을 편안히 여기고 스스로 그 뜻을 구하는 것이 옳겠는가? 변설(辨說)을 기다릴 필요가 없이 장장(章章)하게 분명하다.

정장(鄭丈) 장현(長鉉)씨는 곧 고려조의 명신(名臣) 정장군(鄭將軍) 지(地)의 후손이다. 그 기미를 보고 시기를 알아봄은 평소에 축적한 바인데, 일찍이 저호(苧湖)의 물가에 한 집을 지어놓고 자식과 손자들에게 춘례(春禮)와 하시(夏詩)의 장소로 삼게 하였다. 그 문미에 '농은(農隱)'이라고 적었다. 옹(翁)이 은(隱)에서 취하여 호(號)로 걸어놓은 뜻이 몹시 깊다. 나는 어려서부터 그것을 듣고, 익히 우러르고자하여, 평소 숙원(宿願)을 품은 지가 오래였다.

무오(戊午)년 가을에 옹의 우재(寓齋)에서 머무르며 쉬었는데, 그 지니고 있는 것이 정직하고, 언어가 강명(剛明)함을 보았는데, 흉중(胸中)의 경위(涇渭)가 탁연(卓然)하여 구차하지 않는 바가 있었다. 헌헌(軒軒)함은 우는 봉황이 교외에 있는 듯하여, 과연 진창을 거슬러 가는 농포(農圃)에 비할 바가 아니었다. 참으로 이른바 세상에 팔 수 있는 좋은 재능을 가지고 이름을 감춘 위인(偉人)이라 할 수 있었다.

나는 옹이 농(農)에 은거한 것은 장차 한 차례 변화에 응하여 의(義)에 숨으려는 것이라고 말하겠다. 평일에 형적(形迹) 사이에서 옹을 알았던 것은 참으로 모두 천천(淺淺)한 소견(所見)이었으니, 어찌 이른바 은거하여 의(義)를 지키는 사람이 아니겠는가? 외월(猥越)하지 않고, 대략 전위(顚委: 전말)만 서술하였는데, 나처럼 어리석고 비루하니 부디 옹의 뜻을 잃지 않기를 바란다.

제문 祭文

연제선생 제문 祭淵齋先生文

영력(永曆) 261년 정미(丁未) 4월 일(日), 시교생(侍敎生) 장흥(長興) 고재현(高在鉉)은 삼가 몇 행의 제문을 갖추고, 재배하고 연재선생(淵齋先生)의 영궤(靈几) 앞에 곡(哭)하며 고합니다. 아! 선생(先生)께서는 천백 년 도학(道學)의 전함을 맡으시고, 열성조(列聖朝)의 유탁(遺托)의 중대함을 짊어지셨습니다. 특출한[挺然] 타고난 자태[天姿]로서 선정(先正: 先哲)들의 수백 년 후에 홀로 서서 도(道)가 막힌 것[壹鬱]을 밝히게 하였고. 학문이 무너진 것[夷淪]은 바로 세우게 하였습니다. 이윤(伊尹)의 뜻과 안자(顔子)의 학문으로써 임금의 덕을 보필하고, 이 백성들을 각성시켰습니다. 기풍을 들은 자는 지성으로 감복하였고, 덕을 목격한 사람은 심취(心醉)하였습니다.

시생(侍生)인 나를 돌아보면 오히려 당(堂)의 섬돌 가 담벽[軒屛] 끝에 한 번도 나아갈 수 없었지만, 대략 위기지학(爲己之學) 가운데 만 가지 중의 하나를 들은 자입니다. 단지 사람이 그 합당한 사람이 아니며, 재능이 그 합당한 재능이 아닌데다 생활이 냉담(冷淡)하고 사는 곳이 후미진 모퉁이이기 때문이었습니다. 항상 스스로 마음속에 경계하고 반성하기를 "황천(皇天)이 동쪽에 복을 내리니, 기(氣)의 경박한 것[漓者]에서 순일하게 나뉜 것이 청명(淸明)한 품성에 합하여 온전히 사람에게 붙여진다."고 하시어 선생이 나시게 되었습니다. 비록 여러 개들이 짖어대는 도깨비 무리 중이었지만, 도와 더불어 함께 살고, 덕과 더불어 오래 남으셔서, 후생(後生) 만학

(晩學)들이 스스로 귀의할 바가 있었습니다.

이에 저 병오(丙午)년에 문득 선생께서 순도(殉道)하셨다는 부고를 듣고 깜짝 놀라서 땅만 헤아리며, “오늘날이 끝장났구나! 하늘이 사문(斯文)에 재앙을 내리는 것이 어찌 그리 혹독한가? 어찌 본뜰 수 있겠는가? 고통이 어찌 수십 년 간보다 더 심하지 않는가? 훈자자(薰炙者)여! 고통스럽구나. 고통스럽구나. 이 생(生)의 이 한(恨)은 산과 바다와 함께 영원할 것이다.”라고 하였습니다.

제가 선생의 평일을 헤아려 보니, 지닌 바는 도리(道理)이고, 변별한 바는 의리(義利)였습니다. 사설(邪說)이 있으면 기약하여 물리치려고 하였고, 난신(亂臣)이 있으면 기약하여 토벌하려고 하였습니다. 정녕 이들은 천지간에 어둡고 험악한 인류(人類)입니다. 적멸(赤滅)시킬 날에 태태(態態)한 정기(正氣)가 토복(討復)을 마련할 수 있을 것입니다. 그러나 그 날에 이르러, 날은 저물고 길은 막히고, 뜻을 펼 수가 없어서, 죽음을 편안히 돌아가는 것처럼 보고, 즉시 웅어(熊魚)를 마련하였습니다.

아! 그 성덕(盛德)과 대공(大功)을 논한다면, 비록 말에 능한 선비라도 본래 그 만 분의 일이라도 용훼(容喙)할 수 없는데, 하물며 식견이 좁은 소생이 어찌 감히 필설(筆舌)로써 어지럽게 헤아릴 수 있겠습니까? 다만 감개와 연모함에 격분되어 글의 뜻이 전도(顚倒)된 것도 깨닫지 못하고 이처럼 감히 속마음을 드러내었습니다. 엎드려 바라오니 선생께서는 그 정을 옳게 여기시어 애휼(愛恤)해 주시지 않겠습니까? 아! 슬프구나! 천대(泉坮)에서 훗날 문득 선생의 문안으로 들여보내 주신다면, 양계(陽界)의 좌상(座上)에서의 춘풍(春風)의 은택을 받기를 바랍니다. 아! 애통하구나. 상향(尙饗)하소서.

면파 박공 제문 수반리 祭綿坡朴公文 水反里

아! 금일이 어떤 날이던가? 천지가 판탕(板蕩)되고, 화이(華夷)가 어지럽게 섞이고, 세상과 도(道)가 서로 상실되어 없어졌다. 사람인지 금수인지, 그 얼굴 그림자를 헤아릴 수 없고, 옳은 것인지 그른 것인지, 그 단서를 열 수가 없다. 공은 온화한 자질과 정대(正大)한 지조로써 그 사이에서 낙락(落落)하게 물들지 않고 변하지 않았다. 대저 세간의 영욕 중 하나라도 그 마음을 움직이게 할 수 없었다. 단지 예의와 학문을 좋아하였는데, 가정에 있어서는 효도와 우애를 우선으로 삼았고, 자신을 다스리는 데는 간결하고 엄격하였다. 향당(鄕黨)에서는 선을 권장하고 악을 경계하여, 사람들을 경복(敬服)시켰다.

남쪽 인사(人士)들이 그것을 긍식(矜式)으로 삼았다. 만일 다행히 밝은 시절을 만났다면 일을 함에 있어서, 이 백성들로 하여금 그 위대한 업적을 보게 하였을 것이다. 그러나 궁액(窮厄) 속에서도 근심하지 않고, 은둔(隱遯)하여 자신을 결백하게 하고, 강호(江湖) 가에서 우유(優遊)하였다. 그 즐거움이 여유로웠고, 장수하고 강녕(康寧)하여 끝까지 천년(天年)을 누리고 떠났다. 하늘이 인인(仁人)을 보호한다는 것이 참으로 거짓이 아니다.

현(鉉)은 노둔(魯鈍)한데, 다행히 이웃 땅에서 살면서 아침저녁으로 경계와 깨우쳐주심을 받들어 계발(啓發)됨이 많았다, 문득 노덕(老德)을 잃으니 어디에 의지해야 할 것인가? 어리석은 속마음을 돌아보면 아혹(訝惑)함을 금할 수 없다. 하늘이 사물을 냄은 장차 유용함이 있기 때문이다. 금(金)이 생겨서 종(鍾)을 만들고, 옥(玉)이 나와서 경(磬)이 울리는 것이다. 군자(君子)가 일어나면 세운(世運)이 휴명(休明)하게 된다. 지금 이미 왔는데, 헛되게 저처럼 가버림은 무엇 때문인가? 궁창(穹蒼)에 대하여 감개와 한스러움이 없을 수 없다. 아! 끝장이구나. 상향(尙饗)하소서.

정재거사 박공 제문 祭靜齋居士朴公文

숭정(崇禎) 후 세차(歲次)가 5번째인 무신(戊申)년 9월, 계미(癸未)연월(年月) 15일 정유(丁酉) 인시(寅時)에 우리 정재(靜齋) 박형(朴兄)이 오랜 병으로 평림(平林) 본제(本第)에서 승화(乘化)하였습니다. 이에 9일 을사(乙巳)에 장승산(長承山) 기슭에 장례를 지냈습니다. 손제(損弟) 장흥(長興) 고재현(高在鉉)은 제문을 갖추고 잔을 들고, 영소(靈所) 앞에서 곡하며 영결하였습니다.

아! 우리 형의 성품과 자태는 천종(天縱)이어서 인망(人望)을 끌어내었고, 연원(淵源)은 단적(端的)하고, 덕모(德茅)는 굉원(宏遠)하였는데, 가까이는 사우의 도(師友之道)와 멀리는 의리의 정수(義理之精)에 관하여 확연하게 공부를 하지 않음이 없었습니다. 그리하여 말속(末俗)의 예림에다 기풍을 수립하려고 하려고 하였는데, 우리 무리 가운데 거벽(巨擘)이 될 만하였습니다. 어찌 금일 인사(人事)가 대변(大變)하여 갑자기 이에 이를 줄을 알았겠습니까?

아! 큰일은 살아 계시는 양친이 계시는 것이고, 다음으로는 죽어서 한 아들도 없다는 것입니다. 하나는 문호(門戶)의 바람을 끊은 것이고, 또 하나는 사우들에게 애통함을 남겨준 것입니다. 그런데 우리 형께서는 진정 눈을 감고 떠난 것입니까? 애통합니다. 애통합니다. 예부터 지금 까지 혹 그 기수(氣數)의 쇠함에 빼앗겨 요찰(夭札)하는 자가 적지 않았으나 누가 오형(吾兄)의 박절과정(迫切過情)한 것 보다 심하겠습니까? 그러나 주부자(朱夫子)가 말하기를 "만약 사람이 일생 동안 도(道)를 듣지 못한다면, 비록 오래 살아도 또한 무엇을 할 것인가? 사람이 도를 들으면 생도 헛되지 않고 죽음도 헛되지 않는다."라고 하였습니다.

아! 우리 형은 도(道)에 대하여 영오(穎悟)하였고, 리(理)에 대하여 융회(融會)하였습니다. 한 터럭만한 사의(私意)도 없었고, 일용지간(日用之間)에서 조용히 행하였습니다. 이 일단을 가지고 논한다면, 생이 순조로웠고 죽음도 편안하였다고 할 수 있을 것입니다. 또한 아무 것도 듣지 못하고 백발이 된 사람보다 낫다고 할 것입니다. 그렇다면 백세(百歲) 아래에서 어찌 찬찬연(燦燦然)하게 논의를 세워 줄 사람이 없겠습니까? 그래서 대략 평일에 항상 행하였던 것을 서술하여 만고의 정을 문득 기빼합니다. 정의(情義)의 사귐이 진정하였는데, 말이 다만 이에 이르렀습니다. 혹시 명명지중(冥冥之中)에서 이 말에 감개가 없겠습니까?

아! 부모를 드러내고, 성현(聖賢)을 배우는 것이 우리형의 뜻이었고, 금석(金石)을 질정하고, 사변(事變)에 통달한 것이 우리형의 학문이었고, 산수(山水) 간에서 물고기 잡고 나무하고, 아침저녁으로 시서(詩書)를 보는 것이 우리형의 즐거움이었습니다. 조용히 앉아 있을 때는 묵묵하였고, 남을 대할 때는 정성스러운 것이 우리형의 공부였습니다. 들어가서는 산림 속의 자취를 지키고, 나가서는 세도(世道)의 쇠함을 슬퍼하였고, 일에 임해서는 용기가 있었고, 변화에 처해서는 의로운 지를 돌아본 것은 우리형의 기개(氣介) 있는 사업이었습니다. 필설(筆舌)에 말을 붙여도 참으로 감히 매거하여 그것을 비유할 수 없습니다. 게다가 소소(小小)한 견식의 사람으로서 능히 담론(談論)을 세울 수가 있겠습니까?

아! 일세(一世)를 되돌아보면 우리 형처럼 나를 알아준 사람은 거의 없었습니다. 항상 나에게 권면하면서 "세월은 흐르는 물과 같은데 문자(文字)는 무궁하므로 맹세하여 뜻을 세우고 용력(勇力)을 다하여, 시속배(時俗輩)들의 기롱에 빼앗김이 없도록 하고, 대래(大來)의 기본을 확립해야 옳을 것이다."라고 하였습니다.

지금은 끝장입니다. 지금은 끝장입니다. 심중(心中)의 춘추(春秋)를 장차 누구와 더불어 말하며, 문자(文字) 상의 의아(疑訝)한 점을 장차 누구와 함께 논의해야 합니까? 한가한 날 바람 쐬고 목욕함에는 장차 누구와 함께 즐거움을 붙이겠습니까? 세계의 환란(患亂)에 대해서는 장차 누구와 더불어 근심해야 합니까? 공부의 표정(標程)에 있어서는 장차 누가 있어서 지남(指南)으로 삼아야 합니까? 도업(道業)의 가부(可否)는 장차 누가 있어서 표준을 세울 수 있습니까? 마음이 찢어지고 가슴이 막혀서 말하기가 어렵고, 두 줄기 눈물만 줄줄 쏟아집니다. 강과 바다가 모두 말라버리고, 구천(九泉)은 쓸쓸하고 구름과 비는 참담합니다.

아! 유명사생(幽明死生)에는 두 이치가 없다고 생각합니다. 정령(精靈)이 어둡지 않다면 장차 내 마음의 통곡을 허락하여서 나에게 한 마디로 알려주십시오. 그럴 것입니까 아닙니까? 아! 끝장이로다. 상향(尙饗)하소서.

상량문 上樑文

송암재중수상량문 松巖齋重修上樑文

혼조(昏朝: 광해군정권)에 항거하여 간(諫)하였다가 폐(廢)해져서 당세(當世)의 명망(名望)을 저버리게 되었다. 공거(公車: 과거시험)를 사양하고 은거[屛居]하면서, 태산(泰山) 같은 지절(志節)을 중시하였다. 효도와 청렴은 가법(家法)이었고, 충성과 정절[忠貞]은 집안 대대로의 법규[世規]였다. 생각건대 우리 지봉(芝峰) 선조는 광산(光山)의 명족(名族)으로서 금토(錦土)의 유현(遺賢)이다.

선조의 사업을 소술(紹述)하여, 마음으로 상서공(尙書公)의 망복(罔僕)의 춘추(春秋)를 밝혔고, 부모의 가르침[庭訓]을 배워 이어서, 구암공(龜岩公)의 일동(一僮)의 청백(淸白)에 응복(膺服)하였다. 수백 제사를 이었는데 풍운(風韻)이 오히려 남아있다. 경영한 지 40년이 지나 동우(棟宇)가 장차 기울려고 하여 양공(良工)을 모아다가 감독하니, 큰 경영이 조밀(綢密)하였다. 곧 옛 제목을 다시 새롭게 하니, 소규모이지만 방정(方正)하였다. 이에 문과 담이 성대하고, 저 처마 모서리는 우뚝하였다. 제공(齊供)을 밝게 올리는 바가 있어서 한 해 동안 한결같은 향기가 있고, 윤리(倫理)를 돈독하게 펴니, 번연(蕃衍)한 수많은 손자(孫子)들이 있구나! 숲과 골짜기는 더욱 빛이 나고, 악령(嶽靈)이 돌아보고 보호하는구나!

그 도를 듣고 실천한 것은 성우계(成牛溪: 성혼)의 연원(淵源)의 심수(深邃)함이고, 소덕(素德)을 진술하여 표기(表記)한 것은 송진사(宋進士)의 정필(正筆)의 명증(明證)이다. 문설주와 구유를 새로 고치니, 어찌 사나운 조수가 땅에 부딪침을 두려워하랴? 칠한 곳이 새지 않으니, 모진 물결이 하늘까지 덮음을 두려워 않는다.

완성이 오래지 않아서 마침을 고하니, 밝은 길성(吉星)이 아래로 임하고, 예천(醴泉)의 근원은 길다. 약재공(藥齋公)의 기절(氣節)을 세습(世襲)하니 영지(靈芝)의 향기가 멀리 가네. 형판윤(刑判尹)의 영광과 귀함이 뒤를 이어서 빼어나고 씻기니 재(齋)가 밝네. 숙연(肅然)히 정령(精靈)들이 오르내리니, 반드시 흠모하고 경계하며 공경하고 본받으리라.

우뚝한 중소(衆小)들을 우러러보니, 면세(面勢)가 쾌활(快豁)하고, 안액(顔額)이 유신(維新)하다. 이에 하리(下俚)에서 합창하며 긴 대들보를 싣고 오네. 아랑위(兒郎偉)! 동쪽으로 대들보를 내던지니[117] 서석산(瑞石山)의 연운(烟雲)이 한 그림 속에 있는데, 만상(萬像) 삼연(森然)히 모두 자태를 드러내고, 하늘에 가득한 새벽빛 속에 해가 붉네. 아랑위! 대들보를 서쪽으로 내던지니, 보산(寶山)의 맑게 갠 달이 품 속으로 들어와 나직하고, 방당(方塘) 반 무(畝)가 담담(淡淡)히 비추며 가슴에 품은 혼연(渾然)한 도(道)와 더불어 나란하다. 아랑위! 대들보를 남쪽으로 내던지니, 못이 맑아서 맑은 기운이 푸르게 이내를 일으키네. 소리개와 물고기[鳶魚]의 진리(眞理)를 통연(洞然)하게 보니, 위아래에서 소소(昭昭)하게 날고 또한 잠겨있네. 아랑위! 대들보를 북쪽으로 내던지니, 감산(坎山)이 울울(鬱鬱)하게 그 꼭대기를 받들고 있고, 종횡으로 말발굽 있는데 인적은 없고, 시사(時事)에 상심한데 누가 특별히 빼어났는가. 아랑위! 대들보를 위로 내던지니, 밝게 비추는 해와 별이 길(吉)하며 상쾌하고, 한 기운이 태연(泰然)히 사사로움이 없네. 후곤(後昆)들은 만만(萬萬)하게 크게

117) 아랑위 동쪽으로 대들보를 내던지니[兒郎偉抛樑東] : 선물 상량문이나 상량시문 등에 관습어구처럼 쓰인다. 兒郎偉는 긴물을 상량할 때 일꾼들이 외쳐 부르는 소리.

번창하네. 아랑위! 대들보를 아래로 내던지니, 옥토(沃土)와 비옥한 밭이 천부(天府)의 들녘인데, 봄에 밭 갈고 가을에 수확하는 즐거움이 해마다 이어지니, 나라 근심과 풍년을 바람은 다음의 일일세.

바라건대 상량(上樑)을 한 후에는 요사한 기운이 바람에 쓸어가 버리고, 햇살 모임을 미약하게 하지 말고, 추원(追遠)에 정성을 들여 반드시 공손한 예를 표하고, 부지런히 변두(籩豆)를 질질(秩秩)하게 늘어놓고, 효도의 석류(錫類)를 빠뜨리지 말게 하고, 『시경詩經)』에서 "메뚜기[螽斯]들 떼를 지어나네"라고 한 것처럼 후손이 많을 지어다.

을미(乙未) 2월 25일 12대손 재현(在鉉)이 삼가 쓰다.

약재중수상량문 藥齋重修上樑文

생각건대 백세(百世)의 청풍(淸風)으로써 상서공(尙書公)의 망복(罔僕)의 대의(大義)를 계승하여, 천추(千秋)의 명절(名節)이 송설정(松雪亭)이 간신을 배척하였던 직쟁(直爭)을 잊지 않고, 집안에서는 충효(孝忠)를 전하고, 대대로 청백(淸白)함을 지키었다.

생각건대 우리 선조 약재선생(藥齋先生)은 관향이 장흥(長興)의 거문(巨門)으로서, 무안(務安) 고절리(高節里)에 장점(庄占: 터를 잡음)하였다. 소년(少年) 때에는 적개심(敵愾心)으로 용감하게 병자(丙子)년의 창의(倡義) 모병(募兵)을 담당하였고, 중세(中世)의 경륜(經綸)으로는 갑오(甲午)년 탁시(擢試) 생진과(生進科)에 귀하게 장원급제를 하였다. 참된 고견(高見)이 사정시비(邪正是非)의 구분에서 분명하였고, 심오(深奧)하고 정확한 견문은 음양소장(陰陽消長)의 변화에 통달하였고, 막히고 궁벽함을 근심하지 않고, 고현(古賢)들의 조우(遭遇)를 거울로 삼아서 오히려 환난(患難)을 누리면서, 어찌 세상 사람들이 떠드는 것에 상심할 것인가? 더욱 강상(綱常)을 바르게 세우고, 남을 깨우쳐주는 풍성(風聲: 교훈)을 남토(南土)에 수립하고, 법도(法度)로써 자신을 규율하니, 사림(士林)들이 태산과 북두성처럼 우러러보았다.

도(道)를 들음이 조숙(早熟)하여, 기꺼이 끌어다가 곧 띠 지붕과 대들보를 이루었다. 천석(泉石) 백년의 상재(桑梓)의 고을에 토구(菟裘)의 부당(斧堂)이 지척이었다. 작약(芍藥)의 골짜기에서 죽은 것이 슬픈데, 반드시 창조(昌朝)에서 추증(追贈)하는 전례(典禮)를 내릴 것이다. 지나가는 자는 교화되어 긍식(矜式)으로 삼고, 후에 영원히 사모하는 정성이 있을 것이다.

금란첩장(金蘭帖藏)에는 벗들이 모두 당세(當世)의 명석(名碩)들이었다. 용호(龍湖)에서 말에 흩어놓고 시에다 토한 것은 평생의 울우(鬱紆)한 심정이었다. 도(道)가 생전에 꺾이어 직목直木)이 베어짐을 탄식할 만한데, 이름이 죽은 후에 드러나니 어찌 향기로운 난(蘭)이 남긴 향기가 없겠는가?

학문에는 연원(淵源)이 있었는데, 유시남(兪市南: 兪棨)이 기(記)를 지어서 칭송한 것이 소석(昭晳)하였다. 덕(德)은 시종(終始) 온전하였는데, 김지산(金智山)이 명(銘)을 지어서 칭송한 것이 정확하고 분명하였다. 예천(醴泉)의 소원(遡源)은 구암공(龜岩公)의 염덕(廉德)이 대대로 혁혁하였고, 영지(靈芝)의 축복(逐馥)은 졸재공(拙齊公)의 영명(榮名)이 나라에서 빛났다. 일월(日月)이 점차 오래되어 몹시 감개한데, 수 칸의 옛터에 짐승 발굽의 자취만이 횡행하여 두 글자의 향기로운 이름이 없어질까 두려우니, 흉함을 소멸하고 길함으로 나아가 별이 상서롭게 비추이 임히고, 옛것을 이어서 다시 새롭게 하니, 구령(岳靈)이 묵묵히 도왔다.

제목과 바위를 벌채할 계획하고, 각기 공사(工師)들의 재능을 펴서, 마침내 동량(棟樑)을 수리할 수 있었던 것은 모두 자손들의 정성과 힘을 모았기 때문이다. 주춧돌과 기둥이 우뚝 서니 어찌 풍조(風潮)와 탁랑(濁浪)이 하늘을 뒤덮는 것을 근심할 것인가?

문설주와 널판지를 새로 고치니, 비릿내[腥羶]와 음산한 비의 침릉(侵陵)을 두려워하지 않네. 이에 문과 담이 빙빙(憑憑)하게 성대하니, 여러 사람들이 우러러보네. 저와 같은 규모(規模)가 찬찬(燦燦)하고, 해마다 제공(齊供)함이 있네. 창호(牕戶)가 영롱(玲瓏)하게 사방을 크게 열어 합하고, 당우(堂宇)는 심오(深奧)한데, 삼가 몇 길의 높이로 건축하고, 변두(籩豆)를 질서정연하게 늘어놓으니, 어찌 향기가 떨어지지 않을 뿐만 아니라 금패(衿佩)가 창창(蹌蹌)하여, 도리어 현송(絃誦)이 끊기지 않았음을 볼 수 있다.

온전하도다, 아름다움이여! 빛나도다, 정성을 다 하였도다! 애오라지 짧은 글을 지어서 긴 대들보를 드는데 돕고자 하네. 아랑위(兒郎偉)! 대들보를 동쪽으로 던지니, 서석산(瑞石山)의 여러 봉우리들이 가슴에 껴안은 중에 박대아관(博帶峨冠: 士大夫)들이 공손하게 서서 늘어져 있고, 암암(巖巖)한 기상(氣像)이 더불어 참여하여 함께 하네. 아랑위! 대들보를 남쪽으로 던지니, 금강(錦江)의 긴 물의 푸름에 쪽빛이 일고, 도원(道源)이 이와 같이 스스로 흘러감이 있고, 한 거울의 심당(心塘)이 혼혼(渾渾)히 맑네. 아랑위! 대들보를 서쪽으로 던지니, 보평(寶平)의 맑은 달빛이 문 아래로 들어오니, 삼연(森然)한 만상(萬狀)이 그림자를 피하기 어렵고, 가시나무나 띠가 이 길을 막지 못하게 하네. 아랑위! 대들보를 북쪽으로 던지니, 감방(坎方)의 수려한 형세가 하늘 끝을 받들고, 청산(靑山)은 늙지 않고 봄은 사사로움이 없고, 세세(世世)의 향기가 마땅히 흠모하여 이르리라. 아랑위! 대들보를 위로 던지니, 천리(天理)가 소소(昭昭)하고 별의 광채가 내려오니, 온갖 요사한 기운이 잠기어 쓸어져버리고, 양천(陽線)의 미약한 맥(脉)이 점차 왕성해짐을 보네. 아랑위! 대들보를 아래로 던지니, 감천(甘泉)이 끊임없이 밤낮으로 흐르고, 백천(百

川)의 분파(分派)가 처음에 근본을 두고, 헤아릴 수 없는 자손들이 일기(一氣)로 화(化)하였네.

바라건대 상량한 후, 효사(孝思)가 빠뜨려지지 않고, 영원히 그 종류를 내리고, 문교(文教)가 부흥(復興)하고, 우리 도(道)를 한번 새롭게 하고, 추모(追慕)는 한문공(韓文公: 韓愈)의 조주(潮洲)의 제향과 같고, 우러러 전함은 주회옹(朱晦翁: 朱子)의 무이(武夷)의 제향과 같아지기를 바라네.

단기(檀紀) 4283년, 경인(庚寅) 2월 초5일 병진(丙辰) 정유시(丁酉時)
종10세손(從十世孫) 재현(在鉉)이 삼가 쓰다.

삼호정상량문 三乎亭上樑文

세덕(世德)을 조술하여 빛내고, 풍정(楓亭)의 정대(正大)한 기절(氣節)을 우러러보고, 연원(淵源)으로 거슬러가서 단정하였다. 죽헌(竹軒)의 순수한 한문과 덕행을 흠모하여, 거처에는 군자(君子)가 부지런히 공부할 곳이 있고, 지역은 석인(碩人)의 넉넉한 시축(詩軸)에 적합하였다.

생각건대 거사(居士) 박삼호(朴三乎)는 면주(綿州)의 잠영(簪纓)이며, 유림(儒林)의 기재(杞梓)인데, 학문은 문로(門路)의 바름을 길렀는데, 민제(敏齊) 스승과 정재(靜齋) 형의 공이 컸다. 원우(院宇)의 존례(尊禮)를 병산(柄山)에 복구하고 평산(平山)에 건립하였다. 의리(義利)의 분석에 투명(透明)하였고, 시비(是非)의 기미(機微)에 명백하였다.

사람은 착해야만 용납하였고, 교제는 금란(金蘭)의 합치를 이루었다. 물건은 의롭지 못하면 취하지 않았고, 정렴하여 티끌만한 사사로움도 버렸다. 윤리(倫理)를 강론함은 온온(溫溫)하여 봅시 선비의 긍식(矜式)을 이루었다. 예속(禮俗)을 권함은 절절(坳坳)하여 한 고을의 물망(物望)을 짊어졌다.

술은 잔 속에 비어있게 하지 않았으니, 좌석 자리에 공융(孔隔)의 객들이 있었다. 맛난 음식을 부엌에서 올리게 하니, 세칭(世稱) 동생(董生)처럼 어질다고 하였다. 대개 인사(人事)는 한 번 성(盛)하면 한 번 쇠(衰)하는 법이고, 참으로 천도(天道)는 드러남과 감춰짐이 있는 법이다. 땅이 인재를 얻으면 용(龍)이 변하니, 곧 평림(平林)이 울창함을 깨닫고, 하늘이 현인을 빼앗아 가면 학(鶴)이 날아가니, 모두가 사문(斯文)이 막힘을 한탄하였다. 완부(頑夫) 역시 서서 그 생이 영광스럽다고 여겼다. 행로에서 모두가 그 죽음을 슬퍼하며 강목(强木)이 쉽게 꺾이었음을 애통해하였다.

생전에 뜻을 펴지 못하였는데, 향기로운 난이 비록 시들었다고 하나 향기는 오히려 죽은 후에 남음이 있다. 이에 넓고 높은 한 자리를 잡아서 새로 행적을 기록한 작은 정자를 세우려고 하였다. 길한 날을 시구(蓍龜)로 점치니, 정유(丁酉)년 봄 2월이었다. 상서로움이 응하여 별들이 자오(子午)를 가리키고 하늘에는 삼광(三光)이 있었다.

여러 사람이 계획하고 물어서 함께 경영하며, 양공(良工)들이 솜씨를 펴는 것을 감독하니, 교묘하고 아름다웠고, 준승(準繩: 水平과 먹줄)이 성대[憑憑]하여, 동량(棟樑)은 거의 음렬(淫烈)한 풍우(風雨)를 두려워하지 않을 만하였고, 가지런한 주춧돌은 숙세(叔世: 말세)의 요리(澆漓: 경박한 인심)를 막을 만하였다.

이에 산악(山岳)이 기이한 모습을 올리니 저처럼 숲과 골짜기가 더욱 광채 나고, 처마 모서리는 사시(四時)의 안개와 놀을 거느리고, 담장은 높고 깊어서 한 하늘의 풍물(風物)을 받아들이네. 봄에는 시 짓기에 적당하고 여름에는 예(禮)를 행하기에 적합하니, 거의 다시 배우고 익히는 모습을 볼 수 있네. 아침에는 금(琴)을 타고 저녁에는 책을 읽으니, 도리어 또한 현송(絃誦)의 아름다운 소리를 들을 수 있네. 거연(居然)한 천석(泉石)이 어렴풋이 주회옹(朱晦翁: 주자)의 띠집이 이루어진 듯하고, 소쇄(瀟洒)한 맑은 바람은 도처사(陶處士: 도연명)가 북창(北牕)에 누워 있는 것과 방불하네.

애오라지 짧은 곡조를 노래하여 긴 대들보를 드는 것을 도우려 하네. 아랑위(兒郎偉)! 대들보를 동쪽으로 던지니, 산을 바라보면 둥근 달이 가슴속으로 들어오고, 작은 티끌도 움직이지 않고 모습마다 적막하고, 심경(心鏡: 마음의 거울)이 낭연(朗然)하게 푸른 허공을 비추네. 아랑위! 대들보를 남쪽으로 던지니, 수려하게 나온 봉우리들에 푸른 이네가 맺히고, 서 있는 것은 높은 관(冠)과 같고 안고 있는 것은 띠[帶]와 같고, 엄연(儼然)히 우러러보니 구름이 담담(澹澹)하네. 아랑위! 대들보를 서쪽으로 던지니, 바다 속에 고래와 악어가 머리를 낮게 잠그고, 범려(范蠡)의 배는 돌아가 사라진 지 일찍이 어느 세월이었는가? 옛 나라의 풍연(風烟) 속에 공연히 새가 우네. 아랑위! 대들보를 북쪽으로 던지니, 감산(坎山)이 우뚝 솟아 하늘 끝을 지탱하고, 병풍을 두른 듯 보호함이 다정하고, 만상(萬像)이 늘어져서 서색(瑞色)을 이끄네. 아랑위! 대들보를 위로 던지니, 아래를 내려다보면 별과 해가 하늘 중심에서 밝고, 여기에 나는 새들은 인간 세상을 벗어나니, 대도(大道)에서 어깨 부딪는 지나가는 사람들이 우러러보네. 아랑위! 대들보를 아래로 던지니, 평평한 밭두둑 초록들에 메뚜기들 우화하여, 진진(振振)한 자손들이 계속하여 이어지며, 집안 명성의 영원한 사업을 준수(遵守)하네.

오직 바라는 바는 상량 후에 온갖 상서로운 일만 얽기고, 여러 요사한 것은 없어지고, 사방 이웃이 모두 송도하고, 가까운 자는 축하하고 멀리 있는 자는 노래하며, 백겁(百㤼)이 되더라도 불후(不朽)하여, 물이 영원히 흐르고 산이 영원히 있는 것처럼 될지어다.

단기(檀紀) 4284년 신묘(辛卯) 11월 재현(在鉉)이 짓다.

행장 行狀

송계처사 고공 행장 松溪處士高公行狀

공(公)의 성(姓)은 고씨(高氏)이고, 이름은 명진(明鎭)이며, 자는 덕찬(德贊)이고, 장흥인(長興人)이다. 고려 첨교(檢校) 장흥백(長興伯) 복림(福林)의 후손이다. 그리고 우리 조선의 사헌부지평(司憲府持平) 상덕(尙德)의 12세손이다. 선무공신(宣武功臣) 참판(參判) 언수(彦壽)의 8세손이며, 증대부(曾大父)는 익후(益厚)이며, 대부(大父)는 엽(燁)이고. 부친은 시춘(時春)인데, 대를 이어 덕을 양성하였다. 모친 탐진(耽津) 최씨(崔氏)는 사인(士人) 찬묵(燦默)의 따님인데, 부덕(婦德)이 있었다.

고종(高宗) 갑자(甲子)년 2월 8일에 공은 무안현(務安縣) 산음리(山陰里) 집에서 태어났다. 어려서부터 유식하고, 성품과 행동이 단정(端正)하였고, 지기(志氣)가 강직하고 밝았고, 말은 묵묵하고 행동은 조용하였다. 한결같이 부모의 엄명(嚴命)을 준수하고, 뜻을 받들어 따름이 완전히 성인의 행동 같았다. 이미 취학(就學)하자, 열심히 자력으로 성인서(聖人書)를 대하고서 종일 단정히 앉아서 조금도 옆에 기대지 않았다. 그의 부지런하고, 순후하고 삼가함은 같은 무리들이 따를 수 없었다. 십 오륙 세에 경사(經史)를 읽었다. 이미 공령문(功令文: 과거공부)에 밝았고, 또 의리(義利)의 학(學)을 분별하였다. 문사(文詞)에 몹시 익숙하여 법도(法度)를 스스로 이루었다. 향인(鄕人) 부로(父老)들이 모두 공경하고 조심스럽게 대하였다. 집이 가난하고 부모가 늙어서, 농사를 지어 자급(自給)하였는데, 부모를 모시고 제사를 받듦에 정성과 공경을 지극히 갖추었다.

세속의 혼잡한 일로써 마음을 물들여 어지럽히지 않고, 한결같이 안으로는 공경하고 밖으로는 의리를 행함을 처신의 대방(大方)으로 삼았다. 부귀영달에 급급하지 않았고, 빈궁곤액(貧窮困厄)에 근심하지 않았다. 갑오(甲午)년 효상(爻象)에는 몸을 정결히 하고 행동을 의롭게 하였다. 기유(己酉)년 탕잔(蕩殘)에는 분수를 지키고 하는 일에 편안하였다. 더욱 우애에 돈독하였는데, 그 아우 용진(容鎭)이 이미 분가하여 의식(衣食)이 스스로 충분하였지만 한 방에 모여서 마주하고 상을 나란히 하고 이불을 함께 덮으며 잠시도 떨어지지 않은 것이 60여 년이었다. 하루라도 함께 즐거워하지 않은 날이 없었으니, 비록 옛사람의 돈독한 의리라고 할지라도 이것을 넘지 못할 것이다.

내외(內外)의 정우(丁憂: 부모상)를 당하여, 곡읍(哭泣)의 애도와 제전(祭奠)의 절차와 삼수(三燧)를 예(禮)대로 하였다. 한결같이 고분(叩盆: 아내의 죽음)을 애통해 하며 다시는 색(色)을 가까이 하지 않았다. 서하(西河)에서 거듭 곡(哭)을 하니 귀명(歸命)이 편안하였다. 의복을 검소하게 하고 식사를 줄이고, 조선(祖先)의 분농(墳壟)에 정성을 다하였다. 서적을 구입하고 학당을 세워서 자손들의 수립(樹立)에 힘을 다하였다. 만년에 산음(山陰) 후동(后洞) 한 구역에 농토를 마련하고, 풀을 엮어 오누막을 짓고 편액을 송계(松溪)라고 하였다. 그 한 겨울이 된 후에야 시든다는 뜻[歲寒後凋]을 취하고, 징담(澄澹)하여 티끌도 없다는 뜻이었다. 매일 여러 자식과 아우, 조카와 손자들과 함께 도의(道義)를 강마(講磨)하고, 독실(篤實)함을 힘써 이끌었다.

양춘(陽春)에는 한가한 틈에 포의(布衣)와 단장(短杖) 차림으로, 어떤 때는 인평(仁坪) 동네에서 한가하게 읊거나, 혹은 금강(錦江) 물가에서 풍영(風詠)하였다. 소요(逍遙)하며 자적(自適)하니 마을 소년

들 중 취학자들이 그를 송계처사(松溪處士)라고 불렀다. 신묘(辛卯)년에 정침(正寢)에서 천년(天年: 천수)으로 역책(易簀: 타계)하니 향년 87세였다. 산음(山陰) 앞 산기슭 오좌(午坐) 원(原)에 장례하였다.

실(室: 부인)은 무안(務安) 박씨(朴氏)인데, 공보다 35년 빨리 세상을 떠났고, 묘지는 양학동(養鶴洞) 묘좌(卯坐)에 있다. 3남 3녀를 낳았는데, 장남은 제민(濟敏), 차남은 제문(濟文), 막내는 제영(濟英)이다. 장녀는 최운풍(崔雲灃) 동주(東柱)에게 시집갔고, 차녀는 방생(房生) 관주(官柱)에게 시집갔고, 막내딸은 방생(房生)에게 시집갔다. 손증(孫曾)은 번연(蕃衍: 많음)하여 다 기록하지 않는다.

아! 공은 개제(愷悌)의 행의와 정대(正大)한 학문으로서 밝은 시절을 만나서 한 번 뜻을 폈더라면 사업이 곧 당시에 이루어져서 혜택이 백성들에게 미쳤을 것이다. 그러나 세상의 치란(治亂) 속에 한 사업도 알려질 수 없었다. 백사(百祀) 아래에서 공을 위해 한탄하며 애석해 할 것이다. 막내아들 제영(濟英)이 공의 선행(善行)을 받들고 와서 나에게 상덕(狀德: 행장)을 부탁하였는데, 이웃에 사는 종족의 정의로써 사양할 수 없어서 마침내 그 대략을 거두었다. 돌아보건대 부천(膚淺)하여 그 만에 하나도 형용할 수가 없어서 대략 몇 행을 서술하여 갖춰두고, 훗날 의견을 세워줄 군자가 와서 채택해 주기를 바란다.

둔와정공행장 遯窩鄭公行狀

공(公)의 이름은 낙선(樂善)이고, 자는 도길(道吉)이고, 성은 정씨(鄭氏)이며, 둔와(遯窩)는 그 자호(自號)인데, 온양인(溫陽人)이다. 시조(始祖)는 고려(高麗) 은청광록대부(銀青光祿大夫) 보천(普天)인데, 시호(諡號)는 정희(貞僖)이다. 자손들이 장대(昌大)하여, 달관(達官)

귀인(貴人)들이 많았다. 지금 동방(東方)의 온양 정씨는 모두 정희(貞僖)를 시조로 삼는다. 13세(世)에 본조(本朝: 조선)에 이르렀는데 포(袍)가 있어서 단련부사(團鍊副使)를 지냈고, 이조판서(吏曹判書)에 추증되었다. 그 일은 『포천지(抱川誌)』에 실려 있다. 그 후 다섯 번 전하여, 희현(希賢)이 있었는데, 호(號)는 호은(隱)이고, 음보(蔭補)로 찰방(察訪)을 지냈다. 연산조(燕山朝) 때 기미를 보고, 멀리 면성(綿城) 동각리(東閣里)로 은둔하였다. 무안(務安)에 온양 정씨가 있게 된 것은 공으로부터 비롯되었다. 서(曙)에 이르게 되었는데, 호가 삼체당(三棣堂)이고, 사마문과(司馬文科)를 합격하고, 병마절제도위(兵馬節制都尉)를 지냈다. 공에게는 9세조가 된다. 내향(來鄕), 필시(弼時), 팽세(彭世), 효악(孝岳) 등이 있고, 상흥(相興)은 통훈(通訓)에 추증되었는데, 이들은 고조(高祖) 이상이다.

증대부(曾大父)는 주신(周臣)인데, 호는 우당(愚堂)이며, 부모를 모시는데 효도를 다하였고, 덕을 감추고 출사하지 않았는데, 통정(通政)에 추증되었다. 대부(大父)는 채호(採好)인데, 호가 사은(沙隱)이고, 문학과 행의가 섬민(贍敏)하였다. 부친은 영환(永煥)인데, 효우(孝友)로써 칭송을 받았다. 삼세(三世)가 모두 행예(行藝)로써 알려졌다. 모친은 김녕(金寧) 김씨(金氏)인데, 기현(基鉉)이 그 부친이다. 역시 효순(孝順)하고 범덕(範德)이 있었다. 군자(君子)의 배필이 되어, 시부모를 섬기면서 정성을 다하였고, 부자(夫子)를 공경하며 예(禮)로써 대하였다. 고종(高宗) 을유(乙酉) 8월 3일에 현화방(玄化坊) 평림리(平林里) 집에서 공을 낳았다.

김부인(金夫人)은 현명한 교육의 방도를 지녀서 한결같이 옛사람이 자식을 가르친 것을 법으로 삼고, 규구(規矩: 법도)를 따랐다. 오륙 세에 처음 취학하였는데, 마음을 다하여 독서하고 다른 유희나 좋아하는 것이 없었다. 11세에 부친의 상을 당하여, 애훼(哀毁: 슬픔으로 몸을 상함)하며 게으르지 않고 송종(送終) 제전(祭奠)에 십분

(十分) 예(禮)를 준수하였다. 십이삼 세에 또 조고비 내외(祖考妣內外)의 상을 당하였는데, 상을 맡아서 춘추(春秋)를 9번이나 겪으면서, 비와 이슬 속에서 근심하고, 서리와 눈 속에서 슬퍼하며, 곡읍(哭泣)의 애도와 거처에서의 슬픔이 자못 성인과 같은 의식(儀式)이 있었다. 향인(鄕人) 부로(父老)들이 몹시 경외(敬畏)하게 대하였다.

공은 타고난 성품이 온후하고 꾸밈없이 진실하였는데, 모부인(母夫人)을 섬기면서 지극히 효도하였다. 몸소 천한 일을 하면서 공양을 받들었다. 지신(持身: 처신)은 충신(忠信)을 부신(符信)으로 삼았다. 집안을 바르게 함에는 엄정(儼正)함을 법으로 삼았다. 세간의 명리(名利)에 대해서는 일절 마음에 간예(干預)하지 않았고, 오직 선조를 받들고 종족과 돈독히 하는 데에 부지런하였다. 그 수백 년 동안 겨를이 없었던 족보를 수리하여 그 삼수세(三數世)를 예표(例表)하였다. 선롱(先壟)의 묘도(墓道)에는 각각 의물(儀物)를 갖추고 지(誌)를 적었다. 궁벽한 종족의 자녀 중 시집가야 할 사람이 있으면 자금을 내어 시집가도록 하였다.

인근에 가난하여 밥을 짓지 못하는 사람이 있으면 계옥(桂玉: 귀한 땔나무와 쌀)을 내어 도와주었다. 대개 그 천성이 그러하였다. 송사(松沙) 기선생(奇先生: 奇宇萬)의 문하에 유학하게 되자, 지조(志操)가 단학(端確)하고, 성명(聲名)이 성대하게 퍼졌다. 교유한 사람들은 모두 당시의 석인(碩人) 군자(君子)들이었는데, 대기(大器)로써 추대하며 인정하였다. 끝내 지물(志物)을 이을 수 없어서 경전(經傳)에 전력할 수가 없어 심오한 영역에 이를 수가 없었다. 이는 한스러워 할 만하다.

김부인(金夫人)이 천년(天年)으로 생을 마치자, 지극히 예제(禮制)를 따라서 질대(絰帶)를 벗지 않고 생전처럼 대하였다. 을유(乙酉) 2월 23일, 정침(正寢)에서 고종(考終)하였다. 현화방(玄化坊) 장영산록(長永山麓) 손좌(巽坐) 원(原)에 장례하였다. 부인 장흥(長興) 고씨(高

氏)는 광록(光祿)의 따님인데, 3남 5녀를 낳았다. 장남은 용희(龍熙)이고, 차남은 창현(昌炫), 봉현(奉炫)이다. 서준옥(徐準玉), 노판근(魯判根), 정태남(丁泰楠), 김판익(金判翼), 윤정식(尹正植) 등은 사위들이다. 나머지는 모두 어리다.

아! 불령(不佞: 나)은 공과 동경계(同庚契)로서 가르침을 받은 것이 많다. 그 행기(行已: 처신)의 승묵(繩墨: 법도)과 남을 대하는 법도, 남긴 일과 아름다운 행적들은 환하게 전할 만한 것들이다. 이 밖에 무엇을 한하겠는가? 여작관견(蠡爝管見: 작은 식견)으로써 그 방불(彷彿)함을 헤아릴 수 없다. 대략 그 가장(家狀)에서 뽑아서 덕행의 대개(大槪)을 기록하니, 훗날 의견을 세울 군자(君子)가 거칠다고 사양하지 않고 채택해준다면 다행일 뿐이다.

지봉공행록략 芝峰公行錄畧

공(公)의 이름은 응후(凝厚)이고, 자(字)는 여혼(汝渾)이며, 호는 지봉(芝峰)이다. 우리 고씨(高氏)의 본래 계통이 탐라성주(耽羅星主)에서 나왔다. 중세(中世)에 장흥(長興)으로 적(籍)을 옮겼는데, 고려(高麗) 검교공(檢校公) 복림(福林)이 중비조(中鼻祖)이다. 세 번 전하여 우리 조선에 이르러 신부(臣傅)가 있었다. 고려조에서 상서(尙書)를 지냈는데, 태종대왕(太宗大王)이 구교(舊交)로써 출사를 권유하였으나 은거하여 자정(自靖)하며 승국(勝國: 고려)의 세신(世臣)의 의리를 보이었다. 참의(參議)에 추증되었다.

이 분이 열(悅)을 낳았는데, 또한 납공(納供)으로 부름을 받았으나 외가(外家)의 원수의 조정에 출사하지 않았다. 그것은 고려 익원대군(益院大君)의 외손(外孫)이었기 때문이다. 참판(參判)에 추증되었다. 상지(尙志)는 좌통례(左通禮)를 지냈고, 자검(自儉)은 생원훈도(生員訓

導)을 지내고, 정사공신(靖杜功臣)이었다. 운(雲)은 예판(禮判)에 추증되었고, 기묘우현(己卯右賢)이었다. 이들은 공의 증조(曾祖) 이상이다.

조부 중영(仲英)은 생원(生員)으로서 이량(李樑)을 배척하였는데, 시배(時輩)들에게 배척을 당하여, 진도(珍島)로 유배되었다. 고(考) 경조(敬祖)는 장령(掌令)으로서 대(臺)에 있었는데, 이산해(李山海)의 간사함(李奸)을 논죄하였다. 이 때문에 변방에 머물며 외방 열 두 군(郡) 두루 맡았다. 선묘(宣廟: 선조) 때에 종제(從弟) 제봉공(霽峰公) 그 두 아들이 의병을 모을 때, 공은 이미 병들고 늙어서 비록 적들에게 달려가지 못하였지만, 그 경획(經劃)과 방략(方略)은 실로 공의 지휘가 많았다. 청백리(淸白吏)로서 부자(父子)가 모두 광주(光州) 편방사(片坊祠)에 향사되었다. 비(妣) 영광(靈光) 김씨(金氏)는 참군(參軍)의 손녀이다.

가정(嘉靖) 갑자(甲子)년 □갑(□甲)에 광주(光州) 압보리(鴨保里)에서 공을 낳았다. 어려서부터 기격(氣格)이 수매(修邁)하고, 재예(才藝)가 총민(聰敏)하였는데, 무릇 경사서적(經史書籍)들을 곧 한 달만에 암송하였다. 성자(性姿) 또한 순수하고 독실하여서 부모를 섬김에 그 정성과 공경을 지극히 하였다. 매번 사서(史書)를 읽을 때마다 절의(節義)를 지킨 사람을 보면, 공은 곧 칭찬하며 탄식하기를 "대장부는 마땅히 의리(義理)로써 자처(自處)해야 하고, 녹봉과 벼슬[祿仕]로써 뜻을 굽혀서는 안 된다"라고 하였다. 성장하여 문간공(文簡公) 우계(牛溪) 성선생(成先生: 성혼)의 문하에서 수업하였다. 위기지학(爲己之學)을 익숙하게 읽고 출처(出處)의 대의(大義)를 얻었다.

덕행이 순수하게 갖춰지고, 문예가 함께 뛰어나서, 사림에서 추장(推獎)하여 "남쪽 고을의 거벽(巨擘)이다. 이 공의 덕기(德器)의 성취(成就)는 제류(濟流)와 크게 다를 것이다"라고 칭송하였다. 만력(萬曆) 계사(癸巳,)년 왜구(倭寇)가 날뛰어 천지(天地)가 판탕(板蕩)하였다. 이때 공의 백씨(伯氏) 죽천공(竹村公)이 금마군(金馬郡)을 지키고 있었는데, 권공(權公) 율(慄)을 좇아 협력하여 적을 토벌하였다. 권공(權公)은 군량[餉饋]의 수송을 그에게 맡겼다.

공이 그 소식을 듣고 말하기를 "이는 남아가 절의를 세울 때이다."라고 하고서, 즉시 백씨(伯氏)의 임소(任所)로 달려가서, 함께 힘을 써서 군량을 이어서 행주(幸州)의 승리를 이루게 하였다.

아! 또한 성대한 일이었다. 공은 한 포의(布衣)로서 나라의 위기에 임하여 용감하게 나아가서, 국가의 위급함을 따랐다. 공의 기절(氣節)이 어떠하였던가? 때가 혼조(昏朝: 광해군조정)를 당하여 폐모의론[癈母議]을 간(諫)하였으나, 마침내 탁락(拓落)하여 가족을 이끌고 남하(南下)하여, 면성산(綿城山) 중에서 의(義)를 행하였다. 당시 사람들이 그 거처한 곳을 '고절리(高節里)'라고 불렀다. 이에 근거하여 공의 행치(行致)의 대개(大槪)를 알 수 있다. 인묘개옥(仁廟改玉: 인조반정) 후 특별히 첨추(僉樞)를 내리고 여러 번 불렀으나 나가지 않았다.

진흙을 실어다가 대나무를 심고, 고반(考槃)의 즐거움을 붙여, 강호(江湖)에 대(臺)를 건축하고서 영원히 군자의 아취를 이루기를 맹세하고 끝내 완염(琬琰)을 양피(羊皮)와 바꾸지 않았다. 그 성대한 절의는 실로 한(漢)나라의 부춘(富春: 嚴光을 말함)과 짝이 될 것이다. 지금 선배(先輩)와 장로(長老)들이 전하는 말을 들으니, 창포(滄浦)의 물가에 공의 조대(釣臺)가 있다고 한다.

아! 공의 의(義)와 절(節)이 이처럼 정정감감(亭亭鑒鑒)하여 당세(當世)에 몹시 베풀 수 있었는데 끝내 뜻을 얻지 못하고 말았다. 이는 반드시 깊은 연원에서 받은 바가 있을 것이다. 아마 지사(志士)들이 병학(兵壑)의 의리를 잊지 못할 것이다. 큰 것은 이와 같이 소절(疎節)을 요약할 수 있다.

경진(庚辰) 윤정월(閏正月) 24일에 세상을 떠났는데, 향년 77세였다. 정부인(貞夫人) 영광(靈光) 정씨(丁氏)는 선무랑(宣務郎) 복령(福齡)의 따님인데, 3남과 1녀를 낳았다. 장남 부진(傅進)은 생원(生員)이었고, 부적(傅迪)은 통덕랑(通德郎)이었고, 부매(傅邁)는 통덕랑(通德郎)이었다. 딸은 진사(進士) 정고(鄭槁)에게 시집갔다. 부진(傅進)은 2남을 낳았는데, 두추(斗樞)와 두선(斗璇)이다. 부적(傅迪)은 1남을 낳았는데, 두문(斗文)이다. 진사(進士)로서 덕행을 세상에 드러냈다. 부매(傅邁)는 2남 3녀를 두었는데, 두인(斗寅)과 두병(斗丙)이고, 딸들은 성장하여 유춘발(柳春發), 이현(李晛), 이동명(李東明)에게 시집갔다. 정생(鄭生)은 5남 2녀를 두었는데, 선주(善周), 내주(來周), 세주(世周), 우주(右周), 서주(序周) 등이다. 윤형도(尹亨道)와 정재겸(鄭載謙)은 그 사위들이다. 증현(曾玄) 이하는 많아서 다 기록할 수가 없다.

공의 묘는 면북(綿北) 평월리(平月里) 뒤 병향지원(丙向之原)에 있다. 부인은 부좌(附左)되었다. 아! 공의 조예(造詣)는 단적(端的)하였고, 천리(踐履: 행적)는 굳고 확고하였다. 저술이 매우 많았는데, 여러 해의 병선(兵燹: 전쟁의 불길)으로 문헌(文獻)을 찾을 수 없어서, 감히 억지로 설(說)을 이루지 않았다. 나중에 죽촌공(竹村公)은 2등 훈공을 받았고, 공은 호조참판에 추증되었다. 그러나 다만 그 한(恨)을 탄식할 뿐이다. 이는 어찌 자손이 혈유령전(孑遺伶傳)하기 때문이 아니겠는가?

세대(世代)가 아득히 이어져서 혹시 그것들이 모두 없어질까 두려워서 감히 죽천공(竹村公)의 가장(家藏)을 열람하고서 삼가 위와 같이 전말(顚末)을 기록하였다. 어찌 감히 조금이라도 쓸데없는 말을 붙였겠는가? 후세에 말을 해줄 군자(君子)에게 질정(質正)하고자 한다.

약재공행록략 藥齋公行錄畧

공(公)의 이름은 두문(斗文)이고, 자는 문약(文若)이며, 호는 약재(藥齋)이다. 대개 그 사는 곳으로 인하여 자호(自號)한 것이다. 우리 고씨(高氏)는 탐라왕(耽羅王) 을나(乙那)를 비조(鼻祖)로 삼는데, 성주(星主)를 세습하여 여러 번 전하였다. 고려(高麗) 첨교공(檢校公) 복림(福林)이 장흥(長興)에 봉해져서, 적(籍)을 옮겼다. 우리 조선에 들어와서, 신부(臣傅)가 있었는데 고려조의 상서(尙書)였다. 태종대왕(太宗大王)이 구교(舊交)로써, 아신아부(我臣我傅)의 의리를 취하여 이름을 내리고 벼슬을 권하였으나 끝내 굴복하지 않았다. 참의(參議)에 추증되었다. 세 번 전하여 자검(自儉)에 이르렀는데, 훈도(訓導)를 지내고, 정사공신(靖社功臣)이었다.

운(雲)은 호가 하천(霞川)이며, 조선생(趙先生) 정암(靜庵: 조광조)·박공(朴公) 눌재(訥齋: 박순)와 함께 사귀어 도의(道義)가 깊었는데, 기묘명현(已卯名賢)이 되었다. 예판(禮判)에 추증되었다. 중영(仲英)은 호가 송설정(松雪亭)이고, 생원(生員)으로서 곧은 절의과 대의(大義)가 있어서 간신을 배척하다가 유배를 당하였다. 경조(敬祖)는 호가 구암(龜岩)이며, 문과장령(文科掌令)이었는데, 이산해(李山海)의 간험(奸險)함을 논척(論斥)하였다가, 12군(郡)을 역임하였고, 광주목사(廣州牧使)로 관직을 마치었다. 부자(父子)가 함께 서로 이었다. 이들은 공의 증조(曾祖) 이상이다.

조부 응후(凝厚)의 호는 지봉(芝峰)이고, 첨추(僉樞)를 지내고, 호조참의에 추증되었다. 용사(龍蛇)의 난(亂: 임진왜란) 때 백씨(伯氏) 죽촌공(竹村公)과 힘을 합져 군량을 대어 행주(幸州)의 승리를 도와서 이루었다. 혼조(昏朝: 광해군조정)에서 폐모의(廢母議)를 간(諫)하였다가 끝내 낙백을 초래하여 광주(光州)에서 면성(綿城)으로 은거하였다. 임묘개옥(仁廟改玉: 이조반정) 후 불렀으나 나아가지 않았다. 자손들은 이로 인하여 그곳에서 살게 되었다.

고(考) 부적(傅迪)은 통덕랑(通德郎)이었다. 비(妣) 공인(恭人)은 함평(咸平) 노씨(魯氏) 순(珣)의 따님이다. 만력(萬曆) 갑인(甲寅)년 정월 24일에 면성(綿城) 고절리(高節里) 집에서 공을 낳았다. 겨우 10개월을 지내고 부친을 여위었다. 공은 풍골(風骨)이 준아(俊雅)하고, 기질(氣質)은 영탁(英卓)하였다. 또 모부인(母夫人)의 교도(敎導)의 엄정(嚴正)함을 받들어 한결같이 따르며 학업에 전념하였다.

덕량(德量)의 온화(溫和)함과 문사(文辭)의 광박(宏博)을 갖추어 속사(俗士)의 부류보다 훨씬 뛰어났다. 일찍이 사부에게 나아가 수학(受學)하였는데, 회초리를 이기지 못하고 울면서 돌아왔다. 모부인이 매질을 하여 돌려보냈다. 이 때문에 공의 학업과 문장 참으로 혼성(渾成)되었다. 성망(聲望)이 예울(藹蔚)하게 승(勝)하였다.

또한 효도에 돈독하였는데, 매번 일찍 부친을 잃은 것 때문에 사모하는 일을 얻지 못함을 지극한 한(恨)으로 여겼다. 모부인을 봉양함을 지성으로 하였다. 이미 성장하여 문경공(文敬公) 신재(愼齊) 김선생(金先生: 金集)의 문하에 노닐면서, 훈도(薰陶)를 점차 연마하고, 그 천리(踐履)의 묘(妙)를 얻고, 그 조예(造詣)의 심오함에 다다랐다. 스스로 나중에 과거수업을 버리고 도(道)를 지킴에 엄격하였다.

세상의 허물에 초연하여, 세리아권(勢利阿權)을 말한 적이 없었다. 읊은 바가 이미 많았고, 학문의 공(功) 또한 업신여길 수 없었다. 무인(戊寅)년에 선공(先公)의 묘(墓) 아래에 집을 짓고서 '약(藥)'이라고 재(齋)의 이름을 지었다. 임학(林壑) 산수(山水)의 아름다움에 의탁하고 노닐면서 시를 지어 문학을 이루고, 의를 행하여 권장하였다.

시류(時流)들은 출처(出處)와 취사(取捨) 사이에서 상심하고 있었다. 이때 문충공(文忠公) 시남(市南) 유선생(兪先生: 兪棨)이 본읍(本邑)을 맡고 있었는데, 잠시의 겨를만 있으면 곧 와서 인연을 논함이 진중하였고, 술 마시고 읊조리며 통창(通暢)하였고, 재(齋)의 뜻을 기(記)로 지어주며 장려해주었다. 기축(己丑)년 용호(龍湖)로 깊이 들어가서 봉우리 위에 누각을 세우고 편액을 '일소(一笑)'라고 하였다. 지금도 그 유허가 남아 있다.

효종(孝宗) 갑오(甲午)년에 부모의 명으로 과거에 응하여 진사(進士)에 합격하였다. 정유(丁酉)년에 의재(擬齋)를 즉시 받지 못하였는데, 점납(點納)에 초승(超陞)이 있었다. 그것을 받들고 의논할 때 저지하는 자가 있어서 마침내 나가지 못하였다. 신축(辛丑)년에 용호(龍湖)에서 동곽(東郭)으로 이사하여 문미에 '동환문(東圜門)'이라고 썼다. 외부에서 장자(長者)들의 수레가 끊이질 않았다, 두소배(斗筲輩)들의 망풍(望風)을 엄하게 꺼리었다. 정미(丁未)년에 또 생양동(生陽洞)으로 옮겨서 오래 살 계획이었다. 별장(別庄)을 세우고 편액을 '삼소(三笑)'라고 하였다. 대개 탁세오물(卓世傲物)의 뜻에서 취한 것이다.

아! 공과 같은 지취(志趣)의 높음과 문행(文行)의 풍섬함과 밝은 덕으로써, 시기가 효종(孝宗)의 성명(盛明) 때였는데 그 온축한 바를 폈더라면, 크게는 세상을 경륜하고, 작게는 나라를 빛나게 하였을 것이다. 세상에서 불행하여 억지되고 말았으니, 이른바 지우와 불우함의 운명 때문이던가? 공이 떠나간 백세(百歲)에 지사(志士)들이 한(恨)으로 여겼다. 저술이 몹시 많았는데 모두 화재로 잃었다. 다만 『치치록(嗤嗤錄)』·『용호경어(龍湖敬語)』가 세상에 유행한다.

『금란서첩(金蘭書帖)』은 집안에 보관되어 있다, 교유한 사람들은 모두 석덕(碩德) 명공(名公)들인데, 김문충공(金文忠公) 만기(萬基)·남문헌공(南文憲公) 용익(龍翼)·채판서공(蔡判書公) 유후(裕後) 등과 왕복하며 수창(酬唱)하였다. 칭송하며 허락하여 중시하였다. 이를 근거로 공이 되는 까닭을 알 수 있다. 유가(儒家)의 태산과 북두성이라고 할 수 있다.

현종(顯宗) 무신(戊申)년 10월 19일에 돌아가셨는데, 향년 55세였다. 묘는 면주(綿州) 북쪽 약곡(藥谷) 신좌지원(辛坐之原)에 있다. 후에 사복시정(司僕寺正)에 추증되었다. 숙인(淑人)은 나주(羅州) 임씨(林氏) 정로(廷輅)의 따님이다. 6남 1녀를 낳았는데, 장남 처일(處一)은 통덕랑(通德郞)을 지냈다. 다음으로 처원(處遠)·처장(處長)이 있고, 처대(處大)는 좌승지(左承旨)에 추증되었다. 또 처온(處溫)·처량(處良) 등이다.

딸은 조정호(曺挺豪)에게 시집갔다. 처일(處一)은 4남 2녀를 두었는데, 후(珝)·윤(玧)·봉(琫)·경(璟) 등이고, 유계(柳堦)와 유성구(姜聖龜)는 그 사위이다. 처장(處長)의 1남은 진(璡)이다. 처대(處大)는 3남 1녀를 두었는데, 숙(琡)·여(璵)·쇄(瑣) 등이고, 신유흠(愼惟欽)이 그 사위이다. 처온(處溫)은 3남 1녀를 두었는데, 선(璿)·민(珉)·현(玹) 등이고, 김세위(金世胃)가 그 사위이다. 처량(處良)은 후사가 없다. 서자(庶子) 처기(處璣)도 후사가 없다. 서녀(庶女)는 목사(牧使) 정재대(鄭載岱)에게 시집갔는데, 적(適)과 탁(逴)이 그 아들이다. 내외증현(內外曾玄)들은 많아서 다 기록할 수 없다.

아! 공은 누세(累世)의 문장(文章) 기절(氣節)의 집안에서 태어나서, 경제(經濟)을 온포(蘊抱)하고, 정직(正直)을 조집(操執)하였는데, 비록 당세(當世)에 크게 실시하지는 못하였으나, 그 결행(潔行) 위적(偉蹟)이 후세에 전할 만한 것이 많다. 지금 공의 세대와의 거리가 2백여 년이어서 그 상세함을 얻을 수가 없다. 다만 금석(金石) 가운데 믿을 만한 것은 공의 증손 청계공(淸溪公)이 일찍이 기록해둔 말이 있다. 불초(不肖)는 무지(無知)하여, 그 대략을 모았을 뿐 어찌 감히 췌언을 할 것인가? 훗날 말을 해줄 군자(君子)를 기다린다. 숙인(淑人) 임씨는 공의 묘에 합봉(合封)되었다.

묘표 墓表

종팔대조고 학생 수분재 고공묘표 從八代祖考學生守分齋高公墓表

면주(綿州) 치소(治所) 남쪽 70리, 금강(錦江) 이북 수무(數武: 몇 걸음) 쯤 되는 곳에 수연(粹然)한 일좌(一座)가 있는데 비로산(飛鷺山)이다. 그 상봉(上峰) 조산(鳥山) 비탈이 임원(壬原)을 4척 높이로 지고 있는데, 고(故) 수분재(守分齋) 고공(高公)과 그 계배(繼配) 죽산(竹山) 안씨(安氏) 장지이다. 지금으로부터 30년 전에 면성방(綿城坊) 약곡(藥谷) 신원(辛原)에서 이곳으로 움막을 옮겨왔다. 같은 언덕 20 걸음쯤 되는 곳의 유원(酉原)을 베고 있는 것은 그 초배(初配) 하동(河東) 정씨(鄭氏)의 장지이다.

공은 장흥인(公長興人)이고, 이름은 윤(玧)이고, 자는 윤옥(允玉)이고, 수분재(守分齋)는 자호(自號)이다. 고려(高麗) 검교공(檢校公) 복림(福林)이 비조(鼻祖)이다. 고려조 명신(名臣) 북부상서(北部尙書) 협(協)의 후인(后人)이다. 본조(本朝: 조선)에 운(雲)이 있었는데, 기묘명현(已卯名賢)이었다. 중영(仲英)을 낳았는데, 태학사(太學士)로서 이량(李樑)을 상소로 배척하였다. 경조(敬祖)를 낳았는데, 문장령(文掌令)으로서 이산해(李山海)의 간사함을 논죄하였고, 청백리(淸白吏)에 뽑혔다. 응후(凝厚)를 낳았는데, 첨추(僉樞)를 지냈고, 혼조(昏朝: 광해군정권)의 폐모론(廢母論)을 간(諫)하였으나 받아들여지지 않자, 마침내 가족들을 끌고 남쪽으로 내려와서 무안(務安) 고절리(高節里)에 은거하였다. 전적(傳迪)을 낳았는데, 통덕랑(通德郎)을 지냈다. 두문(斗文)을 낳았는데, 성균진사(成均進士)로서 사복시정(司僕寺正)에 추증되었다. 학행(學行)이 세상에 저명하였다.

이들은 공의 조증고(祖曾高) 이상이다. 고(考) 처일(處一)은 통덕랑(通德郎)을 지냈고, 조예(造詣)가 순정(純正)하였는데, 은거하여 출사하지 않았다. 비(妣) 공인(恭人)은 진주(晉州) 정씨(鄭氏)이다. 4남 2녀를 낳았는데, 공은 그 둘째이다. 현종(顯宗) 경자(庚子)년에 태어났는데, 천부(天賦: 타고난 성품)가 정직(正直)하였고, 동자가 된 때부터 점차 독서할 줄 알았고, 부모에게 지성이었고, 형제에게 돈독하였다, 발연(挺然)히 자립(自立)하여 예(禮)로써 자신을 꾸미고 의(義)로써 자신을 바로잡았다.

대저 세속의 부화(浮華)함에는 조금도 물들지 않아서, 항상 행기(行己: 처신)는 대방(大方)으로써 하였고, 출처는 대절로써 하였다. 동배의 벗들 사이에서 강론(講論)하고, 고을 자제들을 불러 모아서 유액(誘掖)하고 권려(勸勵)하였고, 고을의 강상(綱常)을 수립하여, 곧 "청백(淸白) 두 글자는 우리 집안에서 전수(傳授)한 심법(心法)이다." 라고 하였다. 강의(剛毅)로써 마음을 잡고, 돈독하고 확실하게 일을 처리하고, 문장(文章)이 화섬(華贍)하고, 행의(行義)가 독실(篤實)하여 남주(南州)에서 태산과 북두성 같았다.

아! 대저 사군자(士君子)가 도(道)를 품고 덕을 양성하면서 지우를 받으면 행하고, 불우(不遇)하면 감추고서 그 뜻을 고상(高尙)하게 하고, 그 좋아함에 맡기는 것이다. 예로부터 무슨 제한이 있겠는가? 그러나 공과 같은 정대(正大)한 뜻과 경륜(經綸)의 학문을 묘당(廟堂: 조정)에 서게 하였다면, 선도(善道)를 개진(開進)하고, 사악함을 축출하고 바름을 세워서 이 백성들을 수역(壽域)에 살게 했을 것이다, 그러나 끝내 뜻을 굽히지 않고 공거(公車: 벼슬)을 섬기지 않고 죽었다. 공을 아는 사람은 그것을 한스럽게 여겼다. 부인 유인(孺人) 하동(河東) 정씨(鄭氏)는 통덕랑(通德郎) 두상(斗相)의 따님이다. 4남 3녀를 낳았다. 부인 유인(孺人) 죽산(竹山) 안씨(安氏)는 자식이 없다. 장남은 익승(益昇)인데, 성균진사(成均進士)였다. 차남들은 익성(益晟), 익호(益灝), 익정(益晶)이다. 딸들은 이극효(李克孝), 정조연(鄭祚延)에게 시집갔다. 손증(孫曾)들은 기록하지 않는다.

종팔세손(從八世孫) 재현(在鉉)이 삼가 짓다.

종칠대조비 유인 남양 홍씨묘표 從七代祖妣孺人南陽洪氏墓表

손재(損齋) 고공(高公)은 이름이 익성(益晟)이다. 부인 유인(孺人) 김씨(金氏)는 본적이 나주(羅州)이고, 대제학(大提學) 대향(臺鄕)의 후손이다. 3남을 낳고 죽었다. 부인(夫人) 홍씨(洪氏)는 곧 공의 계배(繼配)인데, 본적이 남양(南陽)이고, 인상(麟相)과 치서(致瑞)가 그 조부와 부친이다. 부인은 어려서부터 타고난 성품이 정숙하여 규범(閨範)을 일찍 이루었다.

이미 시집가서는 부도(婦道)를 지극히 지키고, 봉선(奉先)에 효도하고, 찬성(粢盛: 음식물)을 이바지함에 정성을 다하고, 부자(夫子)에게 공경하고, 건즐(巾櫛)의 봉사를 엄숙히 받들고, 세 자식을 애휼(愛恤)하여 자신이 낳은 것처럼 보았다. 가정이 옹목(雍睦: 화목)하여 마을 이웃에서 칭송하였다. 대개 부인의 덕행은 평소에 축적(蓄積)된 것이었다.

세월이 흘러 공(公)이 병에 걸려 위독하였는데, 부인이 목욕제계를 하고 하늘에 축원하며 기도하면서 자신을 대신 죽게 해달라고 원하였으나, 남편을 구해내지 못하였다. 약곡촌(藥谷村) 뒤 기슭에 장례를 하였다. 김부인(金夫人)의 묘지 위 신좌(辛坐) 원(原)이었다. 상을 치르면서 애훼(哀毁: 슬퍼서 몸을 상함)하였는데, 3년 동안 곡(哭)을 다하며, 한결같이 예제(禮制)를 준수하였다. 어찌 다만 목숨을 버리고 칼로 베어 피를 흘리는 것만이 효열(孝烈)이라고 할 수 있겠는가? 그 정성의 여하에 달려있을 뿐이다. 민멸(泯沒)되어 근거할 바가 없으니 한스럽다. 이미 천년(天年)으로 돌아가셔서 지금의 망운면(邙雲面) 도원촌(桃源村) 앞 기슭 임좌(壬坐) 원(原)에 별도로 장례하였다.

2남이 있다. 장남은 침(枕)인데, 익승(益昇)에게 양자로 갔다. 둘째는 흡(恰)이고, 셋째는 수(檖)인데, 익겸(益謙)의 양자로 들어갔다. 이들은 모두 김씨의 소생들이다. 넷째는 억(憶)이고, 다섯째는 환(恒)이다. 손증(孫曾)이 많아서 다 기록하지 않는다. 지금 수석(隧石)을 감독하는 사람은 누구인가? 5세손 홍주(洪柱)와 동주(東柱), 6세손 광옥(光玉)과 광순(光順)이다. 재현(在鉉)에게 한 마디 쓸 것을 명하니, 망외(妄猥)함을 헤아리지 못하고 감히 장로(長老)들에게 들었던 것을 기록하였는데, 그 대개를 찬술하여 묘도(墓道)를 표시한 것이다.

방오세조 백촌처사 고공묘표 傍五世祖栢村處士高公墓表

공(公)은 장흥인(長興人)인데, 이름은 시규(時奎)이고, 자는 문찬(文燦)이고, 호는 백촌(栢村)이며, 성은 고씨(高氏)로서 계보가 탐라(耽羅)에서 나왔다. 고려 첨교(檢校) 장흥백(長興伯) 복림(福林)이 중비조(中鼻祖)인데, 명성과 작위를 세습(世襲)하여 북도상서(北都尙書) 협(協)에게까지 전하였다. 본조(本朝: 조선)에서 불렀으나 나가지 않고 망복자정(罔僕自靖)하였다. 여러 번 전하여 운(雲)에 이르렀는데, 기묘명현(己卯名賢)으로서 예판(禮判)에 추증되었다. 중영(仲英)을 낳았는데, 태학사(太學士)로서 이량(李樑)을 상소로 배척하여 세도(世道)를 수립하였다.

경조(敬祖)를 낳았는데, 사헌부 장령(掌令)으로서 이산해(李山海)의 간사함을 논죄하였다. 졸관(卒官)은 광주목(廣州牧)이었고, 청백리(淸白吏)에 뽑혔다. 부자(父子)가 모두 광주편방사(光州片坊祠)에 배향되었다. 응후(凝厚)을 낳았는데, 통정(通政)을 지내고, 호조참의에 추증되었다. 광해군(光海君)의 정치가 문란하여 마침내 남으로 내려와서 면성(綿城)의 산중(山中)에 은거하였으니, 바로 고절리(高節里)이다. 부적(傅迪)을 낳았는데, 통덕랑(通德郎)을 지냈다. 두문(斗文)을 낳았는데, 진사(進士)로서 사복정(司僕正)에 추증되었다. 병자(丙子)년에 창의(倡義)하였다.

처일(處一)을 낳았는데, 통덕랑(通德郎)을 지냈고, 윤(玧)을 낳았는데, 문학과 행의를 세상에 드러냈으며, 익호(益灝)를 낳았는데, 효행(孝行)이 빼어났다. 이들은 공의 조증고(祖曾高) 이상이다. 고(考)는 방(傍)인데, 학행(學行)이 순정(純正)하였다. 비(妣) 영광(靈光) 정씨(丁氏)는 경갑(景甲)의 따님인데, 부덕(婦德)이 있었다. 영묘(英廟: 영조) 정축(丁丑)년에 공을 낳았다. 공은 어려서부터 총명하였는데, 성장하여 취학하였는데, 시비(是非)를 분별하였고, 스승과 어른들이 이끌고 독려할 필요가 없었다. 학업과 문학이 날로 성취하니, 장로(長老)들이 모두 시례가(詩禮家)라고 칭송하였다.

자제(子弟)와 벗과 어른들에게는 행동거지가 단아(端雅)하였고, 언어(言語)에 덕(德)이 있었다. 부모를 섬김에는 효도를 다하였고, 형제들을 대함은 지극히 우애하였다. 자신을 단속함에는 청렴과 삼가함으로써 하였고, 집안을 다스림에는 부지런함과 윤리로써 하였다. 안으로 마음을 씀은 방현(方泫)하였고, 밖으로 처세함에는 규구(規矩: 법도)가 있어서 의론할 만한 한 가지 하자도 없었다.

양부모의 상을 당하여 몹시 슬퍼하였는데, 상장(喪葬) 제전(祭奠)은 지극히 예도(禮度)를 준수하였다. 향당(鄕黨)이 의표(儀表)로 삼을 만하다고 여겼다. 대성(大成)할 바가 있었는데, 끝내 나갈 수 없었던 것은 집이 가난하고 부모도 늙어서 콩물조차 이을 수가 없었기 때문이었다. 식자(識者)들이 그것을 한스러워 하였다.

을해(乙亥)년 2월 2일에 정침(正寢)에서 고종(考終)하였다. 면주(緜州) 치소(治所)의 북쪽 묘당산(猫堂山) 침자원(枕子原)에 장례하였다. 부인은 유인(孺人) 김해(金海) 김씨(金氏)인데, 그 부친은 이택(履澤)이다. 묘(墓)는 합조(合兆)하였다. 2남 1녀를 낳았는데, 장남은 일진(一鎭), 차남은 이진(二鎭)이고, 딸은 고성(固城) 정광훈(鄭光勳)에게 시집갔다. 제흥(濟興)은 장남 출생이고, 제벽(濟壁), 제옥(濟玉)은 전주(全州) 최상충(崔象忠), 광산(光山) 김형대(金亨大)에게 시집갔고, 이천(利川) 서광순(徐光淳)은 차남의 사위이다. 자식과 사위들과 증현(曾玄)들은 많아서 다 기록하지 않는다. 오세손 재조(在祚)가 장차 천도(阡道: 묘소길)에 비석을 세우려고 하며, 재현(在鉉)에게 그것을 기록해 달라고 부탁하였다. 나는 그 효성의 뜻에 감격하여, 평일에 집안 장로들에게서 들은 말들에서, 감히 뽑아서 묘표를 지었다.

강어작악(彊圉作噩) 중추(仲秋)에
방오세손(傍五世孫) 재현(在鉉)이 삼가 짓다.

증통정대부 사복시정 정공묘표 贈通訓大夫司僕寺正鄭公墓表

경재(警齋) 정공(鄭公)은 이름이 규징(奎澄)이고, 자는 선미(善徵)이고, 경주인(慶州人)이다. 고려(高麗)의 명신(名臣) 진후(珍厚)가 중비조(中鼻祖)이다. 명석과 작위를 세습(世襲)하여, 명공(名公)과 거경(巨卿)들이 무리를 이어 나왔다. 당시의 공훈세족(功勳世族)이었다. 본조(本朝: 조선)에 들어와서 인조(仁祚)가 있어서 적(賊)을 격파하고 공을 세웠는데, 시호(諡號)가 충열(忠烈)이다. 임(霖)을 낳았는데, 당시 불교를 숭상하던 때에 정학(正學)을 세우고 사설(邪說)을 배척하는 것을 자기의 임무로 삼았다.

당시 유학교수(儒學教授)로서 무안(務安)으로 남하하여 학교(學校)를 권하고, 윤리(倫理)를 강론하여 사풍(士風)이 일신(一新)되었다. 세 번 전하여 희교(希僑)에 이르렀는데, 호가 노봉(老峯)이고, 생원과와 진사과 모두에 합격하였다. 성리학(性理學)에 마음을 쏟으며 은거(隱居)하며 자정(自靖)하였다. 이를 이어서 자손들이 가르침을 준수하여 거업(擧業: 과거공부)을 대수롭지 않게 생각하고, 예의(禮義)를 숭상하고, 기절(氣節)을 숭상하며 매우 잠신가(搢紳家)의 모범[楷範]이 되었다.

증조는 두제(斗齊)인데 재능과 덕이 빼어났다. 조부 덕구(德龜)는 가선대부(嘉善大夫)로서 지중추(知中樞)를 지냈다. 고(考)는 원신(元信)인데, 통정(通政)에 추증되었다. 비(妣) 숙부인(淑夫人) 풍산(豊山) 홍씨(洪氏)는 오동(五東)의 따님인데 부덕(婦德)이 있었다. 영종(英宗) 임신(壬申) 7월 29일에 공을 낳았다. 기개(氣槪)와 기량(器量)이 맑고 엄정하였고, 성품과 도량이 순후하고 근실하였다. 어릴 때부터 뜻이 성인과 같아서 세속의 잡희(雜戲)를 하지 않고 잠시도 시일을 허비하지 않았다.

조금 더 성장하자, 한결같이 학문에 뜻을 두고 노력하며 힘을 다하여 학업의 성취가 엄연(儼然)히 상덕(尙德)의 풍모가 있었다. 생장함이 빈한(寒貧)하여 비록 연원대가(淵源大家)에게서 가르침을 받지 못하였으나, 실천함이 독실(篤實)하고, 지조(志操) 견확(堅確)하여 자성일가(自成一家)하였다. 평생 충(忠)과 경(敬) 두 글자를 자신을 다스리는 신부(信符)로 삼았다. 부모를 모심에는 효도를 다하였고, 집안을 다스림에는 화목으로써 하였고, 산에서 나무하고 물에서 물고기를 잡으며 유유자적하며 남들이 알아주기를 구하지 않았다. 옛 동생(董生)의 어짊으로도 순전한 아름다움을 얻지 못하였을 것이다.

양 부모의 상을 당하여 슬퍼하며 몸을 훼손함이 예(禮)를 넘었고, 정문(情文)을 갖추어 바치고, 곡읍(哭泣)하며 제전(祭奠)함에 삼수(三燧)을 하루 같이 하였다. 이른바 살아서는 공경함을 다하고, 죽어서는 예를 다 한다고 하였는데, 공의 의로운 처신은 몹시 그 도를 얻었다.

아! 이 같은 덕량(德量)과 재기(才器)로서 원대(遠大)함을 기약할 수 있었는데, 늙도록 가난한 운명이었다. 후에 통정대부(通訓大夫) 사복시정(司僕寺正)에 추증되었다. 기사(己巳)년 5월 7일에 계수족(啓手足: 운명)하였다. 묘소는 엄동면(嚴多面) 삼정(三亭) 후록(后麓) 사립동(沙笠洞) 손좌원(巽坐原)에 있다. 부인 숙인(淑人) 무안(務安) 박씨(朴氏)의 묘(墓)와 쌍조(雙兆)하였다. 2남을 두었는데, 상열(商悅)과 태열(台悅)이다. 손증(孫曾)은 많아서 기록하지 않는다. 오세손 성조(聖朝)씨가 공의 가장(家狀)을 받들고 와서 재현(在鉉)에게 표수문(表隧文: 묘표)을 부탁하였는데, 서로의 정이 친족과 같아서 사양할 수가 없어서 감히 세계(世系)와 행치(行治)의 대략을 서술하여 돌려보내어 출판하게 하였다.

종칠세조 익호 묘표 從七世祖益灝墓表

공(公)이 돌아가신 후 2백여 년인데, 후손 광민(光旻)과 재조(在祚)가 표천문(表阡文: 묘표) 때문에 찾아와서 두세 번 전적으로 책임을 맡겼다. 나는 말학후생(末學后生)으로서 감히 용이하게 답술(答述)할 수 있는 사람이 아니다. 공과의 시대가 멀어서 문헌(文獻)에서 그 상세함을 증거할 수가 없었는데, 청계공(淸溪公)이 당시에 올린 제문(祭文)을 얻어 보고서, 공의 덕행과 근칙(謹飭)의 사실들을 역력히 증거할 수가 있었다. 이에 그것을 실퍼 서술하였다.

공은 장흥인(長興人)이며, 이름은 익호(益灝)이고, 자는 경보(景甫)이고, 각헌(覺軒)은 자호(自號)이다. 선계는 탐라(耽羅)에서 나왔는데, 고려조 장흥백(長興伯) 복림(福林)이 비조(鼻祖)이다. 전하여 북부상서(北部尙書) 신부(臣傅)에 이르렀는데, 여옥사(麗屋社: 고려의 멸망) 후, 두문동(杜門洞)으로 들어가서 망복(罔僕)의 의리를 지켰다. 그 후 관면(冠冕: 벼슬)을 서로 이어서, 전하여 운(雲)에 이르렀는데, 호는 하천(霞川)이고, 기묘명현(己卯名賢)이었다. 중영(仲英)은 호가 송설정(松雪亭)인데 이량(李樑)의 간사함을 배척하였고, 절의(節義)에 기록되었다. 경조(敬祖)는 12군(郡)을 역임하였는데. 청백리(淸白吏)에 기록되었다. 부자(父子)가 모두 광주(光州) 황산사(黃山祠)에 재향되었다.

응후(凝厚)는 혼조(昏朝: 광해군정권)에서 도륜(斁倫: 폐모론)을 간하였고, 호조참의(戶曹參議)를 지냈다. 부적(傅迪)은 통덕랑(通德郎)을 지냈다. 두문(斗文)은 생원과와 진사과에 모두 합격하였다. 병자(丙子)년 의려(義旅: 의병)를 일으켰고, 절의(節義)에 기록되었다. 처일(處一)은 통덕랑(通德郎)을 지냈다. 이들은 공의 조증고(祖曾高) 이상이다. 부친은 이름이 윤(玧)인데, 문학과 행의로서 세상에 드러났다. 모친 하동(河東) 정씨(鄭氏)인데, 통덕랑(通德郎) 두상(斗相)이 그 외조부이다.

비(妣) 죽산(竹山) 안씨(安氏)는 만재(晩載)의 따님인데, 혈육이 없었다. 숙종(肅宗) 경오(庚午)년에 공을 낳았다. 기개와 기량이 엄정(嚴正)하였고, 자질과 성품이 밝고 민첩하였다. 조금 자라서 지식이 있게 되었을 때 행동거지와 말하고 침묵함에 자연(自然)히 법도(法度)가 있었고, 부정(不正)한 자태를 인색에 드러내지 않았고, 비리(鄙俚)한 말은 입으로 내지 않았다. 서당 선생에게 나아가게 되자, 재능이 진보되고 덕이 성취되어 장로(長老)들이 큰 그릇으로 여겼다. 성장하자, 부모를 모심에 깊은 애정이 있었고, 잠자리 보살핌과 유식에 한 번도 나태하지 않았다. 전후의 양 부모의 상을 당하여 예제(禮制)를 지극히 지켜서, 애통(哀痛)해하며 곡하며 발을 구르면서 삼수(三燧)를 하루같이 하였다. 향당(鄕黨)에서 효도를 칭송하였다.

우애(友愛)에 더욱 돈독하였는데, 백형(伯兄) 진사공(進士公)을 섬기기를 엄한 부친처럼 대하며, 종일 상을 나란히 하고서 명하지 않으면 눕지 않았다. 종족에게 화목하여 은의(恩誼)로 추대되었다. 자손을 가르침에는 반드시 의로운 방법으로 하였다. 또한 공령(功令: 과거공부)에도 뛰어나서 여러 번 향해(鄕解)에 합격하였지만, 복시(復試)에는 뜻을 얻지 못하였다. 이어서 시속배들이 아첨의 말로 자신을 굽혀서 권문가에 받아들여지는 것을 목격하고서 비루하다고 비웃으며 욕을 하고서 각헌(覺軒)이라고 편액을 적고 문을 닫고 자수(自修)하였다. 마침내 공거(公車: 출사)에 뜻을 끊었다.

가도(家道)가 청한(淸寒)하여 비록 연원(淵源)있는 거장(巨匠)에게 멀리 유학하지는 못하였으나, 학문에 힘쓰며 게으르지 않고서, 한결같이 존심(存心)과 양성(養性)을 자신을 다스리는 심부(信符)로 삼았다. 임술(壬戌)년 7월 12일 세상을 떠났는데 나이가 53세였다. 무안(務安) 약곡(藥谷) 청룡등(靑龍嶝) 침해원(枕亥原)에 장례하였다.

부인 대구(大邱) 배씨(裵氏)는 세유(世維)의 따님이고. 부인 무안(務安) 박씨(朴氏)는 해(楷)의 따님이다. 모두 부덕(婦德)이 있었고, 장지는 모두 노부례(魯祔禮)를 사용하였다. 3남이 있는데, 장남은 업(僕)인데, 효행(孝行)을 순수하게 갖추었고. 배씨의 출생이다. 차남 언(㥱)은 행의(行誼)가 순수하고 돈독하였다. 막내는 근(慬)인데, 박씨의 출생이다. 장남의 큰아들은 시묵(時默)이고, 차남의 아들은 시탁(時卓), 시규(時奎), 시원(時元) 등인데 학행(學行)이 있었다. 막내의 아들은 시욱(時旭)이고, 딸은 정덕윤(鄭德潤)에게 시집갔다. 증손(曾玄)은 많아서 기록하지 않는다.

아! 공은 품고 있는 재능과 순근(醇謹)한 학문으로써 출사하였다면 이룸이 있을 터인데, 관직에 한 이름도 올리지 못하고 초야에 묻히어 생을 마치었다. 어찌 그리 세도(世道)가 공평하지 못한가? 식자들이 그것을 한으로 여겼다. 그러나 공의 뜻은 세속의 더러움에 물들지 않고 성분(性分)의 마땅함을 닦아서 자신의 마음에 부끄럼이 없도록 하였을 뿐이다. 어찌 죽은 후에 민멸됨으로써 표현(表顯)에 경중이 있겠는가? 대략 행치(行治)의 단서를 서술하여 석음(石陰)에다 새겨서, 내세에 공이 현명하였음을 증명하려 한다.

단기(檀紀) 4295년 임인(壬寅) 삼양월(三陽月) 기망(旣望)에
종칠대손 재현(在鉉)이 삼가 짓다.

족조 길주 묘표 族祖吉柱墓表

면주(綿州) 서쪽 40리쯤의 곳에 우뚝히 서서 특히 빼어난 것이 병봉(柄峯)이다. 그것이 굴곡(屈曲)하며 서쪽으로 내려가 평평하게 펴져 있는 부을봉(負乙封)은 고(故) 학생(學生) 고공(高公) 길주(吉柱)의 옷과 신발[衣履]을 매장한 곳이다. 나는 어려서부터 여러 번 뵈었는데, 면학(勉學)의 진실로써 권면하며 세월을 낭비하지 말고 정성을 다 하라고 하였다. 나는 낯빛을 고치고 공경하며 복종하면서 그 말을 들었다. 이때 공의 성품이 인후하고 덕이 있으며 남을 사랑함이 권권(惓惓)함을 알았다.

공의 원손(元孫) 재조(在祚)와 둘째 아들 광무(光武)가 표천문(表阡文: 묘표) 때문에 찾아왔는데, 그 정성에 감격하여 족보를 살펴서 서술하였다. 공은 장흥인(長興人)인데, 이름은 길주(吉柱)이고, 자는 방서(邦瑞)이고, 지곡(芝谷)은 그 호이다. 선계는 탐라(耽羅)에서 나왔고, 고려(高麗) 장흥백(長興伯) 복림(福林)이 비조(鼻祖)이다. 전하

여 북부상서(北部尙書) 신부(臣傅)에 이르렀는데, 고려가 망하자 망복(罔僕)하여 자정(自靖)하였다. 이후로 대대로 훈업(勳業)이 전해졌다.

기묘명현(己卯名賢) 운(雲)과 송설정(松雪亭) 중영(仲英), 청백리(淸白吏) 경조(敬祖), 호조참의(戶曺參議) 응후(凝厚), 통덕랑(通德郞) 부적(傳迪), 진사(進士) 사복정(司僕正) 두문(斗文), 통덕랑(通德郞) 처일(處一), 수분재(守分齋) 윤(玧), 각헌(覺軒) 익호(益灝), 송와(松窩) 언(愭), 백촌(栢村) 시규(時奎) 등은 대대로 문장(文章)과 절의(節義), 청덕(淸德)과 의행(懿行)으로써 이어진 향기가 나란히 아름다웠다. 이들은 공의 증고(曾高) 이상이다.

조부의 이름은 일진(一鎭)이고, 호는 학천(鶴川)이다. 부친의 이름은 제흥(濟興)이고 호는 해헌(海軒)이다. 모친은 무안(務安) 박씨(朴氏)인데, 재환(載煥)이 그 외조부이다. 철종(哲宗) 정사(丁巳)년에 공을 낳았다. 타고난 자질은 순후(醇厚)하고, 타고난 성품은 인자(仁慈)하였다. 평생 일찍이 부모를 여위어 죽는 날까지 슬퍼하였다. 낮에는 나무를 하고 밤에는 문자를 학습하였는데, 윤리학(倫理學)에 있어서 선현(先賢)들의 예설(禮說)에 대하여 경중(輕重)을 따져서 질서를 잡으며 점차 나아가며 성취하였다.

양친(兩親)의 부일(夫日: 제삿날)을 당하면, 목욕제계(沐浴齊戒)하고 애모(哀慕)함이 단괄(袒括: 초상)날과 같았는데, 정성과 공경을 갖추었다. 조금이라도 한가한 때가 있으면 형제(兄弟)들이 서로 모여서 즐기며 종일 한 번도 꺼리는 안색을 보이지 않았다. 종족들에게 화목하고, 곤궁하고 가난한 사람들을 돕는 계책을 베풀었다. 붕우들에게 신의 있게 대하고, 자신을 낮추고 남을 높이는 도리를 다하였다. 가정을 다스림에는 예속(禮俗)으로써 하였고, 자질(子姪)을 교육함에는 검소함과 부지런함으로써 하였다. 사방 이웃에서 모두 착하다고 칭송하였다. 이처럼 집안에서 수양함이 고을에 알려지고,

멀리서 스스로를 다스리고 남에게 성실함은 효심이 깊기 때문이다. 예로부터 은거하여 행의(行誼)한 선비가 사책(史冊)을 빛냄이 많았는데, 누가 장차 더불어 짝이 될 것인가?

임자(壬子)년 9월 12일 타계하였는데, 나이가 56세였다. 부인은 함평(咸平) 이씨(李氏)인데, 중헌(中憲)의 따님이다. 공보다 1년 뒤에 타계하였다. 묘갈(墓碣)은 마등(馬澄) 침인원(枕寅原)에 있다. 2남을 두었는데, 장남은 광변((光變)이고, 차남은 광무(光武)이다. 김태호(金太鎬)와 김윤수(金輪洙)는 그 사위이다. 재조(在祚), 재춘(在春), 재철(在哲), 재규(在圭), 박현옥(朴炫玉), 조전형(趙銓衡), 김재륜(金載善), 윤형선(尹享善) 등은 장남의 아들과 사위들이다. 재윤(在閏)과 배현태(裵鉉泰)는 차남의 아들과 사위이다. 증손(曾孫)은 어려서 기록하지 않는다.

아! 세상이 말세가 되어 풍속이 타락하니, 이른바 식자배(識字輩)들이 이름을 구하고 명예를 요구하는 것이 도도하게 모두가 그러하다. 그러나 공의 근본을 돈독히 하고 실질에 힘쓰고, 선행과 검소한 덕을 보면 과연 어떠한가? 나는 들은 것이 없어 그 실적(實蹟)을 상세하게 기록할 수가 없어서 대략 사행(事行)을 서술하여 비석 뒤에 걸어놓게 하고, 지나가는 사람이 긍식으로 삼게 하였다.

단기(檀紀) 4295년 겨울 인십양월(寅二陽月) 기망(旣望)에
족손(族孫) 재현(在鉉)이 삼가 짓다.

종육세조 송와공묘표 從六世祖松窩公墓表

공의 이름은 언(㦥)이고, 자는 사용(士用)이고, 호는 송와(松窩)이다. 고려(高麗) 검교공(檢校公) 복림(福林)의 후손이다. 여러 번 전하

여 우리 조선에 이르렀는데, 기묘명현(己卯名賢) 운(雲)의 9세손이다. 참판(參判)이 중영(仲英)을 낳았는데, 생원(生員)으로서 이량(李樑)을 배척하였다가 진도(珍島)로 귀양을 갔다. 생원(生員)이 경조(敬祖)를 낳았는데, 사헌부 장령(掌令)으로서 이산해(李山海)의 간사함을 배척하였고, 12군(郡)을 역임하였고, 청백리에 선발되었다.

부자(父子)가 모두 편방사(片坊祠)에 제향되었다. 장령(掌令)이 응후(凝原)을 낳았는데, 첨추(僉樞)를 지내고 참의(參議)에 추증되었다. 처음으로 무안(務安) 고절리(高節里)에서 거주하였다. 참의(參議)가 부적(傅迪)을 낳았는데, 통덕랑(通德郞)을 지냈다. 통덕랑이 두문(斗文)을 낳았는데, 성균진사(成均進士)로서 사복시정(司僕寺正)에 추증되었다. 사복(司僕)이 처일(處一)을 낳았는데, 통덕랑을 지냈다. 이들이 공의 증고(曾高) 이상이다.

조부의 이름은 윤(玧)인데, 행의(行義)로 세상에 저명하였다. 부친은 이름이 익호(益灝)이고, 효(孝)가 순수하고 덕(德)이 온전하였다. 그 배필은 대구(大邱) 배씨(裴氏)인데, 세유(世維)의 따님이다. 1남을 낳았다. 또 다른 배필은 무안(務安) 박씨(朴氏)인데, 해(楷)의 따님이다. 2남을 낳았다. 공은 차례가 둘째이다. 숙종(肅宗) 갑신(甲辰)년에 공을 낳았다.

어려서부터 영오(穎悟: 총명)하였고, 성장하여 더욱 학문에 돈독하였다. 부모에게 효도하고 형제에게 우애하고, 종족에게 화목하고 친구에게 신의가 있었다. 명리(名利)의 분화(紛華: 어지러움)에 급급하지 않고, 지닌 성품이 경개(耿介)하였다. 눈으로는 음란한 것을 보지 않았고, 귀로는 옆으로 듣는 것이 없었다. 엄숙하고 공손하며 나태하지 않았다. 자성일가(自成一家)한 학문과, 뜻을 숭상하고 몸을 결백하게 하여 우뚝이 새움이 있었다. 임오(壬午)년 11월 30일에 운명하니 나이가 겨우 29세였다.

아! 그 수명의 짧음이여! 묘는 악곡(樂谷) 성월치(城越峙) 침간원

(枕艮原)에 있다. 아! 처(處)하면 지킴이 있고, 나가면 이름이 있을 터인데, 시대와 일이 어긋나, 끝내 뜻을 굽히지 않고 은거하여 홀로 선을 행하였다. 그 선이 운명이었던가? 하늘이 나이를 빌려주었더라면, 성취를 헤아릴 수 없었을 터인데, 중도에 그치고 말았으니, 어찌 그리 착한 자를 돌봄에 이치가 없단 말인가? 부인 영광(靈光) 정씨(丁氏)는 경신(景申)의 따님이다. 3남을 낳았는데 장남은 시탁(時卓)이고 차남은 기규(時奎)이고 막내는 시원(時元)이다. 묘는 동강(同崗) 축좌원(丑坐原)에 있다. 손증(孫曾)은 많아서 다 기록하지 않는다.

종후손 재현(在鉉)이 삼가 쓰다.

종칠세조 손제 익성묘표 從七世祖損齋益晟墓表

사군자(士君子)는 묘당(廟堂: 조정)에 있으면, 마땅히 임금에게 충성하고 나라를 근심하며 그 생명을 다하여야 한다. 초야(草野)에 있으면, 부모에게 효도하고 집안을 다스리며 그 힘을 다하여야 한다. 그런 후에야 사람의 도리를 실천하여 세상에 부끄러움이 없는 것이다. 숙세(叔世: 말세)에 거짓이 낳아서서 기의 그런 사람이 없게 되었다. 우리 선조 손재공(損齋公)은 비록 조로(朝路: 조정)에서 입신(立身)할 수 없었지만, 몸을 착하게 하고 학문에 힘을 쓰고, 충효대절(忠孝大節)로써 심상(心上)의 본령(本領)으로 삼았다. 말하면 반드시 합당하였고, 행하면 반드시 성과가 있었다. 백옥(白玉)에 하자가 없었으니, 참으로 군자인(君子人)이던가?

공은 장흥인(長興人)이고, 이름은 익성(益晟)이고, 자(字)는 익경(益卿)이며, 자호(自號)는 손재(損齋)이다. 선계는 탐라(耽羅)에서 나왔고, 고려 검교(檢校) 장흥백(長興伯) 복림(福林)의 후손이다. 북부상서(北部尙書) 신부(臣傅)에 이르러 여옥사(麗屋社: 고려의 멸망)를 당하자 망복(罔僕)하여 의리를 지켰다. 그 후 명덕(名德)을 이었는데, 전하여 운(雲)에 이르렀는데, 호가 하천(霞川)이고, 포야(圃冶: 포은·야은)와 같은 제현(諸賢)과 더불어 도의(道義)로 결교(結交)하였다. 기묘(己卯)년의 화(禍)를 겪고. 예판(禮判)에 추증되었다.

중영(仲英)을 낳았는데, 태학사(太學士)로서 이량(李樑)을 상소로 배척하여 세도(世道)를 세웠다. 경조(敬祖)를 낳았는데, 12군(郡)을 역임하면서, 백성들의 병폐를 제거하고, 청백리에 선발되었다. 부자(父子)가 함께 황산사(黃山祠)에 제향되었다. 응후(凝厚)를 낳았는데, 혼조(昏朝: 광해군조정)에서 도륜(斁倫: 폐모론)을 간하였는데, 나라의 형세가 위태로움을 보고, 마침내 면성(綿城) 고절리(高節里)로 은거하였다. 호조참의에 추증되었다. 부적(傅迪)을 낳았는데, 통덕랑(通德郎)을 지냈다. 두문(斗文)을 낳았는데, 생원과와 진사과 모두에 합격하였고, 호는 약재(藥齋)이다.

병자(丙子)년에 의려(義旅: 의병)를 일으켰고, 절의(節義)에 선발되고, 사복정(司僕正)에 추증되었다. 처일(處一)을 낳았는데, 통덕랑(通德郎)을 지냈다. 이들이 공의 조증고(祖曾高) 이상이다. 부친은 이름이 윤(玧)이고, 호는 수분재(守分齋)이고. 덕행(德行)으로 세상에 드러났다. 비(妣)는 하동(河東) 정씨(鄭氏)인데, 통덕랑 두상(斗相)의 따님이다. 또 다른 비(妣)는 죽산(竹山) 안씨(安氏)인데, 만재(晩載)의 따님이고 혈육이 없었다. 숙종(肅宗) 무진(戊辰)년 5월 10일에 공을 낳았다. 풍의(風儀: 풍채)가 수량(秀良)하였고, 성품과 도량이 관대(寬大)하였다. 어려서부터 행동거지와 언동(言動)이 같은 무리와는 남달랐다.

이미 성장하여 취학하자, 문예(文藝)가 크게 진보하였고, 경사자전(經史子傳)과 의리절조(義利節操)에 있어서 깊이 연구하지 않음이 없었다. 평소에는 일을 다스리지 않았으나, 손님을 접하면 손을 맞잡고 꼼짝없이 앉아서 반드시 문자(文字)를 감상하며 열람하였다. 부모를 섬김에 정성을 다하여, 지물(志物)과 정성(定省)에 조금도 나태한 적이 없었다. 형제(兄弟)에게 우애하여 이이(怡怡)하게 즐기면서, 있고 없음을 함께 공유하였다.

가정에는 전혀 간섭하는 말이 없었고, 친히 묻는 것이 조금도 없었다. 불편하면 의원에게 물어서 약을 짓고 남에게 시킨 적이 없었다. 일찍이 자질들을 훈계하기를 "사람의 백행(百行) 가운데 효(孝)가 으뜸이 된다. 맹자(孟子)가 말하지 않았던가? 성인(聖人)과 인륜(人倫)에서 지극한 것이다."라고 하였다. 또 말하기를 "요순(堯舜)의 도(道)는 효제(孝悌)일 뿐이다. 마땅히 이 마음으로써 용감하게 앞으로 곧장 나아가야 한다. 덕(德)이란 복(福)의 근본이니, 어찌 선함을 돕는 보답이 없겠는가? 권력에 아부하고 세력을 좇는 것은 화(禍)의 근원이니 결코 해서는 안 된다."라고 하였다.

전후(前後)의 부모의 상을 당하여, 지극히 예제(禮制)를 따라서 호곡(號哭) 벽용(擗踊)하며 3년을 하루 같이 하였다. 선조를 받듦에 정성을 다하고, 남을 대함에는 공손하고, 자신을 지킴에는 검약(儉約)하니, 종당(宗黨)이 기쁘게 복종하고, 향리(鄕里)에서는 추허(推許)하였다. 아마 세상에서 안팎의 근심에 힘쓰는 자와 더불어 나란히 의논할 만하지 않겠는가? 이는 성품에서 얻어서 그리한 것이다. 아! 세도(世道)가 공정하지 않아서 자사(刺司)가 추천하지 않았으니, 참으로 임번(林樊)에서 곤궁한 것은 운명이었던가? 신미(辛未)년 5월 24일에 운명하니, 향년 64세였다.

묘는 약곡(藥谷) 후록(后麓) 면신원(面辛原)에 있다. 배(配)는 나주(羅州) 전씨(全氏)인데, 월(鉞)의 따님이다. 지극히 공의 덕에 짝하였다. 3남을 낳았는데, 장남 침(忱)은 진사공(進士公) 익승(益昇)의 양자로 갔다. 차남 흡(恰)은 첨추(僉樞)를 지냈다. 막내 수(燧)는 익겸

(益謙)의 양자로 갔다. 묘는 공의 묘 아래에 부좌(祔座)되었다. 배(配) 남양(南陽) 홍씨(洪氏)는 치서(致瑞)의 따님이다. 역시 부덕(婦德)이 있었다. 2남을 낳았는데, 억(憶)과 달(怛)이다. 묘는 망운면(望雲面) 도원촌(桃源村) 전록(前麓) 부임원(負壬原)에 따로 장례하였다. 손증(孫曾)은 많아서 기록하지 않는다. 후손 동주(東柱)와 광순(光順)이 표수문(表隧文: 묘표) 때문에 찾아왔는데, 나는 생정(生庭) 칠세손(七世孫)으로서, 감히 고사(固辭)하지 못하고, 대략 생평(生平)과 행치(行治)의 단서를 서술하여 석음(石陰)에 깊이 새겨서, 뒷날의 독자(讀者)에게 충효(忠孝)가 천경지의(天經地義)가 된다는 것을 깨닫게 하고자 한다.

갑진(甲辰)년 소춘(小春)에 종후손(從后孫) 재현(在鉉)이 삼가 짓다.

부록 附錄

지산설 志山說

산에 뜻을 둠은 산과 같아지고자 함이다. 산을 얻어서 같아질 수가 있는가? 그렇다. 산이 후중(厚重)함은 그 체질(體質)을 바꿀 수 없기 때문에 그러하다. 사람이 경환(輕儇)한 자질로써 산과 같아지려고 한다면, 어찌 가능할 것인가? 옥(玉)이 돌에 있을 때에는 완연(頑然)할 뿐이다. 반드시 그 자질(資質)을 탁마(琢磨)하여야만 곧 그릇을 이룰 수 있다. 사람에게 배움이 있는 것은 역시 이것과 같다. 자질은 배움으로써 변하게 할 수 있다. 다만 배우지 않는 연후에 병이 든다. 이런 까닭에 군자(君子)는 배움을 귀하게 여기는 것이다.

배움의 도(道)는 어떠한가? 자질에는 각기 치우침이 있는데, 그 치우침을 깨닫는 것이다. 그것을 성찰하고 치료하면서 오랫동안 힘을 들이면 아마 변하게 되지 않겠는가? 고장(高丈) 치구씨(致球氏)는 스스로 기(氣)가 가볍다고 여기고, 그것을 교정할 것을 생각하고 별자(別字)를 지산장인(志山丈人)이라고 하였는데, 지금은 늙었다. 나는 그 예스런 모습이 창연(蒼然)하여 사람들이 함부로 대할 수 없음을 보았다. 세변(世變)의 백겁(百刦)을 겪고도 뜻이 확고하여 뽑히지 않은 것은 대개 그 얻은 학문과 체질이 산과 같기 때문에 그런 것이다. 나는 평생 후회가 많았는데, 더욱 스스로 그 병을 궁구해 보니 항상 경환(輕儇)에 있었다. 지금도 치료하지 못함을 돌아보며, 장인(丈人)을 좇을 것을 요청하여, 그것을 변하게 할 바를 구하려한다.

을미(乙未)년 모춘(暮春) 월(月)에 광산(光山) 김문옥(金文鈺)이 쓰다.

지산기 志山記

지산(志山)은 산에 뜻을 둔다는 것이다. 산에 뜻을 두었다는 것이 어찌 거사(居士)가 천계(天界)에서 영화롭다는 것이겠는가? 부모를 섬김에 있어서는 효에 뜻을 두어야 하고, 형제를 대함에 있어서는 우애에 뜻을 두어야 하고, 종족(宗族)을 대할 때는 화목에 뜻을 두어야 하고, 붕우(朋友)와 사귈 때에는 신의에 뜻을 두어야 하고, 학문을 할 때는 도(道)에 뜻을 두어야 하고, 일용(日用) 만사(萬事)에 있어서는 일에 따라 뜻한 바에 뜻을 두지 않음이 없어야 한다.

그러면 그 뜻한 바가 사방으로 형통하고 팔방으로 마땅하여 사곡처(斜曲處)가 없다고 할 수 있다. 만약 천지의 발모(拔茅)의 때를 만난다면 그 제품[第]을 상실하지 않고, 그 뜻하는 바를 추대하여 애군택민(愛君澤民)에 다시 뜻을 두게 하는 것이다. 불행히도 황천(皇天)이 돌보지 않아서 세란(世亂)을 예측하기 어려워 대중들이 벗어날 수 없다.

이에 여러 사악함이 올빼미처럼 맹위를 떨쳐서 꼬리를 흔들고 동정을 구하거나 고개를 숙이고 아부를 늘어놓지 않으면 화를 면하기 어렵다. 그래서 곧 천산(天山)에 장소를 정하고 산에 뜻을 둔다면, 이는 쇠퇴한 세상에 대한 뜻이다. 그 뜻이 어찌 척당강개(倜儻慷慨)한 자가 아니겠는가? 거사가 산에 뜻을 둔 것을 낮고 막히었다고 말하는 자는 거사를 모르므로 거론할 수 없다. 거사가 산에 뜻을 둔 뜻을 아는 자들은 모두 거사의 듯을 따르려고 할 것이다. 하물며 거사와 나는 서로 따른 지가 수십 년인데, 그 뜻이 산에다 뜻을 둔 점에서 같음이 있다. 그 뜻이 지향하는 바를 지향하려 함을 어찌 타인과 비교하겠는가? 그래서 문장이 없음을 돌아보지 않고 이 <지산기(志山記)>를 지어서 거사에게 알렸다. 거사는 누구던가? 곧 고재현(高在鉉) 치구(致球)이다. 그 뜻을 부친 산은 어디에 있는가? 곧 거처하고 있는 용현리(龍淵里) 뒷산이다. 산은 보평산(寶平山)인데, 동쪽 가지가 정령처(精靈處)로 이어졌다.

아우 박기청(朴淇靑)이 쓰다.

지산 고공 행장 志山高公行狀

공의 이름은 재현(在鉉)인데, 처음 이름은 재봉(在鳳)이었고, 자는 치구(致球)이고, 지산(志山)은 그 호인데 곧 뜻을 세움을 산과 같이 한다는 의미이다. 고씨(高氏)의 선계는 탐라(耽羅)에서 나왔는데, 장흥백(長興伯) 중연(仲椽)에 이르러 봉함을 받아 관향으로 삼았다. 세 번 전하여 신부(臣傅)가 호조참의(戶曹參議)로서 좌명원종훈(佐命原從勳)에 녹선되었다. 참의(參議)의 현손(玄孫) 운(雲)은 호가 하천(霞川)인데 문과에 나아가 좌랑(佐郎)을 지냈다. 그 둘째 아들 송설당(松雪堂) 중영(仲英)은 생원(生員)으로서 상소하여 이량(李樑)을 탄핵하였다가 진도(珍島)로 귀양을 갔다. 돌아온 후 다시 응거(應擧)하지 않았다. 송설당의 아들 구암(龜巖) 경조(敬祖)는 문과에 나아가 장령(掌令)을 지냈는데 열 두 군(郡)을 두루 역임하고 광주목사(廣州牧使)로 마쳤다. 구암의 제 삼자(三子) 응후(凝厚)는 호가 지봉(芝峯)인데 곧 제봉(霽峯) 경명(敬命)의 종질(從姪)이다. 죽촌(竹村) 성후(成厚)는 임진왜란 때 거의(擧義)하였고, 혼조(昏朝: 광해군조정) 때 명륜(明倫)으로서 처음으로 무안(務安)에 거주하였다가 나이로서 첨중추(僉中樞)에 올랐다. 공에게는 12대조가 된다. 고조는 정진(廷鎭)이고 증조는 제구(濟九)이고 조부는 한주(漢柱)이다. 부친 광오(光五)는 호가 국창(菊窓)인데 세상에서 행의(行誼)가 돈독하였다. 모친은 이천(利川) 서씨(徐氏) 익치(益致)의 따님이다.

공은 고종(高宗) 을유년 12월 24일 무안읍(務安邑) 용월리(龍月里) 상동(上洞) 집에서 태어났다. 공은 타고난 자태가 청수(淸粹)하고 성품이 강직하고 높은 이마에 밝은 눈동자로 남을 압도하는 기상이 있었다. 일곱 살에 입학하였는데 글읽기를 부지런히 하지 않았다. 서당 선생이 그의 재능을 시험해 보고자 매일 통사(通史) 5백 행(行)을 과제로 내었는데 다음날 아침에 모두 외우고서 한 글자도 틀리지 않았다. 보는 사람들 모두 칭찬하며 감탄하였다. 집안이 몹시 가난하여 낮에는 농사일을 하고 밤에는 책상을 대하였다. 소년 무렵에 칠서(七書)를 독파하였다. 향리의 박민재(朴敏齋) 임동(琳桐)에게 나아가 공부하며 그 견문을 넓혔다. 또한 송사(松沙) 기선생(奇先生: 宇萬)에게 출입하였다. 을사조약이 맺어지자 송사 기선생은 의병을 일으켜 적을 토벌하고자 여러 읍에 통문을 보내어 곡성(谷城)에서 동지들과 회동할 것을 약조하였다. 일이 결국 이루어지지 못하고 중원으로 들어가고자 맹세하고 서해 바닷가에 이르렀을 때, 압송하여 올리라는 조정의 명이 있었다. 감시가 날로 심하여 거행하지 못하고 본군(本郡) 반곡재(盤谷齋)에 머물러 있었다. 공은 송사 선생을 여러 날 동안 모시면서 처의(處義)의 도리를 듣고서 몹시 감복한 바가 있었다.

정미년 박사시(博士試)를 치르기 위해 경사로 떠났는데 공주(公州)에 이르러 문득 깨달아 말하기를 "지금은 벼슬에 나갈 때가 아니다."라고 하였다. 곧 연재(淵齋) 송문충공(宋文忠公: 송병선)의 영연(靈筵)으로 가서 글을 지어 제문으로 올렸다. 이로 인하여 심석재(心石齋: 송병순)를 알현하고 그 문로(門路)를 정하였다. 나라가 망한 이후 강개하여 울면서 때때로 시문에다 심회를 표현하였다. 왜적을 일찍이 제거하지 못함을 길게 탄식하고, 강가에서 낚시하며 그 울분을 풀었다. 고종(高宗)과 순종(純宗)이 앞뒤로 서거하자 북망(北望)하여 거애(擧哀)하고 3년 동안 상복을 입었다. 망령된 법으로 체발

(剃髮)를 행하고자 관리들을 동원하여 유혹하였으나, 의리를 내세워 불응하였다. 슬프게 천향(天香)을 보호하고, 평생 몸에 서양물건을 가까이 하지 않았다. 그리고 부녀자가 마을 밖에 출입함을 금하였다. 공은 일찍이 양친을 여위고 풍수지탄(風樹之嘆)이 절통하였는데 두 형을 부모처럼 섬기었다. 형수씨가 오랫동안 앓았는데 정성을 다하여 치료하여 임신하여 자식을 낳게 되자, 사람들이 지봉공의 주창(主鬯)이 끊이지 않은 것은 거의 공의 보살핌의 정성이라고 하였다. 두 딸이 일찍이 과부가 되었는데 경계하고 보호하여 끝까지 그 절개를 지키게 하였다. 선조를 위함에 돈독하였는데 을축년 무술년에 대보(大譜)를 다시 만들 때와 송설공(松雪公)의 사우(祠宇)을 복원할 때 힘을 쏟음이 적지 않았다. 지봉공과 약재공(藥齋公) 산두(斗文)의 가장(家狀)을 찬술하고, 송지재(宋止齋) 철헌(哲憲)과 김지산(金志山) 복한(福漢) 두 군자(君子)에게 묘문을 청하였다. 약재는 곧 지봉의 차손(次孫)인데 공의 고조의 생정(生庭) 현조(顯祖)이다.

공은 수업할 때부터 재성(才性)이 초륜(超倫)하여 비록 동학(同學)하는 나이 많은 사람이라도 많이 공에게 나아가 어려운 문제를 질문하였다. 원근에서 배우러 오는 사람이 항상 문을 가득 매웠고 공을 불러 배우고자 하면 사양하여 거절하지 않았다. 스스로 후진을 인도하고 사문(斯文)을 진작시킴을 자신의 임무로 삼았다. 제생을 가르침에는 덕성을 우선으로 하고 문예(文藝)는 뒤로하고 권권히 경계하여 정성으로 홀로 서서 홀로 행해야 한다고 하였다. 항상 말하기를 “지금 도가 무너짐이 날로 심하여 백 가지 사악함이 서로 일어나니 마땅히 뜻을 굳게 하고 열심히 반성하여 평범함을 싫증내거나 괴이함을 좋아하지 밀고 옛것을 비리고 새것만 좋아해서는 안되며, 권세와 이익으로 과업을 게을리 하거나 위모(威侮)로 마음을 게을리 해서는 않되니, 아침에 듣고서 저녁에 죽어도 좋다하였고, 하고자하는 것이 삶보다 더한 것이 있으며, 싫어하는 것이 죽음보다 더한 것이 있다고 하였으니 스스로 마음속으로 힘써야 한다"고 하였다. 공자(孔子)를 조로 삼고 주자(朱子)를 종으로 삼고, 정암(靜菴)·퇴계(退溪)·송곡(宋谷)·사계(沙溪)·우암(尤菴)을 준적(準的)으로 삼아서 나아가고 나아감을 그치지 않는다면 어찌 성현 아래의 지위에 이르지 못함을 근심할 것인가 하였다. 또한 처음이 있지 않음이 없으나 유종(有終)을 이룸이 드무니 경계함을 절절히 해야 한다고 하였다. 문도(門徒)가 수 백 명인데 근식(謹飾) 수행(修行)하여 영명(令名)을 잃지 않은 사람이 많았다. 종중(宗中)에 형제가 서로 불화한 사람이 있으면 서로 화합하여 좋아하게 하였다. 초가집 삼 칸에서 스스로에 대한 봉양은 박하였으나 손님을 접대함에는 후하였다. 남에게 급한 사정이 있으면 자신의 군색함을 돌보지 않고 반드시 구휼하려고 생각하였다. 아이들에게 허물이 있으면 엄하게 매질을 하여 개선하도록 하였다. 난리를 당하여 집안 식구들에게 훈계하기를 "강물은 흘러도 돌은 굴러가지 않으니 사람일을 다 하고 천명을 기다려야 한다"고 하였다.

박죽파(朴竹坡) 기청(淇靑)과 김효당(金曉堂) 문옥(文鈺)이 기문(記文)을 지어 칭양하였다. 유고(遺稿) 2권이 아들의 집에 소장되어 있다. 정미년 5월 17일 별세하였다. 향년 83세이다. 묘는 마을 근처 약곡(藥谷) 오장동(五長洞) 경좌(庚坐)에 있다. 부인은 무안(務安) 박씨(朴氏)인데, 기린(淇璘)의 딸이다. 병술년 12월 6일에 태어나 임진년 4월 21일에 별세하였다. 그 묘는 공의 묘 좌측에 있다. 5남이 있는데 인석(仁錫)·용석(用錫)·병석(秉錫)·정석(定錫)·원석(元錫)이다. 교원(校院)에 일이 있고 백일장이 무예(茂藝)하고 군지(郡誌)와 절의록(節義錄)의 편찬에서 공이 간혹 예를 담당하고 시험을 주관하고 혹은 자결(咨決)에 상세히 응하였다. 두 딸은 금성(錦城) 나용운(羅龍雲)과 고흥(高興) 유진수(柳鎭洙)에게 시집갔다. 인석(仁錫)의 아들은 영칭(永畝)이고 사위는 이모(李謨)·최공휴(崔供休)·박정진(朴正鎭)·

홍재희(洪在憙) · 노인보(魯仁輔) · 전윤호(全潤鎬)이다. 용석(用錫)의 아들은 영근(永根) · 영희(永喜)이고 사위는 임순룡(林順龍) · 이영신(李永信) · 배죽웅(裵竹雄)이다. 병석(秉錫)의 아들은 영표(永杓) · 영조(永祚) · 영달(永達)이고 사위는 윤영섭(尹永燮)이다. 정석(定錫)의 아들은 영배(永培) · 영서(永瑞)이고 사위는 임종언(林鍾言) · 김상근(金相根) · 신만재(申萬載) · 김성복(金成福)이다. 원석(元錫)의 아들은 영윤(永潤) · 영갑(永甲)이고 사위는 남기(南起) · 이종근(李鍾根) · 김영환(金永煥)이다. 사손(嗣孫) 영창(永敞)의 아들은 형주(亨周) · 기호(基豪) · 경량(京良) · 경희(京希)이다. 그 나머지는 많아서 생략한다.

오호라! 선생에게 의귀하여 학문이 정수(精邃)한데 마음에 있는 것을 후인에게 전수함을 필생의 사업으로 삼았으니 흘연(屹然)이 향기 이루고 지주(砥柱)에 물길을 텄고, 어두운 길에 한 촛불이 되니 누가 성문(聖門)에 공이 없다고 하겠는가? 지금 아들 원석과 공의 종자(從子) 종석(鍾錫), 순석(舜錫), 사손(嗣孫) 영창(永敞)이 유사(遺事)를 초한 것과 공의 유고(遺稿)을 가지고 와서 행장(狀行)을 청하였다. 나는 또한 풍문을 들은 지 오래인데 어찌 문장이 아니라고 사양하겠는가? 대략 위처럼 어쩔 수 없이 윤문하였다.

임술년 윤4월 11일 황주(黃州) 변시연(邊時淵)이 삼가 행장을 쓰다.

지산 고재현선생 숭모비문 志山高在鉉先生崇慕碑文

지난날 이씨 한국[李韓]이 망할 때, 평일에 독서하며 의리를 구하던 선비들이 근심하며 마음 아파하지 않음이 없었다. 그에 대한 처신을 생각한 사람은 곧 스스로의 몸을 부수어 순국하지 못하면, 이에 암혈(巖穴) 속에 자신을 깊이 감추고서 그 은거의 지절을 닦았는데, 또한 그 뜻을 작게 여길 수 없다. 그때 무안(務安) 용연리(龍淵里)에 지산(志山) 고재현(高在鉉) 공이 있었는데, 바로 그러한 사람이었다. 공은 어렸을 때 집이 몹시 가난하여 아침에는 나가서 밭을 갈고 저녁에는 독서에 전념하였다. 문사(文辭)가 스스로 쓰일 만하였다.

을사(乙巳) 연간에 송사(松沙) 기우만(奇宇萬) 공이 여러 군에 격문을 보내어 의병을 일으켜서 적을 토벌하려고 하였는데, 일을 끝내 이루지 못하였다. 송사가 본군(本郡) 반곡제(盤谷齋)에 머물러 쉬고 있었는데, 공이 선생을 좇아 노닐며 처의(處義)의 도(道)를 들었다. 정미(丁未)년 경시(京試)를 보러 가다가 공산(公山: 공주)에 이르렀는데, 문득 과거를 볼 시기가 아니라고 깨닫고 갑자기 수레를 돌리었다. 글을 지어 연재(淵齋) 송병선(宋秉璿) 공에게 제(祭)를 올리고, 그로 인하여 심석(心石) 송병순(宋秉珣)을 알현하였다. 곧 연재 공의 아우이다. 경술(庚戌)년 사옥(社屋: 한일합방)에 이르러, 항상 강개(慷慨)하며 오열하였다. 때때로 음영(吟詠)으로 표현하며 하늘을 우러러 길게 한숨을 쉬거나, 혹은 강에 임하여 낚시하며 분울(憤鬱)을 가라앉혔다.

2대(二代) 황제(고종과 순종)가 상을 당하자, 3년 동안 상복을 입었다. 삭발(削髮)을 하라고 칙령을 내렸을 때, 수령이 회유를 하였으나 의리를 내세우며 동요하지 않았다. 선조를 위함에 돈독하였고, 부모를 모심에는 극진하게 효도하였다. 몸에는 외양(外洋: 서양)의 물건을 가까이 하지 않았고, 규문(閨門: 아녀자)의 도리를 엄하게 지키게 하였다. 그 만년에 이르러, 책상자를 지고 배우러오는 사람들이 많았는데, 거의 수 백여 인에 이르러서 울창하게[藹菀] 숲을 이루었다.

공은 옛날의 장흥(長興)의 고족(古族)이다. 선세(先世)에 홍유(鴻儒: 대유학자)와 명환(名宦: 이름난 벼슬아치)들이 많았다. 참의(參議) 신부(臣傅), 문과좌랑(文科佐郎) 하천(霞川) 운(雲), 문과목사(文科牧使) 경조(敬祖) 등이 그 뛰어난 사람들이다. 12대조 응후(凝厚)에 이르러 처음으로 무안(務安)에 거주하였는데, 연세로써 첨지중추부사(僉知中樞府事)에 올랐다. 황고(皇考) 광오(光五)는 호가 국창(菊窓)이다. 외왕고(外王考)는 이천(利川) 서익치(徐益致)의 딸이다. 공은 고종(高宗) 을유(乙酉)년 납월(臘月) 24일에 태어나서 정미(丁未)년 5월 17일에 운명하였다. 춘추(春秋)가 83세였다. 자손들이 번성하였는데, 내외의 손증(孫曾)들이 60여 인이다. 『지산고(志山藁)』 2책(冊)이 집안에 수장되어 있다. 지금 그 후손과 문생(門生)들이 공의 법언(法言)과 무행(茂行: 많은 행적)들이 세월이 오래되어 없어질까 염려하여, 고향 마을에 한 비석을 세우려고 하였다.

아들 정석(定錫), 원석(元錫), 사손(嗣孫) 영창(永敞)이 김대현(金大鉉), 고동재(高東在), 고재극(高在極) 등과 함께, 행장과 유고(遺藁)를 가지고 와서 나에게 명(銘)을 요청하였다. 그 말은 다음과 같다. 아! 지산(志山)은 그 뜻이 산과 같아서, 만파(萬波)가 와서 물어뜯어도, 응립(凝立)하여 처음과 같다는 것이다. 이미 현사(賢師)를 좇아서, 처의(處義)의 도리를 들었다. 여러 어리석은 사람들을 돈독하게 깨우쳐서 행의(行懿)를 알게 하였다. 이 용연(龍淵)을 돌아보면, 풀과 나무들이 향기가 가득하네. 이 큰 바위를 쪼아서, 옛 초막 가에 세우니, 조상의 행적이 맑고 아름답고, 스승의 은혜가 넘치네, 새기는 것이 깊지 않을까 두려운데 나의 말은 사실을 근거로 하였다네.

임술(壬戌) 세모(歲暮)에 문학박사(文學博士) 진성후인(眞城后人)
이가원(李家源)이 삼가 짓다.

계해(癸亥) 중추(仲秋)에 독립지사(獨立志士) 도강후인(道康后人)
김은섭(金葰燮)이 삼가 쓰다.

광복후(光復后) 계해년(癸亥年) 8월 12일에 세우다.

문인록 門人錄

姜大植　姜大述　姜大喆　姜大錫(以上晉州)

高濟芳　高濟化　高官柱　高東柱　高得柱　高石柱　高榮柱　高龍柱　高源柱

高二柱　高光天　高光寧　高光允　高光石　高光宇　高光衍　高光銀　高光範

高光基　高光男　高在信　高在大　高在白　高在東　高在基　高在明　高在植

高在仁　高在秀　高在義　高東在　高在福　高仁奎　高義奎　高一在　高南在

高在學　高在安　高永在　高二奎　高在日　高在卓　高在南　高成奎　高用奎

高在極　高在銀　高在喆　高楠混　高吉在　高在熙　高在道　高在化　高在林

高在炫　高在錖　高峯助　高在右　高在龍　高在鈺　高正錫　高孟錫　高洪錫

高鍾錫　高舜錫　高東錫　高文錫　高晋錫　高玟錫　高喜錫　高錫均　高圭錫

高章錫　高堯錫　高允錫　高大錫　高雲起　高亨錫　高啓錫　高判錫　高二錫

高萬錫　高甲錫　高平錫　高官錫　高乃錫　高基錫　高泰錫　高衍錫　高聖洙

高旻洙　高達洙　高永年　高近洙　高永仁　高信男　高永來　高永雲　高永檜

高永周　高永俊　高永鳳　高永圭　高永化　高永煥(以上長興)

奇達衍(幸州)

金在慍　金在鳳　金在良　金在仁　金在恭　金南鉉　金在童　金在奎　金在滿

金在錖　金在漢　金秉鉉　金啓鉉　金吉鉉　金洛鉉　金南鉉　金邦鉉　金昌來

金大鉉　金昇鉉　金東鉉　金龍鉉　金光鉉　金一鉉　金海石　金　勇　金泳哲

金泳默　金泳珍　金泳敦　金泳舜　金泳玉　金泳述　金泳業　金泳一　金泳式

金泳宅　金泳滿　金泳昊　金泳鏡　金良重　金泳權　金泳武　金泳大　金泳會

金泳德　金光雄　金泳孝　金甲鍾　金以鍾　金泰洙　金仁洙　金德洙　金承鍾

金連鍾　金仁鍾　金希鍾　金春鍾　金吉鍾　金一鍾　金學鍾　金近鍾　金元鍾

金石鍾　金景鍾　金泰煥(以上光山)

金相甲　金相會(以上金海)

金禹實　金萬衡　金次衡　金昌衡　金禹童　金寶衡　金萬洙　金禹昌(以上羅州)

金五周　金萬錫　金江熙　金基仲　金壽鉉　金止宇　金禹植(以上未詳)

金萬和(善山)

文良在(南平)

朴今錫 朴日錫 朴龍基 朴用來(以上咸陽)

朴萬圭 朴雲圭 朴在玉(以上密陽)

朴福相 朴炳年 朴甲洙 朴炳讚 朴炳殷 朴又喆 朴炳來 朴炳鉉 朴允載

朴錫胤 朴炳識 朴錫斗(以上務安)

裵炳源 裵基宣 裵玄基 裵吉隆 裵完振 裵寬振(以上達成)

徐二煥 徐春一(以上利川)

成一奉(昌寧)

宋連燮 宋時得 宋基會 宋基東 宋仁錫(以上礪山)

安昌植(未詳)

梁泰福 梁明煥 梁道承(以上濟州)

吳在鉉 吳在弘 吳在南 吳在官(以上未詳)

柳河三(文化)

尹錫日 尹一炳 尹學炳(以上坡平)

李大憲 李敦益 李連洙 李興雨 李錫憲 李廷錫 李廷和 李廷國 李昌憲

李奉憲 李啓述 李啓南(以上咸平)

林鍾大 林奉祚(以上羅州)

林俊壽 林京壽 林萬壽(以上平澤)

張銃安 張晋錫 張龍來 張龍淳 張一男(以上仁同)

丁四鉉 丁永台 丁炳吉 丁炳文 丁載鉉 丁卨鉉 丁古秀 丁福鉉 丁五鉉

丁永春 丁永國 丁永俊 丁四根 丁永來 丁永道 丁日秀 丁永海 丁永基

丁永魯 丁南仁 丁德保 丁永卓 丁炳來 丁德實 丁永述 丁勳相 丁永相

丁良次 丁永栢 丁二秀 丁京秀 丁永喆(以上靈城)

鄭炳善 鄭福均 鄭炳吉 鄭炳洙 鄭萬衡 鄭炳鉉(以上慶州)

鄭龍基 鄭明福(以上晋州)

鄭吉祚(固城)

昌義南(昌寧)

崔萬植　崔榮台　崔榮載　崔榮澤　崔榮煥　崔榮栢　崔炳吉　崔炳宇　崔炳武

崔春圭　崔碩南(以上全州)

洪鍾錫(未詳)

黃銀在(長水)

黃海性(未詳)

姓氏 가나다順 其外無順

반곡, 금동, 청계, 학교 이외 여러 서재의 제자들에 대하여 자세히 알 수 없어 등제하지 못한 분들과 착오 기재된 분들에 대하여 사과드리고 재간(再刊)할 때 수록 또는 수정하겠기로 연락주시기 바랍니다.

지산 장흥 고공 묘갈명 志山長興高公墓碣銘

공의 이름은 재현(在鉉)이고, 자는 치구(致球)이고, 자호(自號)는 지산(志山)이며, 관향은 장흥(長興)이다. 장흥(長興) 고씨(高氏)는 제주(濟州)에서 나왔다. 고려(高麗)에 복림(福林)이 있어서 장흥(長興)으로 적(籍)을 받았다. 이분이 비조(鼻祖)이시다. 조선조(朝鮮朝)에 들어와서 참판(參判) 운(雲)이 있어서 이름이 기묘명현(己卯名賢)의 열(列)에 드러났다. 응후(凝厚)는 종부(從父) 경명(敬命)을 따라서 의려(義旅: 의병)로 참전(參戰)하였다. 나중에 무안(務安)으로 옮겨 살았는데, 곧 공의 12대조이시다.

증조(曾祖)는 제구(濟九)이고, 조부는 한주(漢柱)이고, 부친은 광오(光五)인데 호는 국창(菊窓)이다. 모두 덕을 감추고 드러내지 않았다. 모친은 이천(利川) 서씨(徐氏)인데 익치(益致)의 따님이다. 공은 고종(高宗) 을유(乙酉)년 12월 24일에 태어났다. 어려서부터 서당선생을 좇아 수업을 하였는데, 천사(天資: 타고난 자질)가 본래 높았고, 성품 또한 배움을 좋아하여 쉬지 않았다. 약관(弱冠: 20살)이 되기 전에 이미 경사(經史)를 관철(貫徹)하였고, 시문(詩文)을 지어서 명성이 자자하였다. 그러나 당시 강한 이웃나라가 우리 임금을 협박하고 위협하여 이른바 을사조약(乙巳條約)을 칙결(勒結)하니, 나라는 주권(主權)을 상실하였다. 사자(士子)들이 발신(發身)할 길이 없어졌다.

송사(松沙) 기우만(奇宇萬) 공은 의병을 모집하여 적을 토벌하려 하였으나 이룰 수 없었고, 연재(淵齋) 송병선(宋秉璿) 공은 독약을 삼키고 자정(自靖)하였다. 공은 일찍이 송사(松沙)에게서 도(道)를 들었는데, 군자(君子)가 어려움에 처하여 정조를 지키는 의리를 들었다. 또 연재(淵齋)의 묘막에 글을 올렸는데, 이로 인하여 폐백을 가지고 연재(淵齋)의 아우 심석(心石) 병순(秉珣)을 알현하였다. 세분 공들은 모두 양호(兩湖)의 유림종장((儒林宗匠)들이다. 마침내 종사(宗社)가 구허(丘墟)가 됨을 보고는 곧 울분 속에서 살려고 하지 않았다. 그러나 필부로서 나라를 구할 방책이 없음을 한스럽게 생각하고, 곧 여러 스승들에게서 들었던 바로써 생을 마칠 교훈으로 삼을 것을 결의하였다.

시대에 따라 내가 좋아하는 것을 변하지 않겠다고 맹세하고, 궁벽한 마을에서 후진들을 가르침을 일생의 사업으로 삼았다. 간혹 여러 번 끼니를 굶게 되었지만 조금도 근심하지 않았다. 만년(晩年)에 지산(志山)이란 현판을 분미에 걸고, 스스로 설(說)을 지었다. 그 의미는 천겁(千劫)을 겪더라도 변하지 않은 것이 산이며, 백난(百難)을 겪더라도 스스로 견고한 것이 지(志)라는 것이다. 산에 맹세하여 뜻을 세운 것은 전도(顚倒)되어 근심되고 고통스러워도 그 뜻을 바꾸지 않겠다는 것이있다.

이로써 공의 일생의 심학(心學)을 알 수 있다. 공은 일찍이 양부모를 여위고, 두 형과 형수씨를 섬기면서 모두 아우의 도리를 극진히 하였다. 선보(先譜)를 정리하고. 선세(先世)의 사우(祠宇)를 복원하는 데에 마음과 힘을 다하여 향당(鄕黨) 종족들의 모범을 이루었다. 손수 평소에 지은 것을 정리하여 두 책으로 묶어서 남겨둔 상자에 보관되어 있는데, 읽어보면 공의 일생을 볼 수 있다.

공은 정미(丁未)년 5월 17일에 타계하였는데, 무안(務安)의 약곡(藥谷) 근처 오장동(五長洞) 경좌원(庚坐原)에 장례하였다. 공은 무안(務安) 박씨(朴氏) 기린(淇璘)의 따님에게 장가가서 5남 2녀를 낳았다. 아들은 인석(仁錫), 용석(用錫), 병석(秉錫), 정석(定錫), 원석(元錫)이고, 딸은 금성(錦城) 나용운(羅龍雲), 고흥(高興) 유진수(柳鎭洙)에게 시집갔다. 인석(仁錫)의 아들은 영창(永敞)이고, 사위는 이모(李謨) 최공휴(崔供休), 박정진(朴正鎭), 홍재희(洪在憙), 노인보(魯仁輔), 전윤호(全潤鎬)이다. 용석(用錫)의 아들은 영근(永根), 영희(永喜)이고, 사위는 임순용(林順龍), 이영신(李永信), 배죽웅(裵竹雄)이다. 병석(秉錫)의 아들은 영표(永杓), 영조(永祚), 영달(永達)이고, 사위는 윤영섭(尹永燮)이다. 정석(定錫)의 아들은 영배(永培), 영서(永瑞)이고, 사위는 임종언(林鍾言), 김상근(金相根), 신만재(申萬載), 김성복(金成福)이다. 원석(元錫)의 아들은 영윤(永潤), 영갑(永甲)이고, 사위는 남기(南起), 이종근(李鍾根), 김영환(金永煥)이다. 나머지는 번거로워 다 기록하지 않는다.

부인(婦人) 박씨(朴氏)는 병술(丙戌)년 12월 초6일에 태어나서 임진(壬辰)년 4월 21일에 타계하였는데, 묘는 공의 묘지 좌측에 있다. 이전에 영창군(永敞君)이 와서 공의 유고(遺稿)를 나에게 보여주고, 장차 간행하려 하니 그 서문을 써달라고 요청했었다. 나는 사양하지 못하고 서문을 써주었다. 또 아들 원석(元錫)과 영창(永敞)군이 함께 와서 공의 묘문(墓文)을 부탁하였는데, 이미 그 유고의 서문을 쓰고서 감히 그 묘의 명(銘)을 쓰지 않을 수가 있겠는가? 이미 나의 친구 변시연(邊時淵)군이 그 공적을 기록한 것이 몹시 상세한데, 마침내 그것을 근거로 하여 위와 같이 썼다. 명(銘)은 다음과 같다.

호산(湖山)의 물가, 유림(儒林)의 숲에서 세상의 풍조를 따르지 않고, 돈독히 믿고 스스로 지키었네. 오직 공의 일생은 옛것을 계승하여 뒤를 열어주며 싫증내지 않고 게으르지 않았고, 받은 것을 저버리지 않았네. 기우만 송병선 두 분이 곧 공의 스승이었는데, 정조를 지키라는 한 교훈을 명심하여 의심하지 않고 나의 좋아함을 좇았네. 시대와 어긋남이 있었으나, 안연의 누추한 동네와 원헌의 가난한 집에서 즐거움이 오히려 그곳에 있었네. 유문(遺文)이 상자에 있는데 장차 출판을 하려 하여, 내가 그 서문을 썼고, 또 위와 같이 묘갈문을 썼네. 말은 졸렬하지만 아부함이 없고, 글은 사실을 벗어남이 없네. 그대의 성씨는 면면히 이어져 천추에 없어지지 않으리라.

공몰후(公歿後) 27년 계유(癸酉)년 7월 일 서하(西河)
임창순(任昌淳)이 삼가 짓다.
갑신(甲申) 二千四年 三月 日 영천(永川) 이돈흥(李敦興)이
삼가 글씨를 쓰다.

뇌지산문 誄志山文

끝났구나! 지산(志山)이여! 병에 걸렸을 때는 도탑게 위문할 수 없었고, 죽었을 때는 부여잡고 애곡(哀哭)할 수 없었네, 영이(靈輀: 상여수레)가 길을 여니, 백마(白馬)도 울지 않네. 마음으로 사귄 사람들이 이와 같던가? 묘지의 풀이 필히 해가 묵으니, 생추(生芻)로 곡을 하지 못하네, 정(情)으로 좋아하던 사람들이 이와 같던가? 내가 들으니 보평산(宝平山)의 깊은 곳엔 열사(烈士)들의 혼이 머물러 있다고 하네. 그래서 여러 공(公)들의 밝은 혼령이 이곳을 드넓게 껴안고 있음이 분명하네. 공은 일찍이 송문충공(宋文忠公: 송병선)

연재(淵齋)의 문(門)을 좇아 대절(大節)을 배워 얻었고, 또 기공(奇公: 기우만) 송사(松沙)의 거의(義擧)을 만나서 돈과 양곡을 공급(供給)하였는데 일이 장차 이루어지지 않을 것을 알고 향리로 물러나 은거하였네. 음영(吟咏)하며 자적(自適)하다가 세상을 뜨니 어찌 슬프지 않겠는가? 어찌 애통하지 않겠는가? 끝장났구나! 지산이여! 영령이 어둡지 않다면 여기에서 상찬(尙饌)하소서.

기유(己酉)년 5월 16일 족손(族從) 정주(汀柱) 뇌(誄)

만지산사 挽志山詞

아! 지산(志山)을 누가 어찌 탄식하며 애석해 하지 않겠는가? 타고난 기질이 청명(淸明)하고, 재능에다 덕(德)을 겸하였다. 일찍이 문충공(文忠公: 송병선)을 좇아 학문이 진결(眞訣)을 얻으니, 깊고 깊은 연원(淵源)이었다. 오랫동안 대절(大節)을 강마하여, 송옹(松翁: 기우만)이 의병을 일으켰을 때 마음을 쏟아 전력하며, 군자(軍資)를 모아서 돈과 양곡을 수송하였다. 간난(艱難)한 나라의 형세, 그 운명의 형국을 어찌하랴? 일이 장차 이루어 질 수 없어서, 다만 스스로 통곡하며 울었다. 임천(林泉)에 은거하여 자질(子姪)들을 가르쳤다. 다섯 향기로운 난(蘭)을 뽑아내니, 대복(大福)이었다. 상여수레가 저녁구름 속에 있으니 먼 별들도 빛이 없네, 애사(哀詞)를 적어 두 줄기 눈물로 송을 전송하네.

기유(己酉)년 5월 16일 족제(族弟) 재홍(在弘) 만(挽)

만지산사 輓志山詞

하늘은 어찌 차마 지산(志山)을 빼앗아갔는가? 어디에서 다시 풍채(風采)를 볼 것인가?, 세상에서는 강호에서 늙어 죽음을 아름답게 여기는데, 문안에는 구십 향년(享年)의 사람이 없네, 다섯 난(蘭)의 향기가 뜰에 가득하고, 유업(遺業)과 시서(詩書)가 시렁에 가득하네. 끝났구나! 소미성(少微星)이 어두워지니, 슬픈 마음으로 스스로 흐르는 눈물을 끊네.

기유(己酉) 5월 16일 족제(族弟) 재철(在哲) 만(挽)

만사 挽詞

평생 백년의 수명을 축원하였는데
운향을 떠나가니 배나 신을 원망하네
이로부터 유명으로 영원히 막힐 것이니
끝없이 슬퍼하며 눈물이 수건을 적시네

고광훈(高光勳) 만(挽)

경통문 敬通文

아래 글은 경통사(敬通事)이다. 사람의 백행(百行) 가운데 효도가 첫째이니, 백세(百世)의 법(法)이 된다. 한 사람이라도 그러한 사람이 있다면, 추천하여 포장(褒奬)하는 전례(典禮)는 다만 사림(士林)의 책임이 아니겠는가? 본군(本郡) 무안읍(務安邑) 용월리(龍月里)의 고

(故) 사인(士人) 고인석(高仁錫)은 자가 성효(聖孝)이고, 죽당(竹堂)은 그의 별호(別號)이다. 장택(長興)의 세족(世族)으로서, 하천(霞川) 운(雲), 송설정(松雪亭) 중영(仲英), 구암(龜岩) 경조(敬祖), 지봉(芝峰) 응후(凝厚) 등이 모두 현조(顯祖)들이다. 지산(志山) 재현(在鉉)의 아들이다. 죽당(竹堂)은 명가(名家)의 자손으로서 선조의 아름다운 성품을 이어받았다. 또 천성이 부모를 섬김에 힘을 다하고, 간난(艱難)을 극복(克服)하고, 물을 올리고 콩국을 올리면서 조금도 괴로운 탄식이 없었다.

자부인(慈夫人)이 병에 걸려 한 해가 넘었는데, 약이(藥餌)를 지어 올리고, 오줌똥을 치우는 것을 몸소 담당하였고, 식사하는데 수저를 들 수가 없어서 매 때마다 손수 음식을 먹여드렸다. 추탕(鰍湯)이 드시고 싶다고 하면, 즉시 얼음을 깨고 구하여 올렸다. 끝내 모친의 상을 당하자, 3일 동안 식사를 하지 않고, 애훼(哀毁)가 자신을 상하게 할 지경이었다. 송종(送終) 예절은 한결같이 가례(家禮)에 의거하였다. 항상 홀로 된 부친의 잠자리 옆을 지키고서 시후(氣候)의 추위와 더위를 살펴 몸소 아궁이에 불을 지피고 잠자리에 부채질을 하며 오래 사시기를 바라며, 30년 동안 하루 같이 그러하였다. 다만 3년 간의 병이 전보다 더 심해졌는데, 그래서 더욱 그 정성을 돈독히 하며 천년(天年)으로써 임종하게 하였다. 슬픔 속에서도 예를 지키어 후상(後喪)이 전상(前喪)보다 더 엄하였다. 두 부모의 상을 한결같이 유감없이 치렀다.

옛날의 효자들인 왕상(王祥)과 황향(黃香)일지라도 이 사람을 넘을 수가 없을 것이다. 선공(先公)의 유고(遺稿)를 발간(發刊)하려고, 농토를 내던져서 도모하였다. 이는 구배괄모(龜背括毛: 이루기 힘든 일)이었으나 일이 끝내 유지(有志)에서 이루어졌다. 우애에 더욱 돈독하였는데, 막내 동생 원석(元錫)이 태어난 지 겨우 세 살 때, 전신에 화상을 입고 거의 죽을 뻔하였는데 5년 동안이나 간호하여 생명을 온전하게 구해내어 마침내 돈실(敦實)한 선비가 되게 하였다.

아! 훌륭하구나! 대저 사람의 효우(孝友)는 천성(天性)에 근본을 두었으니, 사람마다 그렇게 해야 할 바인데, 기욕(氣慾)으로 가려짐이 많고, 풍속(風習)이 변하여 그것에 능한 사람을 드물게 본다. 그런데 지금 죽당(竹堂)은 그것을 능히 하였으니, 또한 세상에 법이 될 만하다고 하겠다. 이 때 이륜(彛倫)이 몰륜(沒淪)한 날에 어디에서 구해올 수 있겠는가? 고인(古人)이 이른바 영지(靈芝)에는 뿌리가 있고, 예천(醴泉)에는 근원이 있다고 하였는데 거짓말이 아니다. 누가 탄상(歎賞)하지 않겠으며, 누가 경앙(景仰)하지 않겠는가? 우리들은 한 고을에서 살기 때문에 그 사실을 상세하게 아는데 입을 다물고 말이 없을 수 있겠는가? 그래서 이처럼 수선지하(首善之下)에 우러러 고하니, 바라건대 여러 존경하는 군자(君子)들은 양찰(諒察)하시고, 이 의로움을 즉시 추천하여 표창하고, 이 아름다운 행적으로 풍속을 수립하고 권선(勸善)하게 해 준다면, 몹시 천만(千萬) 다행하겠습니다. 위와 같이 여러 군(郡)의 향교의 여러 분들의 좌석 아래에 삼가 알립니다.

공부자탄강(孔夫子誕降) 2533년, 임술(壬戌)년 2월10일. 무안향교전교(務安鄕校典校) 김대현(金大鉉), 장의(掌議) 정채영(丁采榮), 다사(多士) 박석환(朴錫煥), 다사(多士) 강진규(姜振奎), 다사(多士) 박태화(朴泰和), 도유사(都有司) 배효섭(裵孝燮) 이계선(李啓善) 조종윤(趙鍾潤) 박병우(朴炳禹) 서재길(徐載佶) 총무(總務) 박종환(朴鍾煥) 배회두(裵僧斗) 서충환(徐忠煥) 김용(金勇) 장의(掌議) 윤중록(尹重錄) 유재옥(柳在玉) 김중태(金仲泰) 박한철(朴漢喆) 서룡기(徐龍基) 김영도(金永道) 정룡문(丁龍文) 기치도(奇致度) 박범재(朴範載) 고종석(高鍾錫) 박현승(朴炫升) 전용길(田龍吉) 배태룡(裵太龍) 유도회장(儒道會長) 박인배(朴寅培) 최병선(崔炳善) 김량현(金亮鉉) 정정현(鄭正炫) 등(等).

죽당 고공 인석 효행비문 竹堂高公仁錫孝行碑文

금년 임술(壬戌)년 봄, 무안향교(務安鄕校) 유보(儒甫) 김대현(金大鉉)과 박인배(朴寅培) 등이 본읍(本邑) 용연리(龍淵里)에 살았던 고(故) 죽당(竹堂) 고공(高公) 인석(仁錫)을 위하여 비문(飛文)으로 여러 군(郡)의 향교(鄕校)에 통고하여 그 효행을 표창하여 수풍성(樹風聲)을 돕도록 하였다.

공의 자는 성효(聖孝)이고, 죽당(竹堂)은 그 호이다. 그 선조는 장흥인(長興人)이다. 황고(皇考) 지산(志山) 재현(在鉉)은 문학(文學)과 은조(隱操)로써 칭송되었고, 선계(先系)는 지산유적비(志山遺蹟碑) 중에 상세하므로 여기서는 생략한다. 공(公)은 전한(前韓) 고종(高宗) 정미(丁未)년 9월 11일에 나서 경술(庚戌)년 7월 13일에 세상을 떠났다. 향년이 64세였다.

공은 어려서부터 가정의 교훈을 받아 행동함이 인효(仁孝)하고 처사(處事)가 강명(剛明)하였다. 모부인(母夫人) 박씨(朴氏)가 뜻밖에 깊은 병[貞疾]에 걸려 해를 지낼수록 더욱 오래갔다. 약이(藥餌)를 올리는 일과 악취 나고 더러운 일을 몸소 도맡아서 비록 집안사람이라도 그 고통을 맡기지 않았다. 임진(壬辰)년 여름에 끝내 상[大故]을 당하여 애훼(哀毁)에 거의 절명하려 하였다. 부공(父公)을 섬기며 그 정성을 다하였는데, 잠시도 그 곁을 비우지 않았다. 추우면 구들을 따뜻하게 하였고, 더우면 침석에 부채질을 하며 일금동숙(一衾同宿)하였다. 30여 년 동안을 하루처럼 하였다. 부친은 8년을 더 살다가 편안하고 즐겁게 임종하였다.

이웃 마을에서 그 효도의 감응이 이른바에 칭송하지 않음이 없었다. 막내 동생이 태어난 지 겨우 3살 때에 불더미에 떨어져서 온몸이 상하여 거의 죽을 뻔하였다가, 겨우 소생하였다. 5년 동안 간호하여 마침내 돈실(敦實)한 선비로 성장시켰다. 그 은애(恩愛)가 천

독(天篤)함을 또한 알 수 있다.

어진 아들 영창(永敞)과 공의 아우 정석(定錫)·원석(元錫), 종제(從弟) 종석(鍾錫)·순석(舜錫), 조카 영표(永杓) 등이 한 비석을 마련하여 장차 지산공비(志山公碑) 옆에 세우려하며, 명(銘)을 나에게 부탁하였다. 아! 그 또한 가상한 일이다. 명(銘)은 다음과 같다. "부친에게 은조(隱操)가 있어, 자식이 효도로써 계승하였네. 그 고행(苦行)을 가리니, 부친의 수명이 영험하게 효험이 있었네. 고을 노인들이 통문을 발행하여, 여러 고을에 알렸네. 밭두둑에서도 아름답다고 감탄하지 않겠는가? 멀리까지 훌륭한 소문이 퍼졌네. 지산 노인의 아름다운 행적이 이미 마을의 비석에 있는데, 다시 여기에 비석을 세워, 나의 명시(銘詩)를 새기었네. 마치 자식이 옆을 지키는 듯, 모습이 그 평생과 같네. 맑은 지조와 울창한 행적, 영원히 그 명성을 전하리라."

무술(壬戌) 세모(歲暮) 문학박사(文學博士) 진성후인(眞城后人)
이가원(李家源)이 삼가 짓다.
계해(癸亥) 중추(仲秋) 독립지사(獨立志士) 도강후인(道康后人)
김은섭(金菮燮)이 삼가 쓰다.
광복후(光復后) 계해(癸亥)년 8월 12일에 세우다.

죽당고공묘표 竹堂高公墓表

장흥(長興) 고(高)씨는 중엽(中葉)에 맑은 명성으로 뛰어난 선비들이 많았다. 진사 문과로 좌랑(佐郎)을 지낸 하천(霞川) 운(雲)은 처신에 완벽한 사람이었고, 생원(生員) 송설당(松雪堂) 중영(仲英)은 상소로 이량(李樑)을 탄핵하였다가 진도(珍島)로 귀양을 갔는데 사면을 받고 돌아온 후 다시 과거에 응하지 않았다. 구암(龜巖) 경조(敬祖)는 진사 문과로 장령(掌令)을 지내고 12군(郡)을 역임한 후 광주목사(廣州牧使)로 마쳤다.

구암의 아들 응후(凝厚)는 호가 지봉(芝峯)은 낭(郎)을 지냈는데, 제봉(霽峯) 충열공(忠烈公)의 종질(從姪)이고, 죽촌(竹村) 성후(成厚)의 아우로서 임진(壬辰)년에 의병을 일으켰다. 혼조(昏朝: 광해군정권) 때 윤리를 밝히고, 처음으로 무안(務安) 상동(上洞)에서 거주하였는데, 그로 인하여 세장(世庄)을 이루었다. 문학과 행의가 쇠퇴하지 않고 근세에 이르렀는데, 지산(志山) 재현(在鉉)이 학행(學行)과 절의(節義)가 있었다. 좇아서 배우는 사람들이 많았다. 공(公)에게는 부친이 된다. 어머니 무안(務安) 박씨(朴氏)는 기린(琪璘)의 딸이다.

공은 고종(高宗) 정미(丁未)년 9월 11일에 태어났는데, 이름은 인석(仁錫)이고, 자는 성효(聖孝)이고, 죽당(竹堂)은 그 호(號)이다. 시례(詩禮)를 받들어 이어서 신혼정성(晨昏定省)을 즐겁게 받들어 따르며 힘써 자식의 직분을 다하였다. 어머니의 병이 여러 해였는데 똥오줌을 치우는 것을 남에게 대신 시키지 않았고, 얼음을 깨고 물고기를 잡아 부모의 음식으로 올렸다. 상을 당하여 예(禮)를 넘어서서 슬퍼하였는데, 혼자가 된 부친을 더욱 효성스럽게 섬겼다. 한 방에서 옆에서 모시며 항상 함께 자며 추위와 더위를 살폈는데 30년을 하루처럼 하였다.

아우 원석(元錫)이 3살 때 화상을 입고서 거의 죽게 되었는데 5년 동안 간호하여 생명을 완전히 구해내었다. 향유(鄕儒) 김대현(金大鉉) 등이 표장하여 선양하였다. 경술(庚戌)년 7월 13일 작고하였는데 64세였다. 묘는 무안읍(務安邑) 약곡(藥谷) 오장동(五長洞) 밭위 경좌(庚坐)에 있다. 부인은 행주(幸州) 기씨(奇氏) 우선(宇宣)의 딸인데, 개백군(皆伯君) 효근(孝謹)의 후손이다.

을사(乙巳)년에 태어나서 신미(辛未)년 6월 25일에 작고하였다. 묘는 같은 들, 같은 자리에 있다. 한 아들이 있는데 영창(永敞)이고, 6녀는 이모(李謨), 최공휴(崔供休), 박정진(朴正鎭), 홍재희(洪在憙), 노인보(魯仁輔), 김윤호(金潤鎬)에게 시집갔다. 영창의 아들은 기호(基豪)이고, 세 딸은 형주(亨周), 경량(京良), 경희(京希)이다.

아! 『서(書)』에서 군진(君陳)의 어짊을 말하기를 "오직 형제에게 효우(孝友)한다"라고 하였다. 공은 효행으로써 천거되었으니 나머지 행의는 말하지 않아도 미루어 볼 수 있다. 하물며 나의 친구 연민(淵民)씨의 비명(碑銘)이 길가에 우뚝 세워져 있음에랴?

갑신(甲申)년 정월(正月) 일(日) 황주(黃州) 변시연(邊時淵)이 짓다.

이천사년(二千四年) 갑신(甲申) 3월 일(日) 영천(永川)
이돈흥(李敦興)이 글씨를 쓰다.

족형국창공행장 族兄菊窓公行狀

공(公)의 이름은 광오(光五)이고, 자는 응삼(應三)이며, 국창(菊窓)은 그 자호(自號)이다. 대개 도징사(陶徵士: 도연명)의 국로사사(菊露寫史)의 뜻이다. 우리 고씨(高氏)는 탐라왕(耽羅王) 을나(乙那)를 비조(鼻祖)로 삼는데, 성주(星主)를 세습하여 관면(冠冕: 벼슬아치)이 끊이지 않고 이어졌다. 여러 번 전하여 장흥백(長興伯) 복림(福林)에 이르렀는데, 고려의 석보(碩輔)였다.

상서공(尙書公)은 이름이 신부(臣傅)인데, 정혁(鼎革: 역성혁명)을 보고 망복자정(罔僕自靖)하였다. 우리 태종(太宗)이 감반구교(甘盤舊交)로써 물색(物色)하여 그를 찾아서 여러 번 불렀으나 나아가지 않았다. 세 번 전하여 자검(自儉)에 이르렀는데, 훈도(訓導)를 지냈고, 원종정사공신(原從靖社功臣)이었다. 운(雲)은 호가 하천(霞川)이고, 참판(參判)을 지냈고, 기묘명현(已卯名賢)이었다.

중영(仲英)은 호가 송설(松雪)이고, 생원(生員)으로서 소(疏)을 올려 간괴(奸魁) 량(樑: 이량)을 배척하였다가 진도(珍島)로 유배되었다. 편방사(片坊祠)에 제향되었다.

경조(敬祖)는 호가 구암(龜巖)이고, 사헌부장령(司憲府掌令)을 지냈다. 용사지란(龍蛇之亂: 임진왜란) 때 아우 제봉공(霽峯公: 고경명)과 그 두 아들이 창의(倡義)하였다. 공은 이미 병들고 늙어서 진영에 임하여 대적(對賊)할 수가 없어서 앉아서 방략(方略)을 계획하였다. 천리에서 쾌승(決勝)한 계책이 많았는데, 공의 힘이 실로 많았다. 밖에서 12군(郡)을 역임하였고, 청백리(淸白吏)에 뽑혀서 송설공(松雪公)과 함께 제향되었다. 응후(凝厚)는 호가 지봉(芝峯)이고, 참의(參議)을 지냈다. 목릉(穆陵: 선조)의 역(役: 임진왜란) 때 백씨(伯氏) 죽천공(竹村公) 성후(成厚)와 함께 권원수(權元師) 율(慄)의 막(幕)으로 달려가서 힘을 합해 적을 토벌하여, 행주(幸州)의 승리를 도와서 이루었다. 혼조(昏朝: 광해군조정)에서 폐모의(廢母議)을 간(諫)하고서, 면성산(綿城山) 중으로 은거하였다. 인묘개옥(仁廟改玉: 인조반정) 후 불렀으나 나아가지 않았다.

부진(傅進)은 호가 만취(晩翠)이고. 생원시와 진사시에 모두 합격하였고, 문장으로 세상에서 유명하였다. 고조(高祖)의 이름은 재극(載極)이고, 증조(曾祖)의 이름은 정진(廷鎭)인데 문장과 행의로써 추중(推重)받았다. 조부의 이름은 제구(濟九)이고, 고(考)의 이름은 한주(漢柱)이다. 비(妣)는 무안(務安) 박씨(朴氏) 재풍(在豊)의 따님이다. 공(公)은 헌종(憲宗) 경자(庚子)년 7월 18일에 무안현(務安縣) 용암리(龍巖里) 집에서 태어났다.

어려서부터 뛰어나게 영리하고[岐嶷], 총민(聰敏)하고 영달(英達)하여 같은 무리들 보다 훨씬 뛰어났다. 행동거지가 노성(老成)한 사람과 다르지 않았다. 몇 해가 되자 취학(就學)하였는데 서당 선생이 이끌고 독려할 필요가 없었다. 한결같이 정력(程曆)을 준수하여 사우(師友)들이 애중(愛重)하며 원대(遠大)하게 성장하기를 기대하였다. 분전(墳典: 고대의 전적)을 몹시 좋아하여, 즐기면서 피곤함을 잊었다. 다만 가사(家事)가 방락(旁落)하여 학문에 전력(專力)할 수가 없어, 이것이 한스러웠다.

성품과 도량이 강직하고 진실하였고, 옛것을 좋아하고 선행을 따름이 악을 미워하고 용납하지 못할 것처럼 하였다. 남에게 행위의 능함이 있다고 들으면 반드시 기뻐하며 그를 칭찬하였다. 사악함을 보면 힐난하고 몹시 미워하며 배척하였다. 청개(淸介)함을 스스로 지키고, 세리(勢利)를 언급하거나 권세가와 간사한 사람에게 아부하지 않았고, 녹봉과 지위를 진흙처럼 보았다. 의리(義理)를 기뻐하고 추환(芻豢)으로써 구하지 않았다. 만약 세상과 합치하여 사람들에게 수현(售衒)한다하더라도 그러나 그 취미가 부합되는 것이 있으면 그 경향(傾嚮)에 고금 토론하기를 지극히 절실하게 하였으니 그 사정(私正)의 구분과 의리(義利)의 법이 명백하고 쾌활(快濶)하고, 판연(判然)히 칼로 물건을 자르는 것과 같아서 남들이 감히 그 사이에서 첨삭[雌黃]하며 대항할 수 없었다. 주현(州縣)에서 모두가 마음을 기울어 높이 우러르고 공경하고 삼갔다.

집안이 비록 청한(淸寒)하여 아무 것도 없었지만, 빈루(貧窶)함으로써 그 뜻을 잃지 않았다. 남들이 감당할 수 없는 곳에서, 공은 편안하게 처하였다. 부모를 봉양하며 효도를 극진히 하였고, 섬기면서 맛난 음식[瀡滫]의 공양을 빠뜨린 적이 없었다. 옆에서 병을 치료하며 한 달이 지날지라도 폐하지 않았다. 전후(前後)의 상애(喪哀)에 몸을 훼손하여 야위게 하였다. 소식을 들은 자들이 줄줄 눈물을 흘리지 않음이 없었다.

이미 장례를 치르고 나서는, 채식과 물만 마시며 흙덩이를 베고 자리를 펴고 한결같이 전례(典禮)대로 하였다. 제삿날에는 몸을 정결히 씻고 스스로 집행하며 흐느끼며 살아 계실 때처럼 정성을 다 하였다. 선조의 묘에 비석을 세우고, 재실(齋室)을 중수하였다. 매번 이슬이 젖고 서리가 내리는 계절을 당하면, 전(展)을 쓸며 감모(感慕)하며 우러러 보고 처음 사랑하는 것같이 하여 아름다움을 지켜 드러남에 참람됨이 없었고 벗과 자제들을 이끌어 줌에는 몹시 돈독하여 거처에서는 책상을 함께 하였고, 나갈 때에는 말채찍을 나란히 하였다.

가정 안에서는 내외가 참참(斬斬)하였는데, 엄숙하기가 마치 조정을 다스리는 듯하였다. 그러나 화기(和氣)가 옹애(雍藹)하여, 남들이 간섭하는 말이 거의 없었다. 사물을 접하고 남을 사랑함에는 널리 믿고 공경하였고, 민첩하였으나 삼가고 공손하였다. 작은 일이라도 모두 조달하여 무성하게 드러내었다. 향약(鄕約)을 세워서 고을 수재(秀才)들에게 시험하였고, 정사(精舍)를 창건하여 집안의 자제들에게 강론하였다. 종족들에게 돈독하게 화목하여 정의(情誼)가 두루 흡족하였다. 가난한 이들을 어루만졌으며 자애롭고 겸손하였으며, 비록 소원(疎遠)한 관계일지라도, 지친(至親)과 달리하지 않았다.

갑오(甲午)년 비류(匪類: 동학도)의 형세가 치장(鴟張)하자 공이 엄히 물리치며 준엄히 말하기를 부정(扶正)과 척사(斥邪)는 한가지로 꿰어져 오는 일이니 부정(扶正)하면 사특한 것은 저절로 소멸(消滅)된다고 하여, 스스로 나중에 문을 닫고 종적을 감추고서 세상에 뜻이 없었다. 어떤 곳에 이르러 마음에 들면 물과 대나무와 안개와 놀 사이에서 소요하며, 곧 음영(吟咏)에다 표현하였는데, 충담소산(沖澹蕭散)한 취어(趣語)가 있었다.

내정사(內丁事: 한일합방)에 이르자, 아! 오래 통탄하면서 "오히려 차마 말을 할 수 있겠는가? 천지에 성단(腥膻: 비린내)이 자욱하고, 거짓 이름[僞號]이 대동(大東)의 영토를 간여하여 통괄하니, 비록 풍천(風泉)의 김새가 질실하더라도 어찌 서쪽으로 돌아갈 생각이 없이 하염없이 『춘추(春秋)』만 읽고 있는가?"라고 하였다. 그리하여 '숭정(崇禎)'이란 큰 글자를 걸어놓고, 계속 글로 쓰며 호(號)로 삼았다.

여기서 보면 공의 일생을 알 수 있다. 평소에 판각(板刻) 구곡(拘曲)한 행위를 하지 않고, 성현(聖賢)의 유훈(遺訓)과 선배(先輩) 장로(長老)들의 말에 대하여 즐겨 듣고 말하였다. 백세(百世)의 기절(氣節)한 사람들을 아름답다고 사모하였는데, 곧 유연(油然)히 공경하며 생각을 떨치었다. 항장(骯髒)함에 호해(湖海) 사이에서 발발(潑潑)한 기(氣)가 있었다.

공의 취조(趣操)에서 또한 그 불우함을 또한 알 수 있다. 여러 아들들에게 훈계하기를 "예로부터 성현(聖賢)들은 이미 계급(階級)을 갖추었는데, 스스로 법(法)을 이룸이 있다. 학문의 도는 밖에서 구할 것이 아니며, 단지 자가(自家)의 신심(身心) 상(上)에 수렴(收斂) 용공(用功) 할 곳이 있을 뿐이다. 너희들은 그것에 힘을 써라."라고 하였다. 계묘(癸卯)년 11월 1일 세상을 떠났는데, 향년 64세였다.

묘는 평교(平橋) 선영(先塋) 아래에 두었다. 함풍(咸豊) 이씨(李氏)는 유복(儒馥)의 따님인데, 자식이 없었다. 이천(利川) 서씨(徐氏)는 익치(益致)의 따님인데, 3남 1녀를 낳았다. 장남은 재경(在敬)이고, 차남은 재성(在成), 재현(在鉉)이다. 딸은 송영권(宋榮權)에게 시집갔다. 나머지는 어려서 기록하지 않는다.

아! 공의 용모는 단아(端雅)하였으나, 언론(言論)은 격앙(激昂)하였다. 청풍(淸風) 준절(峻節)은 등이(等夷: 동배)들보다 훨씬 뛰어났고, 척당(倜儻)한 기(氣)와 멀리 보는 식견은 우활하고 비루한 사람들이 방불(髣髴)할 바가 아니었다. 대저 사문(斯文) 세도(世道)의 우익(羽翼)으로서 교원(校院) 신사(紳士)의 모임에서 전석(專席)에서의 논의를 주관하지 않음이 없었다. 어느 해에 날씨가 추워서 큰 기근이 들었을 때, 공은 현(縣)에 알려서 창고를 열어 백성들을 진휼하게 하였는데, 일을 깨끗이 하여 폐단을 없앴다. 한 지역 안[闔境]이 애전처럼 안도(安堵)하였다. 정후기(鄭侯基) 우지(雨之)가 본현(本縣)을 맡고 있으면서, 서로 끌어 도와주기를 원하였는데 한 번 보고서 구면처럼 대하였다. 강마(講劘)함이 세의(世誼)가 있는 듯하였다. 그리하여 늦게 알게된 것을 몹시 한스러워하면서 그 사우(士友)들을 대하고 칭찬하여 말하기를 "고모(高某)에게 만약 시급한 일[劇務]과 폐가 많은 형국[弊局]을 처리하게 한다면, 반드시 번거로움을 없애고 급한 일을 치유하고, 좀벌레의 무리를 없애고 간악함을 제거하였을 것이다. 마땅히 세상을 위하여 구하여 쓸 수 있었을 것이다. 그러나 애석하게도 시험해 볼 바가 없었다."라고 하였다.

정공(鄭公)이 추허(推許)한 바를 보면 공이 온축(蘊蓄)한 바를 징험할 수 있다. 광순(光純)은 어려서부터 훈자(薰炙: 훈도)를 받은 지 오래인데, 서론(緖論)을 듣고, 두텁게 베풀어줌을 받았다. 계발(啓發)한 바는 다만 충신(忠信)과 학문뿐이었다. 그 밖의 시비곡절은 서로 간섭하지 않았다. 의리관두(義理關頭)에 있어서는 또한 반드시 뜻을 다하였다. 순순(諄諄)히 낙이(樂易)하여 친할 수 있는데, 개체(芥蔕)한 바가 없었다. 진실로 공을 접하여 수차례나 애모(愛慕)하여 륜성(輪誠)하지 않음이 없기를 빌었는데 이제 지의(志意)가 확락(濩落)되어 뜻을 궁구하고 성취할 수 없어 장차 문호에 부끄러움을 끼치게 되었다.

하늘이 만약 공의 해를 속였다면 제시이조(提撕耳詔)하 아침저녁으로 긍척(兢惕)하였을 것이니, 마침내 일이 여기까지 이르지 않게 되었을 것이다. 그 또한 슬프도다! 재현(在鉉)이 나에게 상덕지문(狀德之文: 행장)을 부탁하였는데, 천루(淺陋)함을 돌아볼 때 그 유잠(幽潛)함을 천발(闡發)할 바가 없다. 그러나 공의 덕을 절실히 생각하며 차마 끝까지 사양할 수가 없어서 감히 공의 일을 서술하여 위와 같이 차례로 모았다. 이와 같이 모으고 차례를 지었으니 덕을 아는 이가 행여 고신(考信)하고 재택(裁擇)해주기를 바란다.

전몽단얼(旃蒙單閼; 乙卯) 이칙월(夷則月; 7월) 기해(己亥)에
족제(族弟) 광순(光純)이 삼가 쓰다

약재 고선생 십세손 재영 藥齋高先生十世孫在榮

생각하건대 세차(歲次)가 경인(庚寅) 정월(正月) 계미(癸未) 삭(朔) 14일 병진(丙申) 정유시(丁酉時)에 약재(藥齋) 고선생(高先生) 십세손(十世孫) 재영(在榮)은 감히 토지신(土地神)께 밝게 고(告)합니다.

생각건대 우리 선조 약재선생(藥齋先生)은 도덕(道德)이 광명(光明)하고, 명절(名節)이 청고(淸苦)한데, 의복과 신발을 이곳에 매장하니, 부당(斧堂: 봉분) 척토(尺土)가 있습니다. 산은 신령한 보평(寶平)이고, 골짜기는 향기로운 작약(芍藥)입니다. 경영한 존당(尊堂)이 밝고, 샘물은 달고 땅은 비옥합니다.

이곳에 의탁한 지 이미 오래인데, 제공(齊供)할 장소가 없어 감히 토목(土木)을 일으켜서, 공사를 시작하려고 좋은 날을 선정(選定)하니 천을(天乙: 成湯)이 자리에 임합니다. 생각건대 신명(神明)께서는 명명(冥冥)하게 돌보아주시어, 병화(兵禍)나 화재(火災)가 신도(神道)를 범하지 않게 해주십시오.

천추(千秋)에 향을 올리오니 영원히 길상(吉祥)을 내려주십시오. 이에 정결한 희생으로써 공손히 존헌(尊獻)을 폅니다. 삼가 고합니다.

기타 서간 부분

영창은 열어 보아라 家兒 永敞 開見

지금 너의 편지를 보고나니 조금은 군대에 복무한 이래로 세간의 풍상을 두루 겪게 된 것을 진심으로 깨닫게 되었다. 이러한 뜻은 금을 담금질 한 것과 옥을 연마한 것과 같은 것이니, 금일의 고생이 어찌 다른 날에 형통하게 되는 기초가 되지 않겠느냐? 이미 국가를 위해서 근무하게 되었으니 일찍이 지난번에 횡설수설한 것은 버려두고 다시는 하지 말며 상사에게 공경하며 복종하고 군우에게 친절하여 상하 좌우에게 그 신의를 저버리지 않은 후에 금옥과 같은 이 몸을 보전할 수 있을 것이니, 술은 금하고 절식하여 소양증을 근본부터 치료하고 쾌히 정식으로 휴가를 받아서 집에 돌아와 휴양할 것을 바란다. 너의 아버지는 만 80이 된 노인을 모시고 살면서 본래 병골이어서 백사를 감역(監役)하는 것에 있어서는 대부분 뜻대로 하지 못하고 있고, 너의 어머니 또한 노쇠하니 어찌할 것이냐. 근근이 보낼 뿐이다. 나머지는 이만 줄인다.
편지 보면 바로 답장하되 해자로 써서 보내거라.

갑진년 2월 29일 아버지가

조카 영창은 열어 보아라 侄兒 永敞 開見

너의 편지를 보니 일이 잘 이루어지지 않은 것 같구나. 세월이 달리는 말 틈으로 보는 것 같아서 3년 만기가 눈앞에 있게 되었구

나. 이일 저일 많은 말 않고 마음을 너그럽게 하여 복무하고 참고 삼가 이 몸을 잘 보전하여라. 집안의 모두가 다만 너의 근심뿐이더니 일이 이미 이와 같이 되었으니 어쩔 것이냐. 나머지는 좋은 낯으로 집에 돌아오길 기다렸다가 하기로 하고 일일이 갖추지 않는다.

계묘년 6월 그믐에 숙부 정석(定錫) 부침
(영배는 공부 잘하고 있다.)

조카 영창은 열어 보아라 侄兒 永敞 開見

너의 편지를 읽고서 군 복무 중에 심사가 번뇌로움을 알게 되었다. 제대하고 제대하지 않고는 어찌 했던 간에 다만 몸을 잘 보전하여서 좋은 기회를 기다리는 것이 좋은 방책이다. 가정은 무고하다. 나머지는 이만 줄인다.

이번에는 작은 아버지 원석(元錫) 부침

지산유고 해제

전남대학교 국문과 교수 **김대현**

1. 저자의 생애

高在鉉(1885-1967)의 『志山遺稿』는 현재 1책의 필사본으로 남아있다. 저자 고재현은 처음 이름이 在鳳이며, 자는 致球이고, 志山은 그 호다. 호의 뜻은 곧 '뜻을 세움을 산과 같이 한다'는 의미이다. 부친 光五는 호가 菊窓인데 세상에서 행의가 돈독하였다. 모친은 利川徐氏 益致의 따님이다. 高宗 을유년 12월 24일 務安邑 龍月里 上洞집에서 태어났다.

그는 일곱 살에 서당에서 공부하였다. 서당 선생이 그의 재능을 시험해 보고자 매일 通史 5백 行을 과제로 내었는데 다음날 아침에 모두 외우고서 한 글자도 틀리지 않았다고 한다.

집안이 몹시 가난하여 낮에는 농사일을 하고 밤에는 책상을 대하였다. 소년 무렵에 七書를 독파하였다. 향리에서 敏齋 朴琳相(1864-1944)에게 나아가 공부하며 그 견문을 넓혔다. 민재는 김평묵, 최익현, 기우만의 문하에 학문과 도학, 절의정신을 이어받은 후에, 계산재와 평산정사 등에서 강학을 하였던 학자이다. 고재현도 松沙 奇宇萬에게 출입하였다.

을사조약이 맺어지자 송사는 의병을 일으켜 적을 토벌하고자 여러 읍에 통문을 보내어 谷城에서 동지들과 회동할 것을 약조하였다. 일이 결국 이루어지지 못하고 중원으로 들어가고자 맹세하고 서해 바닷가에 이르렀을 때, 압송하여 올리라는 조정의 명이 있었다. 감시가 날로 심하여 거행하지 못하고 本郡 盤谷齋에 머물러 있었다. 그는 송사를 여러 날 동안 모시면서 천신의 도리를 듣고서 몹시 감복하였다고 한다.

정미년 博士試를 치르기 위해 경사로 떠났는데 公州에 이르러 문득 깨달아 말하기를 "지금은 벼슬에 나갈 때가 아니다"라고 하였다. 곧 연재 송병선의 靈筵으로 가서 글을 지어 제문으로 올렸다. 이로 인하여 심석재 송병순를 찾아가 그 門路를 정하였다. 나라가 망한 이후 강개하여 울면서 때때로 시문에다 심회를 표현하였다. 왜적을 일찍이 제거하지 못함을 길게 탄식하고, 강가에서 낚시하며 그 울분을 풀었다. 高宗과 純宗이 앞뒤로 서거하자 北望하여 擧哀하고 3년 동안 상복을 입었다.

망령된 법으로 剃髮를 행하고자 관리들을 동원하여 유혹하였으나 의리를 내세워 불응하였다. 평생 몸에 서양물건을 가까이 하지 않았다고도 한다. 그리고 부녀자가 마을 밖에 출입함을 금하였다. 공은 일찍이 양친을 여위고 風樹之嘆이 절통하였는데 두 형을 부모처럼 섬기었다. 형수씨가 오랫동안 앓았는데 정성을 다하여 치료하여 임신하여 자식을 낳게 되자, 사람들이 지봉공의 主鬯이 끊이지 않은 것은 거의 공의 보살핌의 정성이라고 하였다. 두 딸이 일찍이 과부가 되었는데 경계하고 보호하여 끝까지 그 절개를 지키게 하였다.

선조를 위함에 돈독하였는데, 을축년 무술년에 大譜를 다시 만들 때와 松雪公의 祠宇를 복원할 때 힘을 쏟음이 적지 않았다. 지봉공과 樂齋公 家狀을 찬술하고, 宋止齋 哲憲과 金志山 福漢 두 君子에게 묘문을 청하였다. 약재는 곧 지봉의 次孫인데 공의 고조의 生庭 顯祖이다.

그는 수업할 때부터 才性이 超倫하여 비록 同學하는 나이 많은 사람이라도 많이 공에게 나아가 어려운 문제를 질문하였다. 원근에서 배우러 오는 사람이 항상 문을 가득 매웠다고 한다. 공을 불러 배우고자 하면 사양하여 거절하지 않았다. 스스로 후진을 인도하고 斯文을 진작시킴을 자신의 임무로 삼았다. 제생을 가르침에는 덕성을 우선으로 하고 文藝는 뒤로 하고 권권이 경계하여 정성으로 홀로 서서 홀로 행해야 한다고 하였다.

항상 말하기를, 지금의 도는 무너짐이 날로 심하여 백 가지 사악함이 서로 일어나니 마땅히 뜻을 굳게 하고 열심히 반성하여 평범함을 싫증내고 괴이함을 좋아하지 말고 옛 것을 버리고 새 것만 좇아서는 안 되고 악한 바를 생각해서는 안 되니 죽음보다 심한 것이 있으니 마음속으로 노력해야 한다고 하였다.

孔子를 조로 삼고 朱子를 종으로 삼고, 靜菴·退溪·宋谷·沙溪·尤菴을 準的으로 삼아서 나아가고 나아감을 그치지 않는다면 어찌 성현 아래의 지위에 이르지 못함을 근심할 것인가 하였다. 또한 처음이 있지 않음이 없으나 有終을 이룸이 드무니 경계함을 절절히 해야 한다고 하였다. 門徒가 수 백 명인데 謹飾 修行하여 令名을 잃지 않은 사람이 많았다고 한다.

宗中에 형제가 서로 불화한 사람이 있으면 서로 화합하여 좋아하게 하였다. 초가집 삼 칸에서 스스로에 대한 봉양은 박하였으나 손님을 접대함에는 후하였다. 남에게 급한 사정이 있으면 자신의 군색함을 돌보지 않고 반드시 구휼하려고 생각하였다. 아이들에게 허물이 있으면 엄하게 매질을 하여 개선하도록 하였다. 난리를 당하여 집안 식구들에게 훈계하기를 강물은 흘러도 돌은 굴러가지 않으니 사람 일을 다 하고 천명을 기다려야 한다고 하였다.

朴竹坡 淇靑과 金曉堂 文鈺이 記文을 지어 칭양하였다. 遺稿 2권이 아들의 집에 소장되어 있다. 정미년 5월 17일 83세를 일기로 세상을 떴다.

지산은 학문이 精邃하며, 마음에 있는 것을 후인에게 전수함을 필생의 사업으로 삼았다. 屹然이 향기 이루고 砥柱에 물길을 텄고, 어두운 길에 한 촛불이 되었다고 하겠다.

2. 저술의 내용

필사본인 『지산유고』 앞부분은 시이고, 뒷부분은 서간문 등의 산문 문장이다. 그리고 뒤에 부록을 붙였다. 시 부분은 약 400여 편, 산문이 모두 합하여 100여 편이다.

서문은 서하 임창순 선생이 남긴 글이 있다. 임창순은 일반적으로 호를 청명이라고 하는데, 20세기 후반에 지곡서당을 건립하여 한학자를 양성하였다. 스스로 대표적인 한학자이자 교육자이고, 진보적인 사상가였다. 그는 서문에서 지산의 작품에 대하여 '대개 시대를 아파하고 풍속을 경고하는 작품이 많았는데, 폐부에서 直出하고 雕飾을 섬기지 않았다고 하였다. 大朴(꾸밈없고 순수함)이 흩어지지 않아서 정신이 자연히 사람을 감동시키니, 이들 작품에서 당시를 살펴 볼 수 있고, 또한 지산의 생애를 상세히 알 수 있다고 하였다.

전체적으로 그의 시를 보면 마음을 직설적으로 나타낸 작품들이 여럿이나. 꾸밈없는 직자의 회포를 드러냈다고 할 수 있다. 우연히 짓는다는 <偶成>을 살펴보면,

君子窮無他　군자는 궁벽해도 다름이 없는데
英雄老奈何　영웅이 늙으면 이찌 하나.
海鶴閒千載　바다 학은 천년에 한가로운데
家鳧守一窠　집오리는 한 둥지를 지키네.

마치 작자 자신이 집을 지키는 집오리라는 생각으로 시를 지었다. 영웅과 군자의 삶을 추구하는 작자가 현실의 큰 벽 앞에 그러한 뜻을 크게 펴지 못함을 한탄하는 듯 하다.

그의 번민하는 마음을 솔직하게 읊은 시가 많이 있어서 눈에 띈다. 스스로 감회가 있다는 <自感> 시는 다음과 같다.

乾坤浩浩一身微	건곤은 드넓고 한 몸은 작은데
何事人生多是非	어찌하여 인생에 시비가 많은가.
紛紛出沒徒心病	분분히 출몰하여 다만 마음이 병드는데
窮通榮辱煩隻歸	궁통과 영욕에 번민하여 홀로 돌아오네.

그 밖에 <自嘲> <自恨> 등 스스로 한탄하는 내용의 시도 여러 편이 있고, 스스로의 마음을 드러낸다는 내용의 시도 많이 있다. 꾸밈없이 표현하는 작가의 순박한 모습을 읽을 수 있다.

<회포를 펴다 自叙>에는

百聖相傳至我朝	여러 성인이 서로 전하여 우리 조정에 이르렀는데
誰知點雪爐中消	누가 알았으랴 한 점 눈발이 화로에서 녹을 줄을
崑山玉石將難辨	곤산의 옥석을 장차 분별하기 어려운데
冣上經綸漁復樵	최상의 경륜은 고기 잡고 나무하는 것이네.

고기잡고 나무하는 것이 최상의 경륜이라고 하였다. 어지러운 세상에 대하여, 저자의 심정을 잘 드러내고 있는 표현이라고 하겠다. 이 밖에도 <우연히 적는다 偶題> 시가 여러 편이 있다.

그는 기행관련 시들이 자주 눈에 띈다. 먼저 호남 지역을 방문하여 읊은 시가 여러 편이다. 능주를 가서 지은 <능주 옛 고을을 방

문하여 過綾州舊邑>이라는 시이다.

綾州城外水東流 능주성 밖 물은 동으로 흐르고
滿眼森羅故國愁 시야 가득 늘어진 건 옛 나라의 근심이네.
樂豊樓下斜陽日 낙풍루 아래엔 석양이 기울고
控海堂前万木秋 당해당 앞엔 온 숲에 가을이네.
衣冠輳入獸蹄裏 의관은 짐승의 발굽 아래 뭉개지고
言語亂鳴馱舌頭 언어는 때까치 혀에서 어지럽게 울리네.
西望惟存夫子廟 서쪽을 바라보니 부자의 사당이 남아 있어
亘天吾道祥雲浮 하늘에 닿은 우리 도의 상서로운 구름이 떠 있네.

이 밖에도 <문명호 춘장의 송죽정에 차운함, 능주에 머물며라는 文明浩春丈松竹亭 居綾州> 라는 능주 기행시가 있다. 금강을 가서 쓴 시도 있다. <금강의 돌아가는 돛배 錦江歸帆> 이다. 백마강을 유람하고 지은 <遊白馬江>도 있다. 이처럼 그의 유람 시는 자주 눈에 뜨인다. 남쪽 유람을 다룬 <南遊>라는 시는 매우 재미있게 표현되었다.

三載遊江湖 삼 년간 강호를 유람하니
便同一釣夫 곧 한 낚시꾼과 같네.
白鷗亦慣面 흰 갈매기 역시 얼굴 익숙하여
親近似相呼 친근하게 서로 부를 듯 하네.

갈매기와 친근하게 서로 부를 듯 하다는 무척 재미있는 표현을 하고 있다. 기행을 하면 시인들은 계절의 변화에 민감한 법이다. 따라서 계절의 변화를 나타낸 시들도 자주 눈에 띈다. <동지에 읊다

冬至吟>이 몇 수가 있다.

지산의 선비다운 면모는 늘 자기 자신을 되돌아보고, 경계하는 모습에서도 확인할 수 있다. 다음의 시에서 스스로 경계하고 수양하는 마음의 한 모습을 그리고 있다. <스스로를 경계하다 自戒> 이다.

未步欲行前　걷지 않고 앞서 가려하는 것은
如琴不張絃　금에 현을 걸지 않은 것과 같네.
乃知學者病　곧 학자의 병을 깨달으니
盡在自爲賢　모두 스스로 현명하다는 것에 달려 있네.

또 재미있게도 색을 경계한다는 내용의 시도 있다. <戒色> 시는 다음과 같다.

千淸難免察機微　천 번 맑아도 면하기 어려우니 기미를 살펴야 하고
百盟易差見是非　백 번 맹세하여도 쉽게 어긋나니 시비를 보아야 하네.
此中興瘁曾幾許　이 가운데 흥하고 쇠한 것이 몇 번이었던가
大智剛腹未脫歸　대지 강복이라도 벗어나기가 힘들다네.

위의 시는 색을 경계하는 내용의 시이지만, 직접적인 경계의 말 대신에 재미있는 표현으로 나타내고 있다. 이 밖에도 <성품을 경계하다 戒性> 등이 있다.

지산 시의 특징 가운데 하나는 영물시가 많다는 것이다. 이는 여러 가지 물건이나 현상을 문학적으로 옮기는 풍부한 상상력이 바탕이 되어야 한다. 이 점에서 읊은 시들도 여러 편이다. 거울을 다룬 <面鏡>, 기러기를 그린 <雁烏>, 심지어 지네를 그린 <蜈蚣>, 개구리

를 그린 <蛙>, 파리를 그린 <蠅>이라는 작품도 있다. 여기서는 종이와 붓을 다룬 작품들을 들어본다.

<紙>

紫闥龍門排可登　붉은 문 용문을 밀치고 오를 수 있어
世間此友親無層　세간에서 이 벗을 친함에 층이 없네.
平生最喜淸勤士　평생 가장 기쁜 것은 맑고 부지런한 선비가
晝逐長時又夜燈　낮에 긴 시간을 따르고 밤에 등불 켜는 것이네.

<筆>

罪惡記功總立談　죄악을 기록한 공 모두 담론을 세우고
把能吐氣閣能含　쥐고 토한 기운 멈추었다가 머금고
如無錯枉揮之直　왜곡하지 않고 곧게 휘두르면
今古不容姦軌男　고금에서 간궤한 남자를 용납하지 않으리.

이 밖에도 자동차와 같은 신문물을 그린 <自動車>등의 작품도 있다. 물론 영물시의 기본인 화훼류를 다룬 작품들도 여럿이다. 특히 해당화를 읊은 시들도 몇 수 있다. 이 영물시에서 지산 시의 한 특징을 볼 수 있다.

또한 이러한 유의 시들뿐만 아니라, 작자의 가치 판단 등이 배제된 그야말로, 풍경 그 자체를 서정적으로 나타내는 시들이 눈에 뜨여 주목된다.

<細雨>

細雲暗夕窓　작은 구름 석양의 창가에 어둡고
山女飯呼尨　산 아낙이 밥 주려 삽살개를 부르네.

一陣斜風到 일진 기운 바람이 이르러
急來十里江 급히 십리의 강에 도달하네.

위와 같은 시는 마치 당시 唐詩처럼 보슬비 내리는 풍경을 회화적으로 표현한 것이다.

또 지산은 근대 문명을 적극적으로 읊었는데, 시인의 관심이 다양함을 보여주고 있다. 근대 문명이 찾아 든 것을 묘사한 시들은 흥미롭다. 광주공원에 올라서 쓴 시이다. <석양에 광주공원에 오르다 夕陽登光州公院>이다.

光山千古事 광산의 천고의 일이
一日夕陽中 하루의 석양 속에 있는데
變幻在瞬息 변환이 순식간에 있고
電燈處處紅 전등이 곳곳에서 붉네.

전등불이 환하게 켜지는 것에 대하여 작자의 감회를 적었다. 변환이 순식간에 있다는 말에서, 세태의 급변이 주는 술회가 나타나 있다. 한편 시대를 아파하는 모습을 그린 작품이 많다. 이런 시들은 스스로 한스러워하다는 뜻의 제목을 함께 지니기도 한다. <自恨>을 보자.

農家無復立錐餘 농가에 다시 송곳 꽂을 여지도 없는데
壃土三千捲沒如 강토 삼천리가 말아져 없어진 듯하네.
小輩不知軍國事 젊은이들 군국의 일을 모르고서
長歌花柳送春虛 꽃과 버들 아래서 긴 노래로 봄을 허송하네.

한편 호남의 일반적인 시인들이 많은 소재로 삼았던 누정 관련 시들도 여럿이다. <박민재 선생의 평천정에 적다 題朴敏齋先生平川亭>이다.

先生高躅問何處 선생의 높은 자취 물을 곳 없는데
川水澄澄日夜流 냇물은 맑게 밤낮으로 흘러가네.
惟有依山松一棟 다만 산에 의지한 소나무 한 용마루가 있어
纖塵不到鶴千秋 작은 먼지 이르지 못하고 학만 천추에 나네.

위의 시는 민재 박임상 선생의 평천정에 대하여 지은 시이다. 민재는 작자의 스승이기도 한데, 많은 가르침을 받은 듯 하다. 민재를 한 마리 학으로 비유하였다고 하겠다. 산거시 등 그윽한 은자의 삶을 드러낸 시들도 있다. <幽居> 등이 그러하다.

다음의 오언절구는 몽탄강을 유람하는 내용이다. 매우 아름다운 시로, 작자의 맑은 시상을 엿볼 수 있다. 당시는 일반적으로 7언 율시가 중심을 이루는데, 이 시인은 5언 절구에 매우 능하였음을 잘 보여주고 있다. <봄에 몽탄강을 유람하다 春遊夢灘江>의 첫 번째 시이다.

世情一不同 세정은 한결같이 같지 않은데
花事自東風 꽃피는 것은 봄바람에서 비롯되네.
莫恨谷春少 골짝의 봄이 적다고 한하지 마오
庭青勝白紅 정원의 푸름이 희고 붉은 꽃보다 낫네.

지산은 오언절구에 능하였고, 많은 관심을 가졌다. 이는 그 무렵 시인들이 대개 7언율시에 경도됨에 비하여, 큰 특징이라고 할 수

있다. 위의 몽탄강 연작시도 그 점을 잘 보여주고 있다. 오월 보름을 다룬 <五月望>이나 사월 그믐을 읊은 <四月晦> 등 모두 오언절구로 되어 있는 아름다운 작품이다.

逐逐强樓登	달리듯 가서 억지로 누대에 올라
靜觀八日燈	고요히 초파일의 등불을 보네.
無處不興感	흥감이 일지 않은 곳이 없으니
從知佛氏能	이로써 부처의 능함을 깨닫네.

위의 시는 <사월 초파일 四月初八日> 시이다. 이 시를 보면 그는 사상에 있어서도 비교적 자유로웠던 것 같다. 불교에 대한 호감을 나타낸 시가 있는데, 이는 완고한 성리학자가 아님을 보여주는 대목이다.

忽聞外喧哦	문득 밖의 소란한 소리를 들으니
洋東濃戰波	동양에 전쟁의 물결 무르익었네.
訛傳風唳鶴	바람 속의 우는 학의 소리로 잘못 전하는데
空襲火飛蛾	공연히 불로 나는 나방소리를 잇네.
旅窓雨正苦	여관 창의 비는 진정 괴로운데
病枕月何多	병든 침석의 달빛은 어찌 그리 많은가.
分合固元理	나뉘고 합함은 진정 원래의 이치인데
竟誰奏凱歌	끝내 누가 개선가를 연주하리.

위의 시는 <삼팔선의 난리 소식을 듣고 聞三八亂>이다. 지산은 일제시기를 살았기에, 시사를 듣고 적거나 우국의 울분을 토로하는 시들이 많다. <일본군이 중국으로 들어갔다는 소식을 듣고 聞日兵渡

中國> 시를 썼고, <국휼 소식을 듣고 聞國恤 三月十五日>을, <인산 소식을 듣고 聞因山 四月二十日> 등을 짓기도 하였다.

그 밖에도 여인의 모습을 그리는, <눈 오는 날 문을 열고 雪日推戶>라는 시도 주목되는 작품이다. 여성의 모습을 그리는 호남 한시의 전통을 잘 드러내주고 있기 때문이다.

大雪滿空階　큰 눈이 빈 섬돌에 가득한데
煖居頗忘悽　따뜻한 거처에서 자못 정성을 잊네.
扣氷汲水女　얼음 깨고 물 긷는 여인
呵手固金釵　손을 불며 금비녀를 고정시키네.

그의 산문은 서간으로 <上心石先生>, <上敏齋>를 비롯하여 약 30 여 편과 손자인 영창 永敞에게 보낸 30 여 편의 서간이 함께 남아 있다. 說로는 <贈師友說贈道兄朴樂卿> 외 1편과 論으로는 <粲然復明於世論> 외 1편이 있다. 序로는 <諸生別序>, <戊戌譜序> 등 10 여 편의 서가 실려 있고, 跋로는 <靜齋遺稿跋>, <金蘭書帖跋> 등이 있으며, 記로는 <志山記>, <三乎堂記> 등 10 여 편이 넘는 작품이 실려 있다. 祭文으로는 <祭淵齋先生文> 등 서너 편이 실려 있고, 그 밖에도 碑文이나 行狀, 墓表, 그리고 上樑文, 書帖跋 등 약 30 여 편의 글이 실려 있다. 부록으로는 변시연 선생이 찬한 <志山高公行狀> 등 관련 기록 약 15 편 가량이 실려 있어서, 그의 생애와 문학을 잘 살펴볼 수 있게 해주고 있다.

부록 원본 자료

志山遺稿序

我國自古崇奬儒術, 雖在西學東漸, 島夷侵猾之日, 猶以不薙髮, 不改先王之服, 爲守義愛國之人, 以是持身, 以是教子弟, 窮餓沒世而無悶者種種焉, 若志山高公, 亦其人也. 公以韓末生於儒素之家, 幼從塾師, 誦習經史, 旣長, 執贄于心石宋公之門, 得聞衛聖闢異, 尊華攘夷爲人間第一義, 已而見宗社已屈, 無復當世之望, 則只蟄居鄕曲, 以設社授徒, 誦經鍊句, 爲一生事業, 視世之曲學阿時, 棄舊趨新者, 若將浼已焉, 如是而至日敵退而邦國光復, 猶不易所守, 享年踰八耋而沒, 跡其行, 可謂篤信好古, 不負崇儒道, 踐儒行, 而退之所謂擧世非之而不顧者也. 余生晩而居遠, 未曾趨下風于在世之日矣, 間者其胄孫木浦永敞君, 訪余于南揚州之芝谷, 爲言將以公遺稿付諸活印, 請以一言弁其首, 乃出兩卷稿本示之, 余受而閱之, 詩凡四百餘篇, 書牘序記墓文等, 諸散文, 又百有餘篇. 概多傷時警俗之作 而直出於肺腑, 不事雕飾, 若大朴不散, 而精神自然動人, 此可以考其時世矣, 亦可以悉平生矣. 余文拙不敢當孝孫之請, 而顧余在敵治下, 亦嘗從師, 政漢學者也, 故對此不能無所感于中, 敍之如上而歸之.

時一九九三年 六月 日 西河 任昌淳 謹書

志山遺稿序

語云, 德行爲本, 文藝爲末. 此, 卽聖人之言. 故晦庵先生, 論人長短, 必先序其人之德行, 而次序敍詩文, 斯是正鵠也. 昔我先祖藥齋公, 丙子胡亂二節義擅名, 且文章鳴世. 今志山公, 天賦淸粹, 有才而兼德. 又世其文學踵襲餘徽, 而嘗從文忠公淵齋宋門, 學識得忠孝大節, 人之所以爲人之理. 養親則左右承奉, 必誠必盡, 及其沒也, 歠粥三年, 人多𥜥孝. 高宗丁未日奴猖狂, 隨松沙奇公盟會, 收聚兵粮, 以圖擧義, 自料事至廈傾, 罷歸林泉, 閑咏自適, 敎誨子姪爲事. 然則公之高臥遐遯, 剛直不撓之志, 厄於時, 而未究其用, 竟無樹立以沒. 嗚呼, 悲夫. 盖公之大本旣立, 而其修身也, 有言行一致, 實其著書也, 不事文辭, 不主鋪排, 則如公之事親忠君, 豈非所謂一世之全人耶. 噫, 見今乾坤長夜, 擧世滔滔之時, 其胤仁錫, 使弟定錫謁余弁首, 因忘病□而撫卷追愴, 畧敍如右.

己酉 五月 十六日 族弟 在弘 謹敍

「嗣子仁錫 次子用錫・秉錫・定錫・元錫 以上」

권 5 서간 書簡

上心石先生

先生之於小子，賢愚壃界，貴賤霄壤．而惟一心馳仰者，出於慕尊之常性．千里一拜， 猥得蒙掃門之列． 私分榮幸， 雖不啻登龍之慶， 而瀆尊之誅．自負難量，伏未審辰下．靜養道體候，不以寒暑風雨有損，鯉侍獜抱，善爲藏修，伏慕下忱之至．小子奉慈，窮峽志物未繼，氣質素駁，不能自拔於塵臼．有時瞻望，恨未能朝夕於門屏，以得聞爲學，親切處之，萬一耳餘．伏冀爲道保重，上扶世敎，下福蒼生，以副菲誠，不備伏惟．

上敏齋

春俄拜退，夏候未修，其於職分贖罪無地矣．況於平日春愛，無異一室之地．而自負至此，又不勝惶悚耳．伏未審坎居道體增福 膝下僉彥 日進高明，而竊想羣兒爭頭，送迎無常，別無正衿之暇矣．遠慮，伏慰倍百於平日，門生天質素鈍，重蔽難開，那更浔負釰辟咡之詔，脫然有味者，浔醒之時耶．況自今專廢書冊，二夫轉險於荒逸之中，而終日所接語者，只於食色之戲矣．所謂碔砆之性，終不浔爲玉耳，嗚呼，吾道日薄，賢人星散，其何變極， 一至於此．天不愛道乎， 人不愛道乎．董子曰天不變 道亦不變． 以今日道喪之義言之， 則天或有時難諶歟． 然程子曰陽無晝衰之義，道無小槃之日，其將何一仁碩果，幸或有陽春之期，而靑邱日月煥然有復明乎． 世道反此， 而且不能朝夕． 於門屏， 粗聞義理之如何， 馳仰一心，北望太息也 已處世生涯，若是其甚歟．吁彼蚊蚋，時說言告已晚，而又不足掛齒者， 嶺外消息， 至今何似．勉翁寄歸， 得聞的奇歟． 傾到双耳，願聞無由. 水東之心, 歸之不淂耳. 情下區區, 不顧僣猥而敢達, 不備伏惟.

與金斯文士文

往者, 見便非止一再, 而滯客他坊, 無事生事, 匆匆不付一字矣. 謹未審經體連爲增祉, 蘊牘所覽, 方在何書. 竊計之, 小學中盡曉淂義理, 而進乎大學, 主敬工夫, 通貫始終, 涵養於不知不覺之中矣. 健仰山斗, 深溱河海, 豈非叔世之眞儒也耶. 嗟夫世入幽冥, 所謂學之者, 星稀. 而一或有行先王之法, 衣先王之服者, 則哀彼貿貿習俗, 好新之輩, 憎疾剗埋, 甚至如狂然而噬者, 多矣. 則義之所在, 雖不以此陋損於德, 亦未嘗不爲吾道今日之曉曉者. 私憂至此, 掩卷嘆恨也已. 況目今剃髮變黑. 惟我五百初有之事, 而民人浮動從風趣下, 法服法言掃陷於魑魅之中. 天乎人乎, 陳辭無地. 惟道兄斂膝處堂. 聖辭賢謨, 親切敬聽, 左右如之, 而風霜塵埃, 不敢染漬而入, 如一枝莖蘭, 蔓於枳棘之中, 而不以其芒刺爲害. 最爲拱祝者, 微微斯道, 其幸依賴則幸甚耳. 顧此蔑如者, 庶或淂浹洽於兄之餘波, 而一轍同歸也哉. 弟氣素駑駿, 曾無一知未解, 而遊食東坊, 扁親供奉, 不淂與兄弟同叅. 孔子所謂不修其職, 而從事於汨董者. 實是準備語也. 所謂泰文自托兒長之名. 坐臥度了, 如干心神, 追沒於宴安之中矣. 情深區區, 書以代面, 一哂之餘, 庶不深誅耶. 餘兄企爲學自新. 不備惟.

答尹兄樂卿

一塊空舍, 行跡深鎖, 賤碌之狀, 甚於白日, 大都作孽絏繫者矣. 午雞唱罷, 童子拜客, 一何書雁, 翩翩然耳. 其懷中而落案, 拭眼盥薇用罷宰予之寢. 兄之一書, 奚啻情義之交游耶. 想必警起懶散, 欲與同歸於謹善之地也. 君子之敎人, 何其多術也. 甚賀甚賀, 所示習懶二字, 甚不至言也. 大抵名實相協, 雖古人所難之事, 而今兄之志趣與令望, 不齒於俗士有名無實者之同類. 無乃謙謙君子, 所稱之常耶. 且和鸞遠聞, 騏必善行, 此日此語, 決是不眞, 而至於自做益篤之說, 如荒散者, 安敢當之, 倀倀爲謝, 因知攸辭. 嗟乎, 書未盡覽, 切切誨諭, 如是懇至. 顧老兄眞不負一見者, 而如平生之友矣. 弟朴愚賦性, 且無半一所習, 而繼以生涯, 赤立慈母庭下, 曠省多日. 只是覆載間, 食栗之虫所做, 如干舊工, 還如閏楊自悼也已. 餘不備謝.

謝朴道兄斐卿

碧山深邃, 無人訪問. 只作漏泄之茅間殼躬. 忽然, 有一鶴瞰, 翩翩歷叩, 惠椷隨至. 儘知吾兄之洪宇, 能容淺劣之人耳. 示中縷縷, 又莫非勉人進善, 這道理而才一目擊, 自不覺悚然斂容. 何等仰止恭審, 齊居候珍衛保重, 慰祝慰祝. 弟宿劣依祿, 而只是所業, 一看頹落自在, 吁此究竟樹立, 只果若是馬驢而止耶. 撫躬長恨耳. 竊以老兄之英邁氣質, 南服無儔, 而又有蘆月, 磨光相照, 滌去顔淵之一點査滓, 而曾點之万理昭著處, 坦然在眼前矣. 尤庸敬仰難親之恨, 兩地一般而化於老兄具慶之侍, 尤有極難量檑役. 此是巨事, 何以經畫, 而淂無刷了之惱困耶. 設契暢修, 今長夜夢夢中一大好消息, 但恨教示之不早, 盖自講契不修, 而後晨星落落, 無路會合, 吾黨禮俗之交, 其義安在哉. 浩然發嘆, 什上八九而端倪更作, 吾道其幸兆朕乎. 然大凡設契之道, 先確名目之所在, 次看同員之志, 團合如何可矣. 諒之耶, 湖山長隔, 不能一一相對論, 悉惟兄默照焉

答朴道兄樂卿

永逑來手致專函 忙披圭復感鏤激衷. 此日此書, 何多眷眷也. 憔憫之餘, 足慰孤心, 從審一陽復矣. 兄愆候復常, 以是爲兆, 而將有忘吾之喜矣. 爲之慰賀, 曷有涯量. 示中縷縷無一非惻怛, 自誠底意思, 而歲月如流, 文字無窮, 一句辭義, 珎重又懇悉, 足以爲今日學者之指南, 而玩索其味, 懶夫可立耳, 還不覺悚汗熱熱. 嗟今大都陸沈, 更無餘地. 讀春秋, 吾儻講磨, 益篤勉勵, 不可時日或曠, 而以善其身. 顧此賤質, 所謂幾年間學之云者, 若存若亡, 於取捨出處之義, 茫然不知如何爲法, 而坐在瓢係, 又不能從事於勤謹二字, 固知春不服田者, 未有來秋之望耳. 大抵魯論素所生面也, 而玆欲躐過句讀之間, 訝疑處不爲不多, 而都未能思索默契矣. 雖專致讀了, 猶未免全然無事者, 而況時或對卷, 衆役投隙, 自不生意於看書也. 新見姑置, 舊讀從墜, 安敢當從事之名乎. 惟兄默照焉

與朴道兄樂卿

平日笑談, 已矣置之. 玆擬修辭, 未嘗不爲愧乎? 萬無一如之狀矣. 謹不詢伊間, 教訓之道, 有淂於許魯齋之古法, 授蒙之益, 加一於張横渠之取四乎. 遠慰不容, 自已而左右僉彦, 想有尊聞之光大矣. 弟扁母省下, 未淂一時安定之忱. 身寓他坊兀兀倉粟, 立揚顯親, 將不知何事. 而竊恐來頭芭籬難免, 伥然一身還如失志, 而中夜起坐, 只懼天翁, 且朝暮之間, 全無益習之勤, 而自不知鄙吝之萌 盤根于中. 但恨鈍質亦爲懶氣之害矣. 寧不如投書筌蹄, 埋沒於田野之間, 而貿貿食土之爲愈矣. 竊念鑑于古者, 高才明智不爲不多, 而其志於君子之術者, 抑有幾人耶. 況今道喪日甚, 百邪交煽, 一点吾道, 無復有求覔之地. 而惟老兄端居味道, 一室蕭然, 無他雜技聲色之趣, 下金玉其質進之無日乎? 曩時, 一對討, 猶勝十

年於書帷矣. 昔, 趙淸憲, 熟視周濂溪之所爲, 乃寤執其手曰; "今日, 乃知周茂叔也." 觀人之智, 雖不敢先後輕重於古人, 而發嘆之意, 彷彿乎今日, 淺見也. 情義交摯, 未知辭義如何? 而自發中情, 恐見誅於尊聽耳. 不備惟.

答鄭斯文士益

山館寒盡, 萬木更春. 此際有故人書, 賜慰於孤踽中. 完然如槁古一物, 喜得聞春風來消息, 而活活有發動氣像矣. 其自感之樂, 孰敢沮止而抑遏哉. 日者, 躬晋實箇長時, 瞻仰中一餘隙而巧相, 路左未得一言之斧, 割去鄙萌, 而只有滿案簡編, 如襲俗客不得已廻策. 竊付古人鳳字之義, 而荒錄蕪文數字而歸, 此是倉猝間事也. 未知其立言輕重如何, 而何幸老兄不爲深誅, 還賜如是鄭重. 而又有瓊琚之報, 華麗淸粹, 足以擺人塵埃, 針人痼癖. 詩所謂投我報之者, 害獨美於古哉. 乃知君子之待人, 不處於其薄矣. 嗟夫隔隣三數朔, 竟無半日之緣, 而有魔戱之深恨深恨, 窮蟄之敎, 恨則恨矣. 而然目今陸沈之日, 固守其一心春秋, 而杜門斂膝者, 有幾箇人也. 以是言之, 則還爲可安之道, 而眞此日最大美事也. 何恨乎出沒輕薄者之不如耶. 相面之示昕夕區區者, 而預難屈指悚憫耳. 更未審僑體. 因時持重. 而諸接亦得平泰否. 弟伎倆也已耳.

與金兄士文

文兼來, 詳悉侍餘安吉做學, 而接話一夕, 見其儀容言辭, 頗多和順溫潤之態, 乃知老兄薰餘之光, 注下於觀感之間矣. 甚賀甚賀. 惟曩時躬造, 聊何巧違, 而休過山門, 門巷蓼蓼, 只有猿鶴林鳥向人如嘲, 悵悵廻頭,一腔子所出來，有萬萬安住不得者矣．旣而路上得拜春丈，繼又得賢弟氏，强引入門，坐語移日．其溫溫對人，底道理不下於老兄之平居矜莊，伯兮叔兮知德不孤，且十圖屛銘，古之賢人君子自省切持，這意思而今兄得之．起居逍遙，不離於其間，而顧諟明戒．尤庸拱祝．弟才劣質，薄於功令與道理上一無見售，而却又瓢係，自絶師友之階梯，愧矣．時日間或四三行書口過，而聖人言語親切告戒處，則自難如上天，朱子所謂買櫝還珠者，正謂是也．何恨如之．餘都縮．

上敏齋

一自九月九日退謝後，久闕執鞭，逋慢自訟，十月旬三日，幸仍徐斯文便遠，遂問侯之忱矣．伏未審日月改矣．靜養體度，不以風列寒深有損乎．伏聞門下從逐十倍於前日會社，而前於數万祀，齊稷下之盛風，今不出溪山十里而目睹，幷伏賀區區，如門生者，亦不無欽慕之樂，而跡滯深山，未能淂種種承面誨素，又爲氣欲之所昏，自不能拔而新之，恁地長逞　良有面貌可憎，或與心自警，曰鄙俚世事，誓不留念，而一志於學，以遵古聖賢準的規戒，而未能瞬息存養，却又狂奔，便如馬無執御，一寸之存，將不勝千里之放，所謂邯鄲之步，安有少進之日乎．寧不如棄書下野，無忝爲士之名之爲愈矣．謹狀不備．

與金魯東 居忠南結城 山水洞

自仙鄕歸，卽付一書，而相云甚復濶．只自瞻仰而已．今得承兩度書，容易如咫尺，而縷縷警誨，辭極切至．苟非尋常情地，安得如是珍重耶．奉讀數遍，自不覺悚汗，而又得＜市南文集＞中采送，鄙先祖＜藥齋記＞而讀之, 此文槩平生景仰, 而不得見者也. 感愧交併, 而欲謝因量碑文, 伏蒙令監厚義, 闡發立言, 而使吾祖先之實行名蹟, 壽傳於千百世, 而不得泯沒, 其於子孫之慶幸, 雖九鼎大呂, 反不爲重, 奉賀奉賀. 承審令監道體候攝養, 凡度更何如, 侍經體珍衛 左右僉章甫併均體否, 伏慰伏慰, 生支遣, 而但匆匆於立碑之役, 且四月念以後, 長在霖雨中, 百事刀圭, 而不能趁, 爲修辭自誦, 逌曼下教違誤處, 條列於別紙, 明告于令監前, 準正而更下示, 伏望耳. 餘更冀令監道體, 循序廉福, 侍體万護, 不備伏惟.

答金魯東

六月書已承悉, 而延拖三數朔, 曾未奉謝者, 意謂光默在鉉時趨走 於令監門屛之末, 以謝這間事, 況且供役於灑掃, 執策粗聞爲學之方, 而使孤陋賤品, 庶或跂及於開明之域, 則私分光榮万万, 如滭茅屋上矣. 泠淡生活事故有万端, 不啻而千里阻濶, 此意遂邈然不得, 今才坐而修辭, 恐爲致鉏鋙於尊意矣. 幸不深誅, 而將惠惓惓之賜耶. 擡頭西天, 有望有望. 謹審秋涼, 令監道體仍時保重, 侍棣體玉衛, 左右僉君子, 果如春間時樣耶. 伏慰伏慰, 生一區海隅, 昕夕耳目, 只是世間鄙俚耳. 其造爲作成言外, 可占他何有喩石文, 與家狀一通, 精抄上送, 告白于令監前, 有或違誤處, 則更下教, 使此蠢然無知, 毋至重過之地, 伏祝, 不備伏惟.

答裴成采

向枉巧違, 躬不能讓, 登爲席情, 若禮俱闕如矣. 往拜尙爾書字可謝, 而未爾者, 寔由乎日日千山雪, 非但鳥飛絶, 而度了匆匆中不暇及. 常於心大未安者, 不置而兼承惠睘, 縷縷指示, 無一非蘊德行事中出來矣. 所謂頑夫廉, 懶夫立, 誠不得專美, 而寬洪容衆者, 豈非不見絶於尊眼之今日乎? 臨墨倀倀, 難以爲辭, 敬審臘洍散, 春候未淸穆云, 甚憫然. 陽線再環, 素淸亨之資 爲之兆朕而理安氣平, 從以舒泰矣, 何憂, 弟素牛邊人而已. 万無一肖, 而好爲兒長, 特口腹之計, 成人誤人, 都不萌作, 但覺行尸無爲, 惟過謙虛譽, 固非君子直亮教人之道. 而老兄胡爲之哉? 大抵氷釋透悟, 就仁人賢者, 成德, 恰好處, 形容至精緊密之語, 而擧稱於後生末學, 計較雜沓者, 但恐聖人之至言, 歸於口籍, 無乃不可乎? 以老兄之精審工夫, 非謂不的, 見此等文字, 而受此, 不虞悚汗泚顙, 遠山雪消, 深逕客通, 殆望尊駕之或枉, 而惓惓然, 一片札打滴寒面, 從此分離, 班荊那期, 甚恨. 時或有便, 德音續后耶?

與朴兄斐卿

快賀快賀, 老兄今日處義, 何如是恰好也. 降世淺薄, 所謂識字輩, 冒沒廉恥, 如在鉉者, 粗識分魚魯, 則奔走於鄕曲, 猥犯孟子好爲之戒, 而自謂執心行義, 莫此若也. 吁! 彼行義之士, 何且多歟? 呵呵, 惟老兄精室危坐, 持身講學, 兩親在堂, 年德隆邵, 而樂享彩舞之榮, 賢胤侍膝 學問進修, 而求築大來之基, 則如九皐鳴鶴, 自然聲聞于野, 而遠近士人, 日相趨逐, 醉於風, 飽於義, 而有如趙雅, 致衡之嗜, 學好善者, 其於仁聲義氣, 聞不勝歡悅. 古所謂隱居求志, 寬平快樂者, 豈非老兄之謂耶. 言之至此, 似爲便佞, 而見善欲體認, 自不飮嘿耳. 恪詢彩體多樂, 左右善課耶. 弟一自南出後, 無一箇了向人道者, 而但覺一心勞擾, 頓無一時之寧 泰, 安敢求合於君子心術耶. 窃有一隣焉, 卽花山舍裴接丈也. 觀其善說, 辭多聞識, 能動人心, 瞻獨恨卑汚之量受淸不易矣. 幸今有便付此數行, 親明見愛, 何以敬仰, 有望有望, 客冬復書, 幸不覆瓿, 則窃有考據處, 幷擲爲惠語, 長置而不盡備.

答奇兄允明

陽線初調春消息，依然有一封書，續此而隨至，奉讀一遍，鄙吝脫落，怳如窮陰之因，陽氣發而消去．此地一書，豈不勝於十數年苦讀乎，伏賀伏賀．識徹古今，君子爲難，而以若老兄之大眼，因博采廣搜，發書知舊歷，擧先輩之經歷，而鍼人痼癖傾寫肝膈，使蠱壞如在鉉者，旋復興作，而欲同歸於高明一轍．如老兄者，可謂無不可容之，人之大宇量矣．尤可敬脹，然蹄涔之器，力量有限，恐不見答於江河之前，而奉承之未至也．履霜冰至，歲月易邁，今日隣壞，不知爲明朝楚越，惠此藥石，得見乎．向風馳情，蓮湖蒼蒼，多小寒暄置之，却說而書末之示，過爲謙抑，曷所謂謙謙君子，詩所謂溫溫恭人，豈非爲老兄而嗅做其態耶，歎羨．

與族弟在弼 留羅州道林山塾

君去後，倏忽兩週月，遞信莫凭．而有時夜，間或得一二夢見，果是平日相愛之深耶？君應亦如此邊矣．大抵爲學在己不在人，而千里從師，古人亦有行之者．胡爲其然也？爲士者，苟無薰陶問辨，以正其是非焉，則所見，或是而或陷於一邊，終成其癖，而不自覺其非矣．君之志則良以是，而發軔於長德之門，可謂狀矣．君之行，則今日之百里有難，於古人之千里，所以無他．兄弟備養，而離親遠遊者也．君能念常在此，惕然自警曰:“吾親在堂，旣違朝夕供奉，而身却來此者，都以是學之成也.”念念不忘，而察乎動靜，絶盡其傾斜之授隙，心心不違，而嚴乎進退，拔去其偏反之或萌，而使公平正大之義，活活然貫徹，心自以爲日用間，常由常行之路，則聖人千言萬語，誠知其不我欺矣．如是，日新而益篤，自强之力，尋向上去，則何患乎學之不成？何患乎蒙之不進耶？苟爲不然則，雖座侍孔孟面質程朱，亦無所益．而況其下先生長者，其能如之何哉？願君逐日早起, 察其機微, 培養孟子之夜氣, 敬對方冊, 體認力行, 無爲程門之書肆, 而置一冊子, 隨記所聞所見, 以備參考, 辨其何者爲義利公私, 何者爲心性理氣, 其於軆上用上工夫上效驗上內外賓主等說, 一一推究, 而點得於自已胸中, 使此身浹洽洞徹然後, 乃可耳. 苟或伎倆在家時, 而悠悠度了, 則邯鄲之步人, 雖不言獨不愧, 從師之名守所以區區, 深望於君如此者, 非但門戶之責, 誠欲使君作此盲者之杖, 君其識此情也否. 深願未審, 做履果何如? 後石先生道候增福, 今於先生前, 當先修書上候, 而曾自丁未春一承顏, 後頓無雅契, 雖有今日書, 先生亦暗暗不記, 恐未免瀆尊之誅, 故不淂不自已耳, 族兄僅遺耳.

上族叔玄修氏

石嶝路風雪, 一別遽作經歲後, 飛鷺春夢, 世事然矣. 能不依然, 正初聊有三鄕過路, 訪宗玄氏, 一午噄飯, 面讚其時, 搬移幹旋之苦矣. 匆匆還巢, 聞尊駕佳還, 下懷缺然耳. 大抵 '入山者, 取趣於藥; 入海者, 取適於漁' 事則雖異, 其忘世樂道故趣一也. 今族叔, 見迫於世潮, 撤搬深入, 雖不及於古賢之全德善身, 一則獻孝於先人邱壟, 一則求志於君子躬耕, 可以忘世間之炎像, 亦可忘前日之是非矣. 晩年閒適之計, 從此裕綽. 古人所謂, '白鷗淸江, 歌雲耕月', 豈能全美乎? 爲之一賀. 在鉉, 以百惻餘生, 更作浮珠浪遊, 日與三十兒童, 口戰是事, 呵呵. 東風未暮, 或一枉賁耶?

上族祖道寬氏

秋陽正曝, 尊椷辱到, 忙披奉玩, 滿幅縷縷, 能使寒襟生溫. 君子不屑之敎, 其如此之妙, 而可與秋曝爭光矣. 承審尊體保重, 伏頌. 族孫落拓微軀, 容不得地. 去月晦, 客寓于錦江畔山之陰, 松溪族丈書社, 以爲從容消遣計. 而外間甚事, 都付于夢外, 不知. 日與數三村秀, 只事口戰. 下敎忠院捐義, 非不爲尊慕在心, 而理勢坐在, 自不免未安之責耳. 伏悚, 況斷髮令頒行以後, 踪跡駹飐, 不欲與世人往來, 而寧入山逃海, 爲鹿豕之隣, 如不得已, 逢彼之怒, 則未知如何處義, 而得全四十年林下之志矣. 還爲呵呵. 所敎諸般事, 全托于族叔光律氏, 下照焉.

示家兒秉錫

天不佑人, 毒此饑饉, 春窮危嶺, 何以打開耶. 如非篤志專力, 寸步難進, 有一毫等閑措處, 則不能踏破, 四十日前塗矣. 人世凡事, 經此難局, 然後乃得見安閑之樂, 必須戒之愼之, 勿爲造物子之所害焉. 汝二兄奪於窘困, 萬里跋涉, 四口率下, 專恃汝力, 至今何境狀態耶. 勿視彼我, 時日看護, 盡我躬心 而庶不至濱死, 則汝兄還家, 好見顔面耳 卽當下去一問, 而世情不許人心反覆, 無分力好計, 此心何如. 寧欲溘然無知耳. 滿洲書兩度, 而一在去月, 一在今十日, 而姑無別故云少慰, 汝父僅保朝夕, 不必爲慮焉.

上金承旨 芝山先生 忠南 結城郡 山水洞

千里愛邈, 道路阻闊, 三歲倏欻, 星霜屢改, 這間世變風雨, 已不可一一陳煩. 而但孤隅鯫生, 賦性素騃, 自不能撥開塵氛 而膠見界限於坐井, 守株長時, 瞻望只切, 高山景行之思, 而恨不得執役, 於軒屛之末, 陶化碔砆之性, 而做來得一顆明珠矣. 況吾先祖碣文以若熊熊, 正直克闡潛懿，而勒之于石，表樹幽堂，足以艶賞於當時．徵信於百世，聲烈之垂著，豈比華詞富餙，照耀於一時耳目，而殆盡耶．雨露霜雪，有時瞻拜，洋洋如在，猗歟光紫．向風馳仰，傾海曷已．伏不審令監氣體寢啖，何似孔鯉，謝寶趨對唯諾 左右僉章甫侍瑟，果如數禩前昔樣子乎．區區下悃，傾瀉不任．侍教生奉老窮峽，只恨旨物之未継，而如于服習，不過記誦，文具之末，秋陽爲媒，則自擬躬造一曝，而又不識其間，寒來之爲魔，坐是荏冉，蟻轍不移耳．誠極惘悚，願賜持身，處世立心之方，數言以燭冥適，則雖不敢請事斯語，而持以爲百年之符．矜憐焉，餘只冀衛道自愛，以副賤悃．

答李昌憲

一到夢江，萬念如夢．殊不知仁朋德友，何處雲遊，何處敀隱矣．誰想遠問及於荒濱，攪醒此夢，而頓覺此生消息也．吾聞金斯文文鈺氏，嶺外文章大家也．一月修得，頗勝於十年，窮蔀果是大治手下，精金經煉鑄得來，十分好處耶．把看來書句讀字法，大不同於前日十倍．以此推信，而爲之一賀．書中不倦之仁，道体等說，何如遇情詡煩，令無似之人，反坐於置身，未安耶．殆非所望於情，君今日者矣．爲親獻壽，孝子之一大節目，健仰健仰．而至晬詩之請，素拙於文句，誠不足稱勤意，而但嫌於情地，踈薄搆送蕪辭，一覽覄瓿焉．

答崔炳淳

天轍轉駸，兎走龍飛，人之憂憂愁愁，渙釋於過去夢，堀物之新，蓂瑞色揮，動於消息．通裏人事，苦樂必隨，其天時變化，理固然矣．吾人祝福賀慶, 固其時也. 而兄家寶樹之微痒, 亦將受其榮. 而妄五有喜, 春風之盪觧, 安有彼此厚薄哉. 爲之默禱, 不面之示, 心所未安者, 弟先兄後, 而今居後者, 反爲辭於立先者, 呵呵, 都是兩般情地, 風波苦海, 何道如之. 令郎三年前顔, 見益佳嬌, 其大來遐福, 將不可量健賀. 弟經惻餘生, 魂尙未靖, 家庭撓攘日甚. 一日敢誰怨尤, 但恨命數之素奇, 歷訪之敎, 不敢固所, 而弟亦待春煖, 擬欲一過仙庄耳. 餘凍筆就荒, 不備謝.

答李昌憲

書來後, 夏秋替序, 而老炎蒸火, 旱酷無前, 那有一天甘霈, 甦得涸轍魚象, 而舒此烈鬱耶. 老生朝夕就木, 無言可道, 而但患難, 驚魄眩昏, 不得安定. 時而閉戶自盡, 因一二鄕老忠勸, 與二三童子, 爲消遣計, 而亦不知措躬如何耳. 啓鎭甫才質可愛, 而少篤實, 未盡祛新學餘習耳, 未知其間諸况更如何. 看何文字, 只望持身益堅重, 而克紹先德之勤, 以幸斯文. 世事昆山, 大火將作矣. 孰能玉石之可分耶, 奈何.

與任奇烈

見君何日, 日久難爲情. 大抵平凡相分, 人猶缺然. 而况情地, 若親尋常告別, 人尙悄然, 而况病魔爲戱乎. 君去後十數日, 風便傳言, 病甚駭然, 近果何似, 而重省復常耶. 憂念常懸于中, 而頓然無平心時間耳. 當趂濶步一程, 以問疾祟如何, 而身在瓢係, 老脚支重, 不得如意, 老顔上騂. 君之藝用諸具, 趂爲收藏, 不必置心, 而但謹愼調護, 好面一晤, 至喜至喜.

與李達春

日者，瑞石之行，專賴老兄之指南，勝境別區，得遂奇觀，驥尾病蠅，恍然如羽化陟降．歸臥窮谷，佳勝名物，壯麗色態，瞑睫常在，可使俗累塵襟，快爽十分，伊今知古人遊觀風之樂所在矣．那得旋風，一翼復作智異金剛之弁巒，以都天下第一，平生所未及之絶勝耶．夢想浮生，坐談龍肉，所謂得隴而望蜀也，愧愧又呵呵，累有所經，蛾述胎紙錄呈，此豈文也，寒暄都閣耳．

答朴兄斐卿

向賜惠貺，寔料之褸，而兼以'牽立不撓'等說，傾吐心膽，示喩極備．悉此粗思淺慮，而紛紛擾擾，不知着力於自已分上者．亦可以肅然，得面前道理矣．古有善開發人者，準備於今日，爲之爽然．而但未安者，常先施之累辱，而一不得修候於書來之前耳．仍未審侍斆候，安重而幾做去，老萊子之戱色，左右僉彦德之進業之修，期及於焦先生之弟子乎．奉賀奉賀．弟羈旅費抛，長此十有餘禩，奉老修職，茫然知別人事業，而往往顧胸中，都無所得之，如存如亡而沒然，野上人之不如甚恨耳，契事三數年期來，而客月面晤時，將囁嚅未及出口者，卽因傍擾耳．延拕又歲聿暮，不可不決末乃已，但其間有念忍者．在往年溪山講契時，靜齋樂卿兄逝，今且修契，鄙族叔德咸逝．兩公之愷悌，謹勑樂善好義，實吾儻表率，而一至此極，吾道長痛，去益難量．未知老兄亦念及於此耶．然益樹良風，結契於墒塡之中，而若使吾人不見挫於風霜時節，則此兩公之陽界上，畢生大好底義也．將含笑於冥冥之中，而助佑之矣．亦豈非含忍中一快樂哉．致此大望，夫孰非老兄之責，而反自處於在傍躡影，何若是汎汎也．願卽立契案，定爲座目幾員，而勿以追入爲說．至可環顧一世，今日孔孟，而明日楊墨者，太半其人，則特加審，愼以免異，且羞辱爲好．鄭兄士益，馳書無便，出脚且不得，兄或見便，則通奇是望耳．

答奇允明

濶步甚非難事，懶蹄亦爲則爲矣，而尙今徒爾者，只因胸中多事，匆匆不遑矣．頃仍歸隙，猥荷尊駕之屈枉，間數日又承惠札，誠深未安耳．注目至三，示喩又懇至，可使懶廉薄敦，古所謂‘千金一字，還爲廉価矣．’大抵面則話便則問，故人間茶飯事，而孰有若是之情義交孚耶．因審道候鄭重，而蓮花秋月，此理相照，做得目牛無全．左右僉章甫，想應振起，涵游於不問可知之中矣，爲賀山斗．弟歸來，百里萍江，風日利渡，客帆到此，安泊北堂棣院幷無憂，私身大喜．好此外何事，諸處士友，各自涯角，不知這間情況，而憑聞道林信遞，則難窩丈文稿，不幸遭嬴秦之禍云，甚鬱耳．其他碌碌，無足掛牙耳．

上族叔玄修氏 在京城求業時

事有可決，而不決者，是夢中也．言有不信，而可信者，是醉中也．族叔尙今執迷而不悟，望或彼言之有信，而事之可成也，則不得不謂之醉夢中也．何以謂之，惟利是求，競爭大陸，必有簪軍入番者，而何待族叔一盃．如親亥横，擧世太半，是兄弟相食之人，而誰能恕族叔耶．必無其理，章章明矣．一退托而暑去，二退托而秋盡，如有三退托，則年而歲而，頭髮盡白矣．所謂‘秦之求無已，而地有盡者也．’奈何奈何．豈不聞數之所在天不得，以違之理之所在人不得，以强之强之說乎．今日事未成，則必曰數也理也，更誰怨尤．但所恨者，覺之不早耳．然木脫歸根，人窮反本，飜然如大，寐者得醒．而分外莫求業於監農，徐徐起業，則安知得三年之艾，而救七年之病乎．莫謂進退維谷，而人面爲難，猛然還旆，以圖後日爲好，如或遲疑．則邵齡老親望眼何慰，芃年阿只吉事何託．其他目前鼻下之事，將有不可言者矣．平日惓至，觸情煩告，勿爲過誅，急急下來是望．

與朴後山 字千一

阻不聽誨，面塵三斗．人生離合，何多曲折也．嗟，夫世間風浪，滔滔險難，洪荒大陸，無處不汎濫，何處平坦之地，乾淨安泊．自非見機，人士利櫓完帆，則殆乎難免 其陷溺之患矣．如在鉉者，愚魯成性，自不察伐柯之斧，其則在手，逗遛中間，閱歷許多風波，而蒼黃顚倒，落魄至此，將不知如何歸着耳．暮年江關，虛舟飄泊，是何窮計也．只恨命薄，惟兄默照．

答金魯東

客年，李斯文昌煥氏來，得聞尊先先生續集之刋報．而言論過情，不無訝惑，世間惟有青山綠水不帶利欲耳．地北天南半千里，目睫不到，胡無疑信之相參乎．落落海陬，嚮風馳懷而已．際玆冬至陽生，忽承十月廾七日，付經紀書，始信刋役之初𣂅．而仍審經體多福，曷勝敬慰．在鉉賤年七十四矣，餘生無幾，北風澌骨，每念及昔年師友之義，慨然而悲．獨坐窮蔀，無所資誨，倀然似失孤負面商之教，何恨如之．寒門力拙，略付刋費萬圓，笑諒焉．餘只冀鄙先文字編入后，惠賜廻音，不備謝狀．

答族弟在弘

涔寂經歲後，翩翩書鴈，飛掃案塵，怳然，病軀復甦，而如得春脉，何感如之．當濶步一程，目格其間事，況貢獻一臂之助，而常以病魔爲隣，首脚不穩，恨如之何，只有一說焉．凡圖大事者，必先收人心，然後乃見功成也．今我譜事，各處應單，果剋期湊合，而金單併至耶．如不見機，而設廳兀然，則空招誹謗，而徒費資力，是爲可憂．願加商諒期收全功，跂足而待耳．校正一款，大譜自在，不必另眼筆削，而若干欠補處，則貴下正見，倍百於老昏，以此專恃耳．第待南風，觧慍出脚爲料，恕勿過誅，惟持身自重，不以衆口之毁譽，移易此心，一百番切仰耳．

答郭基永

頃伏承惠翰，辭義珍懇，令人惺然．奉閱再三，自不覺怩忸泚顙．苟非情地之厚，信義交孚，曷嘗若是傾瞻款曲乎．弟懵廢書冊，積年于玆，頑頓賤物，志亦疎狂，時俗言動，心目俱違，寧欲溘然無知矣．春煦秋凉，有時絪鬱，則怳然而起，一竿釣緡，隨意所之，魚鳥相忘，倦然而歸．但兄弟相依，去月旬頃，奄當舍仲喪事，至情迫切，慟如割丰，而形孤影單，不勝悲悼．幽明異路，含忍到今．凡百罔橧，而修謝亦晩，恕之焉．三章瓊琚，勝於百朋．愚拙此漢，安敢當過分之語耶．三絶蕪答，以爲笑資焉．竊惟'朝聞夕死'，聖人之明訓也．曰天曰地八十年，終不得聞而將死焉．孤負天畀之重，而愧恨於胸臆，何足掛齒於人乎．別紙所示，理氣先後之說，拱手一覽，瞿然如失，未知其如何．爲喩所謂'借聾問盲'，果非虛語，而正爲今日準備論也．豈不懼心哉．自料此等文字，要是自家學識，到栗蘆二先生地位，然后可以見此境界．決非等閒俗儒，如在鉉輩之所，敢容易說破也．愚意止此，望不以爲異焉．更不審靜履神相，馳義區區．弟朞喪驚愕以后，煩中傷外，朝夕待盡，舊日從遊之樂，恐難再期，何恨如之. 只冀千萬保重，開示蘊奧，而爲后學之指南. 敬仰餘万不盡備，謹謝上.

答金炯實

病蟄窮山，戶外不出，于今數年. 杳不識遠坊士友之存沒如何，料曝春史先生之遺稿二冊，自西郵來到，驚愕不已中，敬奉一閱詩與文，句句言言，皆有法度，如甦殘軀痿弱，而足令華蔀生光. 生幼少時，幸同一硏于解蒙，師素所敬重. 而信仰之悅，倍百於平昔. 精衰心擾，修節已晩耳. 無物表謝，悚仄徒憫，惟冀恕量焉.

書示于松峴門中宗孫

寒暄之例，固非今日所可煩. 而日者，傳聞人言，則貴仲叔季叔不相敦睦，等墻阻面，而犬牙相噬，蚌鷸相食，甚至於滅倫傷義之地，在於近睹遠聽，其德門禮家之譏，且置勿說，而雖黃口走卒，粗知廉恥，則莫不左睨右睥，嗤論而鄙笑之云. 途塗之說，雖不可盡信，而三傳之虎，孰能疑其言之誤毁耶. 所謂士夫之家仁聲義譽，茫不知何事，而以此凶惡不忍言之行，陋損一門之德，此何摸樣也. 又何風色歟. 往古來今，凡有彛性者，雖千彰萬賞，尙不可爲. 而況乃祖乃父忠孝相繼，而門閥名姓，甲乙於一鄕者乎. 古語曰，禍不單行，若此不已，則目見家祚絶，而人類滅矣. 豈其徒然偶然而已哉. 嗚呼，天覆地載，有兄有弟，人之常倫，而莫不知愛其親，莫不知敬其兄， 人之良知良能也. 胡爲吾高之門， 曾不知有秉彛之極天罔墜， 而作此變怪， 寧能高飛遠走， 不在人間耶. 此非但一家一門之禍孼，而其傷風敗俗者，亦古今邦國之大所欠闕也. 尙忍掛牙而言哉. 故自上洞門中，時爲立議，書以通告，其在小宗之位，百世樹風，旣所不能，而尙不和一代之雍睦，則名位安在哉．朝勸夕告，以知錢財常可得，兄弟不常有之大義，而今日改一事，明日遷一善，進進而爲善，兄弟義家門，則吾門豈不昌大乎．如有固執，則自大小門中，聲罪乃已輪照焉．

望月塾別同社諸君

兄如爺耶，若愛相親，少不等閒，日日新，雨夕霜晨，多服惱，玉顏金質養成，眞一心支柱無難事，十面埋兵，亦出身．莫或陷爲浮浪，自仁門義路，固其人

孫兒 永敞 開見

見汝書ᄒᆞ니 心甚紆鬱이라 爲先茱毒藥 若干을 付送ᄒᆞ니 每日空心에 한자밤식 溫水에 呑下ᄒᆞ되 夜間就寢時에 亦呑下하여라 그러면 茱毒藥一劑를 求得ᄒᆞ여시니 後空日에 夢灘里로 作丸付送할터이니 勿爲過念ᄒᆞ고 安心服藥하여라 金貳千圓을 基錫便 付送하니 領收하여라

庚子 陰 八月 八日 祖父 志山 寄

爲先猪肉羹을 限三器을 추부룩 服之爲好

孫兒 永敞 開見

고대하든 차에 너의 편지를 바다보니 마음이 깁부다 고열 훌련에 엇지 고생하였느냐 조부는 몸편고 너의 부모도 몸 편하고 도생들도 충실하고 집안이 무고하니 안심하여라 그리고 금연 농사는 전답간

에 잘 대엿다. 절대 가정사는 다 이저버리고 아무쪼록 몸조심하여 도라오기 바란다. 쎹으로 몸건강을 바라면 배치바드면 편지하여라

陰 八月 二十一日 付

孫兒 永敞 開見

基錫이 來에 得聞汝之消息하니 近無出張一事而閑暇無故云하니 是雖私幸而固非執務者之行事也라 其何然也오 所奇金錢은 萬圓金을 基錫便 付送하니 着實領收을 是囑이라 那有一審上來耶아 幸有暇隙而來則 自炊之事을 緊實經營完定焉하라 餘在面囑키로 不一一하노라

庚子 陰 十月 一日 祖父 志山 寄

孫兒 永敞 開見

發書後一夜間에 雪如山積하니 咫尺千里에 交通이 杜絶이라 通行距離 三數里에 能無事出勤耶아 凍風氷水에 淅米自炊가 其苦如何오 豫備燃料하야 得免冷突耶아 此皆閱世風霜之一種工夫也매 固我心志之十金樂石耳니 莫謂無所得而等閒放過하고 隨機應變而勤務勇往 則平坦大路가 當前不遠이니 臨時困苦를 何足掛念耶아 天時陽生하니 人事豈無心耶아 以此邁進則 自有上司者之感應報答이리라 客地生活은 保健爲上이니 小有不便則勿惜藥代하고 小戒者난 酒邊色上이니 雖英雄이라도 一墮其堀則 不能躍出하나니 愼之愼之어다 家庭은 僅保無故하니 不必關心而如欲週間未往 則冰路危險하니 汽車從便하여라 萬變一心은 汝素聞知矣니 餘不多囑하노라

庚子 十一月 日 祖 志山 寄

孫兒 永敞 開見

見汝書하니 俱悉其間事情이라 所托金錢은 七千圜을 債得하여 林鍾聲便 付送하니 着實領收하야 債處償還하고 自後謹愼節約하야 無至濫費를 至囑이라 量入爲出은 汝素聞知니 無收入用債하고 如何得辦耶아 更無如此通知가 至好耳라. 家庭事는 僅過하니 勿深憂慮하고 善保易面을 至企耳라 餘不多囑이라

辛丑 陰五月二十七日 祖父 志山 寄

孫兒 永敞 開見

懸念中十二月七日에 得見汝書하니 仍知軍務上 客地狀況耳라 所示金錢은 貨五百八十円을 郵便付送하니 依數考捧하고 後亦有緊急則更書示하여라 木浦洋服代金 三萬二千円은 半額은 報上하고 半額은 明年延期하엿다 林氏의게 所托한 依家事申請은 卽時汝父를 下木시켜 林氏를 訪問結果 出張中이라 不得見하고 張所長의게 片紙로 付托하엿스니 以此諒之하야 更書林氏 成功토록 하여라 家庭은 姑無見故하니 安心하고 營得休暇證하야 一次來往하여라

卽還示하여라

壬寅 十二月 十八日 祖 志山 寄

孫兒 永敞 開見

三陽이 廻泰하니 春氣藹然이라 天時如此하니 豈無人事好消息耶아 際此見書하니 仍知汝其間心況이라 汝所示件은 周旋할터이니 兵役服務確認證을 急得付送하여라 然이나 此亦彼亦不須多言하고 汝父痛脚

하고 汝母痛腰난 汝所知之라 今經極寒하야 日益痛甚而家事極難하니 以此意로 懇乞于上官하야 速得休暇徵而一次還家面叙를 是企라 但其間이라도 絶酒色愼言語하야 誠服于上官하고 和平于軍友하야 謹守此身하고 寬心而視其將來如何하라 萬事之成不成은 天也니 豈期必然乎아 餘在后續音키로 不一一

癸卯 二月 二十三日 祖 志山 寄

追而冊子난 未購矣라

孫兒 永敞 開見

南北千里에 見書如面이라 借人手幹事가 難得周詳하니 世情柰何오 曩時交付書類가 以面長確認証未備로 反戾되여 更爲具備하야 四月初四日에 又發送于該地하니 今日事를 亦或未知也라 寬心而見其來頭하라 休暇는 何其遲延耶아 五月中旬이면 汝先祖妣 忌日에 當到하여라 家庭은 僅遣이라 軍務嚴密中所戒者酒也니 銘心하여라 餘不一一이라

癸卯 四月 十八日 祖 志山 寄

孫兒 永敞 開見

汝之離家出發后一週日에 得見汝書하니 仍至無事히 倒着軍部矣라 千里如咫尺하니 欣喜何旣아 所示金額은 貸五百圜을 郵便付送하니 考捧焉하여라 餘在除隊還家키로 都不一一이라

癸卯 五月 十四日 祖 志山 寄

孫兒 永敞 開見

卽見汝書하니 以知汝心煩이라 然이나 謀事在人이오 成事在天이라

豈以傍人之作害로 認其事之不成乎아 都在汝之氣數如何耳라 然則寬心服務타가 成則可矣오 不然則滿期以外에 別無好道理하니 柰何오 家庭은 夏慮中僅遣而長霖數月에 麥作이 大凶하니 田家生活이 難而支撑이라 以此知悉하고 忍之愼之하야 以保此身이 第一妙方이니 徐觀來頭하여라 餘萬은 心擾手荒키로 都不一一이라

癸卯 六月 十三日 祖 志山 寄

孫兒 永敞 開見

是何故耶아 六月晦日에 刻期付書하고 屈指而待호되 今七月十五日에 尙無迴音하니 或且魔戱沮於其間耶아 除隊不能則身樣이나 便宜視務타가 以待好機會可也 而軍務中有何事故而精神不及耶아 甚是憂慮라 大抵同栢之事果爲無用耶아 如不得則 盡心力哀乞于上官하야 最後防轉務가 是好而然無物不成이니 或有可能則 通奇하여라 家庭은 僅保命이라 然이나 此何世也오 三月以後長霖이 尙今不霽하야 麥作은 旣爲朽敗而良田草蕪하고 沃野沙汰하야 民情嗷嗷하고 時事紛紛이라 柰何오 恨恨이라 老精不穩하야 荒草不一하니 見書卽時詳悉迴示하야 以慰全家하라

癸卯 七月 十五日 祖 志山 寄

孫兒 永敞 開見

古語에 云하되 不經一事면 不長一智라 하니 事旣經而智不長則 是愚人也라 忍之愼之하야 徐待事成하애라 强硬書난 是妄發이니 何其粗率不愼耶아 更莫說此等言語하라 家庭은 凶年之事僅僅支遣이라 餘不一一

癸卯 八月 十四日 祖 志山 寄

孫兒 永敞 開見

現今世情이 疎薄하고 人心이 險惡하야 人無可信者하니 爲之奈何오 千忍萬愼하야 安心而視務호되 酒色을 謹避하고 言語를 愼重하야 上司의게 見愛하고 軍友의게 多情하야 以保此身타가 視其好便하여라 餘心擾不一一하니 速爲迴答하여라

癸卯 八月 二十六日 祖 志山 寄

孫兒 永敞 開見

十月 十五日에 得見汝書하니 憂心稍慰라 然이나 古語所云 得何足喜난 汝所聞知니 勿爲輕率見色하고 謹避酒席而身益持重하야 上下軍務에 勤謹服行타가 徐見來頭而好面還家하여라 家庭은 無故하니 勿甚掛慮而爲父母者난 未嘗頃刻而忘于壞하나니 況俱是病老乎아 見書卽答하야 以慰遠懷하라 多少縷縷난 留不具라

癸卯 十月 十九日 祖 志山 寄

孫兒 永敞 開見

天寒氷凍하니 服務何似오 悄悄心思暫不容弛라 際見汝書하니 憂喜交摯라 而況身上搔癢症이 尙未平復云하니 此非尋常之憂라 第一酒欲을 禁止하고 軍醫의게 無違하야 快治病根然後에 可矣니 決斷主義하여라 世上事去益艱險하니 明哲然後에 可以保此身이라 忍耐謹愼하야 上下內外에 毫不放心而謹勤服行타가 第待好機하라 家庭은 支遣而汝從兄永杓가 陰 十一月 二十日에 結婚于羅氏門하엿다 知悉焉하여라 且汝祖與父母俱是病老 而念甚鬱鬱하야 擡頭北天에 望眼欲穿하니 頻

頻通信하야 少慰此心하라 往事난 勿說而休暇在 陽三月 初旬云하니 屈指而待라 餘不一一

癸卯 陰 十一月 三十日 祖 志山 寄

孫兒 永敞 開見

卽見汝書하니 仍知 其間狀況이라 搔癢症이 尙未完治云하니 此非小小憂라 軍醫의게 善爲納交하야 快治病根이 是可니 切勿尋常思之하라 所示金額은 貨參百円을 郵便付送하니 考捧焉하라 家庭은 僅僅保命이라 現今時節이 紛紜하야 世情浮薄하고 人心惡化되여 穩守天心者 百無其一하니 上下內外服務에 愼勿一毫放心하고 克保此身而以待好還을 是企라 見書卽答하여라 餘不一一

陰 癸卯 十二月 十五日 祖 志山 寄

陽 三月 初旬頃을 屈指而待라

孫兒 永敞 開見

今見汝書하니 心事漠然이라 兩李不信은 挾雜輩常事니 誰可信也며 孰可用乎아 世間事 如此하니 奮發自力이 是好라 一切掛念하고 確固此心하며 忍耐此性하야 開拓前途外에 別無妙策이다 前書倉猝하야 問不及詳細矣라 身上 搔癢症이 今果何如而平復如常耶아 軍醫와 協議가 或可無好道理乎아 愚老推測은 大統領 新任后에 軍人에 對한 善仁政이 似有旨令이나 安得知必然乎아 然則處理軍務에 切勿一毫放心하고 動靜語默을 愼勿粗率 而善保此身타가 待月好機하라 一月一書하야 數數傳信而或有可能間隙則 亦得休暇耶아 家事는 形便難言이라 餘不一一

癸卯 十二月 十九日 祖 志山 寄

孫兒 永敞 開見

發書後 滿一月而尙今無答音하니 是何緣故也아 搔癢症未完治 而身氣不平也아 軍務煩惱而或置忘域也아 來書滯雪이 或有浮沈耶아 三百円付額이 或未達耶아 念念反此에 情思紆鬱하니 卽地答送하여라 餘不一一이라

家庭은 僅支遣이라

甲辰 二月 二十一日 祖 志山 寄

孫兒 永敞 開見

見汝書하니 如對汝面이라 左右軍務에 周密謹愼하고 雖有軍用酒라도 戒其過度하라 家庭姑無別故라 所示金額은 貨七百圓을 郵送하니 考捧焉하고 愼之節用하여라 餘只企除隊好還 不一一

甲辰 十月 二十九日 祖 志山 寄

孫兒 永敞 開見

今見汝書하니 仍知部隊更迭이라 入院治療后 身心快干耶아 手足運動과 耳目視聽을 愼勿放心하고 隊長의게 得其歡心하며 軍友의게 勿負信義하야 一出一入을 勿爲擅自輕率하라 家庭은 無他別故 而收耕已畢이나 但汝父母俱病衰하야 田家百役에 一監三痛하니 是悶이라 休暇不得하니 那待除隊還日耶아 此后난 雖倥偬奔忙中이라도 一月兩書하야 以慰遠懷을 是囑이라 餘不一一

甲辰 十一月 二日 祖 志山 寄

幾箇月后 除隊를 明白記送하라

孫兒 永做 開見

冬至陽生하니 春氣更復이라 此際遠書하니 人事胡不更新乎아 極寒軍務에 何以堪過오 下士進級은 好則好矣나 但知位尊之喜而不識謙恭自卑則 難可勝任이니 愼之어다 餘他勿說하고 速一日除隊好還하야 以安家庭이 第一跂望이니 念之어다 汝祖난 率下支遣 而香子結婚하고 永暉定婚이라 知悉焉 □□□□□□□□□□□(毁損됨)通知하야 以慰遠懷를 至囑이라 餘不一一하니 若有所懷커든 急奇하여라

甲辰 冬至後 三日 祖 志山 寄

孫兒 永做 開見

新年劈頭에 千里書到하니 完如春期拂面하야 喜不可形이라 但未知極寒軍務에 身氣或有不平耶아 酒난 伐性藥이니 雖軍用酒合歡席上이라도 毋或過度하라 過則失德이오 金錢은 生命也니 雖若干手當이라도 毋或浪費하고 節儉貯蓄하야 以備身邊將來緊隱하여라 兩心相照에 情實吐言하니 勿爲尋常看做하고 深深戒之하라 所示金額은 貸五百圜을 郵送하니 考捧焉하고 卽地廻音하여라 家庭은 僅遣이라 餘只企除還 不一一

乙巳 一月 六日 祖 志山 寄

권 6 논설서발기 論說序跋記

논 論

粲然復明於世論

論曰, 天地無獨運之氣, 而日月爲之迭曜, 人物無常存之數, 而盛衰仍之錯行, 隨其天地人物之氣數, 道亦因有興贊也. 然則, 興者, 氣之盛而明. 贊者, 氣之衰而暗. 暗暗明明, 明則暗, 終而復始, 貞則復元, 而萬古之治亂, 百王之興亡, 影響相隨矣. 何者斯道也. 上自伏犧首出, 以至堯舜三代, 周公孔子聖人代作, 司徒典樂, 而叙其彛倫, 庠序學校, 而明其道學, 七曜順度, 五徵時, 若天地以位, 人極以立, 此則氣運之盛, 而爲一大明之世. 孔子以後, 逮至戰國, 在上者, 非欽明之君, 而異端投隙. 在下者, 無集成之人, 而詖淫肆行, 塗生民之耳目. 膠學者之聞見, 不知道學爲何事, 彛倫爲何物, 專以智力, 相尙弱之肉强之食, 而爲一大暗之世. 幸何孟子作, 而得孔子之墜緖, 存其天理, 遏其人欲, 扶正斥邪, 尊華攘夷, 庶廻幾傾之斗軸矣. 及其沒, 而不得其傳焉. 則五季風兩, 極其否塞, 寥寥千載之卜, 始有濂溪周子, 闡微發奧, 繼之以程氏兩夫子然後, 斯道之明, 如日中天. 而又有朱夫子, 接踪彰明, 註六經之奧旨, 斷百家之不齊. 古者, 敎人之法, 聖賢經傳之旨, 粲然無遺漏矣. 此豈非所謂明則暗, 暗則明, 終而復始, 貞則復元之氣運盛衰乎. 嗚乎, 朱子以後, 寂寂無聞, 而反至吾東, 有若鄭圃隱先生一倡而起, 上有明王, 相承崇儒重道, 眷人材, 制禮作樂. 下有五賢, 靜退栗沙尤, 相繼而作, 講明經傳, 辨析義利, 重倫理, 尙名敎, 三代之治, 庶幾復覩, 此其吾道之又一大明也. 噫. 當今之世, 八荒之遠, 咫尺可及, 六洲之大, 一杭可通, 而六經之書, 四子之學，東漸西被，無遠不及，無夷不服，如有堯舜湯武之君，崇道儒，興學校，使東西民族家家而師孔子，人人而法朱子．甚高者，抑之．太弱者，强之．執其中正不偏之道，而因時勢人情以導之，則孰不曰有爲之時，而粲然復明者．豈不在玆乎．孟子曰，事半古之人，功必倍之．惟此時爲然．愚亦云爾耳．謹論

生死論

論曰，胡爲而生乎．天地儲精氣，合則生．得其正者，爲人．得其偏者，爲物．胡爲而死乎．陰陽無常，氣數有變，氣散則死．修身而俟之爲正命．桎梏而死者，非天命也．何修而盡生之道乎．大而倫綱，小而事物，各極其當然之則．則是天之命於我，而我之受於天者也．何居而得死之道乎．行乎仁，而明於義，得乎正，而潔其歸，則是盡其在我之道，而不負於天矣．嗚呼．生死者，古今定理．而生亦有辱於死，死亦有榮於生．盡其生者，幾人也．得其死者，幾人耶．故孔子曰，朝聞道夕死可矣．孟子曰，所欲有甚於生．所惡有甚於死．死亦難，生亦難，窮達榮辱，乃其餘事耳．謹論．

설 說

贈師友說贈道兄朴樂卿

竊聞師者, 師其道也. 友者, 友其德也. 從古天下有道之士, 有德之人, 未聞有無師而自淂者, 無友而自成者. 必也師之友之, 而講明切磋然後, 道有的傳, 而德就大成矣. 是故, 以孔子之天縱, 而尙憂學之不講, 而有問禮之事. 以孟子之浩然, 而猶恐德之不至, 而有不挾之訓. 況於數千載之下, 人物不古, 道學不明, 而氣質不能不駁, 物欲不能無蔽, 而其窮蔀私室, 自主臆度, 而有能確立實見者乎. 雖曲藝賤技, 皆可有師有友, 而況學問而講其三綱之義論, 其五常之道之地乎. 大抵, 甘爲人下, 而不曰如之何, 如之何者. 雖聖師賢友, 莫可化之. 而此夫子所謂, 下愚之不移也. 其曰人皆可以爲堯舜云爾, 則凡吾同胞者, 初無可遺可棄之人, 而教則教之, 而可以矯枉爲直. 友則友之, 而可以變愚爲智也. 此豈無用之辯哉. 竊今以余觀兄, 則石玉其間. 以兄觀余, 則賢愚其分矣. 生幸幷世, 居幸隣壤, 情義旣孚, 而有可教之. 漸書問親切而有可友之道, 自心警之曰, 人生於齊, 雖不教其言, 自齊. 蓬生於麻, 雖不扶, 其直如麻. 今余隣於芳隣, 其向背之門路, 進就之階梯, 不啻若不扶不教之爲喩, 而吾兄將大有爲於我云矣. 盖欲之則至何求於人, 而閑習者, 固不如式瞻其儀形. 諷誦者, 固不如親承其音旨. 索居窮峽, 無才質無聞見者. 雖粗知分美醜, 辨香臭, 而安淂純熟之深造. 而妄劣之不作耶. 北海之魚, 淂變化然後, 有成龍之日. 南山之木, 受準繩然後, 有成材之時. 望須道兄以若公平心氣容此賤生, 而教導之. 不如茶飯人, 則此身光明, 奚但渒茅之上屋也哉. 以俟廻示之如何耳.

勉生徒立課說

蓋天道無息, 人事無間, 故易曰, 君子終日乾乾. 湯銘曰, 日新又新. 後生初學, 常懷惕厲, 逐日敬事, 所以則天之明, 仰聖之模者也. 然則學非偶然而成, 徒爾而淂, 勤勞而後, 庶見道學之根源. 踐實而後, 方知義利之精微也. 吾與二三子. 每日勸課, 豈不以是也耶. 思之愼, 則古人之事行, 今世之變遷, 孰非吾所工之指南. 問之審, 則日用之事物, 眼前之色態, 孰非吾所習之資料乎. 行一事, 而察其善惡之幾微, 見一物, 而思其取用之端緖. 如鳥之數飛, 如玉之雕琢, 則異日成就, 不在人後矣. 勉之哉.

서 序

贈丁京燁丁永述序

人倫之中，朋友與居其一．古人所以爲重，而友必知己，取必端人者，誠以此也．何者，玉雖美而不有琢，則器固不成矣．人雖智而不有學，則道必不知，而爲學之道，亦未有不須友而成者矣．是以自大者未爲大，自多者未爲多，而必待切磋琢磨，而有以善責之者，忠告善道，而有以德輔之者，然後所資爲甚大，所益爲甚多，而學至於博道，有其的矣．歲丁未秋，二君以取友之道，惠然資余．余辭然不敢當曰“虛牝無聞，將何堪爲已”而曰　君非求益於我，我是取益於君，胡不實然有不亦樂之意乎　繼此以往，昕夕相勸，時日相資，其志也固，其學也浹而固．其從容之樂，優柔之意．夫孰非相長之有益．經傳之論，德業之修，何處非相求之有助也．嗟夫．日月幾何．造物如爲我猜，而歲聿暮矣．以歸寧之意，來裝告余．余不可無一言．故臨難胡述數行而勸之，曰靡不有初，鮮克有終．生世人情之通患也．持守其先者，鮮有不放縱於其後．黽勉今日者，鮮有不荒散於異時也．願君等勵志猛省，不以勢故，而隨業不以浮訛，而務心自嚴於日用動靜之間，而誠審於黃卷中，則孔孟如在座，程朱如侍側，而自有優師矣．其或一步不至，則徒勞千里之行，毫末有差，則可惜泰山之成，歸而求之．幸不費此言，而進進不已，則余亦歆心同歸，自得相悅之私矣．二君其勉之哉

贈丁德燁朴顯章序

夫天之有常道，如人之有常理．爲學之道，固不可奇異而駭世俗也．人生

于世, 果誰有不識父子·君臣·夫婦·兄弟天倫之常者乎. 誰亦有不知夏葛冬裘·日耕夜讀人事之常者乎. 此皆不難乎日用事物之間, 而安敢外此而求學哉. 然歷閱古今以耕讀稱善者. 惟董召南以外, 別無聞焉. 而其曰嗟哉, 莫與儔云爾, 則其爲道誠難矣. 丁未秋, 余以三敎塾從逍遙乎溪山水石. 二君捨耕而從之, 講磨一二句. 見其苦心血誠儔者無人, 而賢人君子倫紀之談, 又極力致知, 而從行如茶飯. 所謂事物常然之道, 顧不在玆乎. 長往此樂, 曾不知日之將暮, 年之將逝矣. 旣而羊胛光陰駒隙忽催, 臨行贅贈一言而勉之, 曰常須夙興夜寐, 勤謹揚勵, 內隨嚴君之誡, 而致業於耕讀外, 聽師友之道, 寸而精察於敬怠, 則天人常然之理, 顯然無僞矣. 以是勉勉而登登君子之域, 則此非今日之望乎. 如或厭常而好怪, 捨舊而圖新, 則孟子所云奕秋之技未成, 而鴻鵠之念已動者也. 不幾於猖狂自資乎. 念之念之, 不鄙以路上人之說, 則幸幸耳. 二君歸而求之歟

贈尹兄樂卿序

盖常聞之, 女必從夫, 而未必人人盡從夫. 玉出崑山, 而未必山山盡出玉. 執此以觀, 則可以知人之獨得物之獨擅矣. 豈獨女之於夫, 玉之於山有是哉. 見今玉洞之地, 山岳垂奇, 江水呈麗, 儘是佳山麗水. 此地盡頭而忠孝名節·禮義文章, 綿綿然不絕. 可謂吾南獨擅一區矣. 雖然, 安有家家而忠孝, 人人而禮義之名乎. 其間必有獨得之者矣, 余尹兄樂卿, 世居此土. 內承家庭之嚴, 外交士友之賢. 以砥礪名節·溫潤德業, 含蓄乎一身. 而猶恐其質之不鍊, 志之不成, 大來基本, 其爲如何哉. 丙午早春, 過我於晩香寓舍. 見其氣像偉然, 言論高尙. 苟非草草功利輩之爲譬矣. 翻然掭執, 曰世有斯人歟. 居不甚相左, 地不甚相遠, 而如非此地一面, 倘或作隔世之人. 而顧如賤漢, 又幾失一益也. 所謂獨得者, 子眞是耶. 自今

而往，間日歷叩，通夕對床，聲氣相應，討論相資．所謂染如丹柒，不惟古言，而交如淡水．旣見君子矣．兩書通情，固知志氣之相率一寸許心，且何甘苦之可間哉．嗟呼．孰知金石之契，奄于今日，屬於白露蒼葭乎．臨別胡草此，豈文也而以付古人源源之意．未知從此以後，因緣周繆，或不視若塗途之人，而果有班荊之樂乎

留趙友炳佑星岩山中小序

余從翰墨，經歷今世人物，不爲不多．而其志潔氣高，不至若小．人之硜硜然者．聚無其人矣．歲丙辰秋，趙君炳遇不鄙余無似結社，於星岩山中．而目其志與氣局，飄飄若淩霄之鳳，飢而不啄，皎皎如藏淵之珠，涅而不染．如有知瑞求寶之．君子則安肯同車一轂，而大有爲於所來矣．於肉眼亦不無歆嘆．故臨離畧迹數行文，以付古人勸善之義矣．繼以詩曰，涓涓晦夜世，始得一人看，廉隅不啄鳳，氣像披荊蘭，能謙損失小，自負就成難，莫作管寧席，沿波可助瀾

贈柳君成根別序

夫鑑地者，爲其淂泉．學問者，爲其求道．然泉在地，而鑑然後得．道在書，而學然後知．欲泉之淂者，先須施鑑地之功．欲道之求者，先要資學問之力　如曰捨學問而求其道，則是無異於鑑地不爲，而先欲其泉也．如何可得耶．古人云，志道而發登天之嘆者，非知道者也．豈欺我哉．道固非奇奇玄玄，高遠難行．這物在於日用常行，而人自不察．父子君臣惟其常也．出入起居，惟其時也．必須學問精察，以是求之，而知其在我者．

行其在我者，是爲道也．是以，古者，聖賢之行此．道也，不外乎指掌之間，而萬事之機會明，不出乎閨門之內．而天下之經綸者，則初非爲賢且智而有餘，爲愚不肖而不足也．自近而遠，自卑而高，漸進不已，則人皆可能至於道矣．嗚呼，世降俗漓，邪正難辨，師友道表，其將人而敷華而夷．于今之日，柳君以一箱書，訪我於龍淵少舍．見其天性謹厚，志操堅烈，有疑則必問之功，有得則必思之深，而淸爽花朝，從容月夕，勤勤不怠．可謂志道篤察，而着力於學問者矣．然余塹無而有應，而但恨鈍匠之不鍊其金，而亦不無欽償．故臨離，畧草言數，以寓古人勸善之義．願君幸勿負此言耶

送李昌憲歸路上序

桂林之木，雖貴於材，而不受準繩，則材無所施．瑚璉之玉，雖重於器，而不加琢磨，則器無所用．君子雖有才質之美，而不資學問，則莫能見重於世，明矣．是歲仲春．余以數三村秀，屏伏龍淵書塾，自爲消遣．昌憲以十七歲總角，箱魯論而來，請益焉．自塹鹵莽無足可師於人，而以斯意來，故斯受之．觀其志意嘉尚，行止有則，知其爲德行家子弟．而問其閥閱，則默隱悔尤公，卽沙尤兩先生門人．而淵源故家之裔也．更重戀仰，而昕夕勸奬．其勤苦咀嚼，素所做去．又善於筆，龍眠虎伏，可知渤海之魚，將變化於風雲矣．凡七朔于玆，束書告歸．乃一言以申之，曰士君子寂所患者，專恃才氣而輕浮，躁身所重者，本於德業，而愼厚舒泰也．歸而求之於心．願勿以銳氣過於原德，則不患乎桂林瑚璉之難成，其大來而家聲益昌矣．勉施焉．

贈趙志遠序

余以疎漏之資，稟性迂濶，見忤時俗輩，而勢不苟合．遂寄跡於山水間，優遊倘佯，今有年所矣．歲已未冬，被趙志遠邀余爲數月之計．知我者，以我爲歛跡求志，而不知我者，反以我爲譏笑之資．然所謂識字飾躬者，安得以人之一毁一譽，而爲之心哉．觀夫今日，四面屛塞，無一非鴂舌言動，而間設一室，以爲講道之場．雖欲深造乎格致誠正，苟非愼獨大君子，則豈能容易振拔乎．志遠，初學之士也．儀範淸雅，趨向瑞的，而但心志未有確立，多惑於見聞所及，而恐隘於蹄跡之臼矣．余有懼焉．臨離，呼一絶而贈之，深識之焉．

別魯汝興安重兩君序

天地一巨爐，造化一大冶．人是鑪中之一良金，而由其鍛鍊鑄鎔，各其成器者也．然則其方圓長短之形，有萬不齊．所鑄之妙，則莫不均調．而不爲方者加，而圓者損，長者利，而短者鈍．是則造化之妙，元無私厚．而人於聖人，淸濁粹駁之氣稟各不同，而性善之理，則莫不均賦，本無彼我之別者也．以是推之，則覆載之間，有性命血肉而具，是理氣者，擧其蔽處懞瞢者，而斷之曰，吾於聖人，性本有差別，雖極千萬死力，絶不可入聖人之道云爾，則豈不爲聖人之罪人，而亦不爲上天之所棄乎．嗟乎，余亦造化中一軀殼，稟氣雖粗駁，而天命健順之理，則應不下於古人一分子耳．然而自八歲遊學，遷延四十年，卒無一知覺，稍似乎古人者，其故何哉．平時臆度認以性分之受，元有等科，而知愚與賢，不肖定分區宇矣．一朝恍然自覺，則匪降衷之天有薄於吾，而在我之誠，獨不及於古人，萬萬矣．誠有自强之力，則何患乎道學之不能深造，聖域之不得實踐乎．復喟而嘆曰, 人之受天, 渾同理一, 而其受病有二, 一則血氣之病, 一則心志之病. 血氣之病在外, 心志之病在內, 在外者, 隨其風濕寒熱, 而治之權在人. 在內者, 察其懶惕貧慾, 而投藥權在我矣. 而今, 吾之無似於古人者, 只失在我之權, 而不知以勤信勇廉之藥, 治其蔽處, 而淸我本心之源也. 蘊此而言未吐者, 方有年矣. 在庚申春. 被魯君汝興邀, 余與其族人安重甫, 稍定結社之好, 而花朝唱咏, 槐夏論述, 勤勤懇懇, 符合之契, 完如魚水相親, 其氣像之美, 才藝之敏, 勝於凡常倍蓰. 而但所患者, 篤實之不足耳. 且異色横說, 喧鬧日盛, 將使仁田就蕪, 而義之種萌芽不長. 恐其信道不篤, 而蟲惑亂眞, 則涓涓之禍, 必也滔天. 乃而已將歸咎於賦予之天矣. 故臨別, 書此而贈之. 兩君其鑒此言而勉之哉.

贈盤谷諸生別序

盤谷, 吾先人之外鄕也. 余妙年遊學時, 飯一綱書一袱, 逐竹坡若而兄, 而多蒙警勵計, 已二十祀前昔事也. 是歲二月吉日炳日炳記, 陽來君邀余資益. 一同諸生摠四十餘五, 皆是曩年所從遊之子若侄與門秀才, 而鄭君, 則尤吾姓之外孫也. 面面溫粹, 無非雲盤轉玉, 月谷浮金, 而根基甚好. 乃知斯地之名不虛淂. 而又是若而兄之多所陶鎔也. 顧今世降新潮沈陸, 異言樹黨, 外學立門, 所講吾道, 四分五裂, 而存在幾希者, 不啻若孤軍之於强敵, 其勢不可當也. 苟非舍死向前之勇, 則終無以見克亂麾旌之日. 諸君皆以拔俗之才, 樹立有望. 雖金可銷, 石亦泐. 而此心莫渝. 山不老, 水尙存, 而此志長迬, 一碩之果, 不爲群陰所剝, 則陽春消息, 豈不在邇耶. 余以懶散無聞, 未能仰助誠意之萬一, 而若終蒙不鄙肯置之於坊偲之末, 而以善言相告, 則亦樂聞而效其遇. 諸君乎將記之否. 畧具蕪辭以贈臨發之情. 賡以絶句曰: “名谷許人久淹留, 森松幽栢婁千秋,願如松栢心長在，砥石胡爲風浪流.” 丙寅六月晦.

戊戌譜序

盖分則有合，合則有分. 通古今，人族之的然理勢也. 吾族之爲譜，凡幾度矣. 昔自戊子，家乘以後，至辛亥續修也. 以立論圭角，宗中兩家，遂爲分裂，而伊來百餘年. 親親之誼，愈久愈疎，可勝歎哉. 古語云，雖百代而至親，況吾序系越緦服未幾乎. 何幸甲申春，門議春廻宗仲季三派，宗案編成，逮至庚寅，大同合譜而叙，誼講睦然，後天秩之義，油然而生，敦化歸正. 噫，吾祖宗之靈，默佑於冥冥之中，融合一根，萬葉而共享春澤耶. 抑因世機變遷，固執性稍解，而更流太初元氣耶. 始信吾門之慶福無窮於將來矣. 余以管見淂參於大同譜役，非不欲吾派一人一家之團合無漏. 而或有汨於窮困而負戴離鄕者，或有罹於禍患而驅於風潮者，未能得盡擧而收之. 是可憾已，然則距戊辰派譜，一世紀之戊戌. 今日而世鬧小熄，一香收族，不可緩也. 顧古今天地板蕩，六洲盪沸，狂流頹波，汎沒大陸. 家惑邪誕，人膠妖妄. 所謂吾倫理之道，掃地而盡. 渙散人心，將不知父父子子，而況復有識其上溯祖先世代，而下逑子孫之昭穆繼承乎. 肆於客冬，譜議齊發，規模節次，不必損益. 而但依舊例合松雪亭以下子孫而成編，亦不知抱拾無遺漏者矣. 此誠分而合者，理固然矣. 合而分者，勢亦其然也. 有何矛盾圓方之可論於其間哉. 及其成也，族弟在弘在哲謂余有聞於此事，故敢爲序之，以勸吾族之益益敦睦焉.

號譜序

盖號之稱，舊矣. 秦漢以上，不可考. 自唐宋以來，上下千載，大賢碩德，文章詩家，莫不有號．而逮在我東，朝野隱顯・名儒大家及山林屈志・江湖遁跡者，皆得以號呼．明其義安在，此必於尊尊・貴貴・賢賢・友友之地，稱道其人，而名之字之，則殊非敬重之道故也．然號之說，有三種道理．師以命之而勉其勵志篤行．友以敬之而勸其進德修業．又有自取安於志．而仍其地名，用其物，名各適其意趣．然則人之所以用於號者，其以德以行以志以節而事業之進行，踐履之眞實．卽此而形容其彷彿焉．此實學問之一表，卒行藏之一關鍵也．故執史筆者，必註之于書．著事功者，必揭之于籍．國之乘家之牒，傳之無替，而後世有述焉．豈膚薄淺澁之所爲用哉．古語云，十室之邑，豈無忠信．我綿城一斗之地，雖僻在海陬，自有郡以後數百載，達士林賢，何限古今．而其餘措紳・故族，守義尙節，懷寶不市之士，在在林林耳．顧今西咻北吼，甚於秦火．綱頹倫沒，天壤易處．不惟一部春秋，無地可尋隨，而賢人偉蹟，潛藏散落，無據可證．是爲有志者之呑恨，久矣．吾友顯豊氏，當仁不讓之士也．平生感慨世道是憂，乃與郡章甫詢議，搜各家文獻載籍，採取聞號，實地庸付外史之義，而譜而輯之，圖其不朽來世．此豈非吾郡之一汗青歟．編既成，將付剞劂氏，勸余一言以弁之，重違其請，不顧微蔑，妄書此而塵穢之．

발 跋

靜齋遺稿跋

文豈多乎哉. 多不能盡精. 詩豈煩乎哉. 煩不能純美. 文也者, 載乎道, 而精其理. 詩也者, 順乎情, 而美其詞. 然後, 乃可以言詩與文矣. 故靜齋居士朴樂卿氏, 務安巨族. 自幼穎悟, 志如老成. 及長, 遊於松沙日新之門, 而得聞爲學, 大方志趣正大, 操履端確, 許以陬海巨擘. 不幸而遽作修文郞. 嗚呼, 天假之以年, 則其進就, 曷有量哉. 所謂可傳者, 凡文與詩若干編, 不過數百言, 而義理精粹, 詞旨通暢, 可謂徵之百世. 而但恨桂林珠樹, 不及棟樑, 而早被斧斤耳. 今弟駟相氏, 懼其泯沒. 葺成一冊, 將付棗梨. 屬余置一言于編末. 噫, 逝而有傳, 猶愈於在鉉者之老而無聞矣. 愧此鹵拙, 不拘僭妄, 畧述數行以書平日相知之情焉.

金蘭書帖跋

古筆帖, 吾先祖藥齋先生之生平, 困瘁吉慶, 迭相慰賀往復者. 畧百餘札編成一卷, 名以金蘭而遺我後昆者也. 閱其健筆雄詞, 無非當時名公巨卿碩德君子之遺墨. 則此豈非吾傳世之寶耶. 先生之沒, 已三百餘年. 尙未得脫巾衍, 而十二代孫在弘懼其湮沒, 慨然與在祿參謀殫誠, 以付剞劂氏. 嗚呼, 晩矣. 以先生之卓節名德, 趁未得蒙褒者. 以子孫之零替故耳. 眞可寒心者, 此也夫.

後孫 在鉉 謹識

기 記

丙午二月至金洞書齋便記

是日也，在於家庭，力治圃田，而移藥草之苗矣．忽有歷訪者，卽朴斯文春卿也．客於夾室，午飯後，爲語曰，爲子邀師焉，是爲人父者之當然事也．於爲子之事儘是重且大，而不可猥然坐覔故來矣．任子之意何如．余應之曰，大抵人生於世非學問，無以爲人．人而有教子弟而後，可以知君父大綱，而免於禽獸之域矣．彼不知教子弟者，是皆忘君父之重者也．其於爲人之道，專然無愧乎．是故，孔子曰，長者不教，少者無知座下．今日之來，實是遵先聖裕後之言，而於君親倫紀，講之熟知之明矣．深賀．今世界初見聞底事也．然凡爲人師者，有德行之可及於人者而後，可以無愧天作人之心，而庶免於孟子患爲人師之戒矣．今自顧年少蔑裂於凡百事業，無一安習者，而有何餘波之可及於人者耶．已而見其威儀珍重，言語不俗，飄飄若世外人物，而苟非叔季出沒之客也．辭之不淂，束裝登路，春色玲瓏，日氣和暢，敍柳光風，長帝乾道，不息之理，四澤流水，稍知農計，有餘之意矣．方過月岩，要看山氣之粹麗．忽登鶴橋，追感石手之奇巧矣．淸水原下，利涉一川，比至金谷，日將暮矣．

志山自記

山其移乎，載於大陸者，莫重乎山，地軸不折，則雖閱千惕，而山固自如矣．志其變乎，主于一生者，莫大乎志，人命在存，則雖經百難，而志得堅固矣．余以志山自號者，匪隱於山，採於山，冥搜孤迬，而志於獨善其身也. 幼以親命七歲入學, 聽文字志業之誡, 誓山立志, 不以山彼志, 我而輕重間視也. 噫, 今賤年六十九矣. 其間變亂風雨, 東翻西覂, 顚倒人事, 危在毫芒, 憂苦荊棘, 朝湮暮塞, 轉乎溝壑, 目前卽事, 而此志已不渝, 志則庶幾報上其萬一, 而命道騫舛, 老窮事業, 一無錙銖, 可齒於人者. 是辜負於冥冥之中矣. 仍書以爲草幕之記. 癸巳, 九月日

湖隱記

道之不行, 久矣. 山野之深, 江湖之遠, 自古善人君子, 晦藏道德, 隱居行義者, 在在有之. 淝水董隱, 莘野伊耕, 皆有以也. 上有引之, 則皆足以發展經綸, 有爲當世也, 必矣. 訥島綿之南端一小陬也, 四通江湖, 洞天開豁, 人家櫛比, 連庄百餘, 舟杭難尋, 世塵不到, 可謂武陵仙界, 別有人間. 居士世隱此地, 以訥言敏行, 孝於父母, 友于兄弟, 又善於隣, 保饑散儲藏, 產卹米藿, 婚助資粧. 一生所事, 惟以慈善施惠. 而春江烟雨, 秋湖霜月, 或以釣, 或以觴, 自適我天, 而不求人, 知取湖楣隱, 盖以是歟. 櫝中藏玉, 泥中埋金, 如遇良工慧眼, 則售於世也. 不可量而世降俗卑, 卒不得其志. 吁, 亦恨矣. 島中諸君子, 感其德惠. 至於勒石記蹟, 而誦之德之, 入人深者, 爲如何哉. 日故人崔漢佑氏, 過余朗誦其懿行美蹟一遍, 而勸余置一言以彰之, 辭不獲已, 畧述所聞以表古人千里相照之綣曲. 居士爲誰, 尹姓, 柱逸其名, 南巨族.

小川記

天下之明山佳川, 何限其數, 而深谷遠海, 不能自佳自明也. 必待賢人君子杖屐之顧眄之, 而乃淂成好山水之名矣. 寶山綿州一小明山也, 其西迴

頭三里許, 一熨柄之秀, 平鋪鎭海, 側有一小川, 從寶山來, 環弓而流, 卽朴君學柱世居之地平山也. 其王大父敏齋先生, 枕山籍水, 就稜高淸淨處, 而別築講舍, 以終晩年德業, 然後林壑增光, 水石弄彩. 平山之名, 始彰於南方一帶矣. 日君過不佞, 而請謁其號. 余素愛其志尙也. 重其請而題曰, 小川以其源, 源事行如川流之不息, 而能世其家矣. 噫, 山之平而名俊於峻岳, 川之小而流達於大海. 夫士君子隱居約行, 篤實好義, 則雖不見當時赫赫之名聲, 其潤然漸漬之化, 將不波及於生民後世耶. 君之素性, 酷好斯文, 益淸其學之仁源, 修其行之玉潤, 則涓涓小川之水, 終能成江海之大事業, 而庶有光於先生之德矣. 余雖晩暮春日乘暖, 一藜布韈, 西遊臨川, 掬一勺餘淸, 而滌去塵埃, 甚所願也, 學柱乎勉旃.

三乎堂記

凡乎之爲義, 三矣. 一焉則曰疑辭也, 二焉則曰問辭也, 三焉則曰斷辭也. 今三之乎, 疑耶問耶斷耶. 孔夫子平日詳說道德之根柢方向, 開導十萬世歲, 後來以三乎字, 昭揭于論語七篇之首, 而斷言明白, 使後之學者, 快作其門路基地. 豈容其疑也問也之可論也耶. 吾黨朴馹相氏, 河西高弟. 竹軒先生之後, 而樂善好古, 志尙不苟之士也. 庄占於平林山一幅窈窕之區, 而題堂楣曰三乎, 其意有在矣. 目今倫綱絶矣, 道學蔑矣. 於聖人之書, 孜孜不息習之. 於身行之, 於事吾之說, 手擧世滔滔人, 皆夷獸矣. 聞己之學有餘, 而有自遠而來, 則惓惓相與同歸于善. 吾之樂乎, 旣不能有爲, 於世獨善其身矣. 人雖不知而毁之非之, 亹亹自得, 少不憾慍. 吾之心乎, 常以三者, 斷確自信, 長往不渝. 而其簷宇眺望, 花木瀟洒, 泉石之勝, 烟雲之奇, 是餘事耳. 然則主人不以時代風潮易其志. 而曾子之三在, 子思之三謂, 循循乎次第工夫也. 夫子所謂, 君子乎. 在鉉童丱相知，白首深交，自不可默視，而且族叔光淳氏，介而文之．直擧其家而記之．然乎，不然乎．

檀紀四千二百八十四，辛卯十一月，在鉉記

松溪記

山之陰松一溪，卽處士高翁明鎭閑適之所也．膽其左則鶴山粹麗亘九里，而縈廻有千古不渝之像，而森松密立．俯其右則錦江浩湲呑四湖，而慢流有萬斛含容之量，而千溪湊合．翁之亭，此而沿溪，栽松自以爲号，其意取諸斯歟．余以一布衣，偶過別墅．時適木落後，潦水盡之九月秋也．碧苔小逕，仙痕完然，白茅短簷，鶴骨飄然．惟松風溪月，泠泠澹澹，令人有羽化之想．乃就宿，動止毅如，氣度寬洪，慓以御家，和以接人．方知義之取有素，而号之稱情焉．仍以兩少年出拜，而示之曰，此吾兩孫東柱官柱也．年今十四五，粗涉文字，一講中庸，一講孟子．願君賜敎焉．觀其容貌端雅，語言琅琅快快，有乃祖之風．固辭不得，遂授之．見今楚咻四面，喜得聞魯城下絃誦，凡四晦朔而歲將除，臨發，擧其實而記之．

朗月齋記

齋於朗月山，以朗月名者．我先祖寧州公及其重孫通禮公配淑夫人若堂之齋也．齋之始構，不過一茅，亦孔之庳庯，是爲恨．蓋有年，所幸於戊寅之春，諸族相與謂曰，我朗月齋之增制復建，不容少緩，豈緣人事之小小，差池而媕婀．乃爾各推節縮之貲，至合涓成海以之，而速工斤彼斧彼以之，而董役約之椓之不幾朔，齋樣飛革，一團朗月，出茅登瓦，百世芬芯，剩得其所．此正吾花樹一大顧其根蔕之時也．昔者不遑遑，於今日，非有數存於其間者耶. 然建齋者, 事也外也. 追慕者, 誠也內也. 不以外成其事, 遽徑爲足, 必內存其誠, 須更不放, 而後朗朗之月, 在於一片靈坮, 雖値風雨黑夜, 不蹉落於斁倫坑塹. 惟吾諸族盍相勉旃. 族大父濟明氏, 尸其莫京之役, 有以原唱委括, 命在鉉俾置一語於楣, 在鉉亦同其朗月, 而居綿山者也. 不敢以無文辭, 畧擧梗槩如右云. 歲己卯孟春, 下院後孫在鉉謹記.

又

天設靈區, 所以待賢碩也. 地不靈, 則賢人不取. 人非賢, 則雖有地而沒如也已. 謹按篔城南中古邑, 朗月山篔城之海濱名山, 吾先祖侍郎公以麗朝儒賢嘉, 遯于篔城流峙, 占據此山. 左則寧州公之墳塋, 右則通禮公配淑夫人金氏之墓也. 在中葉, 僅結一茅爲俎豆之所. 歲戊寅春, 族大父濟明氏, 廓謀鳩財, 諏工董役, 經之歷年, 復瓦於其傍, 凉榭燠室, 正正方方, 而軒架一變, 川陸有色. 嗚呼, 山本朗月而用之名齋者. 其義有在凡吾爲孫者, 登斯齋而瞻望春戀焉. 則山亦月, 齋亦月, 而先靈之陟降於斯, 似月之精魄雲仍之, 遍滿州郡如月之光線, 而齋月山月與天之月幷朗其光, 而雖有戰國風雨, 萬斯年恒是月耳. 豈非吾百世芬苾之爰, 得其所哉. 故曰, 天設人賢幷待對而永遠者矣. 歆落之日, 命在鉉畧記顚末, 在鉉亦蔓於綿山, 而同其朗月者也.

松岩記 金得胄

余從族叔光淳氏, 槪知其友金雅得胄之爲人, 不苟矣. 客冬偶着於望月旅舍, 見其風度暢快, 脫去塵埃, 志尚敦厚, 好行其德. 固非世間碌碌之所易. 及而知其爲軒軒丈夫也. 一日光淳氏以得胄之堂, 果喬松桀岩有助意, 紹介于余爲證松岩記. 余反而問曰, 浔胄之堂, 果喬松傑岩有助, 其風味者乎. 曰無有也. 然則害等閒於天下之奇花木珍物名, 而獨取偃蹇之松頑鈍之岩, 記其號, 且求爲之文, 而自好之癖也. 光淳氏默然. 余迺爾笑曰, 吾知得胄爲之意有在矣. 顧今霄壤易處冠履倒置之日, 人情淺薄, 所謂行世輩屈首於權門, 納諂於勢家, 黑夜乞哀, 白日倚勢者, 太半. 其人而有目者見之, 則唾罵其蠅營, 狗苟沒耻之行耳. 夫士君子隱處篤行, 窮經抱道, 而得志行于世, 則愛君澤民, 而與萬物同其榮. 如不得明時際遇, 則善身潔行, 與麋鹿魚鳥共忘其機, 而守志不渝如大冬風雪孤松特立, 養氣不挫如浩恸糜爛蹲岩突坐. 孟子所謂, 威武不能奪, 富貴不能滔. 此今日得胄堅確之思也, 然乎, 其不能然乎. 願質諸其心而驗之. 吾聞伏櫪之驥不忘騰空之馳, 斂翼之鵬常懷凌雲之起. 靜者動之母, 屈者伸之本也. 苐有好風勢, 好轉機, 則于斯時也. 一擧足而可以試此岩之氣, 一擧羽而可以伸此松之志矣. 吾雖老不及見, 得胄勉乎哉. 請書此而爲之記.

鶴隱記

夫士君子處世之義, 固非一道矣. 有不遇其時, 而晦光蹈跡, 劬行善身者. 有際遇聖明, 而立功行德, 愛君澤民者. 隱見之歸轍, 雖殊而出處之大義, 判然明矣. 聞居士天姿粹美, 持已恭謹, 對人溫和, 非孝悌不敢出一語, 非忠信不敢行一事. 凡聲色臭味之接, 無不反求諸靈坮, 而苟有絲毫之不安, 則驅一世譁之少不饒假. 精構一室, 扁以鶴隱. 惟以慈善濟恤爲畢生事業. 老七十於鶴野一隅, 而不取泆衍之利, 魚粱之味, 淡然於世華, 與樵老耕叟爲伍, 不出勢利榮慾場, 一步地如匪所存者, 綽乎有裕所守者, 確乎不拔則豈能若是. 廉其操, 潔其志, 而隱處行誼乎. 顧今 四海風潮, 浪翻波倒, 父不父, 子不子, 而惟利所在, 則釖刀不避, 滔滔沒入於夷戰之城. 噫, 至淡之味, 至素之行, 誰其識之. 儲中者, 見於外. 蘊櫝者, 必有價. 第是天朗河清, 則九皐歛翼之鶴, 必有聞于天之鳴聲. 吾且拭目而觀之矣. 語云欲識其人, 先視其友. 族叔光淳氏, 慷慨人也. 吾知取友必良善, 而感其紹介爲之記. 居士其誰, 完山名族李君文奎也.

愛栢堂記

夫士君子愛好人倫, 同得於性分之所固有, 不可論說至於外他. 花木之愛. 除閒草木而不爲風霜所變者, 則隨其心志之所在, 各適其宜. 陶處士之愛菊, 周先生之愛蓮, 固其趣也. 故徐公相台氏, 善身劬學, 志尙不苟之士也. 嘗隱處行誼, 於淸水山中簷宇, 四面無他長物焉. 見其環繞者, 惟有松栢之鬱蒼成林, 而淸凉灑落, 一塵不到耳. 因以自號其堂曰愛栢. 窮經篤行, 淡然於聲名榮利, 而遂養去八十光陰. 自古隱賢偉蹟, 無過於此也. 其族親輪鍾氏, 紹介于余爲徵其記, 而請以文之. 余亦素知公淸介堅操也, 畧撮其實, 而敢爲之說, 若夫流峙之勝, 雲物之奇, 特其應跡之餘事, 何足以有無於公之腦襟哉. 但使子孫遵守此栢之節, 而固根達枝, 則庶不負公生平所蓄之志矣.

癸卯晩秋, 志山山人 長興 高在鉉 謹記

竹坡記

蓋君子有號, 其來舊矣. 或仍地物, 使各得稱情焉. 而亦有分辨爲自裁之與人之錫也. 其自裁之者, 取所志若警戒及好樂之義. 人之錫者, 以勸勉與德業及行事之美矣. 然則綿之北楊之谷, 卽吾子先業所由隆之舊庄, 而子孫世守如日, 仍地則以棉以楊. 仍物則金之美玉之潤, 鳥之巧花之麗.

名物玠貴，不爲不多．而獨自取於竹者，其意有在矣．與吾相知三十年，于玆而見其執志堅確，處身淸苦，不以雌黃紛華，一或經管，於心築始種竹，以吾學自任，而圳琢用工，磋磨致精，瞻彼猗猗之菉，而脩我有斐之德，其挺然自立，可謂霜不老，雪不渝，而拔乎俗流之逐波浮沉矣．吾子之志，其以是歟．昔伊川贊明道曰，孰知斯名之稱情也．吾於竹坡亦云爾耳．

題農隱記後

右農隱翁之実事偉行，畏窩奇光衍，以若毁譽不苟少，正直闡揚備矣．菅窺筆舌，安敢贅說．而但感於瞻視，不能無所發．不啻胤子淳弘請惠言以付之．辭之不得，敢加一言焉．夫士君子處義，其道也，二日隱曰達．隱者何謂，守其義是也．達者何謂，行其道是也．然則隱與達道與義之間，君子之出處去就，盖有其以矣．孰謂進而達者獨行其義，退而隱者不知其道乎．朱夫子所謂一而二，二而一者，而少有異爲者．在於志之淂，不淂世之遇，不遇也．目今世變，日下百怪煽動，東閃西爍，二帝三王之大經，反謂之狹小．洙泗洛閩之正脉，還謂之陳腐，而禮樂講習之地，轉爲牧場．于今之日，取其所謂達，而名利上出沒，可乎．安其隱，而自求其志，可乎．不待辨說，而章章明矣．鄭丈長鉉氏，卽麗朝名臣鄭將軍諱地之后也．其見機識時，素所蓄積，而嘗搆一室於苧湖之濱，使子若孫爲春禮夏詩之所，而題楣曰農隱．翁之取隱揭號意，甚有在．余自齠齔聞之，熟仰之．素而抱宿願者，久矣．在戊午秋，捿息於翁之寓齋．見其操執正直，言語剛明，胸中涇渭，卓然有不可犯者．而軒軒如鳴鳳之在郊，果非泥溺農圃之比，而眞可謂需世良材，晦名偉人．余謂翁之隱於農，將應一變而爲隱於義矣．平日，知翁於形迹之間者，固皆淺淺之所見，而豈非所謂隱居守義者乎．不扶猥越，畧述顚委愚陋如在鉉者，庶不失之意也否

제문 祭文

祭淵齋先生文

永曆二百六十一年, 丁未四月日, 侍敎生長興高在鉉, 謹具數行文, 再拜哭告于淵齋先生靈几之前. 嗚呼, 先生任千百載道學之傳, 荷列聖朝遺托之重, 挺然一天姿特立於先正, 數百載之後, 道之壹鬱者, 使之明之. 學之夷淪者, 使之扶之. 而伊尹其志, 顏子其學, 以之輔君德, 以之覺斯民. 聞風者, 誠脤. 覿德者, 心醉. 顧余侍生尙不能一趂於軒屛之末, 粗聞爲已之萬一者. 但人非其人, 材非其材, 而兼生活冷淡, 居地僻隅故也. 常自心內警省, 曰皇天祚東氣之漓者, 醇判者合淸明之禀, 得以全付乎人. 而先生出焉, 雖羣吠魍魎之中, 道與俱生, 德與長存, 而後生晩學, 自有所依歸矣. 粤在丙午, 奄聞先生殉道之訃, 愕然揆地曰, 今焉已矣. 天降割于斯文, 何其酷耶. 安倣之痛, 豈不甚於十數年間, 薰灸者乎痛矣. 痛矣. 此生此恨, 山海俱長. 竊伏計先生平日所執者道理, 所辨者義利, 有邪說則期欲闢之, 有亂臣則期欲討之. 而丁此天地黑險人類, 赤滅之日, 熊熊正氣, 可辦討復, 而及其日暮途窮, 伸志未果, 視死如歸, 立辦熊魚. 嗚呼, 論其盛德大功, 雖能言之士, 固未能容喙其萬分, 而況余管窺小生, 豈敢以筆舌所能涸測. 但感慕所激, 未覺詞意之顚倒. 玆敢暴衷焉. 伏願先生肯其情, 而愛恤乎否. 嗚呼, 哀哉. 泉坮他年, 抑拧納摯於先生之門, 而庶幸蒙陽界座上春風之澤乎. 嗚呼, 痛哉.

尙饗

祭綿坡朴公文 水反里

嗚呼，今日何日，天地板蕩，華夷混淆，世與道交喪盡矣．人耶獸耶，莫測其面影，是耶非耶，莫柝其端倪．公以溫和之質，正大之操，落落於其間，不染不渝，而凡世間榮辱，一不以動其心．但好禮好學，在家庭則以孝友爲先，而律身簡嚴．在鄕黨則勤善戒惡，而使人敬服．南中人士以爲矜式焉．如幸知遇明時，則可以有爲，而使斯民見其偉績矣．然窮厄而不憫，隱遯而潔己，優遊於江湖之上．其樂綽綽，而壽考康寧，終享天年而逝．天之保佑仁人者，信不誣矣．鉉也魯鈍，生幸隣壤．早晩承誋誨，多所啓發，奄失老德，何所依仰．顧於愚衷，訝惑不禁者．天之命物，將爲有用也．金生而鍾成，玉出而磬鳴，君子起而世運休明．今旣然而來，空而爾而去，何也．不能無憾恨於穹蒼者也．嗚呼，已矣．尙饗．

祭靜齋居士朴公文

維崇禎，歲次五戊申，九月癸未年月十五日丁酉寅時．我靜齋朴兄以寢疾乘化于平林本第，越九日乙巳，葬于長承山麓．損弟長興高在鉉，具文執盃哭訣于靈所之前，曰嗚乎，吾兄性姿天縱，引出人望，淵源端的，德茅宏遠，近而師友之道．遠而義理之精，未嘗不廓然立工，而將以樹風於末俗之藝林，而可爲吾黨之巨擘矣．安知今日人事之大變，而遽至於斯耶．嗚乎，大者生有兩親，次者死無一男，一而絶門戶之可望，一而貽師友之通哀．而吾兄其眞瞑目而逝耶．痛矣，痛矣，往古來今，其或奪於氣數之衰，而夭札者，不爲不多，而孰甚於吾兄之迫切過情者乎．然 朱夫子曰，若人一生而不聞道，則雖壽生亦何爲，人而聞道，則生也不虛，死也不虛．嗟哉，吾兄穎悟於道，融會於理，無一毫之私意，容行於日用之間，執此一端倪而論之, 則可謂生順死安, 而且勝於無聞而皓首者矣. 然則百歲之下, 豈不有燦燦然立論者乎. 故畧叙平日常行者, 而暴訢萬古之情焉. 情義交孚, 言維及此, 尚或無憾此言, 於冥冥之中乎. 嗚乎, 可以揚父母, 可以學聖賢. 吾兄之志也. 可以質金石, 可以達事變, 吾兄之學也. 山水而漁樵, 朝暮而詩書, 吾兄之樂也. 靜坐而默然, 對人而諄然, 吾兄之工也. 八則守山林之踪, 出則哀世道之衰, 臨事而有勇, 處變而顧義, 吾兄之氣介事業也. 筆舌寓辭, 誠不敢枚擧喩之. 而且豈以小小之見者, 所能立談也哉. 嗚乎, 環顧一世, 知已如吾兄者, 無幾. 而常須勉余曰, 歲月如流, 文字無窮, 誓志勇力, 無爲時俗輩譏沮所奪, 而確立大來之基本, 可矣云. 今焉, 已矣. 今焉, 已矣. 心中春秋, 將誰與說話, 文字上疑訝, 將誰與論議. 暇日風浴, 將誰與寓樂. 世界患亂, 將誰與共憂. 工夫標程, 將有誰而指南. 道業可否, 將有誰而立準. 心裂臆塞, 難言難言, 雙淚滂滂, 江海俱竭, 九泉蕭蕭, 雲雨可慘. 嗚乎, 幽明死生, 想無二理, 精靈不昧, 將許吾心之可慟, 而報我以一言矣. 然耶否耶, 嗚乎, 已矣.

尙饗

상량문 上樑文

松巖齋重修上樑文

抗昏朝而諫廢，負當世之名望，謝公車而屛居，重泰山之志節．孝廉家法，忠貞世規．伏惟我芝峰先祖，光山名族，綿土遺賢．紹述先業，心明尙書公罔僕之春秋，學襲庭訓，膺服龜岩公一僮之淸白，亘數百祀，而風韻尙在．經四十年，而棟宇將傾，募良工而董督，大經營而綢密．仍舊材而重新，小規模而方正．於是，門墻憑憑，于彼簷角兀兀，齊供有所明薦歲一之苾芬，倫理敦舒，着衍麗億之孫子，林壑增光，嶽靈顧佑，聞其道而實踐．成牛溪之淵源洙邃，述素德而表記．宋進士之正筆明證，棖櫪更張，豈懼戰潮之搶，地塗盖不漏，無怕虐浪之滔天，成不日而告訖，照吉星而下臨，醴泉源長．藥齋公之氣節世襲，靈芝香遠．刑判尹之榮貴後仍，于拔濯而齋明，肅然精靈之陟降，必欽戒而敬式．巍乎衆小之瞻昂，面勢快豁，顔額維新，乃唱下俚，載?脩樑，兒郎偉抛樑東，瑞石烟雲一畵中，萬像森然皆呈態，滿天曙色日輪紅，兒郎偉抛樑西，寶山霽月入懷低，方塘半畝淡淡照，胸抱渾然道與齊，兒郎偉抛樑南，淵澄淑氣翠生嵐，鳶魚眞理洞然看．上下昭昭飛又潛．兒郎偉抛樑北，坎山鬱鬱拱其極，縱橫蹄跡無人除．時事傷心誰挺特．兒郎偉抛樑上，照耀日星吉且爽，一氣泰然罔有私，後昆萬萬大繁漲．兒郎偉抛樑下，沃土肥田天府野，春耕秋穫樂年年，憂國願豊次第事．伏願上樑之後，妖氛風掃，休徵日臻，誠追遠而必恭禮，勤籩豆之秩秩，孝錫類而不匱，詩宜螽斯之振振．

乙未二月二十五日　十二代孫　在鉉　謹識

藥齋重修上樑文

伏以百世淸風，克繼尙書公罔僕之大義，千秋名節，不諼松雪亭斥奸之直爭，家傳孝忠，世守淸白．伏惟我先祖藥齋先生，貫以長興巨門，庄占務安高節．少年敵愾，勇當丙子倡義之募兵，中世經綸，貴魁甲午擢試之生進．眞的高見，明於邪正是非之分，深奧確聞，達於陰陽消長之變，泥窮不憫，鑑古賢之遭遇，而猶享患難，何傷被時人之吠咻，而益正扶綱常，而誨人風聲樹於南土，以法度而律已，士林仰如斗山．聞道早熟，世肯搆乃成茅棟，泉石百年，桑梓之鄕，菟裘斧堂咫尺，芎藥之谷．死也哀，而必昌朝下追贈之典．過者化而矜式，後有永思之忱，金蘭帖藏，友盡當世之名碩．龍湖語散詩吐，生平之鬱紆，道屈於生前，堪嘆直木之見伐，名現於身後，胡無芳蘭之遺香．學有淵源，兪市南記而奬之昭晳．德全終始，金智山銘而頌之確明．醴泉溯源，龜岩公之廉德世爀，靈芝逐馥，拙齊公之榮名國光，日月浸久深慨．數間之故墟，蹄跡橫行．恐沒二字之香號，消凶就吉，星祥照臨，仍舊重新，岳靈默佑，謀伐木石，各輪工師之才，能聿修棟樑，咸萃子孫之誠力，砥柱屹立，豈憂風潮濁浪之滔天，榱櫪更張，不怕腥羶滛兩之侵陸．於是，門墻憑憑，衆所瞻仰，于彼規模燦燦，歲有齊供，牕戶玲瓏，大開四分之合，堂宇深奧，謹築數仞之高，籩豆秩秩，奚但啻苾芬之無墮，衿佩蹌蹌，抑亦見絃誦之不絶，完矣美矣，奐焉輪焉，聊紵短章，助擧脩樑，兒郞偉抛樑東，瑞石群巒懷抱中，博帶峨冠儼立列，巖巖氣像與參同．兒郞偉抛樑南，錦江長水碧生藍，道源有自逝斯若，一鏡心塘渾渾湛．兒郞偉抛樑西，寶平霽月入門低，森然萬狀難逃影，莫使荊茅塞此蹊．兒郞偉抛樑北，坎方秀勢拱天極，青山不老春無私，世世苾芬宜欽格．兒郞偉抛樑上，天理昭昭星采降，千態妖氛潛掃然，陽線微脉漸看旺．兒郞偉抛樑下，甘泉進進晝而夜，百川分派本於初，不億孫孫一氣化．伏願上樑之後，孝思不匱，永錫其類，文敎復興，一新吾道，追慕如韓文公潮洲之享，仰傳如朱晦翁武夷之亭.

檀紀四千二百八十三年，庚寅二月初五日丙辰丁酉時.
從十世孫 在鉉 謹述

三乎亭上樑文

述世德而炫煌，景仰楓亭之正大氣節，溯淵源而端的. 欽慕竹軒之純粹學行，居有君子之藏修地，宜碩人之薖軸，竊惟居士朴三乎綿州之簪纓，儒林之杞梓，學踐門路之正，敏齊師而靜齋兄，功大院宇之尊，柄山復而平山建，透明於義利之析，該白於是非之機. 人惟善而納，交契設金蘭之合. 物非義而不取，廉却分毫之私. 講倫理而溫溫，爲多士之矜式，勸禮俗而圽圽，負一鄕之物望. 酒不空於樽中，座蒲孔隔之客. 旨甘供於廚入，世稱董生之賢. 盖人事一盛一衰，固天道有顯有晦，地 得人而龍變，乃知平林之鬱暢，天奪賢而鶴飛，咸歎斯文之否塞，頑夫亦立其生也榮，行路皆悲其死也，慟强木易折，志不伸於生前，芳蘭雖萎，香猶餘於身後，爰卜爽塏之一座，新構記蹟之小亭，吉協蓍龜，歲丁酉而春二月，瑞應，星宿針子午而天三光，衆謀詢同經之營之，董督良工輪枝，巧矣美矣，準繩憑憑，棟樑庶不畏淫烈之風雨，方方砥礎，能可禦叔世之澆漓. 於是，山岳呈奇于彼，林壑增彩，簷牙稜角，管領四時烟霞，墻垣敞深，容納一天風物，春宜詩夏宜禮，庶復覩肄習之容，朝以琴夕以書，抑亦聞絃誦之美. 居然泉石，依俙朱晦翁之茅棟成，瀟洒淸風，彷彿陶處士之北牕臥，聊唱短引，助擧修樑，兒郎偉抛樑東. 望山圓月入懷中，纖塵不動形形寂，心鏡朗然暎碧空. 兒郎偉抛樑南，秀出峯巒翠滴嵐，立若峨冠拱若帶，儼然瞻仰雲澹澹. 兒郎偉抛樑西，海中鯨鱷潛頭低，范舟歸沒曾何世，舊國風

烟空鳥啼. 兒郎偉抛樑北, 坎山突兀撐天極, 環如屛帳護多情, 萬像森羅摠瑞色. 兒郎偉抛樑上, 下臨星日天心爽, 斯飛鳥翼出人間, 大道肩摩過者仰. 兒郎偉抛樑下, 平阡綠野螽斯化, 振振孫億繼承承, 遵守家聲永世事. 惟願上樑之後, 百祥榮紆, 群妖屛熄. 四隣咸頌, 近者賀而遠者歌, 百恸不朽, 水長流而山長在.

檀紀 四千二百八十四年 辛酉 十一月 在鉉 謹識

행장 行狀

松溪處士高公行狀

公姓高氏，諱明鎭，字德贊，長興人．高麗檢校長興伯，諱福林之后．而我朝司憲府持平，諱尙德，十二世孫．宣武功臣參判，諱彦壽，八世孫．曾大父諱益厚，大父諱燁．父諱時春．聯世養德，母耽津崔氏，士人燦默女，有婦德．高宗甲子二月八日，公生于務安縣山陰里第．自齠齔有識，性行端正，志氣剛明，語默動靜，一遵父母之嚴命，而承意順適，完若成人之行．旣就學，勤苦自力，對聖人書，終日危坐，小不倚側．其勉勵醇謹，儕流莫及．自十五六歲，慱讀經史．旣明於功令之文，又辨於義利之學，文詞深熟，法度自成，鄕人父老，皆敬憚之．家貧親老，稼自給，事親奉祭，誠敬備至．不以世俗紛華，染亂於方寸，一以敬內義外，爲行已大方．不汲汲於富貴榮達，不戚戚於貧窮困厄．甲午爻象，潔身行義．已酉蕩殘，守分安業，尤篤於友愛．其第容鎭旣已分戶，衣食自足，而聚對一室，聯床同衾，須臾不離，如是六十餘年，有無共之湛樂如一日，雖古人之篤義，莫過於此矣．丁憂內外，哭泣之哀，祭奠之節，三燧如禮，一痛叩盆，更不近色，再哭西河，歸命晏如，儉衣節食，殫誠於祖先墳壟，購書建學，竭力於子孫樹立，晩年庄点山陰之后洞一區，結草爲廬．扁之曰松溪，取其歲寒後凋，澄澹不塵之義也．日與群子第侄若孫，講磨道義，勉引篤實．陽春乘暇，布衣短杖，或舒嘯乎仁坪之坊，或風詠乎錦江之濱．逍遙自適，鄕少年就學者，稱之曰松溪處士．辛卯，以天年易簀于正寢．享年八十七，葬于山陰前麓午坐原．室務安朴氏，先公三十五年而卒，墓養鶴洞卯坐．生三男三女．男長濟敏，仲濟文，季濟英．女適崔雲澧東柱．仲房生官柱．季房生，孫曾蕃衍，不盡錄．嗟呼，公以愷悌之行，正大之學, 遭遇明時, 而一伸志, 事則可以有爲於當時, 澤及於民人, 而世之治亂, 而不一事業無聞, 百祀之下, 爲公嘆惜. 季子濟英奉公善行屬余狀德, 隣壤族誼辭之不獲, 遂摭其大槩, 顧以膚淺不能形容其萬一, 而畧述數行以備, 后之立言君子來擇焉.

遯窩鄭公行狀

公諱樂善, 字道吉, 姓鄭氏, 遯窩其自號, 溫陽人. 始祖, 高麗銀青光祿大夫諱普天, 諡貞僖. 子孫昌大, 多達官貴人. 今東方溫陽之鄭, 皆祖貞僖十三世. 至本朝有諱袍, 團鍊副使, 贈吏曹判書. 事載抱川誌. 其後五傳, 而有諱希賢, 號湖隱, 蔭察訪. 燕山朝見機, 遠引遯于綿城東閣里. 務安有溫陽鄭, 自公始. 至諱曙, 號三棣堂, 司馬文科, 兵馬節制都尉, 於公爲九世祖. 而諱來鄉, 諱弼時, 諱彭世, 諱孝岳, 諱相興, 贈通訓, 高祖以上也. 曾大父諱周臣, 號愚堂, 事親盡孝, 隱德不仕, 贈通政. 大父諱琛好, 號沙隱, 文行瞻敏. 父諱永煥, 孝友見稱. 三世皆以行藝聞. 母金寧金氏, 基鉉其父, 亦以孝順有範德. 配君子, 事舅姑盡誠, 敬夫子以禮. 高宗乙酉八月三日, 生公于玄化坊平林里第. 金夫人賢教之有方, 一以古人訓子者爲法. 循蹈規矩. 五六歲, 始就學, 專心讀書, 無他遊戲嗜好. 十一歲, 丁外艱, 哀毁不怠, 送終祭奠, 十分遵禮. 十二三歲, 又丁祖考妣內外憂, 凡執喪, 九閱春秋, 怵惕雨露, 悽愴霜雪, 哭泣之哀, 居處之戚, 頗有成人儀式. 鄉人父老甚敬畏之. 公賦性溫厚質實, 事母夫人至孝. 身親鄙事以供養奉, 持身以忠信爲符. 正家以儼正爲法. 於世間名利, 一不干預於心, 而惟勤於奉先敦宗, 修其數百年未邊之譜, 例表其三數世, 先壟之墓道, 各具儀物誌之, 及窮族子女及苊者, 出資而嫁娶, 隣保貧乏, 有不能燫火者, 則出桂玉而賑之. 蓋其天性然也. 及遊於松沙奇先生之門, 志操端確, 聲名播蔚. 所交遊, 皆當時碩人君子, 而推以大器許之. 竟以志物未繼, 不得專力於經傳, 未能造詣乎淡奧之域, 是可恨. 金夫人以天年終,克遵禮制, 不脫絰帶以致如在. 乙酉二月二十三日, 考終于正寢, 葬于玄化坊長永山麓巽坐原. 齊長興高氏, 光祿女. 生三男五女. 男長龍熙, 次昌炫, 奉炫. 徐準玉,魯判根,丁泰楠,金判翼,尹正植, 其婿. 餘皆幼. 嗚呼, 不佞之於公, 同庚契好, 多蒙誨諭. 其行已之繩墨, 接人之法度, 遺事懿蹟, 炳炳可傳者. 此外何限, 而以蠡酌管見, 莫能測度其彷彿焉. 略撮其家狀, 以記德行之大槪. 後之立言君子, 不以辭蕪, 而採擇焉則幸耳.

芝峰公行錄畧

公諱凝厚, 字汝渾, 號芝峰. 我高本系出耽羅星主. 中世移籍長興, 而以高麗檢校公諱福林, 爲中鼻祖. 三傳至我朝有諱臣傅, 麗朝尙書, 太宗大王以舊交勸仕, 隱居自靖, 以示勝國世臣之義. 贈參議. 是生諱悅, 亦被徵納供而不仕, 於外家之鏻庭, 盖以高麗益院大君之外孫也. 贈參判. 諱尙志, 左通禮. 諱自儉, 生員訓導, 靖杜功臣. 諱雲, 贈禮判, 已卯右賢. 公曾祖以上也. 祖諱仲英, 生員, 斥李樑, 爲時輩所擠, 謫珍島. 考諱敬祖, 掌令, 在臺者, 論李妍, 以是棲邊, 歷典外十二郡. 在宣廟, 從弟霽峰公與其二子募義時, 公旣病且耋, 雖不能赴敵, 其經劃方畧, 實多公之指揮. 淸白父子, 俱亨于光州片坊祠. 妣靈光金氏, 參軍之孫女. 嘉靖甲子□甲, 生公于生光州鴨保里. 幼氣格修邁, 才藝聰敏, 几經史書籍, 便過月成誦, 性姿又純篤, 事親極其誠敬. 每讀史, 見守節義者, 公輒稱賞嘆曰, 大丈夫當以義理自處, 不可以祿仕枉志. 長受學于文簡公牛溪成先生之門. 熟讀爲已之學, 得聞出處之大義. 德行純備, 文芸兼長. 士林推獎，稱以南州巨擘．以此，公之德器成就，大異濟流，萬曆癸巳，倭寇搶攘，天地板蕩，時公伯氏竹村公守金馬郡，從權公慄合力討賊．權公以餉饋轉輸責之．公聞之曰，此男兒立節之秋也．卽赴伯氏任所，同力繼餉以成幸之捷，吁，亦盛矣．公以一布衣，臨危勇邁，能循國家之急．公之氣節爲如何哉．際當昏朝諫廢毋議，遂拓落挈家南下，行義於綿城山中．時人稱其所居曰，高節里．據此則知公行致之大槪矣．仁廟改玉後，特下僉樞而屢徵不起．栽尼種竹，以寓考槃之樂，築臺江湖，永矢君子之趣，竟不以琬琰易羊皮．其盛節大義，實儔乎漢之富春．今聞先輩長老之傳言，則滄浦之濱有公之釣臺云．嗚呼，公之義與節，如是亭亭鑒鑒，可以大有施於當世，而終以坎坷．此必有所受，淵源之深，而其志士不忘兵壑之義歟．大者如此，踈節可略．庚辰閏正月二十四日卒，享年七十七．貞夫人靈光丁氏，宣務郎福齡女．生三男一女．男長傳進生員，傳迪通德郎，傳邁通德郎．女適進士鄭槁．傳進生二男斗樞斗璇，傳迪生一男斗文，進士德行著世．傳邁二男三女，斗寅斗丙．女長柳春發李晛李東明．鄭生五男二女，善周來周世周右周序周．尹享道鄭載謙，其婿也．曾玄以下，多不能盡記．公之全在綿北平月里後丙向之原．夫人附左．噫，公造詣端的，踐履堅確，而著述甚多，積年兵燹，文獻無徵．不敢强爲之說，後竹村公得蒙褒二等之勳，而於公則贈戶參，而止吁其恨矣．此豈非子孫之孑遺伶俜之故耶．世代綿邈，恐或其併爲泯沒．故乃敢閱竹村公家藏．謹記顚末如右．豈敢絲毫附贅，以質之後立言君子云爾．

藥齊公行錄畧

公諱斗文，字文若，號藥齊．盖因其所居而自號也．我高以耽羅王諱乙那爲鼻祖，世襲星主屢傳，至高麗檢校公諱福林，受封長興，而移籍焉．入我朝，有諱臣傅麗朝尙書，太宗大王以舊交，取我臣我傅之義，而賜名勸仕，終不屈．贈參議．三傅至諱自儉，訓導．靖社功臣．諱雲，號霞川，與趙先生靜庵・朴公訥齊友深道義，爲已卯名賢．贈禮判．諱仲英，號松雪亭．生員，直節大義，斥奸居謫．諱敬祖，號龜岩．文科掌令．論斥李山海奸險，歷十二郡，卒官廣州牧使．父子倂餟，公曾祖以上也．祖諱凝厚，號芝峰，僉樞，贈戶議．在龍蛇之亂，與伯氏竹村公同力紝餉助成幸州之捷．昏朝，諫廢毋議．遂招落．自光州隱居綿城．仁廟改玉後，徵而不起．子孫因居焉．考諱傅迪，通德郎．妣恭人，咸平魯氏，珣女．萬暦甲寅正月二十四日，生公于綿城高節里第．纔十閱月而孤．公風骨俊雅，氣質英卓．又承母夫人敎導之嚴正，一循專業．具德量之溫和文辭之宏博，超絶俗士之流．嘗就傅受學，不勝榎楚，泣而歸．母夫人加笞而送．以是，公之德業文章焉，寔渾成．聲望藹蔚勝．又篤孝，每以早失怙，未得慕職事，爲至恨．養母夫人至誠．旣長遊於文敬公愼齊金先生門，薰陶漸摩，得其踐履之妙，致其造詣之邃．自後抛却科業，儼然於衛道．超然於世累，未嘗言勢利阿權，所賦旣厚，而學問之功，亦不可誣也．戊寅，築室於先公墓下，以藥名齋．寓依於林壑山水之佳，而倘佯賦詩以文學行義興勵，時流愴愴於出處取捨之間，時文忠公市南兪先生宰本邑，薄暇輒至，論契珍重，觴咏通暢，爲記齋義，而奬詡．己丑，湙八龍湖，建閣岑頭，扁曰一笑．至今有遺墟．孝宗甲午，以親命赴□中進士．丁酉，擬齋卽未受，點納有超陞焉．承之議時有阻之者．遂寢焉．辛丑，自龍湖移東郭，楣曰東園門．外不絶長者車轍，斗筲之輩，望風嚴憚．丁未，又轉移生陽洞，計以長往　營立別庄，扁曰三笑．盖取諸卓世傲物之意也．嗚呼，以若公志趣之高，文行之贍，□□之德，際孝宗盛明時，展布其所蘊，則大可以經世，小可以華國，而不幸於世而止抑，所謂遇不遇命歟．公去百歲，志士爲恨．著述甚多，而皆失於火．惟嗤嗤錄・龍湖敬語行于世．金蘭書帖藏于家, 所交遊皆碩德名公, 如金文忠公萬基·南文憲公龍翼·蔡判書公裕後, 往復爲酬唱焉. 稱許引重. 據此則知公之所以爲公, 而可爲儒家之山斗矣. 顯宗戊申十月十九日卒. 享年五十五, 墓綿州之北藥谷辛坐之原. 後贈司僕寺正. 淑人羅州林氏, 廷鎔女. 生六男一女. 男長處一, 通德郎. 處遠·處長·處大, 贈左承旨. 處溫·處良. 女適曺挺豪. 處一四男二女, 曰珝曰玧曰琫曰璟. 柳堦姜聖龜其婿. 處長一男曰璡. 處大三男一女, 曰琡曰璙曰瑣. 愼惟欽其婿. 處溫三男一女, 曰璿曰珉曰玹. 金世胄其婿. 處良無嗣. 庶子處璣無嗣. 庶女適牧使鄭載岱, 曰適曰逵其子也. 內外曾玄多不可記. 噫, 公生于累世文章氣節之家, 蘊抱經濟, 操執正直, 雖不得大施於當世. 其潔行偉蹟可傳於後者, 多矣. 而今去公之世二百餘年, 其詳不可得. 雖金石可信者, 公之曾孫淸溪公嘗記中語矣. 不肖無知, 摭其大畧, 豈敢贅也哉. 以俟後之立言君子. 淑人林氏公墓合封.

묘표 墓表

從八代祖考 學生守分齋高公墓表

綿州治南七十里，錦江以北數武許，粹然一座者，飛鷺山．其上峰烏山嶝負壬原四尺之崇，故守分齋高公及其繼配竹山安氏葬．今距三十年，自綿城坊藥谷辛原，移厝于此．同崗二十步許枕酉之原，其初配河東鄭氏之葬也．公長興人，諱玧，字允玉，守分齋自號．高麗檢校公福林，爲鼻祖．麗朝名臣北部尙書協之后人．本朝有諱雲，已卯名賢．生諱仲英，以太學士疏斥李樑．生諱敬祖，文掌今論李山海奸，選淸白．生諱凝厚，僉樞，昏朝廢毋諫不八，遂挈南下，隱居務安高節里．生諱傳迪，通德郞．生諱斗文，成均進士，贈司僕寺正．學行著世．公之祖曾高以上也．考諱處一，通德郞，造詣純正，隱不仕．妣恭人，普州鄭氏．生四男二女．公序居第二．顯宗庚子生，天賦正直，自成童稍知讀書，誠父母，篤兄第，挺然自立．禮以飾躬，義以正己．凡世俗浮華，無少染涅．常以行己大方，出處大節，講論於儕友間．而招集鄉子弟，誘掖勸勵，扶植鄉綱．乃曰淸白二字，吾家傳授心法．剛毅以執心，敦確以處事．文章之華瞻，行義之篤實，山斗南州．噫，凡士君子抱道養德，遇則行，不遇則藏．高尙其志，任其所好者．徒古何限．而如公正大之志，經綸之學，立於廟堂，則可以開進善道，逐邪扶正，壽域斯民，而終不屈志．不事公車而卒．知公者，恨之．配孺人河東鄭氏，通德郞斗相女．生四男二女．配孺人竹山安氏，無育．男長益昇，成均進士．次益晟,次益灝,次益晶．女李克孝,鄭祚延．孫曾不錄．

從八世孫　在鉉　謹撰

從七代祖妣孺人南陽洪氏墓表

損齋高公，諱益晟．配孺人金氏，籍羅州，大提學臺鄉后．生三男而沒．夫人洪氏，卽公之繼配，而籍南陽，麟相與致瑞，其祖若考也．夫人自幼天賦貞淑，閨範夙成．旣歸，克執婦道，孝於奉先，誠盡粢盛之供，敬於夫子，肅承巾櫛之奉，愛恤三子，看如已出．家庭雍睦，鄉隣稱頌．盖夫人之德行，素所蓄積也．日月荏苒，公遇疾甚劇，夫人沐浴制戒，祝天露禱，願以身代竟，不救之．營葬于藥谷村后麓．金夫人之墓上辛坐原．執喪哀毁，盡哭三年，一遵禮制．奚但以致殉斫血，謂孝烈哉．在其誠之如何，而泯沒無憑，可恨也．已以天年終，別葬于今邙雲面桃源村前麓壬坐原．有二男．序一杭，出后益昇．序二恰，序三憹，出后益謙，金氏出．序四憶，序五恒．孫曾蕃衍，不盡錄．今督隧石者，五世孫洪柱東柱，六世孫光玉光順也．命在鉉置一言，不揆妄猥，敢記所聞於長老者，撰述大概，以表墓道．

傍五世祖栢村處士高公墓表

公長興人，諱時奎，字文燦，號栢村，姓高氏，系出眈羅．以高麗檢校長興伯福林爲中鼻祖，世襲名爵，傳至北都尙書諱協．本朝徵不就，罔僕自靖．屢傳至諱雲，已卬名賢，贈禮判．生諱仲英，以太學士疏斥李樑，扶植世道．生諱敬祖，司憲掌令，論李山海奸．卒官廣州牧，選淸白．父子俱享光州片坊祠．生諱疑厚，通政，贈戶議．光海政亂，遂南下，隱綿城山中．卽高節里．生諱傳迪，通德郎．生諱斗文，進士，贈司僕正．丙子倡義．生諱處一，通德郎．生諱玧，文行著世．生諱益灝，孝行出萃．公祖曾高以上也．考諱愣，學行純正．妣靈光丁氏，景甲女．有婦德．英廟丁丑，生公．自幼聰明，甫上學能辨是非，不費師長提督，而業文日就，長老咸稱詩禮家，子弟友長，行止端雅，言語有德，事父母盡孝，處兄弟極友．律身以淸謹，御家以勤倫，內而持心方洁，外而處世規矩，無一疵可議．丁內外憂，甚哀慽，喪葬祭奠，克遵禮度．鄕黨以爲儀表，所以大成，竟不能就者．家貧親老，菽水未繼也．識者恨之．乙亥二月二日，考終于正寢．葬于綿州治北猫堂山枕子原．配孺人金海金氏，父履澤．墓合兆．生二男一女．男長一鎭，次二鎭，女固城鄭光勳．濟與長旁出，濟壁濟玉，全州崔象忠，光山金享大，利川徐光淳，季房出．子若婿，曾玄蕃衍，不錄．五世孫在祚將竪石于阡塗，屬左鉉以記之．余感其孝意，述平日所聞門長老之言，敢撰次以表之．

彊圉作噩仲秋，傍五世孫 左鉉 謹撰

贈通訓大夫司僕寺正鄭公墓表

警齋鄭公，諱奎澄，字善徵，慶州人．以高麗名臣珍厚，爲中鼻祖．世襲名爵，名公巨卿，承鱗輩出．當時爲功勳世族．入本朝，有諱仁祚，破賊立功，諡忠烈．生諱霖．時尙佛之餘，扶正學斥邪說爲己任．時以儒學教授，南下務安，勸學校，講倫理，士風一新，三傳至諱希僑，號老峯．生進俱中．潛心性理，隱居自靖，嗣是而子孫遵教，不屑擧業，崇禮義，尙氣節，多爲搢紳家楷範．曾祖諱斗齊，才德拔萃．祖諱德龜，嘉善知中樞．考諱元信，贈通政．妣淑夫人，豊山洪氏，五東女．有婦德．英宗壬申七月二十九日，生公．氣宇淸肅，性度醇謹．自童丱時，志如成人，不以世俗雜戱，暫費時日．稍長，一意學問，劬經篤力，學業成就，儼然有丈德之風．生長寒貧，雖未得陶鎔於淵源大家，而踐履篤實，志操堅確，自成一家. 平生以忠敬二字, 爲律身之符. 事親盡孝, 御家以和, 樵山漁水, 優遊自適, 不求人知. 古董生之賢, 不得專美. 丁憂內外, 哀毁踰禮, 情文備至, 哭泣祭奠, 三霜如一日. 所謂生得致敬, 喪得盡禮, 公之處義淡得其道. 噫, 以若德量才器, 遠大可期, 而終老蓬蓽命也. 後追贈通訓大夫司僕寺正. 己巳五月七日啓手足. 墓嚴多面三亭后麓沙笠洞巽坐原. 配淑人務安朴氏墓雙兆. 有二男, 商悅台悅. 孫曾蕃衍, 不錄. 五世孫聖朝氏, 奉公家狀屬在鉉記表隧之文, 情地若親, 辭不獲已, 敢述世系行治之大畧, 歸以刻之.

從七世祖益灝墓表

公沒後二百餘年, 後孫光旻在祚謁以表阡之文, 而再三全責. 余以末學后生, 不敢容易答述者. 以公之世遠, 而文獻莫徵其詳, 及得見淸溪公當時致祭文, 公德行謹飭之實, 歷歷可擧矣. 乃按而叙之. 公長興人, 諱益灝, 字景甫, 覺軒自號. 系出耽羅, 以麗朝長興伯諱福林爲鼻祖. 傳至北部尙書諱臣傅. 麗屋社后, 入杜門洞, 守罔僕義. 自后, 冠冕相承, 傳至諱雲, 號霞川. 己卯名賢. 諱仲英, 號松雲亭. 斥李奸, 錄節義. 諱敬祖, 歷十二郡. 錄淸白. 父子俱享光州黃山祠. 諱凝厚, 昏朝諫斁倫, 戶曺參議. 諱傳迪, 通德郞. 諱斗文, 生進俱中. 丙子, 起義旅, 錄節義. 諱處一, 通德郞. 公祖曾高以上也. 考諱玧, 文行著世. 妣河東鄭氏, 通德郞斗相其外祖. 妣竹山安氏, 晩載女. 無育. 肅宗庚午, 生公. 氣宇嚴正, 資性明敏, 自稍有知識時, 行止語默, 自然有法度, 不正之態, 不見於色, 鄙俚之言, 不出於口. 及就塾師, 才進德就, 長老器之. 及長. 事親有深愛, 定省甘毳, 一不懈怠. 前後居憂, 克盡禮制, 哀痛哭踊, 三霜如一日. 鄕黨稱孝, 尤篤於友愛. 事伯兄進士公如嚴父, 聯床終日, 不命不坐, 睦宗族，推恩誼．教子孫必義方，又善於功令．累捷鄕解，復試不得志．仍見時俗輩諛言屈已，容於權門者，鄙笑咤之．以覺題扁，杜門自修．遂絶意公車．家道淸寒，雖不得遠遊於淵源巨匠，而力學不倦，一以存心，養性爲律身之符．壬戌七月十二日卒，壽五十三．葬于務安藥谷靑龍嶝枕亥原．配大邱裵氏，世維女．配務安朴氏，楷女．俱有婦德，葬幷用魯祔禮．有三男，長𢢜，孝行純備．裵氏出．次㦗，行誼純篤．次慬，朴氏出．長房男時默，仲男時卓，時奎，時俱，有學行．季房男時旭．女適鄭德潤．曾玄耆衍不錄．嗚呼．公以蘊抱之才，醇謹之學，出可而有爲，而官不沾一命，沒身草野而止．何其世道之不公耶．識者，恨之．然公之志，則不染世俗之垢，而修性分之所當爲，無愧於吾心而已．豈以身后之泯湮表顯，有所輕重哉．畧述行治之緖，刻之石陰，以證公之賢於來世云爾．

檀紀四二九五年壬寅三陽月旣望

從七世孫 在鉉 謹撰

族祖吉柱墓表

綿之西十里許，突立特秀者，柄峯．而其屈曲西下平舖負乙之封，故學生高公諱吉柱，衣履之藏也．余自少累時承顔，則勸以勉學眞實，而勿以浪費歲月誡之．余歛容敬服而聽之．是知公之性，仁厚有德，而愛人惓惓．公之元孫在祚・次子光武，謁以表阡之文．感其誠力，按譜叙之．公長興人，諱古柱，字邦瑞，芝谷其號．系出耽羅以高麗長興伯諱福林，爲鼻祖．傳至北部尙書諱臣傅．麗亡罔僕自靖．自后世世勳業傳至．己卯名賢雲松・雪亭仲英．淸白吏敬祖，戶曺參議凝厚．通德郞傳迪．進士司僕正斗文．通德郞處一．守分齊玧．覺軒益灝．松窩㦗．栢村時奎．世以文章節義, 淸德懿行, 聯芳齊美. 公曾高以上也. 祖諱一鎭, 號鶴川. 考諱濟興, 號海軒. 妣務安朴氏, 載煥其外祖. 哲宗丁巳, 生公. 天姿醇厚, 賦性仁慈. 平生以早失怙恃, 爲終天之痛. 晝則採樵, 夜則學習. 文字於倫理之學, 先賢禮說, 輕重秩序, 漸進成就. 當兩親夫日, 則沐浴齊戒, 哀慕如袒括之日, 而誠敬備至. 少有閒暇, 兄弟相聚湛樂. 終日一不見忤色. 睦宗族, 施賙窮恤貧之策. 信朋友, 盡卑已尊人之道. 整家庭以禮俗, 敎子姪以儉謹. 四隣咸稱善, 此修於家, 而聞於鄕者, 遠律於已, 而孚於人孝深也. 從古隱居行誼之士, 多照耀史丹, 而誰將與儔. 壬子九月十二日卒, 壽五十六. 配咸平李氏, 中憲女. 後公一年而卒. 墓碣馬澄枕寅原. 有二男. 長光燮, 次光武. 金太鎬金輪洙其婿. 在祚在春在哲在圭, 朴炫玉趙銓衡金載善尹享善. 長房出子婿. 在閏裵鉉泰, 季房出子婿. 曾孫幼不錄. 嗚呼, 世降俗淪, 所謂識字輩干名要譽者, 滔滔皆是, 而看公之敦本務實, 善行儉德, 果何如也. 以余寡聞, 不得詳記其實蹟, 而粗述事行, 揭諸石陰, 過者矜式焉.

檀紀四二九五年冬寅三陽月旣望

族孫在鉉謹撰

從六世祖松窩公墓表

公諱憀, 字士用, 號松窩. 高麗檢校公諱福林之后, 而屢傳至我朝. 已卯名賢諱雲之九世孫也. 參判, 生諱仲英, 生員, 斥李樑謫珍島. 生員生諱敬祖, 司憲掌令, 斥李山海奸, 歷十二郡. 選淸白. 父子俱享片坊祠. 掌令生諱凝原, 僉樞, 贈參議. 始居務安高節. 參議生諱傳迪, 通德郎. 通德郎生諱斗文, 成均進士, 贈司僕寺正. 司僕生諱處一, 通德郎. 公曾高以上也. 祖諱玧, 行義著世. 考諱益灝, 孝純德全. 妣大邱裵氏, 世維女. 生一男. 妣務安朴氏, 揩女. 生二男. 公序居弟二. 肅宗甲辰, 生公, 幼而穎悟, 長益篤學, 孝父母, 友兄弟, 睦於族, 信乎友. 不屑屑於名利紛華, 而執性耿介. 目無淫視, 耳無側聽, 莊敬不惰, 自成一家之學, 尙志潔身, 卓然有立. 壬午十一月三十日卒, 年才三十九. 噫, 其短矣. 墓藥谷城越峙枕艮原. 嗚呼, 處而有守, 出可有爲, 而時與事違,, 終不屈志, 而隱居獨善, 命哉. 天假之以年, 則成就不可量, 而中道而止, 何其佑善之無理耶. 配靈光丁氏, 景申女. 生三男. 長時卓, 次時奎, 次時元. 墓同崗丑坐原. 孫曾蕃衍不盡錄.

從后孫 在鉉 謹撰

從七世祖損齋益晟墓表

士君子居廟堂, 則當忠君憂國而盡其命. 在草野, 則孝親整家而竭其力. 然後可以踐人之道, 而無愧於世. 叔世滋僞, 殆難其人耳. 若吾先祖損齋公, 雖不得立身朝路, 善身劬學, 以忠孝大節爲心上本領. 言必稱, 行必果. 白玉無瑕, 儘是君子人也歟. 公長興人, 諱益晟, 字益卿, 自號損齋. 系出耽羅, 高麗檢校長興伯諱福林后, 至北部尙書諱臣傅. 麗屋社, 罔僕守義, 自后, 名德繼繩, 傳至諱雲, 號霞川, 與圃冶諸賢, 道義結交, 經己卯禍. 贈禮判. 生諱仲英, 以太學士疏斥李樑, 扶世道. 生諱敬祖, 歷十二郡, 祛民瘼, 錄淸白. 父子俱享黃山祠. 生諱凝厚, 昏朝諫斁倫, 見國勢岋嶪, 遂隱於綿城高節. 贈戶議. 生諱傳迪, 通德郎. 生諱斗文, 生進俱中, 號藥齊. 丙子起義旅, 錄節義, 贈司僕正. 生諱處一, 通德郎. 公祖曾高以上也. 考諱玧, 號守分齋. 德行著世. 妣河東鄭氏, 通德郎斗相女. 妣竹山安氏, 晩載女. 无育. 肅宗戊辰五月十日, 生公. 風儀秀良, 性度寬大, 自幼少時, 行止言動異於儕流. 旣長就學, 文藝大進, 於經史子傳, 義利節操, 莫不深究. 平居非治事, 接賓則拱手凝坐, 必玩閱文字. 誠於事親, 志物定省, 未嘗少懈. 友于兄弟, 怡怡湛樂, 有無共之, 庭無間言, 親候少有, 不便則問醫劑藥, 未嘗使人. 嘗誡子侄曰: "人之百行, 孝其爲首. 孟子豈不云乎, 聖人人倫之至." 又曰: "堯舜之道, 孝悌而已. 當以此心, 勇往直前, 則德者福之源, 豈無佑善之報乎? 媚權趨勢, 禍之本. 決勿爲之." 前後居憂, 克遵禮制. 號哭擗踊, 三年如一日. 奉先誠, 而接人恭, 持身儉約, 宗黨悅服, 鄕里推許, 豈可與世之騖外疚內□者, 倂論哉. 此淂於性者然也. 嗚呼, 世道不公, 剌司不薦, 固窮林樊, 命也夫. 辛未五月二十四日卒, 享年六十四. 墓藥谷后麓面辛原. 配羅州全氏, 鉞女. 克配公德. 生三男, 長忱, 出后進士公益昇. 次恰, 僉樞. 次憽, 出后益謙. 墓公墓下祔. 配南陽洪氏, 致瑞女. 亦有婦德. 生二男, 曰憶曰怛, 墓別葬于望雲面桃源村前麓負壬原. 孫曾蕃衍不錄. 后孫東柱光順謁以表隧之文, 余以生庭七世孫, 不敢固辭, 略述生平行治之緖, 深刻于石陰, 使后之讀者, 知忠孝之爲天經地義也.

甲辰小春, 從后孫 在鉉 謹撰

권 7 부록 附錄

志山說

志乎山，欲其似山也．山可得以似歟，曰可．山之厚重，不遷其體質然也．人以輕儇之質，而欲其似之，奚可也．曰玉之在石，頑然而已．須其琢磨質，乃成器．人之有學，亦猶是也．質可以學而變．惟不學然後病．是以，君子貴夫學也．學之道奈何，質各有偏，知其偏也，而省察焉，克治焉，用力久之，庶其變矣乎．高丈致球氏，自以氣輕，而思所矯之，別字志山丈人，今老矣．吾見其古貌蒼然，人不可狎．閱世變之百刦，志確乎而不拔．盖其得之學，而體夫山者，然也．余平生多悔，尢自究其病，恒在於輕儇．顧至今未能治也．請從丈人求所以變之．

乙未暮春之月．光山　金文鈺書

志山記

志山，志於山也．志於山者，奚以盖居士大界甚腴．事父母則志於孝，處兄弟則志於友，對宗族則志於睦，交朋友則志於信，爲學問則志於道，而至於日用萬事，莫不隨事而志其所志，則其所志者，可謂四亭八當，無斜曲處也．若遇地天拔茅之時，而不喪其苐，則推其所志，復志於愛君澤民矣．不幸皇天不弔，世亂叵測，衆匪免．爰群邪鴟張，非掉尾乞憐，俛首紉謟者，難免於禍．故乃占天山，以志於山，則此其衰世之志也．其志豈非倜儻慷慨者耶．以居士之志於山，謂卑且隘者，不知居士無足道也．知居士之志於山之志者，皆欲從居士之志，則況余與居士相從數十年，其志有同於其志於山，欲志其志之志，奚但他人之比也．故不顧蔑文，爲此志山記，以告於居士．居士其誰，卽高在鉉致球．其所志之山安在，卽其所居龍淵里之後山．山則寶平山，東支池邐精靈處也．

朴弟淇靑記

志山高公行狀

公諱在鉉，初諱在鳳，字致球，志山其號．卽立志如山之竟也．高氏之先，出自耽羅，至長興伯仲𢝖 因封爲貫．三傳臣傅，戶曹參議，錄佐命原從勳．參議玄孫雲，號霞川．進文佐郎，霞川第二子．松雪堂仲英，生員，疏斥李樑，被謫珍島．宥還後，不復應擧．松雪子龜巖敬祖，進文掌令，歷典十二郡．止廣州牧使．龜巖第三子凝厚，號芝峯．卽霽峯敬命從姪．竹村成厚第．壬辰擧義，昏朝，明倫．始居務安，壽陞僉中樞，於公爲十二代祖．高祖廷鎭，曾祖濟九，祖漢柱，考光五，號菊窓．世篤行誼．妣利川徐氏，益致女．公以高宗乙酉十二月二十四日，生于務邑龍月里上洞第．公，稟姿淸粹，用性剛直，隼頞烱眼，有壓人氣象．七歲入學，伊吾不勤，塾師試其才，日課通史五百行，翌朝皆誦，無一字差錯．見者，咸稱嘆．家甚貧．日事耒鋤，夜而對案．成童前後，了讀七書．聞從鄕內朴敏齋琳相，廣其聞見，又出入于松沙奇先生．乙巳約成，松沙奇先生，欲擧義討賊，發通列郡，約會同志於谷城．事竟不諧，則矢志入中原．至西海之濱，適有押上之命．詗察日甚不得行．留憩于本郡盤谷齋．公陪從數日，得聞處義之道，深有所服膺．丁未，爲博士試，作京行．至公州，忽改悟曰，此非出身之時．直赴淵齋宋文忠公靈筵，操文致奠．因贄謁心石齋．定其門路．國變以來，慷慨嗚泣，有時發於吟詠．長嘆外賊，早不盡除. 或臨江垂釣, 消遣其憤鬱. 高宗純宗前後大喪, 北望擧哀, 服素三年. 倭勒行剃髮, 至誘以官守, 據義不應, 哀保天香, 平生身不近洋物, 禁婦女出入里外. 公早丁兩艱, 痛切風樹. 事二兄如父. 嫂氏長瘵, 盡誠救療, 及有娠生子. 人謂芝峯公主鬯不絶, 殆公調護之致之. 兩女早寡, 戒之護之, 竟全其節. 篤於爲先, 己丑戊戌大譜之修, 松雪公祠宇之復, 宣力不尠. 述之峯與藥齋公斗文家狀, 謁墓文於宋止齋哲憲, 金志山福漢, 二君子, 藥齋, 卽芝峯次孫, 而公高祖之生庭顯祖也. 公自受業, 才性超倫, 雖同學年高者, 多就公問難. 遠近負笈者, 日常盈門, 而有邀公設接, 則亦不辭拒. 自以導迪後進, 扶植斯文, 爲已任. 敎諸生也, 先德行後. 文藝眷眷乎, 戒懼誠正. 特立獨行, 恒言今道喪日甚, 百邪交煽, 當勵志猛省, 勿厭常而好怪, 捨舊而從新, 不以勢孤利而惰業, 威侮而弛心, 以朝聞夕死, 所欲有甚於生, 所惡有甚於死, 自勉于中, 祖孔而宗朱, 靜菴退溪宋谷沙溪尤菴, 爲準的. 進進不已. 何患不到聖賢底地位也. 又以靡不有初, 鮮克有終. 勸戒切切. 門徒數百人. 多謹飾修行. 不失令名者. 宗中有兄弟相噬者, 以書以面, 歸其和好. 茅屋三間, 自奉雖薄. 待客則厚, 見人有急, 不顧已窘, 必思濟恤. 兒輩有過, 嚴加笞楚, 圖其改遷. 當亂戒家, 衆以江流石不轉, 盡人事待天命. 朴竹坡淇靑, 金曉堂文鈺, 作記稱揚焉. 有遺稿二卷藏子家. 丁未五月十七日卒, 享年八十三. 墓里近藥谷五長洞庚坐. 配務安朴氏, 淇璘女. 丙戌十二月六日生, 壬辰四月二十一日卒. 墓公墓左坐. 有五男, 仁錫用錫秉錫定錫元錫. 校院有事, 白場戰藝. 郡誌及節義錄之編, 公或掌禮主試. 或備應咨決. 二女. 適錦城羅龍雲高興柳鎭洙. 仁錫子永敵, 婿李謨崔供休朴止鎭洪在憙魯仁輔全潤鎬. 用錫子永根永喜, 婿林順龍李永信裵竹雄. 秉錫子永杓永祚永達, 婿尹永變. 定錫子永培永瑞, 婿林鍾言金相根申萬載金成福. 元錫子永潤永甲, 婿南起李鍾根金永煥, 嗣孫永敵子亨周基豪京良京希 外孫及曾, 不記. 嗚呼, 公早得賢師依歸, 學問精邃, 以所存於中者, 授諸後人, 爲畢生事業. 屹然爲頹波之砥柱, 昏衢之一燭, 孰不曰有功於聖門也. 今者子元錫與公從子鍾錫舜錫嗣孫永畝所草遺事及公遺稿, 請之以狀行, 余亦聞風久矣. 不以不文爲辭, 畧加刪潤如右云.

壬戌閏四月十一日, 黃州 邊時淵 謹狀

志山高在鉉先生崇慕碑文

昔者, 李韓之顚, 平日讀書求義之士, 莫不憂心愁悴. 思所以處之者, 若未得遽爲碎身殉國, 則乃自深藏巖穴, 礪厥隱操, 亦不可少其志也. 時則務安之龍淵里, 有志山高公在鉉, 乃其人焉. 公少時, 家甚貧, 朝出而耕, 夜媁于讀. 文辭足以自用也. 乙巳年間, 松沙奇公宇萬, 飛書列郡, 欲擧義討賊, 而事竟不諧. 則留憩于本郡之盤谷齋, 公從之游, 得聞處義之道. 丁未, 赴京試, 至公山, 忽悟其非時, 幡然改轍. 操文往祭淵齋宋公秉璿, 因贄謁心石秉珣, 乃淵公之弟也. 洎庚戌社屋, 常慷慨鳴泣, 有時發於吟詠, 仰天長息. 或臨江垂釣, 銷散憤鬱. 二代皇喪, 服素三年. 勒令削髮, 至誘以官守, 據義不撓. 篤於爲先, 事親極孝. 身不襯外洋之物, 嚴閨門之道, 逮厥晩年, 負笈者衆, 殆至數百餘人, 藹菀成林. 公, 故長興古族. 先世多鴻儒名宦. 如參議臣傅, 文科佐郎霞川雲, 文科牧使敬祖, 其尤. 而至十二代祖凝厚, 始居于務安, 壽陞僉知中樞府事. 皇考光五, 號菊窓. 外王考, 利川徐氏益致女. 公, 以高宗乙酉臘月卄四日生, 沒於丁未五月十七日. 春秋八十有三. 子孫繁衍, 內外孫曾, 六十餘人. 有志山藁二冊, 藏于家. 今其后孫曁門生, 念公法言茂行, 歲久而湮. 欲樹一石於故里, 嗣孫永畝子定錫元錫, 與金大鉉高東在高在極等, 齎狀及遺藁, 請銘於余. 其辭曰, 嗚呼, 志山, 其志山如, 萬波來嚙, 凝立古初. 旣從賢師, 得聞處義. 篤啓郡蒙, 俾知行懿, 睠玆龍淵, 草樹剩芳, 琢此穹石, 舊廬之傍, 祖蹟淸謐, 師恩洋溢, 勒恐不深, 我言据實.

壬戌歲暮文學博士 眞城后人 李家源謹撰
癸亥仲秋, 獨立志士 道康后人 金蔎燮謹書
光復后癸亥年八月十二日 竪

志山長興高公墓碣銘

公諱在鉉, 字致球, 自號志山, 貫長興. 長興之高, 出自濟州. 在高麗, 有諱福林 受籍長興, 是爲鼻朝. 入朝鮮朝, 首參判雲, 名著己卯名賢之列. 有凝厚, 從從父敬命, 參戰義旅. 後徙居務安, 寔爲公十二世祖云. 曾祖濟九, 祖漢柱, 考光五, 號菊窓. 俱隱德不顯. 利川徐氏, 益致女. 公以高宗乙酉十二月二十四日生. 自幼從塾師受業, 天資旣高, 性又嗜學不輟. 未弱冠, 已貫徹經史, 作詩文, 聲譽籍蔚. 然當時强隣脅威我君, 勒結所謂乙巳五條約者, 國喪主權, 士子無發身之路矣. 如松沙奇公宇萬, 欲募兵討賊而不得, 淵齋宋公秉璿, 仰藥而自淸焉 公早聞道於松沙, 得聞君子處艱守貞之義, 又吊淵齋之廬, 因贄謁淵齋弟心石秉珣之門, 三公皆兩湖儒林宗匠也. 終見宗社丘墟, 卽憤不欲生, 而以匹夫恨無救國之術, 則乃決意以所聞於諸師者, 爲終身之訓, 誓不隨時而變, 吾所好, 在窮巷. 敎授後進 爲 生事業. 或至屢空而不小恤. 晩年以志山揭其楣, 自爲之說. 其意以爲, 閱千劫而不變者山也, 經百難而自堅者志也. 誓山立志, 不以顚倒憂苦而渝其志云, 是足以見公一生心學也. 公早喪考妣, 事二兄與嫂, 皆極盡第道. 如修先譜復說先世祠宇, 亦費心陳力, 爲鄕黨

宗族之模楷焉. 手自整理, 平所素著, 爲二卷藏在遺篋, 讀之, 可見公一生也. 公卒以丁未五月十七日, 葬于務安之近藥谷五長洞庚坐原. 公娶務安朴氏, 淇璘女. 生五男二女, 男仁錫, 用錫, 秉錫, 定錫, 元錫, 女適錦城羅龍雲, 高興柳鎭洗. 仁錫男永敞, 女婿李謨, 崔洪休 朴正鎭 洪在憙 魯仁輔 全潤鎬. 用錫男永根, 永喜, 女婿林順龍, 李永信, 裵竹雄. 秉錫男永杓, 永祚, 永達, 女壻尹永燮, 定錫男永培, 永瑞, 女婿林鍾言, 金相根, 申萬載, 金成福, 元錫男永潤, 永甲, 女婿南起, 李根生, 金永煥, 嗣孫永敞子亨周, 基豪, 京良, 京希, 餘煩不盡錄. 夫人朴氏, 生以丙戌十二月初六日, 卒于壬辰四月二十一日. 墓在公墓之在, 前此永敞君, 以公遺稿示余, 將擬判印請爲文弁其首. 余旣辭不獲, 而叙之矣. 旣又子元錫與永敞君屬公墓文, 旣叙其稿, 敢不銘其墓乎. 旣有余友邊君時淵甫狀公蹟頗詳, 遂據而書之如右. 銘曰, 湖山之濱, 儒林之藪, 不趨世潮, 篤信自守. 唯公一生, 繼往啓後, 不厭不倦, 不負所受, 其寄宋兩公, 寔公之師. 守貞一訓, 銘心無疑. 從吾所好, 有乖于時. 顔卷原戶, 樂猶在玆. 遺文在箱, 將付梓鏤. 我序其稿, 右銘墓右, 語拙不諛, 辭實無溢. 子姓綿綿, 千秋不沒, 公歿後二十有七年, 癸酉七月 日, 西河 任昌淳, 謹撰

甲申二千四年三月 日 永川 李敦興 謹書

誄志山文

已庢志山, 病也不能慰問, 沒也不能憑棺哀哭, 靈輀啓行, 白馬不鳴, 心交者如是乎, 墓草必宿, 生蒭不哭, 情好者如是乎, 吾聞宝平之山幽邃, 而烈士之魂栖止也, 然列公之明靈, 洋洋抱於斯也, 明矣. 公嘗從宋文忠公淵齋門, 學得大節, 又會奇公松沙義擧, 供給錢粮, 知事將不諧, 退臥

鄕里，吟咏自適以沒，奚不悲哉，曷不痛哉，已虖志山，灵如不昧，尙饌于玆

己酉 五月 十六日 族從 汀柱誄

挽志山詞

于嗟，志山，誰盍歎惜，受氣淸明，才而兼德，早從文忠，學得眞訣，深邃淵源，久講大節. 松翁義擧，傾心全力，謀聚軍資，輸送錢穀，艱難國步，其奈運局，事將不諧，只自痛泣，高臥林泉，教斆子姪，抽五蘭芬. 是爲大福，柩車暮雲，無光極宿，哀詞落題，雙淚送公.

己酉 五月 十六日 族弟 在弘 挽

輓志山詞

天胡忍奪志山兮，何處更覿風采兮，世艷江湖終老兮，門無九十享年兮，五蘭芬馥盈庭兮，遺業詩書滿架兮，已矣少微星晦兮，哀腸自斷涕流兮.

己酉 五月 十六日 族弟 在哲 挽

挽詞

平生惟祝百年壽
逝去雲鄕倍苦神

從此幽明爲永隔
悵然無限淚沾巾

高光勳 挽

敬通文

右文爲敬通事, 人之百行, 一孝居先, 而爲百世法者也, 一有其人, 則薦揚而褒奬之典, 獨不爲士林之責乎, 本郡務安邑龍月里, 故士人高仁錫, 字聖孝, 竹堂別號也. 長興世族, 霞川諱雲, 松雪亭諱仲英, 龜岩諱敬祖, 芝峰諱凝厚, 皆顯祖. 志山在鉉之子也. 竹堂以名家子孫, 承襲先美性. 又天得事親竭力, 艱難克服, 奉水進菽, 小無傷哉之歎. 慈夫人淹患逾年, 藥餌之調護, 屎尿之滌除, 身自担任, 食飮之不匙, 每時報手勸饋, 鮲湯之有願, 卽地剖永求進奏, 竟遭內艱, 三日不食, 哀毁幾傷自餘, 送終禮節, 一依家禮. 常侍偏嚴寢側, 審氣侯寒暑, 手自竈燃, 枕扇以獻壽考, 積三十年, 如一日中, 惟三年病, 愈甚於前, 故尤篤其誠, 終以天年, 居戚守制, 後喪嚴於前喪, 而兩艱一軌無憾, 而古之孝子, 王祥黃香, 無過於此人也, 先公之遺稿發刋, 擲土以圖之. 是則龜背括毛, 事竟成於有志也, 友于尤篤, 季弟元錫, 生才三歲, 全身傷火, 幾乎八死, 盡五年看護, 完濟生命, 終成敦實之士, 嗚呼, 休哉, 夫人之孝友, 本於天性, 而人人所爲然, 多爲氣慾所蔽, 風習所移, 鮮見其能, 而今竹堂能之, 亦可爲法於世者乎, 際此彛倫沒淪之日, 何處淂來, 古人所謂, 靈芝有根, 醴泉有源者, 不誣語也, 孰不歎賞, 孰不景仰哉, 鄙等居在一鄕, 詳其事實, 不可含默無言, 故玆以仰告于首善之下, 伏願僉尊君子諒察, 此義卽爲薦褒, 使此美行樹風, 勸善之地, 千萬幸甚, 右敬通于列郡鄕校 僉尊座下.

孔夫子誕降二千五百三十三年，壬戌二月十日．務安鄕校典校金大鉉，掌議丁采榮，多士朴錫煥，多士姜振奎，多士朴泰和，都有司裵孝燮 李啓善 趙鍾潤 朴炳禹 徐載佶

總務朴鍾煥 裵僐斗 徐忠煥 金勇

掌議尹重錄 柳在玉 金仲泰 朴漢喆

徐龍基 金永道 丁龍文 奇致度

朴範載 高鍾錫 朴炫升 田龍吉

裵太龍儒道會長朴寅培 崔炳善 金亮鉉 鄭正炫 等

竹堂高公仁錫孝行碑文

今年壬戌春，務安鄕校儒甫金大鉉朴寅培等，爲本邑龍淵里居故竹堂高公仁錫，飛文通告列郡鄕校，褒其孝行，俾樹風聲焉，公字聖孝，竹堂其號，其先長興人，皇考志山在鉉，以文學隱操稱，先系，頟詳於志山遺蹟碑中，此可略也，公 以前韓高宗丁未九月十日生，沒於庚戌七月十三日，享年六十有四，公自少孺染庭訓制行仁孝，處事剛明，母夫人朴氏偶嬰貞疾，歷歲彌久．藥餌之餽，臭穢之役，躬自操執，雖家人，不替其苦，壬辰夏，竟遭大故，哀毁幾絶，事父公 罄厥丹誠，暫不曠側，寒則煖坑暑則扇枕，一衾同宿，餘三十載如一日，父公，壽踰八載，安樂以終，隣里莫不稱其爲孝感所致也 季弟元錫．生財三歲，墮火全傷，幾化僅蘇，五載看護，終成敦實之士，其恩愛天篤，亦可知也，賢子永敵，與公之弟定錫元錫從弟鍾錫舜錫侄永杓等，其琢一石，將以陪樹于志山公碑側，嗚以余託．嗚呼，其亦可嘉也已，銘曰父有隱操，子承以孝，翳厥苦行，親壽靈效，鄕老發文，通諭列郡，疇不黜歎，遙播令聞，志翁懿蹟，旣里于碑，復碑于此，勒我銘詩．如子侍側，象厥生平，清操茂行，永流厥聲．

壬戌歲暮文學博士眞城后人 李家源 謹書
癸亥仲秋獨立志士道康后人 金蔎欒 謹撰
光復后癸亥年八月十二日 竪

竹堂高公墓表

長興之高，在中葉，多淸名奇絶之士，進文佐郎霞川雲，爲已而完人，生員松雪堂仲英，疏斥李樑，被謫珍島．賜環後不復應擧．龜巖敬祖，進文掌令，歷典十二郡，止廣州牧使，龜巖子凝厚，號芝峯，郎霽峯忠烈公從姪，竹村成厚弟，壬辰擧義，昏朝明倫．始居于務安上洞，因爲世庄，文行不替，至于近世．志山在鉉，有學行節義．從學者，衆．於公爲考．妣，務安朴氏，琪璘女．公生以高宗丁未九月十一日，諱仁錫，字聖孝，竹堂，其號．承襲詩禮，晨昏定省，怡愉承順，務盡子職．母病逾年，屎溺之澣，不使人代．叩永佃魚，以供親旨．及喪毁踰禮，事鰥父益孝，侍側一室，一衾同宿．審其寒暑，三十年如一日．弟元錫，三歲火傷，幾乎傷死．五年看護，完濟生命．鄕儒金大鉉等，發章闡揚焉．庚戌七月十三日卒，得年六十四．墓務安邑藥谷五長洞田上庚坐．配，幸州奇氏，宇宣女，皆伯君孝謹后．乙巳生，辛未六月二十五日卒．墓同原同坐．有一子永敞，六女適李謨 崔供休 朴正鎭 洪在憲 魯仁輔 金潤鎬．永敞子，墓豪．三女，亨周 京良 京希．嗚呼，書稱君陳之賢曰，惟孝友于兄弟．公以孝行登薦，餘行不言可推．況吾友淵民碑銘，屹立道周者乎．

甲申正月日黃州邊時淵撰
二千四年 甲申 三月 日 永川 李敦興謹書

族兄菊窓公行狀

公諱光五，字應三，菊窓其自號．而盖取陶徵士菊露寫史之義也．我高以耽羅王諱乙那爲鼻祖，世襲星主，冠冕蟬聯，屢傳至長興伯諱福林，爲麗碩輔．尙書公諱臣傅，見鼎革罔僕自靖．我太宗以甘盤舊交，物色求之，屢徵不起．三傳諱自儉，訓道，原從靖社功臣．諱雲，號霞川，參判，爲已卯名賢．諱仲英，號松雪，生員．疏斥奸魁樑謫珍島，享片坊祠．諱敬祖，號龜巖，司憲府掌令．龍蛇之亂，弟霽峯公與其二子倡義．公旣病且耄，不得臨陣對賊，坐劃方略，多有千里決勝之籌，公之力實多．外歷十二郡，選淸白，與松雪公幷綴．諱凝厚，號芝峯，參議．穆陵之役，與伯氏竹村公諱成厚，赴權元師幈幕．合力討賦，助成幸州捷．昏朝諫廢母議，遯迹線城山中．仁廟改玉後，徵不就．諱傅進，號晩翠．生進俱中，以文章鳴世．高祖諱載極，曾祖諱廷鎭，文行推重．祖諱濟九，考諱漢柱．妣務安朴氏，在豊女．公以憲宗庚子七月十八日，生于務安縣龍巖里第．幼而岐嶷，聰敏英達，超絶儕流，擧動齊止，無異老成．數歲就學，塾師不費提督，一遵程曆，師友愛重，以遠大期之長．酷好墳典，樂而忘倦．第以家事旁落，未能專力於學問，是可恨也．性度剛眞，好古從善，如不及疾惡，似不容．聞人有行能，必喜而稱之．見其邪，詰則深惡而斥之．淸介自守，未當言勢利阿權倖，視祿位以泥滓．悅義理以芻豢不求．苟合於世以售衒於人，然臭味相孚契，則傾嚮切至討論古今．其私正之分，義利之卞，明白快濶，判然如刀截物，人莫敢以雌黃頡頏於其間，州縣皆注心高仰　敬憚之．家雖淸寒罄匱，不以貧窶喪其志，而人之所不堪，公處之晏如也．奉親極孝，滫瀡之供，無所闕．侍癠殑朔隨廢，前後喪哀，毁滅性．聞者莫不潸然釀涕，旣葬，蔬食水飮，枕塊藉苫一如典．諱辰澡潔，躬執優然，以致如在之誠．於先墓竪碑，重修齋室．每當露濡霜降之節，展掃瞻仰感慕，如新愛存懿，著將勿替，而引之友，子弟甚降篤，居則同案，出則聯鞭，庭闈之間，內外斬斬，肅若治朝，而和氣雍藹，人無間言至甚．接物愛人，則汎而信恭，敏而謹愼，纖悉條暢，立鄕約試鄕秀才，刱精舍講門子弟，敦宗睦族，情誼周洽．撫孤御象，恩慈兼設．雖屬之疎遠，無異至親．甲午匪類之鴟張公峻斥旣嚴曰，扶正斥邪，是一串貫來事，扶正則邪自消滅．自後杜門晦迹，無意於世，遇境會意，逍遙於水竹烟霞之間．輒發於吟咏，有沖澹蕭散之趣語．及內丁事，噫噫長痛曰，尙忍言哉．天地腥膻，僞號于統，大東之士，雖切風泉之感，而那無西歸之思，無地讀春秋矣．因揭以崇禎大字，繼書之以號．觀於此而知公之一生矣．平居不爲刻拘曲之行，而於聖賢遺訓及先輩長老之言，樂聞而道之．艶慕百世氣節人，輒油然竦發思奮，骯髒有湖海間潑潑之氣．公之趣操，亦可知其不偶也．誡諸子語曰，從古聖賢已備階級，自有成法，學問之道，非外求，只在自家身心上，收歛用功處耳．汝輩勉之．癸卯十一月一日卒．享年六十四，墓權厝于平橋先塋下，齊咸豊李氏，儒馥女．無育．利川徐氏，益致女．生三男一女．男長在敬・次在成・在鉉．女宋榮權．餘幼不錄．嗚呼，公容貌端雅，言論激昂，淸風峻節，逈出等夷，而倜儻之氣，遠見之識，非迂陋所可髣髴也．凡斯文世道之翼，校院紳士之會，無不專席主論．歲天寒大饑，公白于縣發廩賑民，蠲役求弊，闔境安堵如故．鄭侯基雨之宰本縣也，固要援引一面如舊，講劘世誼，而最恨晩識，對士友稱道曰，高某若處以劇務弊局，必能剸繁治急剔蠹鉏姦，而宜可爲世需用，惜不得有所試云．觀鄭公之所推許，可驗公所蘊蓄矣．光純自齠齕薰炙旣久，得聞緖論而受賜厚，所可啓發．惟忠信學問而已．其他是非曲折，無相滾了干涉，於義理關頭，亦必致意．諄諄樂易，可親無所芥蔕．苟得接於公，數祈無不愛慕輪誠．到今濩落志意，不得究竟而成就，將貽門戶羞．天使公假之年，提撕吲詔，而旦夕兢惕，從事將不至於此耶．其亦可悲也. 在鉉屬余狀德之文, 顧淺陋無以闡發幽潛, 而刅念公之德, 有不忍終辭, 敢叙公之事, 纂次如右, 以竢知德者, 尙有考信而裁擇云.

旃蒙單閼夷則月已亥, 族弟 光純 謹撰

藥齋高先生十世孫在榮

維歲次庚寅正月癸未朔十四日丙申丁酉時, 藥齋高先生十世孫在榮, 敢昭告于土地之神. 伏以我先祖藥齊先生, 道德光明, 名節淸苦, 衣履是藏, 斧堂尺土, 山靈寶平, 谷香芎藥, 營尊堂明, 泉甘地沃, 託此旣久, 齊供無所, 敢起土木, 營始工事, 吉辰選定, 天乙臨座. 伏惟神明冥冥顧佑, 兵禍火災勿犯神道, 香上千秋, 永垂吉祥. 玆以潔牲敬伸奠獻, 謹告.

기타서간부분

家兒 永敞 開見

今見汝書하니 儘知軍務以來 閱歷世間風霜 而覺得眞心矣라 此情金之煆煉이며 潤玉之研磨也니 今日苦生이 豈不爲他日亨通之基地耶아 旣爲國家勤務하니 曾往橫竪난 却之勿設하고 敬服于上司하며 親切於軍友하야 上下左右에 勿失其信義然后에 可以保金玉此身이니 禁酒絶食하야 搔癢症을 根治하고 快得正式休暇하야 還家休養을 是企라 汝父난 滿八老侍下에 素來病骨이 百事監役에 多不稱意하고 汝母亦老衰하니 奈何오 僅僅支遣이라 餘不一一

見書卽答호되 楷字書送하라
甲辰 二月 二十九日 父欠

侄兒 永敞 開見

卽見汝書하니 事似不成이라 歲月이 如隙駒하니 三年 滿期가 卽在目前이라 此亦彼亦 不須多言하고 寬心服務而忍且愼之하야 善保此身하라 一家渾同이 只是汝憂러니 事旣如此하니 柰何오 餘只待好面還家키로 不一一하노라

癸卯 六月 晦 叔父 定錫 寄
永培난 善課矣라

侄兒 永畝 開見

見汝書하니 仍知軍務中 煩惱心事矣라 除與不除난 何如間但持身善保하야 以待好機會가 是善策이라 家庭無故라 餘不一一

卽者 季父 元錫 寄

호남한문학연구소 근대문집 국역총서 1 (역주 지산유고)

譯註 志山遺稿

인쇄 | 2007년 11월 20일
발행 | 2007년 11월 30일

저　자 | 고재현
역　자 | 김대현
편집인 | 고영창 HP:011-615-3566
발행인 | 강정채
펴낸곳 | 전남대학교출판부

등록 | 1981. 5. 21. 제53호
주소 | 500-757 광주광역시 북구 용봉동 300
전화 | (062) 530-0571~3
팩스 | (062) 530-0579
홈페이지 | http://altair.chonnam.ac.kr/~cnup

값 20,000 원

ISBN 978-89-7598-636-9 (93810)

이 도서의 국립중앙도서관 출판시도서목록(CIP)은
e-CIP홈페이지(http://www.nl.go.kr/cip.php)에서
이용하실 수 있습니다.(CIP제어번호: CIP2007003575)